Religionspädagogik innovativ

Herausgegeben von

Rita Burrichter
Bernhard Grümme
Hans Mendl
Manfred L. Pirner
Martin Rothgangel
Thomas Schlag

Band 18

Die Reihe „Religionspädagogik innovativ" umfasst sowohl Lehr-, Studien- und Arbeitsbücher als auch besonders qualifizierte Forschungsarbeiten. Sie versteht sich als Forum für die Vernetzung von religionspädagogischer Theorie und religionsunterrichtlicher Praxis, bezieht konfessions- und religionsübergreifende sowie internationale Perspektiven ein und berücksichtigt die unterschiedlichen Phasen der Lehrerbildung. „Religionspädagogik innovativ" greift zentrale Entwicklungen im gesellschaftlichen und bildungspolitischen Bereich sowie im wissenschaftstheoretischen Selbstverständnis der Religionspädagogik der jüngsten Zeit auf und setzt Akzente für eine zukunftsfähige religionspädagogische Forschung und Lehre.

Tanja Gojny / Kathrin S. Kürzinger / Susanne Schwarz

Selfie – I *like* it

Anthropologische und ethische Implikationen digitaler Selbstinszenierung

Verlag W. Kohlhammer

1. Auflage 2016

Alle Rechte vorbehalten
© W. Kohlhammer GmbH, Stuttgart
Reproduktionsvorlage: Andrea Töcker, Neuendettelsau
Gesamtherstellung: W. Kohlhammer GmbH, Stuttgart

Print:
ISBN 978-3-17-031496-2

E-Book-Format:
pdf: ISBN 978-3-17-031497-9

Für den Inhalt abgedruckter oder verlinkter Websites ist ausschließlich der jeweilige Betreiber verantwortlich.
Die W. Kohlhammer GmbH hat keinen Einfluss auf die verknüpften Seiten und übernimmt hierfür keinerlei Haftung.

Inhaltsverzeichnis

Tanja Gojny / Kathrin S. Kürzinger / Susanne Schwarz
Einleitung 7

I Anthropologische und ethische Implikationen digitaler Selbst-Bespiegelung: Grundlegende Überlegungen

Tanja Gojny
Mir gegenüber – vor aller Augen
Selfies als Zugang zu anthropologischen und ethischen Fragestellungen 15

II Selfies: 👍 oder 👎 ? Multiperspektivische Erkundungen eines polarisierenden Phänomens

Katharina Lobinger
Zwischen Selfie-Shaming und Selfie-Celebration
Kontroverse Perspektiven auf vernetzte Körper-(Selbst)bilder 43

Klaas Huizing
Selfie, Belfie, Footsie und Nudie
Das Wörterbuch der Selbstentblößung 57

Michael Bauer
#selfie #Narzissmus #ethische_Debatte?_Argumente 73

Kathrin S. Kürzinger
„bei glücklichen Selfies hast deine ruhe"
Selfies als Gradmesser des Glücks der aktuellen Jugendgeneration?
Eine empirische Analyse 103

III Religionspädagogische Perspektiven auf anthropologische und ethische Dimensionen des Selfie-Phänomens

Kathrin S. Kürzinger
„So bin ich – bin ich so?"
Identität und Spiegelungen des Selbst in Selfies und Selbstporträts 117

Monika E. Fuchs
Sehen und gesehen werden – religionspädagogische Impulse
zum Spannungsfeld von Selbstbild, Abbild und Ebenbild 137

Britta Konz
Selfies als Ausgangspunkt des Theologisierens mit Kunst 151

Ulrike Witten
#Selfies und #Inklusion?
Überlegungen zum Inklusionspotenzial von Selfies im Religionsunterricht ... 165

Susanne Schwarz
Selfie oder Nolfie?
Ein Abwägungsphänomen als Chance für ethische Lernprozesse 189

Tanja Gojny / Kathrin S. Kürzinger / Susanne Schwarz
Schlussreflexion 213

Register 217

Autorinnen und Autoren 223

Tanja Gojny / Kathrin S. Kürzinger / Susanne Schwarz

Einleitung

Selfies sind in. Selfies sind out. Selfies machen Spaß. Selfies nerven. Selfies sind Akte der Emanzipation. Selfies spiegeln narzisstische Selbstverliebtheit ... Egal, wie man zu ihnen steht – den digitalen Selbstinszenierungen ist kaum zu entkommen.

Sie bevölkern Social Network Sites, um *gelikt* und weiter gepostet zu werden, hängen an E-Mails, pinnen an Kühlschränken und stehen im Silberrähmchen auf Highboards, strahlen als Livestyle-Element von Werbeplakatwänden herunter, bereichern als Promi-Selfies die Frisörlektüre und können zum Politikum werden. Inzwischen gehört auch eine Reihe von Selfies zum Bestand kanonisierter Fotos, bei denen ein Stichwort genügt, um fast jeder und fast jedem ein Bild vors innere Auge zu malen: Oscar-Selfie um Ellen DeGeneres, Kanzlerin Merkel mit Flüchtling, Papst-Selfie mit einer Gruppe Jugendlicher, Obama-Selfie auf der Trauerfeier für Nelson Mandela ... Aber nicht nur Einzel-Selfies sind inzwischen fest im Bild-Gedächtnis verankert, sondern ebenso typische Selfie-Posen – vom ‚Duckface' und ‚Spiegel-Selfie' der ersten Selfie-Generation über ‚Bikini-Bridge' und ‚After Workout'-Bilder bis hin zu sog. ‚Kalaschnikow-Selfies', die Islamisten zur Rekrutierung von Nachwuchs dienen.

Aber das Selfie-Phänomen macht nicht nur durch die digitalen bzw. analogisierten Endprodukte, dem Hantieren mit Selfie-Sticks vor touristischen Attraktionen und Selfie-Verbots-Schildern in Museen auf sich aufmerksam, sondern auch dadurch, dass es zunehmend zum Gegenstand künstlerischer und journalistischer Auseinandersetzung wird. Auch unterschiedliche Wissenschaftsdisziplinen haben inzwischen Selfies für sich entdeckt, so dass dieses Forschungsfeld zurzeit von einer ungeheuren Dynamik geprägt ist.

Das Interesse, welches Selfies in diesen unterschiedlichen Zusammenhängen wecken, liegt nicht nur darin begründet, dass es sich um ein aktuelles internationales Zeitgeistphänomen handelt, sondern dass die Allgegenwart der Selfies die Grundfrage nach dem Ich und damit nach der Identität in neuer Weise stellt. Besonders die sich mit Selfies auseinandersetzenden Kunstausstellungen in Düsseldorf (2015/16) und Karlsruhe (2015/16) haben dies deutlich bereits in ihren Titeln „Ego update" und „Ich bin hier!" gezeigt. In den Feuilletons werden Selfies ebenfalls zum Anlass, das Ich zu bedenken, das sich – so eine verbreitete Deutung – in der gegenwärtigen Generation als besonders narzisstisch zeigt.

Dem vorliegenden Band liegt die Überzeugung zugrunde, dass es sich lohnt, der Frage nach den anthropologischen und ethischen Implikationen von Selfies (und deren Anschlusskommunikation) im religionspädagogischen Interesse nachzugehen. Wenn die umfassende Wahrnehmung der Wirklichkeit der Heranwachsenden eine wesentliche Aufgabe von Religionspädagogik ist, kommt sie nicht umhin, auch diese Erscheinung als Bestandteil der Medien- bzw. Lebenswelt der Kinder und Jugendlichen zur Kenntnis zu nehmen und zu deuten – zumal Selfies zwar einerseits ein generationenübergreifendes, in besonderer Weise aber doch ein jugendkulturelles Phänomen darstellen. Selfies als wesentliches Element visueller Kommunikation junger Menschen sowie der Aushandlung von Beziehungen unter Gleichaltrigen genauer in den Blick zu nehmen, kann helfen, die Lebenswelt der Heranwachsenden besser zu erfassen.

Darüber hinaus bieten Selfies, so eine weitere dem Band zugrundeliegende Annahme, im Rahmen einer subjektorientierten Religionsdidaktik Zugangsmöglichkeiten zu anthropologischen und ethischen Fragestellungen. Gedacht ist dabei nicht daran, Selfies als ‚Sprungbrett' zu benutzen, um dann zu den ‚eigentlichen' anthropologischen und ethischen Fragestellungen zu kommen, sondern wahrzunehmen, wo an diesem Phänomen solche selbst bei Jugendlichen aufbrechen.

Damit leistet der Band auch einen Beitrag zu einer didaktischen Reflexion sog. ‚individualethischer' oder ‚alltagsethischer' Themen wie ‚Wahrheit und Lüge' oder ‚Umgang mit Eigentum', aber auch von Themen wie ‚Leben in Gruppen', ‚Schönheit und Gesundheit' oder ‚Freundschaft, Liebe und Sexualität'. Obwohl solche Themen fester Bestandteil fast aller Lehr- bzw. Bildungspläne für den evangelischen wie katholischen Religionsunterricht (wie auch für den Ethikunterricht) sind, wird zu diesen religionspädagogisch sowohl auf der Theorieebene als auch auf der Ebene praktischer Unterrichtshilfen wenig gearbeitet. Ein Zugang über das Selfie-Phänomen kann nicht nur einen Anschluss an die Lebenswelt der Jugendlichen bieten. Er kann auch zeigen, dass ethische Entscheidungen im alltäglichen Leben wie in herausgehobenen Konfliktsituationen von anthropologischen Fragestellungen nicht zu trennen sind.

Der Fokus des vorliegenden Bandes liegt auf der Religionspädagogik. Eine differenzierte Wahrnehmung des Selfie-Phänomens in religionspädagogischer Perspektive bedarf aber eines interdisziplinären bzw. mehrperspektivischen Zugangs. Da es aus theologischer Perspektive zu Selfies noch keine Publikationen gibt, bietet dieses Buch neben Beiträgen von Religionspädagoginnen auch Aufsätze von Vertretern der Systematischen Theologie und der Ethik. Unerlässlich sind darüber hinaus bei diesem Thema der Anschluss an die relevanten Diskurse der Medienwissenschaften und ein Einbeziehen der empirischen Forschung. Diese Forschungsperspektiven kommen deshalb in eigenen Beiträgen zur Geltung.

Vor diesem Hintergrund ist der Band in drei Teile gegliedert. Im ersten und gleichzeitig grundlegenden Kapitel werden nach einem umfassenden Forschungsüberblick die Thesen entwickelt, auf denen die Bandkonzeption basiert, und religionspädagogische Anschlussmöglichkeiten aufgefächert.

Im Mittelteil wird das Selfie-Phänomen aus medienwissenschaftlicher, bild- und ritualtheoretischer, ethischer wie empirischer Perspektive beleuchtet. Die entsprechenden Beiträge eint, dass sie sich differenziert mit der Kritik am auffallend polarisierenden Phänomen auseinandersetzen und diese Form jugendkultureller Alltagsfotografie würdigen.

Die im dritten Kapitel enthaltenen Beiträge erkunden unterschiedliche thematische Aspekte von Selfies aus religionspädagogischer bzw. -didaktischer Perspektive. Da anthropologische und ethische Fragestellungen eng miteinander verzahnt sind, werden die Beiträge nach Schwerpunktsetzungen angeordnet. So stehen zu

Beginn jene Beiträge, in denen ein deutlicher Akzent auf der Anthropologie zu erkennen ist. In der Mitte sind diejenigen platziert, in denen die Verzahnung anthropologischer und ethischer Gesichtspunkte besonders deutlich wird, und den Abschluss bilden die Beiträge, in denen ethische Gesichtspunkte im Vordergrund stehen.

Zu den Beiträgen im Einzelnen:
Tanja Gojny gibt in ihrem einleitenden Beitrag *Mir gegenüber – vor aller Augen. Selfies als Zugang zu anthropologischen und ethischen Fragestellungen* einen Überblick über die aktuelle Selfie-Forschung und entfaltet die Grundthese des Buches. Unter Rückgriff auf Diskurse der Fotografie charakterisiert sie Selfies als Spiegel-Bilder, in denen der Mensch sich selbst gegenübertritt – und in denen einerseits ein ‚Wirklichkeitsversprechen' eingetragen ist, andererseits aber auch das Bewusstsein für die Gebrochenheit medialer Wirklichkeits-Wiedergabe. Dabei kommen auch die spezifischen Aspekte der fotografischen Selbstbespiegelung durch Selfies in den Blick, etwa die ihnen eingeschriebene zeitliche Differenz, die Notwendigkeit zur eigenen Inszenierung, zur Auswahl und der Bezug zu (Teil-)Öffentlichkeiten. Diese Überlegungen münden in eine Zusammenschau von Themen und Fragen, zu denen Selfies in religionspädagogischen Zusammenhängen einen Zugang bieten können, sowie in eine medienpädagogische Kontextualisierung.

Den Ausgangspunkt des kommunikationswissenschaftlichen Beitrages *Zwischen Selfie-Shaming und Selfie-Celebration. Kontroverse Perspektiven auf vernetzte Körper-(Selbst)bilder* von *Katharina Lobinger* bildet die Beobachtung, dass nicht-professionelle Bilder, insbesondere Selbstdarstellungen, häufig Gegenstand kritischer Reflexionen sind, die jedoch einer Überprüfung bedürfen. Im Anschluss an diese Wahrnehmung wird die erkenntnisleitende Frage nach den Chancen und Risiken von Selfies als Elementen der Selbstbeobachtung und Auseinandersetzung mit Körpern entwickelt, indem das Selfie als kulturelle Form ernst genommen wird. Dabei zeigt die Autorin, dass mit Selfies neben Ermächtigungs- auch Entmächtigungspotential aufgrund hegemonialer Inszenierungen einhergehen kann. Im Beitrag wird abschließend dafür plädiert, den Forschungsfokus auf die Selfie-Praktiken zu legen, um dem Selfie als Kommunikationsphänomen gerecht zu werden.

In seinem Essay *Selfie, Belfie, Footsie und Nudie. Das Wörterbuch der Selbstentblößung* arbeitet *Klaas Huizing* in drei Leseschritten darauf hin, die neue Form der Spontanfotografie als kulturellen Beitrag zur Empathieschulung zu verstehen. Dafür zieht der Autor bild- und fotografietheoretische Perspektiven u. a. aus Frankreich sowie ritualtheoretische und schamtheoretische Lesarten heran. Die inszenierte Nähe, so eine der Thesen des Autors, bleibt jedoch letztendlich auch bei (erotischen) Selfies ein Rätsel.

Michael Bauer macht in seinem Beitrag den Narzissmusvorwurf gegenüber dem Selfiephänomen zum Ausgangspunkt seiner Frage danach, ob das Selfieposting für das Individuum oder gar für die Gesellschaft, die anscheinend von dessen Narzissmus infiziert zu werden bedroht ist, eine Gefahr darstellt. In *#selfie #Narzissmus #ethische_Debatte?_Argumente* erarbeitet Bauer zuerst den Narzissmusbegriff, dessen Verwendung ihm als theoretischer Bezugshorizont für die Auseinandersetzung mit empirischen Studien und deren Messinstrumenten dient. Gleichzeitig sucht der Autor damit Schwächen in der Apologie des Selfiephänomens zu umgehen. Abschließend werden an die theologische (Medien-)Ethik fünf Denkanstöße adressiert, die sich aus der Analyse ergeben.

Da auf Selfies überwiegend glückliche, gut aussehende und/oder erfolgreiche Menschen zu sehen sind, geht *Kathrin S. Kürzinger* in ihrem Beitrag „*bei glücklichen Selfies hast deine ruhe" Selfies als Gradmesser des Glücks der aktuellen Jugendgeneration? Eine empirische Analyse* der Frage nach dem Zusammenhang von Glück und Selfies nach. Anhand einer explorativen Interviewstudie wird die Ansicht von Jugendlichen und jungen Erwachsenen zu dieser Fragestellung erhoben. In der Auswertung der qualitativen Leitfadeninterviews kommt die Autorin zu vier Glücksdimensionen, die teilweise miteinander verknüpft sind. Abschließend wird exemplarisch aufgezeigt, wie diese als Zugang zum Philosophieren mit SchülerInnen über Lebensglück und Lebenssinn genutzt werden können.

Der Zusammenhang von Identität und Selfies ist auf den ersten Blick geradezu offensichtlich, und dennoch zeigt sich auf den zweiten Blick die Vielschichtigkeit von Identitätskonstruktionen auf digitalen Selbstporträts. In ihrem Beitrag „*So bin ich – bin ich so?" Identität und Spiegelungen des Selbst in Selfies und Selbstporträts* geht *Kathrin S. Kürzinger* diesem Phänomen nach und legt dafür das Identitätskonzept von Henning Luther zugrunde, der das Fragmentarische von Identität insbesondere aus christlicher Perspektive stark gemacht hat. So zeigt Kürzinger anhand diverser Dimensionen von Identität wie (gendertypische) Rollenbilder, Inszenierung von Persönlichkeit oder dem Zusammenhang von Identität und Sozialität auf, wie sich das Fragmentarische von Identität im Medium Selfie darstellt. Diese Überlegungen resultieren in religionsdidaktische Konkretionen zur Identitätsarbeit mit Selfies.

Monika E. Fuchs fragt in ihrem Beitrag *Sehen und gesehen werden – religionspädagogische Impulse zum Spannungsfeld von Selbstbild, Abbild und Ebenbild* danach, ob und, wenn ja, wie sich eine dezidiert theologische Anthropologie in eine Auseinandersetzung mit Selfies einbringen lässt. Der im Selfie deutlich werdenden anthropologischen Grundsituation der Selbstreflexion stellt sie die theologischen Grundfiguren Gottebenbildlichkeit und Gestaltungsauftrag gegenüber, welche der medial-anthropologischen Ebene zwar korrespondieren, nicht aber aus ihr abgeleitet werden können. Sowohl als Selbst- wie auch als Abbilder bieten Selfies allein immanente Spiegelungen mit einem Fokus auf dem Äußeren von Menschen. Aus der – kritischen – Perspektive theologischer Anthropologie ergibt sich so eine Reihe von Spannungsfeldern, die die Autorin genauso entfaltet wie medienpädagogische Herausforderungen in den Schnittfeldern Begegnung, Bewertung und Beziehung.

Britta Konz verknüpft in ihrem Beitrag *Selfies als Ausgangspunkt des Theologisierens mit Kunst* ästhetisches Lernen mit Theologisieren. Die Autorin plädiert dafür, Selfies als kreative Selbstdarstellungen und künstlerische Ausdrucksformen von Jugendlichen und daher als Teil der medialen Alltagskultur von SchülerInnen ernst zu nehmen. Inwiefern Selfies im Religionsunterricht zum Anlass für das Theologisieren mit Kunst werden können, zeigt Konz schließlich exemplarisch anhand des Nachdenkens über Ebenbildlichkeit und Sterblichkeit auf. In Bezug auf Vergänglichkeit macht Konz dabei auch den Erinnerungsaspekt im Identitätsbildungsprozess stark und verweist nicht zuletzt auf Erinnerung als konstitutiven Faktor von Religionen wie Judentum und Christentum.

Ausgehend von einem weiten Inklusionsbegriff, der Inklusion als gerechte Teilhabe und als Zusammenleben von Menschen in Vielfalt versteht, fragt *Ulrike Witten* in ihrem Beitrag *#Selfies und #Inklusion? Überlegungen zum Inklusionspotenzial von Selfies im Religionsunterricht* kritisch nach dem Inklusionspotenzial von Selfies. Anhand der Heterogenitätsmerkmale soziale Herkunft, Alter und Gesundheit zeigt die Autorin auf, wodurch Selfies Menschen in ihren Teilhabemöglichkeiten begrenzen können, und entfaltet so zunächst das Exklusionspotenzial von Selfies. Anschließend wird u. a. die politische Dimension des Inklusionspotenzials von Selfies im Sinne gesellschaftlicher Teilhabe im virtuellen Raum exemplarisch anhand eines Selfies von Ai Weiwei dargestellt. Den letzten Teil des Beitrags bilden didaktische Schlussfolgerungen, mit denen die vorab aufgezeigten exkludierenden sowie inkludierenden Dimensionen von Selfies für den Religionsunterricht fruchtbar gemacht werden.

Im Zentrum des Beitrages *Selfie oder Nolfie? Ein Abwägungsphänomen als Chance für ethische Lernprozesse* von *Susanne Schwarz* steht das Nolfie als mitkonstituierte Kehrseite des Selfies. Fragt die Autorin zunächst nach den Konstitutionsbedingungen des nicht geschossenen oder geposteten Selfies, wendet sie sich in einem zweiten Schritt dem Abwägungs- bzw. Entscheidungsprozess der NutzerInnen zu. In diesem Entscheidungsprozess identifiziert sie ethische Implikationen, die sie mit drei theologischen Lesarten ins Verhältnis setzt und anschließend religionspädagogisch einordnet wie reflektiert. Sie plädiert dafür, nicht nur dieses digitale Alltagsphänomen innerhalb religionsdidaktischer Ansätze zu verorten, sondern auch die religionsdidaktischen Ansätze auf ihre Anschlussfähigkeit für die digitalisierte Lebenswelt hin zu überprüfen und ggf. zu modifizieren.

Die Idee zu diesem Band entstand bei einem Oberseminar am Lehrstuhl für Religionspädagogik und Didaktik des Religionsunterrichts der Julius-Maximilians-Universität Würzburg im Sommersemester 2015 auf der Suche nach fundierten religionsdidaktischen Zugängen zu individualethischen Fragestellungen. Wir danken Martha Römer und Sarah Schickell für ihre aktive Beteiligung an der Ideenfindung und ersten Entfaltung der Bandkonzeption.

Besonders herzlich danken wir allen Autorinnen und Autoren für ihre unterschiedlichen wie aufschlussreichen Beiträge und die angenehme Zusammenarbeit.

Für namhafte Zuschüsse zu den Druckkosten bedanken wir uns ganz herzlich bei der Frau Dorothea und Dr. Dr. Richard Zantner-Busch-Stiftung, der Evangelisch-Lutherischen Kirche in Bayern, der Evangelischen Kirche in Deutschland, der Evangelischen Kirche von Kurhessen-Waldeck, der Evangelischen Landeskirche in Baden, der Evangelischen Kirche in Hessen und Nassau sowie der Evangelisch-Lutherischen Kirche in Oldenburg.

Herrn Dr. Weigert vom Kohlhammer-Verlag danken wir für die äußerst kompetente und gründliche Begleitung des Bandes und Frau Töcker für die schnelle und unkomplizierte Erstellung der Druckvorlage.

Den ReihenherausgeberInnen Prof. Dr. Rita Burrichter, Prof. Dr. Bernhard Grümme, Prof. Dr. Hans Mendl, Prof. Dr. Manfred L. Pirner, Prof. Dr. Martin Rothgangel und Prof. Dr. Thomas Schlag sei für die Aufnahme unseres Bandes in die Reihe „Religionspädagogik innovativ" gedankt.

Erlangen, Augsburg, Berlin im Juli 2016
Tanja Gojny, Kathrin S. Kürzinger, Susanne Schwarz

I
Anthropologische und ethische Implikationen digitaler Selbst-Bespiegelung: Grundlegende Überlegungen

Tanja Gojny

Mir gegenüber – vor aller Augen

Selfies als Zugang zu anthropologischen und ethischen Fragestellungen

1 Selfie – Phänomene und Begriff

„*Ego Update. Die Zukunft der digitalen Identität*" – mit diesem Thema beschäftigte sich vom 19.9.2015 bis zum 17.1.2016 eine Ausstellung in Düsseldorf (Bieber 2015, 14), der ‚Selfie-Hauptstadt' Deutschlands. Sie setzte sich damit auseinander, inwiefern sich die „Grundfrage der Menschheit ‚Wer bin ich?' unter dem Einfluss digitaler Medien ausprägt, verändert und weiterentwickelt." (ebd.) Diese Ausstellung ist nur ein Beispiel dafür, dass die Allgegenwart von Selfies zunehmend danach drängt, auch künstlerisch und wissenschaftlich reflektiert zu werden.

Jugendliche erstellen und posten Selfies in großer Zahl: In einer österreichischen Studie zur ‚Generation Selfie' von 2014 zeigte sich, dass 57 % der 14–29-Jährigen Selfies macht und über Netzwerke verbreitet,[1] nach der JIM-Studie von 2015 machen 27 % der Jugendlichen täglich Fotos, 27 % mehrmals die Woche (vgl. JIM-Studie 2015, 11) – davon sicherlich auch viele Selfies. Darüber hinaus begegnen sie selbst einer Fülle von Selfies – von Freunden und Bekannten, aber auch von Prominenten – und rezipieren ggf. Medienberichte, die Selfies immer wieder zum Thema machen. Typische Beiträge geben Tipps für erfolgreiche Selfies und warnen vor peinlichen Auftritten,[2] ergehen sich in kulturpessimistischen Überlegungen zur selbstverliebten ‚Generation Selfie'[3] oder verteidigen eine entsprechende Praxis,[4] berichten über gefährliche Trends bei jugendlichen Selfie-Fotografinnen wie z. B. ‚Gleis-Selfies' als Inszenierung inniger Verbundenheit ‚bester Freundinnen'[5] oder belächeln Kriminelle, die mit ihrer Selfie-Sucht die Arbeit der Poli-

---

[1] Vgl. http://jugendkultur.at/generation-selfie/ [abgerufen am 23.2.2016].
[2] Vgl. „Der perfekte Selfie – Darauf müssen sie achten" (4.1.2015) (http://www.pcwelt.de/ratgeber/Der_perfekte_Selfie_-_Darauf_muessen_Sie_achten-Selbstinszenierung-8954021.html, abgerufen am 23.3.2016); 10 (Promi-)Tipps für das ideale Selfie (31.12.2013) (http://www.bild.de/digital/internet/facebook/selfie-ratgeber-10-tipps-das-ideale-33999830.bild.html, abgerufen am 23.3.2016).
[3] Vgl. z. B. Schnitzler, Kathrin, Touristen auf dem Ego-Trip (http://www.sueddeutsche.de/reise/kuriose-reisefotos-touristen-auf-dem-ego-trip-1.2472343, abgerufen am 23.3.2016).
[4] Vgl. z. B. Heine, Matthias, Das Selfie ist ein Foto-Quicki mit sich selbst (19.11.2013) (http://www.welt.de/kultur/article122047331/Das-Selfie-ist-ein-Foto-Quickie-mit-sich-selbst.html, abgerufen am 23.3.2016).
[5] Vgl. z. B. Bernstein, Martin, Lebensgefährliche Selfies (26.5.2015), (http://www.sueddeutsche.de/muenchen/zwischen-den-gleisen-lebensgefaehrliche-selfies-1.2494531, abgerufen am 23.3.2016); „So gefährlich sind Selfies" (22.9.2015) (http://www.sueddeutsche.de/panorama/todesursachen-so-gefaehrlich-sind-selfies-1.2658849, abgerufen am 23.3.2016); „Selfies auf Gleisen: Gefährliche Kulisse" (18.6.2015) (http://www.spiegel.de/unispiegel/studium/gefaehrlicher-trend-jugendliche-machen-selfies-auf-gleisen-a-1038797.html, abgerufen am 23.3.2016).

zei erleichtern.[6] Abgeflaut ist der globale Selfie-Trend bislang noch nicht, es wandeln sich aber die Moden. Als mögliche Zukunftstrends gelten Selfies zur Authentifizierung für Kreditkarten,[7] ‚bewegte' Selfies (vgl. Klau 2014, 18) und 3-D-Selfies, die auch als Selfies der zweieinhalbten Dimension bezeichnet werden (vgl. Coupland 2015, 28).

Angesichts der Verbreitung des Selfie-Phänomens mag man kaum glauben, dass der Begriff keine 15 Jahre alt ist, offensichtlich tauchte er zum ersten Mal 2002 in einem australischen Online Forum auf (vgl. Harad 2014, 79). 2013 kürte ihn das Oxford Dictionary zum Wort des Jahres aufgrund der rasanten Zunahme des Gebrauchs des Begriffs – er konnte in diesem Jahr 17 000 % Zuwachs verzeichnen (vgl. Donnachie 2015, 52). Dort wird ‚Selfie' wie folgt definiert: „a photograph that one has taken of oneself, typically one taken with a smartphone or webcam and uploaded to a social media website" (zit. nach Autenrieth 2014a, 52). Wie Ulla Autenrieth zu Recht betont, ist bei dieser Begriffsbestimmung zentral, dass das ‚Selfie' einerseits von der abgelichteten Person bzw. den abgelichteten Personen selbst gemacht wurde und dass es über soziale Netzwerke verbreitet wird (vgl. ebd.).

Es wird diskutiert, inwiefern Selfies tatsächlich ein neues Phänomen darstellen, da es in der Fotografie-Geschichte eine Reihe von Erscheinungen gibt, die Ähnlichkeiten mit diesen aufweisen, wie der Typ des fotografischen Selbstporträts vorm Spiegel und die Automaten- und Polaroid-Sofortbilder (vgl. ebd.).[8] Weitere Linien lassen sich zur Porträtkunst in der bildenden Kunst ziehen, aber auch dort, wo Selfies als Form von Selbstporträts verstanden werden, gelten sie inzwischen als „eigenes visuelles Genre" (Saltz 2015, 32).[9] Mit Ulla Autenrieth und anderen kann als entscheidendes Selfie-Merkmal die „Kombination des Selbstbildnisses mit der anschließenden Distribution und Verhandlung über entsprechende Medienkanäle", also „seine Verwendung als Kommunikationsmittel" (Autenrieth 2014a, 52) gelten (vgl. Ullrich 2015, 33; Rubinstein 2015, 166, 172, 174; Levin 2015,

---

[6] Vgl. z. B. „Selfies mit Brecheisen und Süßigkeiten" (25.5.2015) (http://www.morgenpost.de/berlin/polizeibericht/article141306926/Selfies-mit-Brecheisen-und-Suessigkeiten-Jugendliche-Diebe-festgenommen.html, abgerufen am 23.3.2016); „10 bekloppte Selfies auf denen die Festnahme folgte" (7.10.2015) (http://www.bild.de/news/ausland/selfie/auf-diese-selfies-steht-gefaengnis-35710366.bild.html, abgerufen am 23.3.2016).

[7] Vgl. z. B. Martin-Jung, Helmut, Ein Augenzwinkern genügt, http://www.sueddeutsche.de/wirtschaft/zahlen-per-selfie-ein-augenzwinkern-genuegt-1.2558288 [abgerufen am 23.3.2015].

[8] Vgl. für einen Überblick über die Geschichte des Selfies und dessen Vorgänger: Mackenzie 2014; Saltz 2015.

[9] Saltz beschreibt das Phänomen wie folgt: „Wir leben im Zeitalter der Selfies. Ein Selbstporträt, das schnell mit der Kamera eines Smartphones gemacht und sofort in einem Netzwerk verbreitet und eingeschrieben wird, ist die unmittelbare visuelle Kommunikation darüber, wo wir sind, was wir tun, wer wir zu sein glauben und wen wir als Zuschauer vermuten. Selfies haben Aspekte der sozialen Interaktion, der Körpersprache, des Selbstbewusstseins, der Privatsphäre und des Humors verändert und Zeitlichkeit, Ironie und unser öffentliches Verhalten umgestaltet. Es ist zu einem neuen visuellen Genre geworden – einer Form des Selbstportraits, das sich formal von allen anderen in der Geschichte unterscheidet. Selfies haben ihre eigene strukturelle Autonomie. Für die Kunst ist das ein riesiges Ereignis" (ebd.).

100).¹⁰ Ein Konsens bahnt sich auch in der Einschätzung der Besonderheit der ‚Präsentationslogik' von Selfies in sozialen Medien an: Entscheidend ist ihre „Bedeutung für den Moment, wie beispielsweise bei der auf kontinuierlicher Aktualisierung basierenden Timeline bei Facebook oder den sich selbst nach wenigen Sekunden löschenden Fotos bei Snapchat ersichtlich ist" (Autenrieth 2014a, 52; vgl. auch Ullrich 2015, 35). Ebenso charakteristisch hierfür ist der Umstand, dass beim Betrachten von Selfies meistens die Person, die sie gemacht hat, nicht selbst anwesend ist, und – daraus folgend – die Angewiesenheit auf schriftliche Kommentierung (vgl. ebd.). Als weiteres in den Bildern selbst sichtbares Kennzeichen von Selfies kann gelten, dass diese die Aufnahmesituation selbst abbilden, indem sie den Arm zeigen, der die Kamera hält, bzw. einen Spiegel (vgl. Saltz 2015, 34). Durch die vergleichbare Aufnahme-Situation und dem damit verbundenen Charakter als Nah-Aufnahmen ähneln sich Selfies stark (vgl. Wendt 2014, 45) – ein Umstand, der die Differenzen zwischen den Bildern gerade betont, so dass sie zu einem „Anstoß zum Unterscheiden" (Rubinstein 2015, 176) werden können. Das Phänomen, dass sich viele „auf Selfies mit verzerrten, grimassenhaften, exaltierten Gesichtszügen präsentieren", lässt sich mit Wolfgang Ullrich durch eine Anlehnung an die Emoticons erklären (Ullrich 2015, 32). Dass die Besonderheit von Selfies im Vergleich zu anderen Formen der bildlichen (Selbst-)Porträtierung in der Auseinandersetzung mit dem Phänomen betont wird, leuchtet ein. Nicht übersehen werden darf dabei freilich, dass auch konventionelle Porträtfotografie häufig medial übermittelt wird und auch schon bei der Produktion auf die Selbstdarstellung u. a. im Netz ausgerichtet ist.

Diesem Beitrag und dem vorliegenden Band insgesamt liegt die Überzeugung zugrunde, dass es sich lohnt, Selfies theologisch und vor allem religionspädagogisch genauer in den Blick zu nehmen. Sie sind nicht nur ein aktueller Trend und Teil jugendlicher Lebenswelten, sondern auch ein Zeichen dafür, wie sich die Kommunikation (nicht nur) junger Menschen im Zeitalter der digitalen Revolution verändert und ausprägt. Diese findet ganz wesentlich auch über Social Media statt und ist nicht nur wort-, sondern auch bildsprachlich verfasst. Blickt man mit diesem Interesse auf Selfies, ist zum einen wichtig, die Spezifik von Selfies und damit den konstitutiven Zusammenhang mit der Selbstdarstellung im Netz im Auge zu behalten. Zum anderen kann ein Bewusstsein für die Verbindungslinien zu anderen Formen von bildlicher Selbstbetrachtung aber auch deutlich machen, dass es jeweils dort um Situationen geht, in denen sich der Mensch selbst wie in einem Spiegel gegenübertritt.

Zunächst soll im Folgenden diese ‚Spiegel-Funktion' *fotografischer (Selbst-) Porträts von Selfies* beleuchtet werden (2). Danach wird in einem weiteren Punkt (3) ein Überblick über die vor einigen Jahren begonnene *wissenschaftliche Auseinandersetzung mit Selfies* gegeben; außerdem wird aufgezeigt, welche Aspekte aus der Social-Media-Forschung für die religionspädagogische bzw. religionsdidaktische Auseinandersetzung mit Selfies besonders relevant sind. In einem

---

10 Levin versteht Selfies als „Knoten", „als einzigartige Aspekte der zeitgenössischen Kommunikationsnetzwerke, deren ‚Affekte' auf die gewaltige Menge an Interaktionen von Nutzern abfärben, nur um im digitalen Milieu neu erfunden zu werden" (ebd.).

weiteren Schritt (4) soll gezeigt werden, *inwiefern Selfies einen Zugang zu anthropologisch-ethischen Themen* bieten können. Zuletzt (5) wird auf *medienpädagogische Implikationen* eingegangen.

2 Das Selfie und ich – mein Foto von mir als eine besondere ‚Spiegel-Situation'

Abb. 1: Foto: racorn/shutterstock

2.1 Selfies als ‚Spiegel-Situationen'

Selfies sind im Hinblick auf den Religionsunterricht nicht nur deshalb interessant, weil sie in unterschiedlichen Lebenswelten Jugendlicher eine Rolle spielen und auch auf längere Sicht spielen dürften, selbst wenn das Selfie als Mega-Trend bald überholt sein mag. Selfies können verstanden werden als „Spiegel, die wir einfrieren können" (Coupland 2015, 24).[11] Damit ermöglichen sie – wie auch andere Bilder von der eigenen Person – einen spezifischen Zugang zur Reflexion der anthropologischen Grundsituation: Ähnlich wie Spiegelbilder können Selfies als Momentaufnahmen der eigenen Person Anlass bieten zu Korrekturen an Frisur und Makeup oder aber auch zu all den Überlegungen und Gedanken, zu denen auch andere Spiegelsituationen Impulse geben: Wie sehe ich mich? Wie sehen mich die anderen? Bin ich so, wie ich aussehe? Wäre ich anders, wenn ich anders aussehen würde? …[12]

---

[11] Coupland bedenkt durchaus die Spezifik dieser Selfie-Spiegel-Situation: „Selfies lassen dabei zusehen, wie andere sich selbst im Spiegel angucken und ihr Modelgesicht ziehen, wenn gerade niemand da ist … nur, dass heutzutage immer jeder überall ist" (ebd.). Auf die Spiegel-Funktion von Selfies weist auch Bent Fausing hin (vgl. Fausing 2014).

[12] Wendt gibt zu bedenken, dass Instagram die für ein Selbstporträt benötigte Zeit erheblich verringert hat, und damit auch den Raum für Selbst-Reflexion vor oder nach der Aufnahme (vgl.

Es ist aus psychologischer Perspektive kein Zufall, dass der Mensch in dem Moment lernt Ich zu sagen, wenn er beginnt, „sich selbst im Spiegel zu identifizieren und damit die reflexive Dimension des menschlichen Denkens zu entdecken: Ich bin in der Lage, über mich selbst nachzudenken, und ich bin noch dazu in der Lage, mir selbst beim Nachdenken über mich selbst nachdenklich zuzusehen." (Haberer 2015, 77). Der Mensch als ein ‚Spiegelwesen' vermag es, Abstand von sich selbst zu nehmen und zugleich Subjekt und Objekt des Erkennens zu sein. Bereits die in Literatur und bildender Kunst häufig verwendete Metapher des Spiegels[13] eignet sich hervorragend, einen Zugang zu Grundfragen der Anthropologie und Ethik sowie zur ästhetischen Bildung zu gewinnen.[14] Das Hineindenken, das Ausprobieren und das kreative Gestalten vielfältiger Spiegel-Situationen ermöglichen ästhetische Erfahrungen und stiften zur Urteilsbildung an (vgl. Kirchner u. a. 2006b). Die inhaltliche Nähe von Selfies zur ‚Spiegel-Situation' des Menschen zeigt sich häufig direkt in diesen selbst: Viele Selfies entstanden bzw. entstehen vor Spiegeln bzw. spiegelnden Oberflächen (vgl. Donnachie 2015, 52, 72f.), auch wenn Spiegel-Selfies z. T. inzwischen als unmodern gelten.[15] Überdies spiegelt sich derjenige, der ein Selfie machen möchte, im Bildschirm des Geräts (vgl. ebd., 74).

Vor allem zwei Aspekte, die bereits der ‚normalen' Situation des Menschen vor dem Spiegel inhärent sind, treten auch bei Selfies in besonderer Deutlichkeit hervor: Diese sollen im Folgenden beschrieben werden, bevor dann Gesichtspunkte in den Fokus rücken, die die Besonderheit des Selfie-Spiegelns (als spezifische Form fotografischer Selbst-Bespiegelung) akzentuieren.

Reflexionsinstrument der Wahrnehmung und Deutung
Spiegel gelten zu Recht als Werkzeuge der Hermeneutik, denn im Spiegel ist das Dargestellte immer in einer bestimmten Weise zu sehen: Nur ein Wirklichkeitsausschnitt ist sichtbar, dieser erscheint gerahmt und wird in dieser Rahmung zum Bild. Es gibt Brechungen, kleine Verzerrungen, die deutlich machen, dass die gespiegelte Wirklichkeit nicht einfach deckungsgleich ist mit dem, was sich hinter bzw. vor dem Spiegel befindet (vgl. Reuter 2007, 4). Und nicht zuletzt erscheint alles ‚spiegelverkehrt'. In ähnlicher Weise gilt die Fotografie, die nicht nur durch Spiegelreflexkameras einen engen Bezug zu Spiegeln hat, als „Reflexionsmedium der Wahrnehmung" (Stiegler 2010, 10), da es bei ihr immer auch um „eine Reflexion über das Sehen und das Gesehene" (ebd.) geht. Bei jedem Foto ist entscheidend, welcher Ausschnitt gewählt wird, welche Perspektive eingenommen wird, ob und wie gezoomt wird, wie die Belichtung eingestellt wird, etc.

Wendt 2014, 24). Dieser technische Aspekt kann tatsächlich die Intensität der Auseinandersetzung beeinflussen, hauptsächlich wird es aber von der Situation abhängen, in der man sich (im Spiegel, auf einem Porträtfoto oder einem Selfie) anschaut, ob ein entsprechender Impuls zur Selbst-Reflexion ausgeht.

[13] Vgl. folgende Überblickswerke: Polt-Heinzl/Schmidjell 2009; Witthöft 1998; Dahms 2012.
[14] Vgl. z. B. den Zugang über Spiegelungen in dem gleichnamigen Band aus der Religionsbuchreihe Ortswechsel (vgl. Gojny u. a., 2013), sowie mehrere Beiträge in dem Band „Ästhetische Bildung und Identität", z. B. Spinner 2006; Czerny/Spinner 2006.
[15] Vgl. z. B. http://www.bild.de/digital/internet/facebook/selfie-ratgeber-10-tipps-das-ideale-33999 830.bild.html [abgerufen am 4.12.2015].

Bleibendes Wirklichkeitsversprechen

Auch wenn jede theoretische Auseinandersetzung mit Spiegeln und Fotografien betont, dass ‚die Wirklichkeit' in diesen Medien nicht einfach 1:1 wiedergegeben wird, so gehört doch zu beiden Medien ein implizierter Anspruch auf eine möglichst genaue ‚Widerspiegelung' der Wirklichkeit dazu. Im Hinblick auf die Fotografie gilt als Konsens, dass diese verstanden werden kann als „radikaler Zweifel an der Evidenz des Sichtbaren und zugleich seine emphatische Proklamierung" (ebd.). Von einem Spiegel erwartet man in aller Regel, dass es eine möglichst weitgehende Entsprechung von dem Gespiegelten und dem Spiegelbild gibt, dass er die Realität also möglichst objektiv wiedergibt. Lange Zeit galten Fotos als Garanten für eine realistische Abbildung der Realität nach dem Motto: „Es ist photographiert worden, also existiert es!" (Pawek 1963, 58) Auch wenn man natürlich um die Manipulierbarkeit von Fotos weiß, die durch digitale Bearbeitungen noch deutlich leichter geworden ist, wird die Medialität von Fotos häufig übersehen. Volker Wortmann beschreibt dieses Phänomen so: „Zumeist […] sehen wir das Medium nicht, sehen vielmehr die vermeintliche Wirklichkeit hinter dem Bild; nicht, weil es uns an Einsicht ermangelte, eher schon, weil das Wirklichkeitsversprechen der Fotografie zu verlockend erscheint, als dass man es ausschlagen könnte. Die Wirkmächtigkeit dieses Versprechens lässt sich nicht so ohne weiteres erledigen – die Evidenz der apparativ generierten Bilder ist schlagend, und doch ist dieses Versprechen kein technisches, es ist ein kulturell gewordenes, der Geschichte der Fotografie sozusagen abgerungenes" (Wortmann 2004, 11). Aufrechterhalten wird es nicht zuletzt durch die Verwendung von Fotos bei Gericht, bei Versicherungen und auch im Journalismus, wo sie nach wie vor Identifizierungs- und Beweisfunktionen übernehmen. Auch private Fotografie, insbesondere die Reisefotografie mit ihrer Ich-war-da-Logik und sog. ‚Schnappschüsse' haben Anteil an diesem Wirklichkeitsversprechen. Für die Produktion von guten Selfies werden immer wieder nicht nur im Internet Tipps gegeben, wie durch eine bewusste Inszenierung Selbst-Bildnisse entstehen, die bei aller Konstruiertheit doch den Charme des Natürlichen und Unangestrengten versprühen.[16] Umgekehrt ergeben medienethische Überlegungen zu Bildern, die ‚verfälschen' oder ‚lügen', nur dann Sinn, wenn der Anspruch einer möglichst objektiven ‚Wirklichkeits'-Wiedergabe aufrechterhalten wird.

2.2 Spezifik fotografischer Spiegel-Situationen

Das Besondere an Selfies und anderen Fotos von einem selbst ist, dass die Spiegel-Situation des Menschen, der sich selbst gegenübertritt, um entscheidende Aspekte erweitert wird.

---

[16] Vgl. z. B. den Rat „Seien Sie natürlich, authentisch und ganz Sie selbst" im Beitrag von Karoline Herr, „Das perfekte Selfie" (http://www.elle.de/lifestyle-tipps-tricks-das-perfekte-selfie-205401.html, abgerufen am 23.3.2016).

Zeitliche Differenz
Zunächst ist dabei die zeitliche Differenz zu nennen, die noch stärker als in der ‚klassischen' Situation des Menschen vorm Spiegel hervortritt (vgl. Haus 2006, 93). Wenn man Fotos anschaut, und sei es nur wenige Sekunden nach ihrem Entstehen, ist der in ihnen festgehaltene Moment bereits Vergangenheit. Indem ich ein Foto von mir anschaue, blicke ich zurück. Gleichzeitig ist das Fotografieren nicht zu denken ohne die Zukunftsdimension: Fotografiert wird, um sich ‚später' diese Fotos anschauen zu können und sie anderen zu zeigen. „Während der Gegenwart in der Zukunft die Vergangenheit anschauen" (Schmolling 2006, 70) – so beschreibt ein Mitglied auf fotofieber diesen Zusammenhang von Foto und Zeit. Ein anderer schreibt treffend, Fotografieren sei „eine möglichkeit im leben, die pausentaste zu drücken" (ebd.). In der philosophischen Auseinandersetzung mit Fotografie spielt nicht umsonst der Gedanke, dass Fotos in gewisser Weise als „memento mori" fungieren, eine wichtige Rolle.[17]

Fotos zeigen nicht selbst Geschichte, sondern „verschiedene Formen, Geschichte zu visualisieren" (Stiegler 2005, 9) – dieser Gedanke lässt sich auch auf die (Selbst-)Visualisierung der eigenen Lebensgeschichte übertragen. Auch wenn bei Selfies intentional nicht der Erinnerungsaspekt, sondern der Gegenwartsbezug im Mittelpunkt steht und sie sich daher nicht „prospektivisch auf Vergangenheit" (Levin 2015, 104; vgl. Saltz 2015, 38) richten oder zumindest weniger als konventionelle Fotografie: Beim Ansehen älterer Selfies ist die zeitliche Differenz von Bedeutung.

Frage der Auswahl
Die Möglichkeit, Spiegelbilder ‚einzufrieren', nötigt – trotz massenhafter Bildproduktion – zur Auswahl. Da eben doch nicht alles und immer fotografiert wird, lässt sich fragen: Wann fotografieren sich (junge) Menschen selbst? Was wollen sie festhalten? Warum? Was sollen andere Menschen von ihnen sehen? Welche Selbstdarstellungen zeigen Kinder und Jugendliche von sich und welche Rollen probieren sie dabei spielerisch aus? Wie verbergen sie sich dabei hinter bestimmten Masken und was zeigen sie von sich gerade in der Wahl spezifischer Verkleidungen? Ebenso interessant ist es aber auch, danach zu fragen, wann Menschen keine Lust verspüren, Fotos zu machen. Homo Faber hört auf zu filmen, als er gelernt hat, sich auf das Leben einzulassen; Hape Kerkeling verzichtet in „Ich bin dann mal weg" bewusst auf ein Foto, als ihm im ‚Tal der Steinmännchen' bewusst wird, dass er einen ganz besonderen Moment erlebt, der nicht ins Bild gesetzt werden kann (vgl. Kerkeling 2010, 71). Gerade im Hinblick auf die ‚Generation Selfie' stellen sich Fragen wie diese: Warum machen Menschen, die ständig Fotos von sich schießen, in manchen Momenten keine Fotos? Was zeichnet solche Mo-

---

[17] Vgl. das berühmte Zitat Sontags: „Jede Fotografie ist eine Art *memento mori*. Fotografieren bedeutet teilnehmen an der Sterblichkeit, Verletzlichkeit und Wandelbarkeit anderer Menschen (oder Dinge). Eben dadurch, daß sie diesen einen Moment herausgreifen und erstarren lassen, beugen alle Fotografien das unerbittliche Verfließen der Zeit." (Sontag 2013, 21). Vgl. auch den Beitrag von Konz in diesem Band.

mente aus? Sind sie einfach zu langweilig oder zu intim? Bieten sie Anlass zur Scham?[18]

Die Frage der Auswahl stellt sich nicht nur im Hinblick auf die Entstehung von Selbstporträts, sondern auch im Hinblick darauf, ob und wie Selfies archiviert und über Social Network Sites kommuniziert werden. Die Bildauswahl ist insofern immer auch Teil einer – mehr oder weniger bewussten – privaten oder soziokulturellen ‚Erinnerungspolitik', die nicht zuletzt deshalb so wichtig ist, weil Fotos von einem bleiben, wenn man gestorben ist (vgl. Nord 2014c).[19]

Inszenierung
Fotografische (Selbst)porträts haben in aller Regel das Ziel, die dargestellte Person gut zu präsentieren – sei es im Zusammenhang von Bewerbungen, Datingkontexten oder auch von Familienfotografie. Insbesondere bei Selfies spielt der Aspekt der ‚Pose', der „als ein grundlegender Mechanismus der Selbstdarstellung die Schnittstelle zwischen der gesellschaftlichen und der psychischen Dimension von Repräsentation" (Holschbach 2003, 12) bildet, eine entscheidende Rolle. Dieses ‚Posieren' vor der Kamera hat bereits zu Zeiten der Analog-Fotografie unterschiedliche Wertungen erfahren: Auf der einen Seite hat es Kritik hervorgerufen, ebenso aber auch eine kritische Auseinandersetzung mit einem „Moralismus, der die Enteignung des Subjektes durch den Akt des Fotografiertwerdens beklagt" (ebd., 13). Ganz ähnlich provoziert das ‚Posen' für Selfies Kritik und Gegen-Kritik.

Vor aller Augen
Der Blick in den Spiegel wird von den meisten Menschen als intime Situation verstanden. Er ändert sich, wenn Andere anwesend sind, wenn der eigene Blick in den Spiegel beobachtet wird. Gegenläufig zur möglichen intimen Aufnahmesituation bei Selfies, die sich an die ‚klassische' Situation des Menschen vorm Spiegel annähert, ist eine Ausweitung und zum Teil auch Anonymisierung des Publikums privater Fotografie.

Auch wenn in bestimmten Bereichen der Fotografie, insbesondere der ‚Schnappschussfotografie', Ideale wie ‚Natürlichkeit', ‚Spontanität', ‚Authentizität' leitend sind, können diese im Zusammenhang dieses Mediums immer nur gebrochen umgesetzt werden: Bereits die Anwesenheit einer Kamera, erst Recht das Wissen um die Möglichkeit, dass jederzeit fotografiert werden kann und wird, ändert das Bewusstsein und das Verhalten Anwesender. Der fremde Blick der Kamera beeinflusst auch den Blick der Personen auf sich selbst, weil es zu dem Bewusstsein, dass man angeschaut wird, noch hinzufügt, dass diese Außen-Sichten der eigenen Person dauerhaft gespeichert und anderen zugänglich gemacht werden können. Dabei kann der Blick der Kameras Versprechen und Bedrohung zugleich sein. Menschen, die Selfies machen, bedenken erst recht das spätere Publikum und stehen damit vor der Herausforderung, einerseits ein professionelles Ergebnis zu bieten, andererseits der Aufnahme aber auch den Anstrich von Absichtslosigkeit und ‚Authentizität' zu geben (vgl. Autenrieth 2011, 130).

---

[18] Vgl. hierzu genauer den Beitrag von Schwarz in diesem Band.
[19] Dieser Aufsatz thematisiert den Blog eines krebskranken Mädchens.

3 Forschungsperspektiven auf Selfies

Im Folgenden wird ein Überblick darüber gegeben, inwiefern und unter welchen Fragestellungen das Phänomen selbst bereits Thema wissenschaftlicher Auseinandersetzung wurde (3.1). In einem zweiten Schritt werden Ergebnisse der Social-Media-Forschung, die für eine religionspädagogische Auseinandersetzung mit Selfies relevant erscheinen, knapp dargestellt (3.2). In den Blick kommen dabei allgemeine empirische Ergebnisse zu Nutzungspraktiken Jugendlicher des Web 2.0 (3.2.1), insbesondere aber Erkenntnisse zur bildlichen Kommunikation (3.2.2). Schließlich wird danach gefragt, welche theologischen Beiträge mit Gewinn auf die Fragestellung bezogen werden können (3.2.3).

3.1 Selfies als eigenständiges Thema

Selfies sind ein beliebtes Thema in den Medien. Unter den Veröffentlichungen finden sich auch Artikel, die sich etwa aus philosophischer[20] oder soziologischer Perspektive[21] gründlicher mit dem Phänomen auseinandersetzen. Bislang ist die Anzahl der im engeren Sinne wissenschaftlichen Beiträge, die sich primär mit dem Phänomen ‚Selfie' beschäftigen, noch übersichtlich, seit 2014 wächst die Anzahl der Publikationen aber deutlich an.[22] Zu nennen sind hier aus sozialwissenschaftlicher Perspektive insbesondere der bereits erwähnte Grundsatzartikel von Ulla P. Autenrieth (Autenrieth 2014a), der die Spezifik von ‚Selfies' beschreibt und sich mit geläufiger Kritik am Phänomen auseinandersetzt, aber auch der Aufsatz „Selfies. Selbst- und Körpererkundungen Jugendlicher in einer entgrenzten Gesellschaft" von Angela Tillmann (Tillmann 2014). In dem Sammelband „New Media Culture" von 2015 findet sich ebenfalls ein Beitrag zum Thema Selfies: Christian Stiegler beschreibt aus medien- bzw. kulturwissenschaftlicher Perspektive Selfies als Form des „digitalen Selbstmanagements" (Stiegler 2015, 69), bei der es vor allem darum geht, Aufmerksamkeit zu erzielen und zu steuern. Interessante kultur- und kunstwissenschaftliche Aufsätze finden sich in den Katalogen zur bereits erwähnten Ausstellung „Ego update" sowie zur Ausstellung „Ich bin hier! Von Rembrandt zum Selfie" (vgl. v. a. Ullrich 2015). Es überrascht nicht, dass sich auch Beiträge aus wirtschaftswissenschaftlichem Kontext mit Selfies befassen, in denen sich Überlegungen finden, wie man den Wunsch vieler Menschen nach Selbstdarstellung für Interessen der Werbung und des Marketing nutzt.[23]

---

[20] Vgl. z. B. Gumbrecht, Hans Ulrich, Philosophie der Selfies? (https://www.zu-daily.de/daily/zuruf/2015/02-10_gumbrecht-philosophie-des-selfies.php, abgerufen am 23.3.2016).

[21] Vgl. z. B. Gerstlauer, Anne-Kathrin, Ich knipse, also bin ich (http://www.faz.net/aktuell/gesellschaft/menschen/selfies-ich-knipse-also-bin-ich-12496121.html, abgerufen am 23.3.2016).

[22] Berücksichtigt werden im Folgenden, die m. E. einschlägigen Beiträge (bis Erscheinen März 2016); daneben gibt es gerade im englischsprachigen Bereich eine Reihe von oft kürzeren Texten zu rechtlichen Aspekten, kunsttheoretischen Zugängen und Fragen nach dem Zusammenhang des massenhaften Knipsens von Selfies mit narzisstischen Neigungen. Für einen genaueren Überblick vgl. Senft/Baym 2015.

[23] Vgl. etwa den Beitrag von Klau, in dem das Selfie – neben „YOLO" (you only live once) und „ZERO DISTANCING" als wichtiger Bestandteil der „Brand of Me storyline" (Klau 2014, 18) betrachtet wird.

Jill Walker Rettberg geht unter anderem der vor-digitalen Geschichte von Selfies nach und weist zu Recht darauf hin, dass diese nur dann angemessen verstanden werden können, wenn man sie nicht isoliert betrachtet, sondern als Teil einer ganzen Serie von Selfies, die zusammen einen Kommunikationszusammenhang ergeben (vgl. Rettberg 2014). Zudem beleuchtet er die Bedeutung technischer und nichttechnischer ‚Filter' bei der Realitäts-Wiedergabe. Dieser Aspekt spielt auch in der ebenfalls 2014 veröffentlichten Studie von Brooke Wendt eine Rolle. Außerdem setzt sich diese mit den in Werbeanzeigen für Kameras und Smartphones zum Ausdruck kommenden Funktionen von Fotografie auseinander, den Zusammenhang von Selfies und Narzissmus sowie der Bedeutung und den Funktionen von Hashtags – darunter auch des Hashtags „Nophoto" (Wendt 2014, 38, 44).

Im April 2015 wurde vom Institut für Medienwissenschaften in Marburg eine Tagung mit dem Thema „#SELFIE. Imag(in)ing the Self in Digital Media" organisiert. In den Blick genommen wurden dabei u. a. Begriffs- und Definitionsfragen, soziale, ästhetische, technische und medienhistorische Aspekte des Selfies sowie die Stellung des Selfies in der Mediengeschichte.[24]

Empirisch untersucht wurde das Phänomen insbesondere im Zusammenhang des Projekts „Selfiecity".[25] Interessante Ergebnisse sind etwa, dass weniger ‚echte' Selfies als gedacht gemacht werden (nur 3–4 % der ermittelten Fotos wurden von den Personen selbst fotografiert), dass es offensichtlich kulturelle Unterschiede bezüglich der Art der Selbstvisualisierung gibt und dass sich Frauen häufiger als Männer selbst aufnehmen.[26] Mediales Interesse haben auch die Ergebnisse einer Studie an der Ohio State University erregt, die Zusammenhänge zwischen der Anzahl von Selfies, der Neigung zu Narzissmus und psychopathischen Neigungen untersucht und zu dem Ergebnis kommt, dass Männer, die häufig Selfies machen, besonders selbstverliebt sind und eher psychopathisch veranlagt sind als solche, die sich seltener fotografieren.[27]

---

[24] Das Programm der Tagung findet sich unter http://www.uni-marburg.de/fb09/medienwissenschaft/forschung/veranstaltungen/selfie [abgerufen am 23.3.2016]. Ende 2016 soll der Tagungsband erscheinen. Bernadette Kneidinger-Müller hat ihre Antrittsvorlesung in Bamberg zum Thema „Memes, Selfies und Co. Internethypes als Indikatoren gesellschaftlichen Wandels?" gehalten (4.12.2013); der Vortrag wurde aber nicht veröffentlicht.

[25] Für diese Studie hat der Medienwissenschaftler Lev Manovich zusammen mit einem Team über 3000 zufällig ausgewählte Instagram-Selfies (aufgenommen im Oktober 2013) in den Städten New York, Berlin, Bangkok, Sao Paulo und Moskau untersucht. Publiziert wurden die Ergebnisse von „Selfiecity" unter: http://selfiecity.net/ [abgerufen am 23.3.2016].

[26] Vgl. z. B. Lischka, Konrad, In Bangkok lächeln sie immer, in Moskau selten (http://www.spiegel.de/netzwelt/web/fotoanalyse-selfiecity-in-moskau-laecheln-sie-selten-a-954602.html, abgerufen am 23.3.2016).

[27] Vgl. Selfie-Sucht entlarvt Narzissten (9.1.2015) (http://www.faz.net/aktuell/gesellschaft/menschen/studie-selfie-sucht-entlarvt-narzissten-13360922.html, abgerufen am 23.3.2016). Vgl. zum Zusammenhang von Selfies und Narzissmus den Beitrag von Bauer in diesem Band.

3.2 Social-Media-Forschung und Selfies

3.2.1 Empirische Ergebnisse zum Umgang Jugendlicher mit Social Media

Relevant sind v. a. empirische Studien zur Mediennutzung von Jugendlichen. Zu nennen sind hier etwa die KIM- und die JIM-Studien, die der Medienpädagogische Forschungsverbund Südwest regelmäßig durchführt. Die Ergebnisse aus dem Jahr 2014 bzw. 2015 zeigen, dass sowohl bei den Kindern als auch bei den Jugendlichen die Bedeutung des Fotografierens sehr hoch ist (vgl. KIM-Studie 2014, 12; JIM-Studie 2015, 11f.). 7 % der Kinder (vgl. KIM-Studie 2014, 11) und 27 % der Jugendlichen (vgl. JIM-Studie 2015, 11) machen täglich digitale Fotos, 22 % der Kinder und 27 % der Jugendlichen mehrmals die Woche (vgl. KIM-Studie 2014, 11; JIM-Studie 2015, 11). Die Bedeutung des Versendens von Fotos (und Videos) ist bei Jugendlichen in den letzten Jahren deutlich angestiegen (vgl. JIM-Studie 2014, 47; JIM-Studie 2015, 49).[28] Einige haben auch bereits negative Erfahrungen damit gemacht: Nach der JIM-Studie von 2014 hatten 14 % erlebt, dass andere Jugendliche Fotos mit peinlichen Inhalten ohne Autorisierung des Betroffenen ins Netz stellen – 2 % mehr als im Vorjahr. Dabei steigt die Wahrscheinlichkeit, selbst zum Opfer zu werden, mit dem Alter an (vgl. JIM-Studie 2014, 40).[29]

Aus der „U-25-Studie: Kinder, Jugendliche und junge Erwachsene in der digitalen Welt" vom Deutschen Institut für Vertrauen und Sicherheit im Internet aus dem Jahr 2014 ist vor allem die Erkenntnis wichtig, dass zwar 98 % der Jugendlichen und jungen Erwachsenen und 86 % der Kinder online sind (DIVSI 2014, 11), dass aber Online-Sein jeweils ganz Unterschiedliches bedeuten kann. Unterschieden werden „Netzkulturen" (ebd., 19) bzw. „Internet-Milieus" (vgl. ebd., 26ff.): Unbekümmerte, Pragmatische, Souveräne, Verantwortungsbedachte und Skeptiker (ebd., 11, 20, 26–60). Auch wenn hier ebenfalls deutlich wird, dass junge Menschen auch problematische Erfahrungen im Netz machen (vgl. ebd., 109), zeigt sich doch insgesamt, dass die Kinder und Jugendlichen Medienkompetenz besitzen. So verstehen sie etwa ‚Freund' als mehrdimensionalen Begriff und können mit ihm differenziert umgehen (vgl. ebd., 5, 11, 111–115). Auf die vorhandene Medienkompetenz weisen auch Einzeluntersuchungen zum Umgang mit Privatheit von Jugendlichen im Netz (vgl. Pscheida/Trültzsch 2011) oder zur Differenzierungsfähigkeit zwischen unterschiedlichen Arten von Freundschaft hin (vgl. Autenrieth 2010b). Wie Klaus Neumann-Braun in einer Überblicksdarstellung zusammenfasst, zeigen die empirischen Ergebnisse, dass etliche Vorurteile, die

---

[28] Auch die BITKOM-Studie aus dem Jahr 2014 zeigt, dass Kinder und Jugendliche zwischen 6 und 18 häufig Fotos versenden oder online stellen: 25 % der Befragten geben an, dass sie dies zumindest ab und zu tun (vgl. BITKOM 2014, 16). Auch hier zeigt sich, dass es einen deutlichen Unterschied bei den Altersgruppen gibt: Von den 10 bis 11Jährigen gaben 20 % an, selbstgemachte Fotos ab und zu mit anderen zu teilen, von den 16–18-Jährigen gaben dies 52 % an (vgl. ebd., 18) Mädchen teilen häufiger selbst gemachte Fotos, Jungs geben eher Links zu Fotos und Videos weiter (vgl. ebd).

[29] In der JIM-Studie 2015 werden keine entsprechenden Zahlen angegeben.

über die Tagespresse verbreitet werden, sich empirisch nicht belegen lassen (vgl. Neumann-Braun 2011, 2).[30]

Als sehr fruchtbringend für eine Auseinandersetzung mit – auch bildlicher – Kommunikation im Social Web haben sich Ergebnisse von Jan Schmidt erwiesen, der empirisch drei unterschiedliche Nutzungspraktiken des Web 2.0 beschrieben hat. Die Kommunikation im Social Web umfasst nach Schmidt das „Identitätsmanagement", das verbunden ist mit Tätigkeiten wie „(selektives) Präsentieren von Aspekten der eigenen Person (Interessen, Meinungen, Wissen, Erlebnisse)", das „Beziehungsmanagement" durch die „Pflege von bestehenden und Knüpfen von neuen Kontakten" und schließlich das „Informationsmanagement", dem „Auffinden, Rezipieren und Verwalten von relevanten Informationen" (Schmidt/Lampert/Schwinge 2010, 261; vgl. Schmidt 2009, 71ff.).[31] Dass für die Frage nach ‚Selfies' insbesondere die ersten beiden Nutzungspraktiken im Vordergrund stehen dürften, liegt auf der Hand. Der Frage der Identitätsarbeit im Social Web ist inzwischen eine Reihe von wissenschaftlichen Studien gewidmet.[32] Dabei wird auch auf die Bedeutung der digitalen visuellen Kommunikation für die Bewältigung von Entwicklungsaufgaben Jugendlicher hingewiesen (vgl. Döring 2014, 54f.).

3.2.2 Bildzentrierte Kommunikation – empirische Perspektiven

Die Frage nach der „Identitätsbildung im Netz" (Hajok/Zerbin 2015) wird auch im Zusammenhang mit der Thematisierung digitaler bildlicher Kommunikation gestellt. Ulla Autenrieth widmet sich in mehreren Aufsätzen (z. B. Autenrieth 2015) und ihrer Dissertation (Autenrieth 2014b) der Bedeutung bildlicher Kommunikation für freundschaftliche Peer-Beziehungen. Jugendliche Bilderwelten auf Social Network Sites, die zu einem nicht geringen Teil durch Selfies geprägt sind, bezeichnet sie dort pointiert „als Peer-reviewte Bühnen der Beziehungsaushandlung und Imagearbeit" (ebd., 292). Bereits in dem 2011 von Neumann-Braun herausgegebenen Band „Freundschaft und Gemeinschaft im Social Web" findet sich eine Reihe von Aufsätzen, die für die bildliche Kommunikation von Jugendli-

---

[30] Genauer zu dem Aspekt veröffentlichter Privatheit vgl. Pscheida/Trültzsch 2011. Als Ergebnis einer auf studiVZ bezogenen empirischen Studie zeigt sich dort, dass deutlich weniger Privates veröffentlicht wird, als medial verbreitet wird, die User also offensichtlich bewusst abwägen: „Es entsteht ein spezifischer Bereich der veröffentlichten Privatheit, der bewusst die Extreme (etwa Darstellungen von Nacktheit und Erotik) meidet und sich wohl am ehesten über eine Aushandlung zwischen Authentizität und Kommunikativität erklären lässt, die hier in den Dienst der Aufmerksamkeitsökonomie gestellt werden" (ebd., 175).

[31] Autenrieth spricht von sechs Funktionen von Social Network Sites (neben Identitäts-, Beziehungs- und Informationsmanagement nennt sie auch Content- und Stimmungsmanagement im Sinne von Freizeitvergnügen (vgl. Autenrieth 2011, 148f.). Vgl. auch den Beitrag von Kürzinger in diesem Band.

[32] Vgl. z. B. Autenrieth 2010a; Theunert 2009 (darin v. a. Schorb 2009); Misoch 2004; Schmidt/Paus-Hasebrink/Hasebrink 2011.

chen mittels Selfies relevant sind.[33] Forschungen gibt es nicht nur zum Bildgebrauch von Jugendlichen im Social Web, sondern auch von Kindern.[34]

Für die Frage nach Selfies von besonderem Interesse sind ferner die Untersuchungen zur Porträtfotografie in den Social Media, nicht zuletzt deshalb, weil Selfies eine „zentrale Entstehungs-Form von Porträtbildern" (Astheimer/Neumann-Braun/Schmidt 2011, 97) darstellen. Für Astheimer, Neumann-Braun und Schmidt ist aber nicht die Frage entscheidend, ob Porträts im Netz als Selfies entstanden sind, sondern ob sie sich als solche zu erkennen geben. Das Autorenteam beschreibt die „Do-It-Yourself-Pose" als eine von sechs idealtypischen Formen, wie sich Einzelne und Gruppen im Netz präsentieren (ebd., 99). Dabei ordnen sie ein Bild nur dann dieser Kategorie zu, wenn im Bild selbst – entweder durch den sichtbaren ausgestreckten Arm oder einen Spiegel – deutlich wird, dass es sich um ein Selfie handelt, die Bildentstehung also im Bild selbst thematisch wird (vgl. ebd., 113).

Auch die von Autenrieth vorgenommenen Klassifikationen von Fotoalben in den Social Media sind im Hinblick auf Selfies interessant, weil dadurch typische Bildumgebung genauer in den Blick kommen. Wesentlich erscheint dabei die Unterscheidung zwischen selbst erstellten und automatisch generierten Alben wie Sammlungen von Profil- und Pinnwandbildern (vgl. Autenrieth 2011, 127) sowie die zwischen „personenorientierten" und „anlassbezogenen" Alben. Wenig überraschend finden sich Selfies vor allem in den sog. „Ich-Alben" (ebd., 130), die eine Spielart personenorientierter Alben neben „Friends-", „Family-" und „Love-Alben" (ebd., 131–137) darstellen. In diesen „Ich-Alben" werde besonders deutlich, dass „die Selbstdarstellung junger Menschen im Spannungsfeld zwischen dem Bedürfnis, sich einerseits möglichst authentisch im Sinne von ‚so bin ich' und andererseits möglichst idealisiert im Sinne von ‚so sehe ich gut aus' darzustellen" (ebd., 130), geschieht.

Darüber hinaus ist aus einer wissenschaftlichen Auseinandersetzung mit Porträt-Aufnahmen im Internet für die Frage nach Selfies der Hinweis interessant, dass diese – so Klaus Neumann-Braun – „in ihrer dokumentarischen Dimension der visuellen Biografie- und Individualitätserzeugung" dienen (Neumann-Braun 2011, 7). Insofern kompensieren sie „bis zu einem gewissen Grad die (Pseudo-) Anonymität und […] fungieren als anschauliche (Selbst-)Repräsentationen des Akteurs. So gesehen stehen die Bilder in der digitalen Welt als Platzhalter für Personen und Geschehnisse, die der analogen Welt zuzuordnen sind […]" (ebd., 7f.).

3.2.3 Theologische Perspektiven

Zum Thema Selfie selbst gibt es bislang keine eigenständige wissenschaftliche Publikation aus theologischer Perspektive, gleichwohl gibt es einige mögliche Anknüpfungspunkte, etwa bei den (zahlreichen) Publikationen zu einem theologi-

---

[33] Vgl. v. a. Astheimer/Neumann-Braun/Schmidt 2011; Autenrieth 2011; Pscheida/Trültzsch 2011.
[34] Vgl. http://netzbilder.net/wp-content/uploads/2015/05/Abstract-Buchprojekt-Kinderbilder.pdf [abgerufen am 23.3.2016].

schen Verständnis von Bildern, den (wenigen) Beiträgen zu Fotos[35], den Überlegungen zu einer theologischen Medienanthropologie (vgl. Pirner 2003; Wunden/Kos 2000; Fuchs 2014) sowie vor allem zum Thema Social Media. Ilona Nord hat darauf hingewiesen, dass seit ca. 2010 die Veröffentlichungen zu Social Media zunehmen – aus systematisch-theologischer und praktisch-theologischer Perspektive, hierunter vor allem aus religionspädagogischer Sicht (vgl. Nord 2014b, 14f.; Ernst 2015, 22–28). Insgesamt zeichnen sich die theologischen Beiträge dadurch aus, dass die Ambivalenz der Social Media herausgearbeitet wird; eine ausschließlich kulturpessimistische Perspektive wird – bis auf wenige Ausnahmen (z. B. Reinthaler 2010) – nur selten eingenommen.

Für die Selfie-Thematik besonders interessant sind die Bände „Personen im Web 2.0: Kommunikationswissenschaftliche, ethische und anthropologische Zugänge zu einer Theologie der Social Media" von Christina Constanza und Christina Ernst aus dem Jahr 2012 sowie „Mein Gesicht zeig ich nicht auf Facebook. Social Media als Herausforderung theologischer Anthropologie" von Ernst aus dem Jahr 2015.[36] Sowohl in ihrem Beitrag im erstgenannten Band als auch in ihrer ausführlichen Studie geht Ernst ausgehend von der These, dass mit „Praktiken des sich für andere sichtbar Machens auch Praktiken des sich Entziehens" (Ernst 2012, 32) verbunden sind, am Beispiel von Facebook der Sichtbarkeit wie Entzogenheit als konstitutiven Elementen von Selbstdarstellungen nach. Im Fokus liegt dabei die Frage, wie durch Social Media christliche Menschenbilder herausgefordert, aber auch bereichert werden.[37]

Anne-Kathrin Lück untersucht in ihrer Studie „Der gläserne Mensch im Internet" aus dem Jahr 2013 am Beispiel u. a. von StudiVZ, wie Personen im Internet für andere sichtbar werden, indem sie Social Network Sites nutzen und dabei (teils intime) Informationen über sich preisgeben. Ausgehend von Überlegungen zur Sichtbarkeit in der Paradiesgeschichte entfaltet sie die grundsätzliche Situation des sich im Netz zeigenden Menschen zwischen der Lust an der eigenen Sichtbarkeit und der Angst, zum gläsernen Menschen zu werden.[38]

Einen weiteren aktuellen Beitrag zu Social Media hat Johanna Haberer unter dem Titel „Digitale Theologie" 2015 veröffentlicht. In die Auseinandersetzung mit der gegenwärtigen Medienrevolution spielt sie einige biblische Einsichten ein, die auch im Hinblick auf Selfies von Interesse sind, etwa die Frage nach Stellvertretung und Fürsprache, Bildung von Gemeinschaft und Gemeinde, die Vorstellung von technischen Medien als „Instrumente der Freiheit" (Haberer 2015, 30) und die Problematik „digitaler Unsterblichkeit" (ebd., 34). An einer Stelle thematisiert sie auch Selfies (vgl. ebd., 135f.) und prognostiziert, dass „digitale Fotos und deren fortschreitende mögliche Bearbeitung durch jedermann und die aussichtslose

---

[35] Zu diesem Bereich gibt es wenig Literatur, aus dem Bereich der Praktischen Theologie noch am ehesten in Handbüchern zur Praktischen Theologie (z. B. Engelschalk 2005), zum Thema Kasualfotografie (z. B. Grevel/Kretzschmar 2004) bzw. zu Fotografie im Religionsunterricht (z. B. Reuter 2005; Feininger 2006).
[36] Selfies spielen dabei nur ganz am Rande eine Rolle; das Thema kommt in den Blick als eine „Variante der Verhandlung von Nähe und Distanz" (Ernst 2015, 198).
[37] Vgl. den Beitrag von Schwarz in diesem Band.
[38] Vgl. den Beitrag von Kürzinger in diesem Band.

Suche nach dem Original" (vgl. ebd., 135f.) die Generation derer, die heute 30 sind, beschäftigen wird. Die unzähligen gespeicherten und für jeden erreichbaren Personenäußerungen beschreibt sie als eine „Art Jüngstes Gericht" (ebd., 136). Einer solchen „Allgegenwart der Beobachtung" (ebd., 138) stellt sie mit Verweis auf 1 Kor 13 die „christliche[] Vorstellung einer liebenden Allgegenwart Gottes" (ebd.) entgegen, die dem Menschen die Freiheit schenkt, ein anderer zu werden (vgl. ebd., 150).

4 Selfies als Zugang zu anthropologischen und ethischen Themen im Religionsunterricht

Selfies und andere Selbst-Bilder können einen jugendgemäßen Zugang bieten zur Thematisierung anthropologischer sowie ethischer Fragen – und sie können zeigen, dass diese untrennbar miteinander verwoben sind. Diese These schließt inhaltlich an Überlegungen zu einer ‚medienweltorientierten Religionsdidaktik' von Manfred L. Pirner an, die der Einsicht Rechnung trägt, dass religiöse Bildung nicht an den heute allgegenwärtigen Medienerfahrungen vorbei möglich ist und diese konstruktiv-kritisch in eine solche einbezogen werden müssen (vgl. Pirner 2012). Genauere Ausführungen zum Thema ‚Selfies als Zugang zu anthropologischen und ethischen Themen im Religionsunterricht' enthalten die weiteren Beiträge des Bandes, einige Aspekte seien im Folgenden aber bereits angedeutet:

4.1 Identität und Sozialität[39]

Abb. 2: Foto: Inge Scheibel

Wie bereits erwähnt, bilden (Selbst-)Porträts Anlässe, darüber nachzudenken, welche Differenzen es zwischen dem eigenen Körper und dem ‚Ich' gibt, wie man sich selbst sieht und wie andere einen sehen, wie man sich im Laufe der Zeit verändert hat und noch verändern wird und was die unterschiedlichen Stadien der

---

[39] Vgl. zu diesem Aspekt insbesondere den entsprechenden Aufsatz von Kürzinger in diesem Band.

Lebensgeschichte dennoch zusammenhält (vgl. 2.2). Dabei sind die vielen Bilder, die junge Menschen von sich in sozialen Netzwerken teilen, ambivalent: „Auf der einen Seite ist es in diesen digitalen Umgebungen möglich, sich in vielen unterschiedlichen Identitäten zu zeigen, zu inszenieren und sich auszuprobieren, auf der anderen Seite wird eine Art Selbstentäußerung zum täglichen Kommunikationsverhalten. Identitäten fragmentieren nicht nur, sie werden fluide und passen sich wie ein Chamäleon den jeweiligen Umgebungen an" (Haberer 2015, 108). Insofern bieten sich Selfies als Zugang zu einer Annäherung an die Potentiale und Herausforderungen der Identitätsarbeit 2.0 an – und damit auch zu einer Auseinandersetzung mit entsprechenden Identitätskonzepten, die versuchen, den Herausforderungen aktueller Identitätsarbeit gerecht zu werden.

Das Posten und Liken von Selfies hat in der medialen Peergroup-Kommunikation für die Beziehungsarbeit eine große Bedeutung (vgl. Autenrieth 2015; Autenrieth 2014b, v. a. 292–300). Dies kann anschlussfähig sein für ein Nachdenken über den Zusammenhang von Identität und Sozialität, die Notwendigkeit des Inszenierens und des Agierens in Rollen, dem Wunsch nach ‚Authentizität' und nach Aufmerksamkeit, den Strategien des Ichs, sich zu zeigen und sich zu verbergen, über die Sehnsucht danach, ‚angeschaut' und ‚gelikt' zu werden und die Verletzlichkeit der Menschen, die danach streben. Das Verhältnis des Ichs zu Anderen wird nicht nur in der Logik des Kommunikationsmittels Selfie selbst thematisch,[40] sondern bei den Selfie-Sonderformen von Paar-Selfies (‚Twofie' oder auch ‚Relfie') und Gruppen-Selfies (‚Usies', ‚Groufie' oder auch ‚Wefies') auch über die Wahl der Personen, mit denen sich jemand ablichtet und (teil-)öffentlich zeigt. Hier ergeben sich Anschlussmöglichkeiten im Hinblick auf die Themenfelder ‚Freundschaft', ‚Beziehungen' und ‚Familie' – ggf. auch ‚Konflikte'. Da gerade auch bei Selfies deutlich wird, dass sich die Selbstdarstellungen von Mädchen und Jungen stark voneinander unterscheiden, bieten diese zudem einen guten Zugang zu Gender-Fragen im Hinblick auf die Identitätsthematik sowie zu Fragestellungen der Sexualethik. Nicht zuletzt stellt sich bei einer Auseinandersetzung mit Selfies als Massenphänomen die Frage, warum es überhaupt für viele Menschen so wichtig ist, sich in sozialen Netzwerken bildlich zu repräsentieren und dort angeschaut zu werden. Dieser Wunsch kann mit der Frage in Zusammenhang gebracht werden, inwiefern es zum Menschsein konstitutiv dazu gehört, im ‚Angesicht' von ‚Anderen' zu leben.

4.2 Anthropologische Prämissen?

In seinem Beitrag zum Band „Personen im Web 2.0" von Constanza/Ernst reflektiert Filipović die Nutzungspraktiken digitaler Kommunikation. Im Hinblick auf die Frage nach Selfies ist dabei vor allem seine Feststellung interessant, dass Identität, Beziehung und Information als „sozialwissenschaftlich generierte funktionale Trias des Neuen Netzes" (Filipović 2012, 18) inzwischen zu einem „heuristischen

---

[40] Rubinstein spricht in diesem Sinne davon, dass ein Selfie immer auch die „Verkörperung einer Beziehung" darstellt (Rubinstein 2015, 166).

Konzept" (ebd., 19) avanciert seien. Dies führe vor Augen, dass Empirie leicht zu Anthropologie werden könne (vgl. ebd., 18f., 24). In der Tat stellt sich die Frage, wie sich die Menschenbilder, die sich im Netz zeigen, zu christlichen Menschenbildern verhalten.[41]

Selfies können anschaulich zeigen, dass sowohl Produktion als auch Verbreitung von Bildern im Netz von wirtschaftlichen Zusammenhängen beeinflusst werden. Studien belegen, dass Jugendliche sich beim Fotografieren an ästhetische Muster anlehnen, die sie aus kommerziellen Medien kennen (vgl. Neumann-Braun 2011, 8), so dass „keine Selbst-, sondern Fremdbilder verwirklicht" (ebd.) werden. Nach Neumann-Braun stellt die visuelle digitale Kommunikation von Jugendlichen „das Einfallstor für den Markt und dessen entsprechendes Menschen- und Gesellschaftsbild dar: Im Rahmen der vorgegebenen Portalstrukturen zählen vor allem die Maximen der Erfolgskultur der gegenwärtigen Marktwirtschaft: Körperliche Attraktivität, glamouröse Erfolgsposen sowie eine von Konkurrenz getragene Ökonomie der öffentlichen Aufmerksamkeit, die dem Motto folgt: Entweder du fällst auf, oder du fällst durch" (ebd., 10).

4.3 Attraktivität und Perfektion[42]

Selfies bieten auch eine Zugangsmöglichkeit zu einer Auseinandersetzung mit dem Schönheits-, Attraktivitäts- bzw. Perfektionsstreben in unserer Gesellschaft. Der Wunsch, als schön bzw. attraktiv wahrgenommen zu werden, spielt beim Fotografieren eine entscheidende Rolle – zumal es darum geht, auch in Zukunft in einer Weise bildlich repräsentiert zu werden, die mit eigenen Vorstellungen der körperlichen Erscheinung im Einklang steht. Dabei zeigen sich auch hier wieder deutliche genderspezifische Unterschiede: Jungen und Männer wollen nicht unbedingt ‚schön' erscheinen, hier gelten andere Ideale für ein attraktives Erscheinungsbild.

Solche Selbstdarstellungen sind, wie Ingo Reuter zu Recht bemerkt, nicht deshalb problematisch, weil Menschen hier nicht ‚authentisch' sind (vgl. Reuter 2014, 265). Sie können es deshalb werden, weil von ihnen ein großer Druck ausgehen kann: „Das Erschaffen von Bildern des Lebendigen ist stets eine Gefahr, denn es fixiert nur den (arrangierten) Moment, droht aber hochgerechnet zu werden auf das Leben als Ganzes. Das wiederum erhöht den Druck der im Kontext des Rechtfertigungsdenkens ohnehin hoch relevanten Frage, ob das eigene Leben eigentlich gut, schön und richtig genug ist, und ob die eigene Selbstdarstellung an der medialen Pinnwand der Öffentlichkeit zu bestehen vermag, die unter anderen heute den gestrengen Blick Gottes vertritt" (ebd.).[43] Indirekt werden mit der mög-

---

[41] Vgl. den Beitrag von Fuchs in diesem Band.
[42] Vgl. den Beitrag von Lobinger in diesem Band.
[43] Insofern sei es eine Aufgabe religionspädagogischen Handelns, gemeinsam mit den Schülerinnen und Schülern Medienwelten ideologiekritisch auf solche Aspekte hin zu untersuchen, die Menschen in ihrer Freiheit einschränken: „Wenn Evangelium Lösung von destruktiven Fixierungen und Wahrnehmungen des Marginalen und der Marginalisierten bedeutet (so der Sinn des Bilderverbotes und die menschenzugewandte Botschaft der Worte und Taten Jesu), dann müssen psychologische Strukturen durchschaubar gemacht werden und die Zwänge eigener Selbstdar-

lichst optimalen Selbstdarstellung im Netz Fragen von Möglichkeiten und Grenzen der eigenen – auch körperlichen – Selbstoptimierung aufgeworfen, die auch medizinethisch relevant sind. Nicht übersehen werden darf, dass auch Selfies von Personen im Netz mit Hashtags wie #curvey verbreitet werden, die anerkannten Vorstellungen von Schönheit und Attraktivität nicht entsprechen und damit emanzipatorisch wirken und eine Form von Empowerment darstellen (vgl. Döring 2014, 59).

Der Umgang mit dem eigenen Körper spielt nicht zuletzt auch bei den Selfies eine Rolle, in denen Jugendliche den eigenen (nackten) Körper bzw. einzelne Körperteile erotisch inszenieren und privat kommunizieren (sog. ‚Sexting') und dabei – z. T. unbewusst, z. T. auch durchaus absichtsvoll – Grenzen dessen verletzen, was gemeinhin als sinnvoll, vernünftig oder auch ‚anständig' gilt.[44] Das Phänomen erotischer Selbstinszenierung kann dazu anregen, über einen selbstbestimmten Umgang mit den Möglichkeiten im Netz, sich zu zeigen und zu verbergen, nachzudenken sowie den Einfluss professioneller Medienproduktion durch den Transport ästhetischer Muster sowie von Rollen- und Menschenbildern kritisch zu reflektieren.

4.4 Glück und Sinn[45]

Bildliche Selbstpräsentation im Netz entspricht, wie Ingo Reuter konstatiert, häufig einem „Happy-Life-Konzept" (Reuter 2014, 265). Dies führt dazu, dass nur Fotos ausgewählt werden, die „das eigne Leben als schön, spannend und erfüllt" erscheinen lassen und damit dem Bild entsprechen, „das man selbst von sich haben möchte und von dem man will, dass es so kommuniziert wird" (ebd.). Wenn dies stimmt – und vieles spricht dafür – dann führt die Frage nach der bildlichen Selbstinszenierung von Kindern und Jugendlichen mitten in die Frage danach, was die jungen Menschen unter Lebensglück, vielleicht auch Sinn, verstehen.[46] Interessant ist dabei nicht nur die Auswahl der ins Netz gestellten Bilder, sondern auch die Frage, wann junge Leute, die ständig fotografieren, dies einmal nicht tun. Darüber hinaus ist es lohnend, über die Bedeutung von Medien im Leben nachzudenken und deren Potential, das Gefühl von Sinn zu geben und das Gefühl, gebraucht zu werden (vgl. Beuscher 2004, 74f.). Damit stellt sich auch die Frage, inwiefern die Kommunikation mithilfe von Selfies Funktionen übernimmt, die traditionell Religionen übernommen haben – etwa die Förderung von Gemein-

---

stellung und Selbstwahrnehmung reflektiert werden. Die Macht der Bilder muss reflektiert und relativiert werden (Reuter 2014, 270).

[44] Vgl. den Beitrag von Huizing in diesem Band.
[45] Vgl. den Beitrag von Kürzinger in diesem Band.
[46] Auch Manfred L. Pirner betont im Zusammenhang seiner Überlegungen zu einer ‚medienweltorientierten Didaktik', dass eine Beschäftigung mit Medien aus theologischer Perspektive einen diagnostischen Wert hat, weil durch sie deutlich wird, „was den Menschen wichtig ist, was sie anspricht und umtreibt, was sie ‚unbedingt angeht' […] und was für sie ‚Sinn macht' im Leben" (Pirner 2013, 286).

schaft, den Austausch über Sinnfragen oder ethische Orientierung (vgl. Pirner 2013, 286).

4.5 Wahrnehmung und Wirklichkeit, Wahrheit und Lüge

Das der Fotografie immer noch inhärente ‚Wirklichkeitsversprechen' lässt vice versa die ethische Frage entstehen, ob dieses von einzelnen Fotos auch eingelöst wird, d. h. ob die Bilder die ‚Wahrheit sagen' oder ‚lügen'. Der ursprüngliche Ort dieser Frage ist vor allem der Fotojournalismus und die politische Fotografie. In deren Theoriebildung wird der dokumentarische Anspruch von Fotos differenziert bedacht – etwa durch die Unterscheidung der Frage nach der Authentizität, der Richtigkeit und der Wahrheit von Fotos (vgl. Arnheim 2006, 177f.) und untersucht, mit welchen fotografischen Mitteln sich dieser selbst ins Bild zu setzen sucht. Auch bei der Produktion und Rezeption von Selfies spielen Fragen nach ‚Authentizität', erlaubter Inszenierung und Fälschung eine wichtige Rolle. Dabei kommen die Ebene des Fotografierens selbst (Aspekt der Auswahl, der Perspektive, der Inszenierung, das ‚Stellen' von Fotos), die Ebene möglicher technischer Nachbearbeitung sowie mögliche Verfälschungen durch verschiedene Formen von Wort-Bild-Relationen in den Blick. Solche Fragen müssen nicht von außen an junge Menschen herangetragen werden. Sie fragen aufgrund ihres Mediengebrauchs selbst danach, wie sich die Wünsche nach Authentizität und guter Selbstdarstellung miteinander in Einklang bringen lassen. Damit bieten Selfies ‚Anforderungssituationen' und mögliche Zugänge zu einer Auseinandersetzung mit erkenntnistheoretischen und medienethischen Fragestellungen.

4.6 Medienethik

Selfies werfen im Hinblick auf die Medienethik nicht nur die Frage nach einer angemessenen ‚Wiedergabe' der Wirklichkeit auf. Sie kommt auch da ins Spiel, wenn junge Menschen darüber nachdenken, welche Regeln für einen angemessenen Umgang im Netz gelten sollten. Anlässe hierfür sind etwa Beispiele missbräuchlicher Verwendung von peinlichen oder erotischen Fotos, die nicht für die (Teil-)Öffentlichkeit vorgesehen waren, oder die Diskussion um die Frage, an welchen Orten und in welchen Situationen Selfies unangebracht oder ggf. sogar auch rechtlich verboten sind.[47] Eine solche medienethische Reflexion wird vor allem dann tatsächlich etwas zur ethischen Urteilsbildung beitragen, wenn diese an ethische Auseinandersetzungen junger Menschen anknüpft, die auch im Netz geführt werden (vgl. Pirner 2012, 159).

---

[47] Vgl. den Beitrag von Schwarz in diesem Band.

5 Medienpädagogische Implikationen

Der Versuch, über eine Auseinandersetzung mit Selfies einen Zugang zur Auseinandersetzung mit anthropologischen und ethischen Themen zu schaffen, kann verstanden werden als ein Beitrag zur bereits erwähnten „medienweltorientierten Religionsdidaktik". Als solcher geht er grundsätzlich davon aus, dass junge Menschen in gewisser Weise bereits „‚Experten' ihrer (teilweise medialen) Lebenswelt [sind], die auch in existentiellen und religiösen Fragen schon Überlegungen angestellt und teilweise für sich Antworten gefunden haben (= Ressourcenorientierung)" (ebd., 168). Dies heißt freilich nicht, dass Kinder und Jugendliche nicht auch im Religionsunterricht noch ihre Medienkompetenz vertiefen könnten oder sollten. Im Folgenden soll zumindest angedeutet werden, welchen Beitrag eine Auseinandersetzung mit dem Selfie-Phänomen zur Medienkompetenz leisten kann (5.1) und inwiefern aktive Medienarbeit hierfür eine besonders geeignete Methode darstellt (5.2).

5.1 Beitrag zur Medienkompetenz angesichts neuer Herausforderungen

Gerade die Auseinandersetzung mit Selfies zeigt, dass Medienpädagogik die Charakteristika der Online-Kommunikation berücksichtigen muss: Diese ist – mit danah boyd – vor allem durch Persistenz, Durchsuchbarkeit, Replizierbarkeit und unsichtbare Publika gekennzeichnet, wobei die Kombination dieser Merkmale dazu führt, „dass Grenzen zwischen unterschiedlichen sozialen Situationen und zwischen Graden von Öffentlichkeit und Privatsphäre vernachlässigt werden" (Schmidt/Lampert/Schwinge 2010, 263f.). Diese neue Ausgangslage führt zu der Frage, inwiefern auch der Begriff der ‚Medienkompetenz' als Zieldimension medienpädagogischer Anstrengungen reformuliert werden muss. Hierzu liegen inzwischen verschiedene Versuche vor.[48] In einem Vorschlag von Jan Schmidt et al. wird m. E. zu Recht berücksichtigt, dass zu einem kompetenten und selbstbestimmten Umgang mit Social Media auch gehört, „das eigene Informations-, Identitäts- und Beziehungsmanagement erfolgreich und unter Reflexion der intendierten wie möglichen nichtintendierten Folgen" (ebd., 267) zu gestalten – eine Auseinandersetzung mit Selfies in religionspädagogischen Zusammenhängen wird auch diese Aspekte im Blick haben. Gleichzeitig sollte diese aber auch entsprechende medienpädagogische Erziehungsversuche selbst ideologiekritisch in den Blick nehmen und sie auf die darin wirksam werdenden Menschen- und Rollenbilder hin befragen. Exemplarisch genannt sei das immer wieder zu beobachtende Muster, dass sexuell aktiven Mädchen, die einvernehmliches Sexting betreiben und zum Opfer von Foto-Missbrauch werden, hierfür die Schuld zugeschoben

---

[48] Einen Vorschlag haben Gapski und Gräßer vorgelegt. Sie fassen Medienkompetenz als „Fähigkeit zur Selbstorganisation eines Einzelnen oder eines sozialen Systems im Hinblick auf die sinnvolle, effektive und reflektierte Nutzung technischer Medien, um dadurch die Lebensqualität in der Informationsgesellschaft zu steigern" (Gapski/Gräßer 2007, 27). Zu Recht haben Schmidt et al. aber darauf hingewiesen, dass der hier zugrunde gelegte Begriff der Lebensqualität nicht unproblematisch ist (vgl. Schmidt et al. 2010, 266).

wird (vgl. Döring 2014, 51, 60f.). Auch bei der Thematisierung von Cybermobbing können im Religionsunterricht und in der kirchlichen Bildungsarbeit eigene Akzente gesetzt werden: Ein wichtiger Gesichtspunkt ist dabei, wie Ilona Nord mit Bezug auf Elisabeth Naurath herausgestellt hat, die Bearbeitung von Emotionen (vgl. Nord, 2014d).[49]

Der medienpädagogische Ertrag einer Auseinandersetzung mit Selfies lässt sich unter Rückgriff auf Holzbrechers Darstellung der Potentiale der Fotopädagogik beschreiben: Dieser stellt weniger den Erwerb technischen Wissens in den Vordergrund, sondern vielmehr den Beitrag zum Aufbau *‚semantischer Kompetenz'*, also der „Fähigkeit, Bilder, lesen, deuten, bewerten zu können" (Holzbrecher 2004, 11). Dazu gehört wesentlich auch, die „kulturelle Bedingtheit der Wahrnehmung" (ebd.) zu erkennen und anzuerkennen, die sich etwa im Hinblick auf Gender-Stereotype zeigt. Bei einer Auseinandersetzung mit visueller Selbstpräsentation in religionspädagogischen Zusammenhängen wird im Hinblick auf die Bildlesefähigkeit vor allem die zeichenhafte und symbolische Kommunikation im Vordergrund stehen und z. B. in den Blick kommen, inwiefern Gestik, Mimik, Kleidung, Bildhintergrund, verwendete ‚Requisiten' symbolischen Charakter haben und wie diese Aspekte jeweils zu deuten sind.

Darüber hinaus zielt Foto-Pädagogik auch auf *„analytisch-reflexive Kompetenz"* (ebd., 12). Diese „bezieht sich auf das Wissen um die Mechanismen, wie globalisierte Medienstrukturen wesentlich dazu beitragen, ‚Welt-Bilder' zu konstruieren" (Holzbrecher 2007, 49). Im Hinblick auf Selfies ist hier einerseits von Interesse, wie Selfies für Vermarktungsstrategien verwendet werden, andererseits aber auch, inwiefern junge Menschen sich in ihrer bildlichen Kommunikation an ästhetische Muster anlehnen, die sie aus der Werbung und aus anderen Medien kennen.

Nicht zuletzt sollen junge Menschen im Hinblick auf Fotografie *„Gestaltungskompetenz"* erwerben: Hierzu gehört wesentlich, eigene Gestaltungsabsichten und Interessen zu klären und angemessen zu berücksichtigen sowie Möglichkeiten des „Selbstausdruck[s]" (Niesyto 2001) durch Selfies zu erproben.

5.2 Aktive Medienarbeit 2.0

Nicht nur die ‚Medienkompetenz' als Zieldimension von Medienpädagogik muss im Zeichen der Social Media neu gefasst werden; dies gilt auch für die Methoden. Exemplarisch sei auf die aktive Medienarbeit verwiesen, die seit langem als ‚Königsweg' der Medienpädagogik gilt. Kathrin Demmler und Eike Rösch schlagen vor, an den bewährten Prinzipien aktiver Medienarbeit (soziales Lernen, handelndes Lernen, exemplarisches Lernen und Gruppenarbeit) festzuhalten (vgl. Demmler/Rösch 2014, 193), dabei diese aber den neuen Bedingungen anzupassen – und

---

[49] In ihrem Beitrag geht Nord u. a. auf seelsorgliche Impulse ein, Menschen, die sich schämen bzw. beschämt worden sind, angesichts der Rechtfertigung des schuldhaften und schamhaften Menschen zu einer Annahme dieser Scham zu verhelfen, aber auch sich gegen gesellschaftliche Maßstäbe zu wehren, die Menschen zu Unrecht bloßstellen (vgl. ebd., 233f.).

z. B. bei der Gruppenarbeit auch auf Online-Kommunikation zurückzugreifen (vgl. ebd., 202). Notwendig sei es, darüber hinaus diese Prinzipien um weitere zu bereichern. Von den genannten ist für eine Auseinandersetzung mit Selfies vor allem der Hinweis darauf wichtig, dass bei aktiver Medienarbeit nicht nur am Ende des Projektes die Ergebnisse öffentlich gemacht werden müssen, sondern dass man heutzutage in jeder Phase des Arbeitsprozesses die Öffentlichkeit konzeptionell mitbedenken muss (vgl. ebd., 203f.). Dies gilt selbstverständlich auch für eine produktive Auseinandersetzung mit bestimmten Formen der bildlichen Selbstdarstellung im Rahmen von pädagogisch inszenierten Selfie- bzw. Foto-Projekten – hier muss von Anfang an mitbedacht werden, welcher (Teil-)Öffentlichkeit die Ergebnisse dieser Foto-Arbeit zugänglich gemacht werden sollen.

Es ist m. E. sinnvoll, nicht nur ggf. aktive Fotoarbeit anzustoßen (vgl. Feininger 2006, 238–242), sondern auch auf die Fotos Bezug zu nehmen, mit denen Kinder und Jugendliche im Alltag kommunizieren, vorausgesetzt, dass diese tatsächlich auch Einblick in ausgewählte Beispiele gewähren möchten. So wie die Jugendforschung schon länger erkannt hat, dass es sich lohnt, nicht nur von Jugendlichen gestaltete Räume, sondern auch ihre medialen Selbstzeugnisse als ‚Quellen' ihrer Arbeit wahr- und ernst zu nehmen, so lohnt es sich auch im religionspädagogischen Bildungszusammenhängen, Selfies als Beispiele medialen Selbst-Ausdruckes zu begreifen. Wenn Norbert Neuß betont, dass Jugendliche durch den „symbolischen Ausdruck" der Produkte aktiver Medienarbeit etwas über ihre Subjektivität erfahren, dann gilt dies auch und erst recht für die Beschäftigung mit Selfies als noch nicht pädagogisch überformten Ergebnissen alltagsweltlicher Medien-‚Arbeit'. Denn auch mit diesen „stehen Meinungen, Gedanken, Erinnerungen oder Gefühle einer Person oder einer Gruppe in der Welt", die „ein aktives Verhalten oder eine reflexive Position ihm (nämlich dem Inhalt des Mediums, der die eigenen Gedanken ‚verkörpert') gegenüber" erlaubt (Neuß 2003, 38; vgl. auch Schmolling 2006, 71).

Literatur

Arnheim, Rudolf (2006), Über die Natur der Fotografie (1974), in: Kemp, Wolfgang und Amelunxen, Hubertus von (Hrsg.), Theorie der Fotographie I–IV 1839–1995 (Gesamtausgabe in einem Band), München, [Bd. II, getrennte Seitenzählung], 171–181.

Astheimer, Jörg; Neumann-Braun, Klaus und Schmidt, Axel (2011), MyFace: Die Porträtfotografie im Social Web, in: *Neumann-Braun/Autenrieth 2011*, 79–122.

Autenrieth, Ulla P. (2015), Die Theatralisierung der Freundschaft – Zum Einfluss von Bildern und bildzentrierter Kommunikation auf Social Network Sites auf die Freundschaftsbeziehungen von Adoleszenten, in: Lobinger, Katharina und Geise, Stephanie (Hrsg.), Visualisierung und Mediatisierung, Köln, 108–124.

Autenrieth, Ulla P. (2014a), Das Phänomen „Selfie". Handlungsorientierungen und Herausforderungen der fotografischen Selbstinszenierung von Jugendlichen im Social Web, in: *Lauffer/Röllecke 2014*, 52–59.

Autenrieth, Ulla P. (2014b), Die Bilderwelten der Social Network Sites – Bildzentrierte Darstellungsstrategien, Freundschaftskommunikation und Handlungsorientierung von Jugendlichen auf Facebook und Co, Baden-Baden.

Autenrieth, Ulla P. (2011), MySelf. MyFriends. MyLife. MyWorld. Fotoalben auf Social Network

Sites und ihre kommunikative Funktionen für Jugendliche und junge Erwachsene, in: *Neumann-Braun/Autenrieth 2011*, 123–162.

Autenrieth, Ulla P. (2010a), Doku-Soaps des eigenen Lebens – Photographische Selbstpräsentation als intermediale Identitätsarbeit von Jugendlichen auf Social Networking Sites, in: Blättler, Andreas u. a. (Hrsg.), Intermediale Inszenierungen im Zeitalter der Digitalisierung. Medientheoretische Analysen und ästhetische Konzepte, Bielefeld, 221–234.

Autenrieth, Ulla P. (2010b), Das sind nur Facebookfreunde. Zur Differenzierung und Artikulation von Freundschaftsbeziehungen durch Jugendliche auf Social Network Sites, Medien-Journal 34, Nr. 4, 4–19.

Beuscher, Bernd (2004), Remedia. Neun Impulse für religionspädagogische Medienkompetenz, in: Pirner, Manfred L. und Breuer, Thomas (Hrsg.), Medien – Bildung – Religion. Zum Verhältnis von Medienpädagogik und Religionspädagogik in Theorie, Empirie und Praxis, München, 73–77.

Bieber, Alain (Hrsg.) (2015), Ego Update, NRW-Forum Düsseldorf, Düsseldorf.

Bieber, Alain (2015), Vorwort, in: *Bieber 2015*, 14–19.

BITKOM (Bundesverband Informationswirtschaft, Telekommunikation und neue Medien e. V.) (2014), Jung und vernetzt. Kinder und Jugendliche in der digitalen Gesellschaft, https://www.bitkom.org/Publikationen/2014/Studien/Jung-und-vernetzt-Kinder-und-Jugendliche-in-der-digitalen-Gesellschaft/BITKOM-Studie-Jung-und-vernetzt-2014.pdf [abgerufen am 23.3.3016].

Constanza, Christina (2012), Fernanwesenheit. Personsein im Social Web im Lichte der Theologie, in: *Constanza/Ernst 2012,* 127–145.

Constanza, Christina und Ernst, Christina (2012), Personen im Web 2.00. Kommunikationswissenschaftliche, ethische und anthropologische Zugänge zu einer Theologie der Social Media, Göttingen.

Coupland, Douglas (2015), Die 2 ½ste Dimension. Notizen zu Selfies, in: *Bieber 2015*, 22–29.

Czerny, Gabriele und Spinner, Kaspar H. (2006), Szenische Etüden. Spiegel und Spiegeln, in: *Kirchner/Ferrari/Spinner 2006,* 111–124.

Dahms, Christiane (2012), Spiegelszenen in Literatur und Malerei, Heidelberg.

Demmler, Kathrin und Rösch, Eike (2014), Aktive Medienarbeit in einem mediatisierten Umfeld, in: Kammerl, Rudolf u. a. (Hrsg.), Jahrbuch Medienpädagogik 11, Wiesbaden, 191–207.

DIVSI (Deutsches Institut für Vertrauen und Sicherheit im Internet) (2014), U-25-Studie: Kinder, Jugendliche und junge Erwachsene in der digitalen Welt, Hamburg, https://www.divsi.de/wp-content/uploads/2014/02/DIVSI-U25-Studie.pdf [abgerufen am 23.3.2016].

Donnachie, Karen ann [sic] (2015), Selfies, #ich. Augenblicke der Authentizität, in: *Bieber 2015*, 50–78.

Döring, Nicola (2014), Mobilität und mobiler Mediengebrauch im Kontext der Entwicklungsaufgaben von Heranwachsenden, in: Wagner, Ulrike (Hrsg.), vernetzt_öffentlich_aktiv, München, 51–66.

Engelschalk, Andreas (2005), Art. Fotografie, in: Fechtner, Kristian u. a. (Hrsg.), Handbuch Religion und populäre Kultur, Stuttgart, 74–81.

Ernst, Christina (2015) Mein Gesicht zeig ich nicht auf Facebook. Social Media als Herausforderung theologischer Anthropologie, (Reihe Edition Ethik, Bd. 15), Göttingen.

Ernst, Christina (2012), Sichtbar entzogen. Medienwissenschaftliche und theologische Deutung von Selbstdarstellungspraktiken auf Facebook, in: *Constanza/Ernst 2012,* 32–47.

Fausing, Bent (2014), Self-Media. The Self, the Face, the Media and the Selfies, abrufbar unter: http://www.academia.edu/7988938/SELF-MEDIA._The_Self_the_Face_the_Media_and_the_Selfies_2014_ [abgerufen am 23.3.2016].

Feininger, Bernd (2006), „Du sollst Dir (k)ein Bild machen" (Ex 20:4). Foto und Fotografie in der Religionspädagogik und im Religionsunterricht, in: Holzbrecher, Alfred, Oomen-Welke, Ingelore und Schmolling, Jan (Hrsg,), Foto + Text. Handbuch für die Bildungsarbeit, Heidelberg, 231–246.

Filipović, Alexander (2012), Anthropologie im Web 2.0? Die Bedeutung eines theologisch-

anthropologischen Zugangs für die Internetethik, in: *Constanza/Ernst 2012*, 17–31.
Fuchs, Monika E. (2014), Mediale Anthropologie als Thema der Religionspädagogik – Befunde und Perspektiven, in: Theo-Web. Zeitschrift für Religionspädagogik 13, H. 1, 111–124.
Gapski, Harald und Gräßer, Lars (2007), Medienkompetenz im Web 2.0 – Lebensqualität als Zielperspektive, in: Gräßer, Lars und Pohlschmidt, Monika (Hrsg.), Praxis Web 2.0. Potenziale für die Entwicklung von Medienkompetenz, München/Düsseldorf, 11–36.
Gojny, Tanja; Görnitz-Rückert, Sebastian; Grill-Ahollinger, Ingrid und Rückert, Andrea (2013), Ortswechsel. Spiegelungen. Evangelisches Religionsbuch für Gymnasien 11, München.
Grevel, Jan Peter und Kretzschmar, Gerald (2004), Die Kasualfotografie. Praktisch-theologische Erkundungen eines konfliktreichen Phänomens, in: Pastoraltheologie 93, 280–298.
Haberer, Johanna (2015), Digitale Theologie. Gott und die Medienrevolution der Gegenwart, München.
Hajok, Daniel und Zerbin, Franziska (2015), Identitätsbildung im Netz. Selbstdarstellung weiblicher Heranwachsender auf Foto- und Videoplattformen, in: tv diskurs 19, H. 2, 64–67.
Harad, Tejas (2014), I, Me, My Selfie, in: Economic & Oikitical Weekly 49, H. 2, 79–79.
Haus, Andreas (2006), Fotografie und Wirklichkeit (1982), in: Kemp, Wolfgang und Amelunxen, Hubertus von (Hrsg.), Theorie der Photographie I–IV 1839–1995 (Gesamtausgabe in einem Band), München [Bd. IV, getrennte Seitenzählung], 89–93.
Holschbach, Susanne (2003), Einleitung, in: Wolf, Herta (Hrsg.), Diskurse der Fotografie. Fotokritik am Ende des fotografischen Zeitalters, Frankfurt a. M., 7–21.
Holzbrecher, Alfred (2007), Fotografie als Medium interkulturellen Lernens, in: medien + erziehung (merz). Zeitschrift für Medienpädagogik 51, H. 3, 47–52.
Holzbrecher, Alfred (2004), Den Bildern auf der Spur. Fotoprojektdidaktik als kommunikativer Prozess, in: ders. (Hrsg.), Imaging. Digitale Fotografie in Schule und Jugendarbeit, Wiesbaden, 11–32.
JIM-Studie (2015). Jugend, Information, (Multi-)Media. Basisuntersuchung zum Medienumgang 12- bis 19-Jähriger, hrsg. v. Medienpädagogischen Forschungsverbund Südwest, Stuttgart.
JIM-Studie (2014). Jugend, Information, (Multi-)Media. Basisuntersuchung zum Medienumfang 12- bis 19-Jähriger, hrsg. v. Medienpädagogischen Forschungsverbund Südwest, Stuttgart.
Kerkeling, Hape (2010), Ich bin dann mal weg. Meine Reise auf dem Jakobsweg, 12. Aufl. München.
KIM-Studie (2014), Kinder+Medien, Computer+Internet. Basisuntersuchung zum Medienumgang 6- bis 13-Jähriger, hrsg. v. Medienpädagogischen Forschungsverbund Südwest, Stuttgart.
Kirchner, Constanze; Schiefer Ferrari, Markus und Spinner, Kaspar H. (Hrsg.) (2006a), Ästhetische Bildung und Identität. Fächerverbindende Vorschläge für die Sekundarstufe I und II, München.
Kirchner, Constanze; Schiefer Ferrari, Markus und Spinner, Kaspar H. (2006b), Ästhetische Bildung und Identität, in: *Kirchner/Schiefer Ferrari/Spinner 2006*, 11–33.
Klau, Elena (2014), Socialise the selfie, in: ADMAP, February 2014, 17–19.
Lauffer, Jürgen und Röllecke, Renate (Hrsg.) (2014), Lieben, Liken, Spielen. Digitale Kommunikation und Selbstdarstellung Jugendlicher heute, München.
Levin, Adam (2015), Das vernetzte Selbst. Codes, Knoten und Rhizome, in: *Bieber 2015*, 98–128.
Lück, Anne-Kathrin (2013) Der gläserne Mensch im Internet: Ethische Reflexionen zur Sichtbarkeit, Leiblichkeit und Personalität in der Online-Kommunikation, Stuttgart.
Mackenzie, Alec (2014), The Age of the selfie, in: The Royal Photographic Society 154, 288–292.
Misoch, Sabina (2004), Identitäten im Internet. Selbstdarstellung auf privaten Homepages, Konstanz.
Neumann-Braun, Klaus (2011), Internet und Gesellschaft – gegenwärtige Herausforderungen und aktuelle Forschungsergebnisse, Klicksafe Dossier zum Safer Internet Day 2011, abrufbar unter: http://www.klicksafe.de/ueber-klicksafe/safer-internet-day/sid-11/dossier-sid-2011/ [abgerufen am 23.12.2015].
Neumann-Braun, Klaus und Autenrieth, Ulla P. (Hrsg.) (2011), Freundschaft und Gemeinschaft

im Social Web. Bildbezogenes Handeln und Peergroup-Kommunikation auf Facebook & Co, Baden-Baden.

Neuß, Norbert (2003), Medienpädagogische Projekte – wozu? Problemlagen – Utopiebereitschaft – Erinnerungsarbeit, in: Bergmann, Susanne u. a. (Hrsg.), Medienkompetenz. Modelle und Projekte. Bundeszentrale für politische Bildung, Bonn, 32–39.

Niesyto, Horst (Hrsg.) (2001), Selbstausdruck mit Medien. Eigenproduktionen mit Medien als Gegenstand der Kindheits- und Jugendforschung, München.

Nord, Ilona und Luthe, Swantje (Hrsg.) (2014a), Social Media, christliche Religiosität und Kirche – Studien zur Praktischen Theologie mit religionspädagogischem Schwerpunkt, Jena.

Nord, Ilona (2014b), Social Media als Gegenstand praktisch-theologischer Reflexion, in: *Nord/Luthe 2014*, 11–25.

Nord, Ilona (2014c), Face your fear. Accept your war. Ein Blog einer Jugendlichen und seine Relevanz für die Erforschung von religiösen Sozialisationsprozessen, in: *Nord/Luthe 2014*, 101–114.

Nord, Ilona (2014d), „Jetzt steht es im Netz!" – Cybermobbing als Thema im RU, in: *Nord/Luthe 2014*, 227–238.

Pawek, Karl (1963), Das optische Zeitalter. Grundzüge einer neuen Epoche, Olten/Freiburg i. Br.

Pirner, Manfred L. (2013), Medien im evangelischen Religionsunterricht – Rückblick und Überblick, in: Pirner, Manfred L.; Pfeiffer, Wolfgang und Uphues, Rainer (Hrsg.), Medienbildung in schulischen Kontexten. Erziehungswissenschaftliche und fachdidaktische Perspektiven, München, 280–298.

Pirner, Manfred L. (2012), Medienweltorientierte Religionsdidaktik, in: Grümme, Bernhard; Lenhard, Hartmut und Pirner, Manfred L. (Hrsg.), Religionsunterricht neu denken. Innovative Ansätze und Perspektiven der Religionsdidaktik. Ein Arbeitsbuch (Reihe Religionspädagogik innovativ, hrsg. v. Burrichter, Rita u. a., Bd. 1), Stuttgart, 159–172.

Pirner, Manfred L. (2003), Extra media nullis homo? Theologische Aspekte zu Anthropologie der Medien, in: Pirner, Manfred L. und Rath, Matthias (Hrsg.), Homo medialis. Perspektiven und Probleme einer Anthropologie der Medien, München, 107–118.

Polt-Heinzl, Evelyne und Schmidjell, Christine (Hrsg.) (2009), „Es ist gewiss, du bist nicht Ich." Spiegel-Gedichte, Stuttgart.

Pscheida, Daniela und Trültzsch, Sascha (2011), Aufmerksamkeit, Authentizität, Kommunikativität. Eine Studie zur Analyse veröffentlichter Privatheit im Bild, in: *Neumann-Braun/Autenrieth 2011*, 163–176.

Rettberg, Jill Walker (2014), Seeing Ourselves through technology. How we use selfies, blogs and wearable devices to see and shape ourselves, Houndsmiles.

Reuter, Ingo (2014), You'll never talk alone. Facebook als Beziehungsgeflecht in der Unwirtlichkeit des globalen Dorfes, in: *Nord/Luthe 2014*, 263–271.

Reuter, Ingo (2007), Cloud Gate. Annäherung an eine Spiegelung, in: Magazin für Theologie und Ästhetik 45, abrufbar unter: http://theomag.de/45/ir1.htm [abgerufen am 23.3.3016].

Reuter, Ingo (2005), Fotohermeneutik im Religionsunterricht, in: Zeitschrift für Pädagogik und Theologie 57, H 4, 415–421.

Rheintaler, Florian (2010), „Geil auf House und von House aus geil". Jugendliche Selbstvergötzung im Internet, in: Ornella, Alexander und Wessely, Christian (Hrsg.), Religion und Mediengesellschaft. Beiträge zu einem Paradoxon (Theologie im kulturellen Dialog, Bd. 20), Tyrolia/Graz, 297–310.

Rubinstein, Daniel (2015), Das Geschenk des Selfies, in: *Bieber 2015*, 162–167.

Saltz, Jerry (2015), Kunst am ausgestreckten Arm. Eine Geschichte der Selfies, in: *Bieber 2015*, 30–48.

Schmidt, Jan (2009), Das neue Netz. Merkmale, Praktiken und Folgen des Web 2.0, Konstanz.

Schmidt, Jan; Lampert, Claudia und Schwinge, Christiane (2010), Nutzungspraktiken im Social Web – Impulse für die medienpädagogische Diskussion, in: Jahrbuch für Medienpädagogik 8, 255–270.

Schmidt, Jan-Hinrik; Paus-Hasebrink, Ingrid und Hasebrink, Uwe (Hrsg.) (2011), Heranwachsen mit dem Social Web. Die Rolle von Web 2.0 Angeboten im Alltag von Jugendlichen und jungen Erwachsenen, 2. Aufl. Düsseldorf (Schriftenreihe Medienforschung der Landesanstalt für Medien Nordrheinwestfalen, Bd. 62, unter: https://www.lfm-nrw.de/fileadmin/lfm-nrw/Forschung/LfM-Band-62.pdf [abgerufen am 23.3.2016]).

Schmolling, Jan (2006), Fotografie als Lebenszeichen – Der Deutsche Jugendfotopreis als Forum für authentische Sichtweisen, in: Holzbrecher, Alfred; Oomen-Welke, Ingelore und Schmolling, Jan (Hrsg,), Foto + Text. Handbuch für die Bildungsarbeit, Heidelberg, 59–72.

Schorb, Bernd (2009), Mediale Identitätsarbeit – zwischen Realität, Experiment und Provokation, in: *Theunert 2009*, 81–94.

Senft, Theresa M. und Baym, Nancy K. (2015), What Does the Selfie Say? Investigation a Global Phenomenon, in: International Journal of Communication 9, 1588–1606, abrufbar unter: http://ijoc.org/index.php/ijoc/article/view/4067/1387 [abgerufen am 23.3.2016].

Sontag, Susan (2013), In Platons Höhle, in: dies., Über Fotografie. Aus dem Amerikanischen von Mark W. Rien und Gertrud Baruch, 21. Aufl. Frankfurt a. M., 9–30.

Spinner, Kaspar H. (2006), „Gesicht, Maske, Person – Selbstbild, Spiegelbild, Fremdbild" als Rahmenthema, in: *Kirchner/Ferrari/Spinner 2006*, 35–38.

Stiegler, Bernd (2010), Theoriegeschichte der Photographie, 2., unveränderte Aufl. München.

Stiegler, Bernd (2005), Zeigen Fotografien Geschichte?, in: Fotogeschichte 25, 3–14.

Stiegler, Christian (2015), Selfies und Selfie Sticks. Automedialität des digitalen Selbstmanagements, in: Stiegler, Christian; Breitenbach, Patrick und Zorbach, Thomas (Hrsg.), New Media Culture. Mediale Phänomene der Netzkultur, Bielefeld, 67–81.

Theunert, Helga (Hrsg.) (2009), Jugend – Medien – Identität? Identitätsarbeit Jugendlicher mit und in Medien, München.

Tillmann, Angela (2014), Selfies. Selbst- und Körpererkundungen Jugendlicher in einer entgrenzten Gesellschaft, in: *Lauffer/Röllecke 2014*, 42–51.

Ullrich, Wolfgang (2015), Selfies als Weltsprache, in: Müller-Tamm, Pia und Schäfer, Dorit (Hrsg.), Ich bin hier! Von Rembrandt zum Selfie, Köln, 32–41.

Wendt, Brooke (2014), The Allure of the Selfie. Instagram and the New Self-Portrait, Amsterdam.

Witthöft, Heide (1998), Von Angesicht zu Angesicht. Literarische Spiegelszenen, New York u. a.

Wortmann, Volker (2004), Die Magie der Oberfläche. Zum Wirklichkeitsversprechen der Fotografie, in: Schneider, Sigrid und Grebe, Stefanie (Hrsg.), Wirklich wahr! Realitätsversprechen von Fotografien, Ostfildern-Ruit, 11–21.

Wunden, Wolfgang und Kos, Elmar (2000), Anthropologie, Theologie und Medien, in: Communicatio socialis 33, H. 4, 379–412.

II

Selfies: 👍 oder 👎 ?

Multiperspektivische Erkundungen eines polarisierenden Phänomens

Katharina Lobinger

Zwischen Selfie-Shaming und Selfie-Celebration

Kontroverse Perspektiven auf vernetzte Körper-(Selbst)bilder

Wenn es um die Rezeption medialer Inhalte oder die Nutzung von Medientechnologien geht, werden die meisten Menschen zu vermeintlichen ExpertInnen der Be- bzw. Verurteilung ‚unangemessener', ‚angemessener', ‚falscher' und ‚richtiger' bzw. ‚guter' Umgangsweisen mit Medien. Dies betrifft auch und insbesondere aktuelle alltägliche Bildpraktiken. Zwar sind in nicht professionellen Kontexten produzierte Bilder heute zentraler Rohstoff sozialer Netzwerkseiten, welche mittlerweile den traditionellen Bilddatenbanken hinsichtlich der Menge an produzierten Bildern den Rang ablaufen; nicht professionell produzierten Bildern wird aber im Gegensatz zu diesen oftmals nicht die gleiche Berechtigung, der gleiche Wert zugesprochen. Insbesondere Selbstdarstellungen und dabei allen voran Selfies werden häufig als banale, narzisstische Elemente stigmatisiert, pauschal abgewertet und die Selfie-ProduzentInnen somit ‚diszipliniert'. Der vorliegende Beitrag setzt sich zunächst mit den Gründen für die kritische Sicht auf Selfies auseinander. Anschließend wird diskutiert, ob und inwiefern Selfies aller Kritik zum Trotz wichtige Elemente der Selbstbeobachtung und der Auseinandersetzung mit dem eigenen Körper und fremden Körpern sein können und welche Chancen und Risiken sich folglich aus kommunikationswissenschaftlicher Sichtweise ergeben.

Dazu greift der Artikel auf den aktuellen Forschungsstand zu Selfies und digitaler, vernetzter Fotografie zurück. In der wissenschaftlichen Auseinandersetzung mit Selfies lässt sich diesbezüglich ein deutlicher Anstieg an Forschungs- und Publikationsaktivitäten erkennen. Selfies sind zu einem populären Forschungsthema geworden. Die Gruppe *The Selfies Research Network* auf *Facebook* beispielsweise weist mittlerweile 3083 Mitglieder (Stand 22.5.2016) auf und im *International Journal of Communication* erschien 2015 das erste Special Issue zu Selfies (vgl. Senft/Baym 2015), gefolgt von dem Special Issue *Me-diated Inter-faces* in der Fachzeitschrift *Social Media + Society* in 2016 (vgl. Warfield/Cambre/Abidin 2016). Es ist fast unmöglich, der Vielzahl von Publikationen, die sich mit Selfies auseinandersetzen, zu folgen. Dies kann auch nicht Anspruch des vorliegenden Beitrags sein. Im Folgenden wird vor allem der internationale Forschungsstand zur Rolle von Selfies im Kontext der ‚Narzissmusdebatte' aufgegriffen und an einigen Stellen durch illustrative Verweise auf eigene Forschungen ergänzt.

Dass *Selfie Research* mittlerweile zu einem regelrechten Forschungstrend avanciert ist, hat zwar einerseits – erfreulicherweise – vielseitige Forschungsperspektiven auf Selfies als soziale und kulturelle Praxis stimuliert, auf der anderen Seite aber auch dazu beigetragen, dass nunmehr viele unterschiedliche Formen visueller Selbstdarstellung als ‚Selfie' bezeichnet werden; auch jene, in denen der bzw. die FotografIn nicht das repräsentierte Individuum ist, es sich also um fotografische Portraits, aber nicht um *Selbst*portraits handelt. Beispielsweise beginnt sich die Bezeichnung ‚Selfie-Protest' (vgl. Grohmann/Kamil Abdulsalam/Wyss 2015a; Grohmann/Kamil Abdulsalam/Wyss 2015b; Sheehan 2015; Valentine 2013) zu etablieren. Selfie-Protest charakterisiert Formen des Web 2.0-Protests, bei denen eine politische Aussage – oftmals als persönliche Geschichte formuliert – mit dem protestierenden Individuum und dessen physischer Erscheinung verknüpft wird. In Protesten der Occupy-Bewegungen wird etwa das politische Ziel in Form einer handgeschriebenen Protestäußerung ausgedrückt, die als Schild von den Protestierenden mit den Händen hochgehalten wird (vgl. Grohmann/Kamil Abdulsalam/Wyss 2015a, 21). Ein gemeinsam verwendetes Hashtag bündelt üblicherweise die individuellen Äußerungen einer Protestaktion und unterstreicht die gemeinsame Vision (z. B. #brelfie, #mombod or #distractinglysexy). Bei den Bildern der genannten Selfie-Proteste handelt es sich jedoch häufig nicht um Selfies in einem engeren Sinn. Zwar wird der oder die Protestierende sichtbar gemacht, jedoch handelt es sich nicht um Formen des ‚Self-Shooting', denn meist ist an der Bildkomposition und Bildgestaltung erkennbar, dass eine weitere Person als FotografIn im Spiel war.

In mehreren weiteren wissenschaftlichen Beiträgen wird das Genre ‚Selfies' explizit breiter gefasst, um dessen genuine Charakteristika und genrespezifische Konventionen zu explorieren. Zum Beispiel beschäftigt sich Bellinger (2015) damit, warum ein Bild von David Cameron *(#DaveCalls)* in der Medienberichterstattung fortwährend als Selfie bezeichnet wird, obwohl es nicht die gängigen formalen visuellen Hinweisreize, die typischerweise ein Selfie ausmachen, enthält. „Cameron's image became tied in the eyes of several media outlets to a genre of self-portraiture more often associated, at least in popular consciousness, with bathroom mirrors and smartphones than office desks and 10 Downing Street" (Bellinger 2015, 1808). Diese Beobachtung nutzt Bellinger als analytische Gelegenheit. Er nimmt die vermeintlich falsche Begriffsverwendung als Ausgangspunkt für die Bestimmung und Auslotung der Grenzen des Genres ‚Selfie'.

Dem vorliegenden Beitrag liegt hingegen ein enger Selfie-Begriff zugrunde (vgl. Barnard 2016, 67). Demzufolge ist ein Selfie ein *Selbstportrait*, das üblicherweise mit einer Digitalkamera oder einem Smartphone *zum Zweck des Teilens* aufgenommen wird. Geteilt werden Selfies mit Peers oder größeren Publika auf Social Network Sites (z. B. *Facebook*), auf Photo Sharing Plattformen (z. B. *Flickr, Instagram*) oder über Messenger Services (z. B. *WhatsApp, iMessage*). Diese Fokussierung auf einen engen Selfie-Begriff ist vor allem in Hinblick auf den Aspekt der Selbst-und Fremdbeobachtung von hoher Relevanz.

Als Selfies werden in der Folge also ausschließlich jene visuellen Selbstdarstellungen bezeichnet, in denen der ‚Shooter', der Fotograf bzw. die Fotografin, auch im Bild sichtbar ist, es sich also tatsächlich um Praktiken des *„Self-Shooting"* (Tiidenberg 2014) handelt. Das Selfie folgt einer besonderen (Netz-)Ästhetik und ist gerade dabei, sich zu einem eigenen Genre der digitalen Selbstdarstellung zu entwickeln. Häufig ist der Arm des Fotografen bzw. der Fotografin im Bild zu sehen, was automatisch zu einer gewissen Nähe zur dargestellten Person führt. Man spricht in diesem Fall von ‚One-Arm-Length Selfies'. In einer anderen Variante wird ein Selfie vor einem Spiegel aufgezeichnet (‚Mirror Shot'). Mittlerweile haben sich visuelle Konventionen und Selfie-Genres (siehe exemplarisch

Otto/Plohr 2015, 28) etabliert, in denen die sich selbst fotografierenden Personen bestimmte Posen (z. B. Fokus auf die linke Wange) einnehmen und bestimmte Gesichtsausdrücke zeigen (z. B. Duckface, Kussmund) bzw. vor bestimmten Hintergründen posieren (z. B. das ‚Shelfie' vor dem Bücherregal).

Darüber hinaus soll nun kurz auf den Aspekt des *Teilens* eingegangen werden. Dadurch dass Selfies gemacht werden, um sie an andere weiterzugeben oder sie anderen zu zeigen, rückt der kommunikative Aspekt dieser Bildgattung in den Vordergrund, während der Charakter der ‚visuellen Konservierung' zu Erinnerungszwecken, der vor allem analogen Fotografien zugrunde lag, an Bedeutung verliert (vgl. u. a. van Dijck 2008; Villi 2015). Selfies und Selbst-Fotografien sind deshalb kommunikative Instrumente anstatt statischer Erinnerungen (vgl. Best 2015, 59). Die Bedeutung eines Selfies ist damit situativ, eventuell ephemer, und lässt sich nur bei Betrachtung der mediatisierten, synchronen Kommunikationsprozesse, in die sie eingewoben werden, erfassen, wie weiter unten noch gezeigt wird. Obwohl Selbstportraits keine Neuheit sind, ist zumindest der Aspekt der synchronen Kommunikation mittels visueller Selbstdarstellungen durchaus neu. Selfies sind deshalb unbedingt vor dem Hintergrund aktueller Sharing-Prozesse der vernetzten Fotografie (vgl. Hand 2012; Rubinstein/Sluis 2008; Sarvas/Frohlich 2011; Van House et al. 2005) zu betrachten. Tatsächlich haben Selfies, so die These einiger ForscherInnen, mehr mit Internetästhetik und Internetkommunikation als mit kunsthistorischen Selbstportraits gemeinsam, ein Argument, das sich beispielsweise bei Bellinger (2015) und Gómez Cruz (2014) findet. Dieser Aspekt wird weiter unten noch etwas ausführlicher aufgegriffen.

Gerade die Tatsache, dass die kommunikative Bedeutung eines Selfies außerhalb des intendierten Kommunikationskontextes nicht verstanden werden kann, führt, befördert durch die *Persistenz* digitaler Daten (vgl. boyd 2008, 120), dazu, dass Selfies teilweise harsch kritisiert werden (vgl. Autenrieth 2016, 6). Als Beispiel: Selfies werden in vielen Fällen dazu eingesetzt, dem Kommunikationspartner bzw. der Kommunikationspartnerin das aktuelle Ich zu zeigen, mit den entsprechenden zu transportierenden Emotionen, einer bestimmten visuell symbolisierten Nähe oder Distanz zum Kommunikationspartner bzw. zur Kommunikationspartnerin und mit einem bestimmten Bildkontext. Ein süßer Schmollmund und eine aufreizende Pose, die für ‚Freunde' als Aufheiterung zwischendurch gedacht waren, werden jedoch durch das Posten auf sozialen Netzwerkseiten mitunter auch anderen Personen zugänglich gemacht, denen das Kontextwissen zur Interpretation des Bildes fehlt. Man spricht hier vom Kontext-Kollaps (*context collapse*) (vgl. Marwick/boyd 2011): In Sozialen Medien fallen viele verschiedene Kontexte zusammen, denn man kommuniziert mit engen Freunden, Bekannten, ArbeitskollegInnen, Freunden von Freunden und eventuell sogar völlig Fremden. Nicht immer bzw. nicht für alle UserInnen ist dabei stets offensichtlich und klar, wem ihre Posts und die darin verankerten Bilder zugänglich gemacht werden. Marwick und boyd (2011, 115) sprechen hier von den *vorgestellten Publika* (immagined audiences), die nicht notwendigerweise den *tatsächlichen Publika* entsprechen. Wenn wir kommunizieren, so tun wir dies üblicherweise mit einem bestimmten Adressatenkreis im Kopf und wir verhalten uns unterschiedlichen Gruppen gegenüber auch unterschiedlich (z. B. freundschaftlich, distanziert, professionell, intim). Die Performance unseres Selbst (vgl. Goffman 1969) variiert von sozialer Interaktion zu sozialer Interaktion. Dieses Bedürfnis variabler Selbstpräsentation wird durch Soziale Medien erschwert, denn „increasingly mainstream social media technologies [...] collapse multiple contexts and bring together commonly distinct audiences" (Marwick/boyd 2011, 115). Dies führt dazu, dass in Social Media-Kontexten auch unsichtbare Publika angesprochen werden, was dann mitunter auf für diese Personengruppe ‚nicht adäquate' Weise erfolgt – eine Folge, die durch die *Durchsuchbarkeit* (vgl. boyd 2008, 120) Sozialer Medien noch verstärkt wird. Ein öffentlich gepostetes und mit dem Hashtag #selfie versehenes Selfie wird etwa bei entsprechender Suche nach #selfie den ursprünglichen Kontexten entrissen und in einen Stream vieler Selfies eingebettet. „Auf öffentlichen Online-Plattformen wie Instagram und in Folge der wachsenden Suchbarkeit, unter anderem durch die Nutzung von Hashtags [...], sehen viele UserInnen Fotos, die primär nicht für sie intendiert waren, und die sie folglich nur bedingt einordnen können" (Autenrieth 2016, 5).

Diese Aspekte dienen als wichtiges Kontextwissen, um ein Verständnis für die Kritik zu entwickeln, die Selfies entgegengebracht wird und eventuell dazu führt, dass das Genre ‚Selfie' als kulturelle Form unterschätzt wird.

1 Selfies als unterschätzte kulturelle Form

Anne Burns charakterisiert Selfies als unterschätzte, weil abgewertete kulturelle Praktik. Durch die Stigmatisierung von Selfies als narzisstische Darstellungsform werden in der aktuellen Diskussion, so Burns (2014), die dialogischen Aspekte visueller mobiler Kommunikation im Kontext interpersonaler Kommunikation (siehe auch Katz/Crocker 2015, 1871) und ihre sozialen und kommunikativen Funktionen weitgehend vernachlässigt.

Als zentraler Kritikpunkt wird oftmals die ‚zu hohe' Quantität zirkulierender Selfies angeführt. An diesem Aspekt hakt Burns ein und kritisiert, dass die Beurteilung eines vermeintlichen ‚Zuviels' rasch in eine Art moralische Panik abdriftet:

> „We don't have this kind of horrified conversation about ‚too many' books, songs or blog posts – so why about selfies? The answer, I suggest, lies in what such a disparaging approach actually conveys: namely, an anxiety about the surge in visibility of certain groups, mostly young people and women. The volume of selfies seems problematic to many because of who it represents and of how it embodies an apparently frightening new form of agency – as well as this new agent's ability to enter the public domain" (Burns 2014).

Gerade jugendliche Bildpraktiken, insbesondere die kommunikativen Praktiken junger Frauen, werden oftmals als minderwertig und banal abgewertet (vgl. Burns 2014; Murray 2015). „By naturalizing certain knowledge – such as the narcissistic nature of selfies – as ‚truth', the discussion of selfies acts as a subtle yet significant form of social control and a means for maintaining gendered power relations" (Burns 2015, 1716). Insgesamt liegen dem Argument der vermeintlich so hohen Selfie-Dichte in Sozialen Medien meist keine gesicherten Zahlen zu Grunde. Oftmals wird die Anzahl der Bilder in bestimmten Hashtags (z. B. #selfie) als Beleg genannt, wobei kein Bezug zur Anzahl der Selfies in diesem Hashtag zur Gesamtanzahl aller Bilder der jeweiligen Plattform hergestellt werden kann. Tifentale (2014, 6) zeigt dagegen auf, dass nur etwa 4 % der Bilder, die in der im Zuge des *Selfiecity*-Projekts untersuchten Woche gepostet wurden, auch Selfies waren.

Zusätzlich zur vermeintlich besorgniserregenden Menge an Selfies ist die Selbst-Inszenierung, die Selfies notgedrungen zugrunde liegt, ein häufiger Kritikpunkt (vgl. Bellinger 2015, 1814). Es sind besondere Kunstgriffe nötig, um ein Selfie so aussehen zu lassen, als sei es ‚natürlich' und unbemerkt aufgenommen worden. Dass Selfies in einem engeren Sinne niemals unbemerkt entstanden sein können, ergibt sich aus der Natur des Self-Shooting. Hier setzt die entsprechende Kritik an, die eine offenkundige und ‚inszenierende' Auseinandersetzung mit der eigenen Repräsentation als selbstverliebt, eitel, narzisstisch oder eben schlichtweg dumm und banal diszipliniert.

Ein weiterer Kritikpunkt von Selfies ergibt sich aus deren Einordnung in das fotografische Genre des Selbstportraits mit dessen Konventionen und Traditionen. Gómez Cruz (2014, 31f.) zufolge müssen Selfies vor allem hinsichtlich ihres kommunikativen Nutzens betrachtet werden. Er sieht einen Grund für deren Stigmatisierung in Mainstream-Diskursen darin, dass Selfies jedoch – fälschlicherweise – vor dem Hintergrund des traditionsreichen Genres der Portraitfotografie und der Selbstportraits diskutiert werden. Der Forscher stellt hingegen die These auf, dass ein Selfie mehr mit digitaler Netzkultur und digitaler interpersonaler Kommunikation gemeinsam hat als mit der kunsthistorischen Tradition fotografischer Selbstportraits, die als vermeintliche Vorläufer von Selfies betrachtet werden (vgl. Gómez Cruz 2014, 31f.; siehe auch Murray 2015, 503). Selfies sind demnach Phänomene der mobilen Netzkommunikation, die oftmals gar nicht für eine (teil-)öffentliche Publikation vorgesehen sind, sondern vielmehr in Apps im Rahmen einer synchronen, situativ bedeutsamen Kommunikation geteilt werden.

Diese Ergebnisse sprechen dafür, dass die Distributionsform, das Thema und die Adressaten des Selfies entscheidenden Einfluss auf dessen Ausgestaltung und kommunikativen Nutzen haben (siehe auch Katz/Crocker 2015, 1870). Dabei entwickeln sich insbesondere auch plattformspezifische Ästhetiken. Während Selfies in – oftmals über Messenger Services ablaufenden – privaten Konversationen üblicherweise weniger stark bearbeitet werden und v. a. bei *Snapchat* als vergängliche Momentaufnahme im Kontext eines spielerischen Dialogs gelten, wägen UserInnen bei ihren in sozialen Netzwerkseiten publizierten Selfies deren Funktionen für gezielte Impression-Management Strategien stärker ab. Das gepostete Selfie wird in diesem Kontext als ein visueller Baustein gesehen, der sich bestenfalls nahtlos in die sorgfältig kuratierte multimodale Chronik einfügt. Die Umgebung des Teilens, die Infrastruktur der Netzwerkplattform, wird zu einem starken Einflussfaktor der ästhetischen und formalen Gestaltung von Selfies. Was für geteilte Fotografien im Allgemeinen gilt, gilt auch für Selfies: Auf sozialen Netzwerkseiten, wie z. B. *Facebook,* werden ausgewählte, nicht zu persönliche Selfies geteilt, die der gewünschten Selbstdarstellung entsprechen. Dabei muss eine Balance zwischen Optimierung und Authentizität gewährleistet werden, da *Facebook*-Kontakte in hohem Maße mit Offline-Kontakten überlappen. Auf Photo-Sharing Plattformen, wie z. B. *Flickr,* werden ebenfalls weniger persönliche Selfies geteilt, bei denen der

Fokus zudem meist auf die ästhetische Ausdrucksweise gelegt wird. Über mobile Messenger-Dienste zur interpersonalen Kommunikation, wie etwa *WhatsApp* oder *Facebook Messenger*, werden Selfies überwiegend an PartnerInnen, Familie und enge FreundInnen und Bekannte versandt. Dem visuellen Teilen des Moments kommt hier besondere Bedeutung zu, wogegen die ästhetische Anmutung in den Hintergrund rückt. Insbesondere bei auf *Snapchat* geteilten Bildern werden auch unvorteilhafte, humorvolle Selfies mit Grimassen und ungewöhnlichen Gesichtsausdrücken geteilt. Man kann an diesen Ausführungen erkennen, dass Medientechnologien und Kommunikationssoftware zwar nicht die Nutzungsformen der UserInnen determinieren, jedoch ihren individuellen Platz im Medienrepertoire der UserInnen finden. Das Genre ‚Selfie' mit seinen vielfältigen Spielarten ist vor diesem Hintergrund differenziert zu diskutieren und zu interpretieren.

Eine Charakterisierung von Selfies als kommunikative Form der mobilen Netzkommunikation bedeutet jedoch nicht, dass es keine digitalen fotografischen Selbstportraits gibt, was Gómez Cruz mit Bezug auf die Häufigkeit von ‚Selfies' und ‚Selbstportraits' zeigt. So finden sich auf der Fotoplattform *Flickr*, die sich fotografischen Ästhetiken verbunden fühlt, wesentlich mehr explizit als solche benannte ‚Selbstportraits' im Vergleich zu ‚Selfies', wie Gómez Cruz anhand einer Häufigkeitsauswertung der den Bildern zugeordneten Tags zeigt. Auf *Instagram* überwiegen ‚Selfies' dagegen deutlich. Und auch Murray (2015) zeigt am Beispiel von künstlerischen FotografInnen, dass diese ebenfalls für ihre Selfies die Bezeichnung ‚Selbstportrait' präferieren, auch wenn sie diese auf Social Media-Kanälen posten und es sich der zuvor genannten Definition zufolge um Selfies handelt. Dieser bewusst gewählten Terminologie liegt die Angst zugrunde, durch die Verwendung des Begriffs ‚Selfies' abgewertet, verspottet und nicht als KünstlerIn ernst genommen zu werden (vgl. Murray 2015, 503).

Selfies dienen sowohl der Selbstrepräsentation als auch dem visuellen Ausdruck von Gefühlen, Ängsten und Hoffnungen. Sie sind somit, wie Nemer und Freeman ausführen (2015, 1832), sowohl *Abbildung* als auch *Erklärung*. Daher können Selfies auch besonders gut dafür eingesetzt werden, um sich mit anderen zu verbinden, um Kontakt herzustellen oder zu intensivieren. Die ästhetischen und technischen Aspekte von Selfies rücken dabei in den Hintergrund, während der kommunikative Nutzen (u. a. Herstellung von Kontakt, mediatisierte Co-Präsenz und phatische Kommunikation) betont wird. In diesem Sinne bezeichnen Katz und Crocker (2015, 1867) Selfies auch als eine Form visueller Konversation, eine „two-way modality of image communication". UserInnen neigen beispielsweise dazu, auf über z. B. Messenger Services erhaltene Selfies mit eigenen Selfies zu antworten, wobei die Antwort auch innerhalb eines ‚angemessenen' Zeitrahmens erfolgen soll, je nach situativer Einschätzung innerhalb von 10 Minuten bis zu 6 Stunden. Selfies sind dann visuelle Nachrichten, kommunikative Instrumente (vgl. Gómez Cruz 2014, 32). Sie ermöglichen es, den Körper und dessen zentrale Rolle beim Ausdruck von Emotionen in die digitale Kommunikation zu integrieren.

Mit der zunehmenden Anzahl von Bildern in Sozialen Medien ist zugleich ein zunehmend starker Fokus auf Körper und Körperlichkeit verbunden. Damit tritt dieser Trend den Befürchtungen entgegen, digitale Medien würden gewissermaßen zu einer Entkörperlichung interpersonaler Kommunikationsprozesse führen.

Mit dem starken Fokus auf den Körper – nun auch außerhalb traditioneller massenmedialer Kontexte – ergeben sich jedoch neue Fragen danach, welche Formen der Körperlichkeit in welchen Kontexten und durch welche AkteurInnen ausgedrückt ‚angemessen' sind und mit welchen Konsequenzen für soziale und kulturelle Prozesse sie verbunden sind.

Während das Selfie und die Darstellung des eigenen Körpers im Mediendiskurs abgewertet werden, finden sich in der kommunikationswissenschaftlichen Forschung ambivalente Positionen. In jedem Fall hat die kritisch geprägte öffentliche Debatte um narzisstische Selfies auch Implikationen für den Forschungsprozess, da die Verbindung zwischen der diskursiven Konstruktion von Selfie-Praktiken und der negativen Wahrnehmung von und durch die Selfie-ProduzentInnen im Zuge empirischer Forschung spürbar wird (vgl. Burns 2015, 1716). Wie Katz und Crocker (2015) in ihrer Studie zur Nutzung von Selfies in visuellen Konversationen herausfanden, sind sich die Befragten der kritischen öffentlichen Debatte um Selfies bewusst. Und dies nimmt Einfluss auf das Antwortverhalten. Auch in der Studie der Verfasserin zur Authentizität von Selfies waren sich die befragten Teenager durchaus der Tatsache bewusst, dass Selfies als banal und unnötig gelten. Es war ihnen deshalb auch unangenehm, über eigene Photo-Sharing- und Selfie-Praktiken zu sprechen, welche an einigen Stellen rechtfertigend beschrieben und erklärt wurden (vgl. Brantner/Lobinger 2015; Lobinger/Brantner 2015). Forschungsbemühungen, die nach der Bedeutung von Selfies fragen, müssen daher besonders reflektiert und sensibel vorgehen, um sozial erwünschtes Antwortverhalten zu reduzieren und um valide Ergebnisse bezüglich der Verwendung von Selfies zu generieren.

2 Emanzipatorische Selbst-Reflexion oder Kommodifizierung des Selbst durch Selfies?

Überblickt man die kommunikationswissenschaftliche Forschung zu Selfies, so scheint insbesondere die Frage danach brennend zu sein, ob Selfies denn nun lediglich ein Ausdruck von Narzissmus seien oder ob sie vielmehr auch nützliche Elemente im Kontext der Selbstverwirklichung sein könnten. Mit dieser Frage beschäftigen sich etwa Christina Best (2015) in ihrem Buchbeitrag *Narcissism or Self-Actualization? An Evaluation of „Selfies" as a Communication Tool* sowie Stephan R. Barnard in *Spectacles of Self(ie) Empowerment? Networked Individualism and the Logic of the (Post)Feminist Selfie*, um nur zwei Beispiele dieser aktuellen Debatte zu nennen.[1]

Wenden wir uns zunächst dem Vorwurf des Narzissmus zu, der Selfie-FotografInnen üblicherweise entgegengebracht wird. Autenrieth kritisiert in diesem Zusammenhang vor allem, dass der Vorwurf des Narzissmus häufig nicht zwischen pathologischen Störungen und entwicklungspsychologisch bedingten Formen scheinbar narzisstischen Verhaltens unterscheidet (vgl. Autenrieth 2016). Dabei würde übersehen, dass gerade in der Phase der Adoleszenz, in der die Her-

---

[1] Vgl. hierzu auch den Beitrag von Bauer in diesem Band.

ausbildung der eigenen Identität als eine zentrale Entwicklungsaufgabe gilt, eine verstärkte Beschäftigung mit dem Selbst, der Selbstdarstellung und deren Wahrnehmung durch relevante Andere durchaus erwartbar ist und auch schon vor dem ‚Zeitalter digitaler Medien' erfolgte. Die jugendliche Identitätsarbeit, die eben mit stärkerer Egozentriertheit einhergeht, unterscheidet sich daher eher in der Form der Zuwendung zum Selbst, die nun eben Selfies inkludiert, weniger aber in deren Intensität im Vergleich zu früheren Generationen (vgl. Autenrieth 2016). Es handelt sich bei dieser Form des adoleszenten Narzissmus also um ein entwicklungspsychologisches Phänomen, nicht um ein Generationenphänomen (vgl. Roberts/ Edmonds/Grijalva 2010). Deshalb ist es auch, wie Murray (2015, 490) betont, wenig fruchtbar, den vermeintlichen Narzissmus junger Frauen als ein negatives Persönlichkeitsmerkmal zu stigmatisieren. Vielmehr gilt es, reflektiert herauszuarbeiten, wie Selfies zur Beschäftigung mit dem Selbst im Sinne der Identitätsentwicklung eingesetzt werden, welche Chancen und Risiken sich daraus ergeben, und wann Selfies tatsächlich Symptom eines pathologischen Narzissmus, also einer Persönlichkeitsstörung, sind.

An dem genannten Beispiel der adoleszenten Identitätsentwicklung wird deutlich, dass Selfies eine zentrale Rolle bei der Auseinandersetzung mit dem eigenen Körper und dem eigenen Selbst spielen können. Selfies, und Selbst-Fotografien generell, werden deshalb auch häufig metaphorisch als ‚Spiegel' bezeichnet. Selfies können von ihren ProduzentInnen – ähnlich einem Spiegel – für Praktiken der Selbst-Erkundung und Selbst-Reflexion gebraucht werden (vgl. Reißmann 2015, 203ff.; Tiidenberg/Gómez Cruz 2015; Walker 2005). Wir nutzen unsere Spiegelbilder also dazu, ein Verständnis für unser Selbst zu entwickeln (vgl. Walker 2005). Selbst-Fotografien stellen somit besondere Arten von Bildern dar, da sie Wissen über und Verständnisse vom eigenen Körper produzieren (vgl. Coleman 2008, 170), und werden von den FotografInnen ganz unterschiedlich interpretiert. Einerseits liefern die Fotos eine vermeintlich objektive Sicht auf den Körper, so wie er ‚tatsächlich' zu einer bestimmten Zeit an einem bestimmten Ort aussieht: „Photographs captured a body, as it actually looked, as a moment in ‚the past' and through this capture knowledges of that body both in the past and in the present and future were produced" (ebd. 2008, 170). Andererseits sind die Interpretationen dieser Körperbilder Transformationen unterworfen. An dieser Stelle soll eine zentrale Beziehung zwischen Körpern und Bildern bei der Entstehung von Körperbildern bzw. beim *„Becoming of Bodies"* (Coleman 2008) betrachtet werden: Coleman (2008) geht davon aus, dass Körper und Bilder allzu oft als getrennte Entitäten verstanden werden, bei denen letztere Einfluss bzw. Wirkung auf erstere entfalten. Es entspricht der klassischen Annahme der Medienwirkungsforschung, dass die in den Medien zirkulierenden Körperbilder Einfluss auf die mentalen Körperbilder der BetrachterInnen nehmen. Diese unidirektionale Kausalbeziehung ist jedoch deutlich zu unterkomplex gedacht:

> „Bodies exist not separately to (photographic) images but rather become through these images; knowledges, understandings, and experiences of bodies are not ‚effected' by images but are produced through, or become through, these images" (ebd., 172).

Die Beziehungen zwischen Körpern und Bildern, seien es nun Selbst-Bilder oder Medienbilder, erweitern oder limitieren die Möglichkeiten des ‚Werdens' des eigenen Körpers. Mit diesen Möglichkeiten gilt es, sich auch im Bezug auf Selfies noch stärker auseinanderzusetzen. Bisher ist noch wenig darüber bekannt, wie Selfies zum ‚Becoming of Bodies' beitragen.

Die Auseinandersetzung mit dem eigenen Körper und Bildern des eigenen Körpers erfolgt dabei jedoch nicht losgelöst von sozialen Interaktionsprozessen. Auch das Feedback relevanter Anderer auf die eigenen Bilder ist für die Erkundung des eigenen Körpers von hoher Bedeutung. Reißmann (2015) zufolge sind die Bildersammlungen in Sozialen Medien deshalb als neue Aushandlungsorte des Körperlichen und des Visuellen zu verstehen. Sie produzieren „spiegelkabinettartige Sichtbarkeitsverhältnisse", welche die UserInnen (in Reißmanns Fall jugendliche UserInnen) „dazu ‚auffordern', sich mit ihrer körperlichen Oberfläche zu beschäftigen, diese zu erkunden, zu gestalten, zu präsentieren und zu schauen, was andere davon halten" (Reißmann 2015, 207). Murray (2015) setzt sich in seinem Beitrag differenziert mit den Selbstdarstellungstechniken in Selfies auseinander. Er geht davon aus, dass das Selfie heute eines der zentralen Ventile der Selbstdefinition ist und zwar unabhängig davon, ob es aus narzisstischen Gründen erstellt wird oder ihm eine politisch motivierte, widerständige Ästhetik zugrunde liegt (vgl. Murray 2015). Er skizziert das Genre in einer produktiven Sichtweise, die er dem kritischen Mediendiskurs gegenüberstellt. Murray hebt dabei vor allem die prinzipiellen Möglichkeiten hervor, die populäre Formen der feministischen Selbstdarstellung im Kontext politischer Beteiligung und bei der Erschaffung von ‚Gegenbildern' mit sich bringen (vgl. ebd., 491).

Selfies bieten den FotografInnen etwa Autonomie bei der Wahl der Selbstdarstellung. Man ist selbst für den Aufnahmewinkel, die Distanz, den gewählten Filter, die Pose und deren Kontrolle sowie für die Wahl des endgültigen Bildes verantwortlich. Man drückt sich also in seiner eigenen ‚visual voice' mit eigenem Bildstil aus. Außerhalb adoleszenter Kontexte nutzen Protestierende in sogenannten ‚Selfie-Protesten' digitale Medientechnologien beispielsweise um sich *selbst* auszudrücken, anstatt von anderen repräsentiert und beschrieben zu *werden* (vgl. Walker 2005). Sie kreieren dabei einen selbstbestimmten und selbstgewählten Blick auf sich selbst, der hegemonialen Objektivierungen entgegenwirken kann, aber nicht muss. Entsprechend zielen feministische FotografInnen oftmals darauf ab, sich und beispielsweise weibliche Sexualität visuell auszudrücken und auch entgegen gesellschaftlicher Normen sichtbar zu machen, ohne sich dabei dem in der Konsum- und Unterhaltungsindustrie vorherrschenden und mittlerweile stark naturalisierten, objektivierenden ‚male gaze' auszusetzen (vgl. Murray 2015). Wie bereits angesprochen, werden Feedback und Rückmeldungen von anderen, also Hinweise auf die Fremdbeobachtung, dabei zu einem essentiellen Bestandteil der Selbstbeobachtung und ‚Selbst-Arbeit' in Sozialen Medien. In auf bestimmte Körperästhetiken fokussierten Foren (z. B. in Foren zu Anorexie, zum Körper in der Mutterschaft) erforschen und erfahren UserInnen ihren eigenen Körper durch das Anfertigen von Selbstportraits, welche dann – in den meist sehr freundlichen und ermutigenden Kontexten dieser von Mainstream-Körperdiskursen halb bzw. ganz abgeschotteten Communities – Feedback durch andere erfahren.[2] Selfies und „self-shooting" können deshalb auch zu Praktiken der Unabhängigkeit und der Selbstbestimmtheit werden (vgl. Tiidenberg/Gómez Cruz 2015), indem UserInnen durch die Aushandlungen mit einer kleinen Community ein alternatives Körperbild als akzeptabel erfahren.

Mehrere ForscherInnen sehen in Selbstfotografien deshalb auch hohes emanzipatorisches Potenzial (vgl. Gervais 2013; Walker 2005). Die Sozialpsychologin Gervais meint, dass Selbstbilder auf Plattformen wie *Instagram* den perfekten Bildern medialer Kontexte etwas entgegensetzten, da die *Instagram*-Bilder ‚echte' Menschen in ihrer ganzen Vielfalt zeigten. Diese *Vor-Bilder* alternativer Köperbilder haben, so die Emanzipationsthese, in der Folge auch ‚Effekte' auf die Selbstwahrnehmung und Körperbilder anderer UserInnen.[3] Tiidenberg und Gómez Cruz (2015, 95) zufolge bieten Selfies beispielsweise alternative Arten des Sehens in bestimmten Communities[4] an und nehmen Einfluss darauf, was fotografier- bzw. zeigbar ist. Dies generiert in der Folge ein produktives und positives Umfeld für weitere ‚widerspenstige' bzw. ‚widerständige' Formen visueller Selbstdarstellung, die eben nicht bestehenden normativen Idealen entsprechen. Wenn es hierbei, so die AutorInnen, auch nicht zu radikalen Umbrüchen kommt, so irritieren diese in Hinblick auf die Vielfalt an Köperdarstellungen positiv gesinnten visuellen Diskurse doch zumindest die dominierenden normativen Bilddiskurse. „The visual power of online self-portraiture is rooted in a type of pleasure that is voraciously claimed: an oppositional desire and enjoyment in oneself as a response to a culture of devaluing and misrepresentation" (Murray 2015, 512).

Wie stark die Tendenz, hegemoniale Repräsentationskonventionen und Rollenverständnisse zu reproduzieren oder herauszufordern, und wie ermächtigend digitale Selbstdarstellungen tatsächlich sind bzw. sein können, wird äußerst ambivalent gesehen und unter der Bezeichnung *Emanzipationsthese* (vgl. etwa Schwarz 2010, 164) kontrovers diskutiert. Schwarz kritisiert vor allem, dass Selbst-Fotografien in wissenschaftlichen Beiträgen häufig unkritisch automatisch als emanzipatorische Formen der Selbst-Erkundung und Selbst-Erfahrung bejubelt werden, ohne dass dabei auf die verwendeten Praktiken und Techniken visueller Selbstdarstellung eingegangen wird. Er führt als Gegenbeleg an, dass visuelle Selbstdarstellungen in digitalen Kontexten oftmals auf sehr stark konventionalisierte, hegemoniale Darstellungsweisen zurückgreifen und sich auch in vermeintlich ermächtigenden Selfies sehr starke Anleihen aus der Werbeikonographie mit ihren normierten und stereotypen vergeschlechtlichten Darstellungsweisen finden (vgl. ebd., 168). Damit führt die stärkere Sichtbarkeit vormals nicht sichtbarer AkteurInnen, nämlich der Amateur-SelbstfotografInnen, nicht zu einem Aufbrechen

---

[2] An dieser Stelle muss jedoch angemerkt werden, dass diese Körper-Foren nicht immer ein aus medizinischer Sicht ‚gesundes' Körperbild unterstützen, wie etwa in Pro-Ana-Foren, in denen Magersucht idealisiert wird und Mitglieder einander dabei unterstützen oder anspornen, immer mehr abzunehmen.

[3] Die These, dass Bilder einen Effekt auf Körperbilder haben, wird an späterer Stelle noch problematisiert.

[4] In der von Gómez Cruz und Tiidenberg genannten Studie wurden NSFW – „Not Safe For Work" – *Tumblr* Blogs untersucht.

hegemonialer Ordnungen, sondern sogar zu deren Rückbestätigung und Festigung, denn das ‚durchschnittliche' Selfie, das auf sozialen Netzwerkseiten kursiert, entspricht eher hegemonialen Normen von Weiblichkeit und Männlichkeit. Eine offene Kritik dieser Normen in Form von ‚Gegenbildern' findet eher selten statt (vgl. Barnard 2016, 74). Auch Tifentale (2014) beschreibt, dass ein großer Anteil der auf *Instagram* geposteten Selfies deutliche Versuche eines Selbst-Branding aufweist, bei dem versucht wird, die beste ‚Version des Selbst' zu ‚verkaufen': „positive, happy, accomplished, proud, well-dressed (sometimes partly or completely undressed), seductive or sexy" (Tifentale 2014, 6). Damit werden der Körper und das Selbst kommodifiziert und zu Produkten, die es zu vermarkten gilt. Denn ähnlich wie in der Werbung sind positive Bilder in tollen Settings mit gut aussehenden Menschen die erfolgreicheren Bildprodukte Sozialer Medien und überwiegen daher hinsichtlich ihrer Quantität und hinsichtlich ihrer durch Likes und Shares vorangetriebenen Sichtbarkeit.

Entsprechend konstatiert Barnard (2016) als Ergebnis seiner Analyse zu „Selfie-Empowerment" ein, wie er es nennt, *(Dis)Empowerment Paradox*, welches sich durch eine Kluft zwischen materiellen und affektiven Vorstellungen von Ermächtigung auszeichnet. Diesem (Dis)Empowerment Paradox zufolge fühlen sich Selbstdarstellungen und Selfies zwar zunächst durchaus ermächtigend an, u. a. weil die abgebildeten Individuen selbst die Kamera kontrollieren, damit den Blick auf sich selbst steuern und dem ‚male gaze' potenziell etwas entgegensetzen können. Gleichzeitig folgen die visuellen Selbstdarstellungen aber häufig hegemonialen Sichtbarkeits- und Repräsentationsnormen und -ordnungen, welche mit den nur vermeintlich ermächtigenden Bildern erneut verdinglicht und reproduziert werden (vgl. Barnard 2016, 63; siehe auch Schwarz 2010). Die Limitationen der Ermächtigungsthese liegen, so Schwarz (2010, 164), darin, dass das Auge mit dem Blick verwechselt würde und man damit dem Trugschluss aufsitzt, dass Fotografie nicht mehr einem skopischen Regime unterläge, bloß weil das Auge hinter der Kamera zugleich das Auge der fotografierten Person ist. Das Fazit der Studie von Lee (2005), die eigentlich eine Vertreterin der Empowerment-These ist, fällt ebenfalls defensiv aus. Sie beschreibt, dass die durch mobile, vernetzte Fotografie auftretenden Prozesse kultureller Meinungsproduktion zwar weder die Geschlechterordnung direkt aufbrechen, noch immun gegen Kommerzialisierungstendenzen sind. Allerdings betont sie, dass Frauen mit der Selbstfotografie ein neues Werkzeug erhalten, welches es ihnen ermöglicht, sich selbst darzustellen, auszudrücken und in Beziehung mit anderen zu treten. „With the camera phone, women have another tool that will help them to be cultural producers" (Lee 2005). Auch in anderen Kontexten finden sich Hinweise auf eine Ermächtigung durch Sichtbarmachung vormals unsichtbarer, weil marginalisierter AkteurInnen (siehe etwa Nemer/Freeman 2015). Die Befunde und Ambivalenzen sind also auch auf die Techniken der Sichtbarmachung und Selbstdarstellung anderer (marginalisierter) Gruppen zu übertragen.

Was an den bisherigen Ausführungen auffällt, sind die unterschiedlichen Verständnisse von Ermächtigung. So verstehen Tiidenberg und Gómez Cruz Ermächtigung als das persönliche Gefühl von Macht und Kontrolle, welches potenziell soziale Bedeutung haben kann, in dem es Auswirkungen auf bestehende Diskurse und Arten des Sehens hat (vgl. Tiidenberg/Gómez Cruz 2015). Dieser Auffassung zufolge kann bei einer Analyse der Selfies alleine, also ohne entsprechende Beachtung der Intentionen der FotografInnen, nicht beurteilt werden, ob ein Selfie nun ermächtigend ist oder nicht. Es zählen vielmehr das Gefühl und die Intentionen der FotografInnen, weniger das Endprodukt. Dies fügt sich in bisherige Erkenntnisse, die betonen, dass sich Selfies generell nur schwer ohne Berücksichtigung der soziokulturellen Kontexte, in denen sie produziert und angeeignet werden, verstehen lassen (vgl. Nemer/Freeman 2015, 1832). Andererseits zeigen die Forschungen von Barnard (2016) und Schwarz (2010), dass viele Selfies konventionalisierten Darstellungstechniken folgen und bestehende Arten des Sehens rückbestätigen. Ermächtigung wäre in diesem Sinne jedoch nur dann erreicht, wenn sich das Gefühl der Ermächtigung auch in erkennbar ermächtigenden Visualisierungen niederschlägt. Diese Sichtweise auf Ermächtigung kann deshalb nicht ohne eine Analyse der formalen und ästhetischen Darstellungsaspekte sowie der Inhalte von Selfies auskommen.

Insgesamt ergibt sich daraus das Forschungsdesiderat, Selfies im Zusammenhang mit Selfie-Praktiken zu untersuchen. Dabei müssen sowohl sozio-technische Praktiken der Produktion als auch der Aneignung berücksichtig werden.

3 Fazit

Wie im vorliegenden Beitrag gezeigt wurde, verspricht die differenzierte Betrachtung von Selfie-Praktiken einen umfassenderen Blick auf Selfies. Vor allem verschiebt sich mit dem Fokus auf Praktiken der Selfie-Produktion und -Aneignung der Fokus von der häufig stigmatisierenden Bewertung von Selfies hin zu einer Auseinandersetzung mit der situativen und kommunikativen Bedeutung von Selfies. Es zeigt sich, dass Selfies dann auch hinsichtlich ihrer Rolle für Selbst-Beobachtung und Selbst-Erfahrung nicht zu unterschätzen sind; ein Faktor, der bei der ausschließlich inhaltsanalytischen Betrachtung von Selfies verloren geht. Der Fokus auf Praktiken betont zudem, dass Selfies nicht ohne die situativen Kontexte, in denen sie produziert und geteilt werden, verstanden werden können. So wie eine einzelne kommunikative Äußerung ihrem Kontext entrissen an Bedeutung verliert, so erschließt sich der kommunikative Wert von Selfies erst im Kontext der multimodalen Konversationen, in die sie eingebunden sind. Eine Bewertung von isolierten Selfies greift demnach aus kommunikationswissenschaftlicher Sicht zu kurz.

Im Beitrag wurde argumentiert, dass Selfies relevante Elemente der Konstruktion von Körperbildern, des ‚Becoming of Bodies' im Kontext der Selbst-Beobachtung und Selbst-Erfahrung sind. Allerdings soll ihre Rolle an dieser Stelle nicht unkritisch gesehen werden. Zusammenfassend lässt sich das Dilemma um Selfies und Körperbilder nämlich folgendermaßen beschreiben: „On the one hand, there is the message of anti-shaming and body positivity. On the other hand, there is the co-optation of the male gaze" (Barnard 2016, 79). Damit wird ein äußerst relevanter und kritischer Aspekt adressiert, denn Gender- und Körperpolitik können im aktuellen visuellen Zeitalter (besser: multimodalen Zeitalter) nicht mehr ohne das visuelle Zeigen von Körpern erfolgen. In diesem Kontext kommt auch dem Selfie als Form des Self-Shooting eine essenzielle Rolle zu. Dem Selfie lässt sich Ermächtigungs*potenzial* zuschreiben. Allerdings kommt es dabei vor, dass die intendierten Botschaften mit dem Fokus auf Gesundheit, positive Körpereinstellung und ‚Selfie-Empowerment' durch hegemoniale Visualisierungen in körperfokussierten Selfies aufgrund der Hartnäckigkeit des (internalisierten) männlichen Blickes untergraben werden (vgl. Barnard 2016, 78). Der Beitrag argumentierte in diesem Zusammenhang gegen eine pauschale Abwertung von Selfies, denn es wurde gezeigt, wie wichtig Selfies für die Wahrnehmung des Selbst und des eigenen Körpers sein können. Vielmehr gilt es, das Spannungsfeld von Ermächtigung und Entmächtigung bzw. Kommodifizierung in Selfie-Praktiken in Zukunft noch stärker zu adressieren, wobei die Forschung hier dringend einen Mittelweg zwischen Selfie-Shaming und Selfie-Celebration finden muss.

Literatur

Autenrieth, Ulla Patricia (2016), Bilder in medial vermittelter Alltagskommunikation, in: Lobinger, Katharina (Hrsg.), Handbuch Visuelle Kommunikationsforschung (Online First), Wiesbaden, 1–20.

Barnard, Stephen R. (2016), Spectacles of Self(ie) Empowerment? Networked Individualism and the Logic of the (Post)Feminist Selfie, in: Communication and Information Technologies Annual 11, 63–88.

Bellinger, Matthew (2015), Bae Caught Me Tweetin. On the Representational Stance of the Selfie, in: International Journal of Communication 9, 1806–1817.

Best, Christina (2015), Narcissism or Self-Actualization? An Evaluation of „Selfies" as a Communication Tool, in: Sarver Coombs, Danielle und Collister, Simon (Hrsg.), Debates for the Digital Age. The Good, the Bad, and the Ugly of Our Online World, Santa Barbara, CA, 55–76.

boyd, danah (2008), Why youth (heart) social network sites. The role of networked publics in teenage social life, in: Buckinham, David (Hrsg.), MacArthur Foundation Series on Digital Learning. Youth, Identity, and Digital Media Volume, Cambridge, MA, 119–142.

Brantner, Cornelia und Lobinger, Katharina (2015), „Weil das absolute Poserbilder sind!" Die Wahrnehmung expressiver Authentizität digitaler Selbstbilder und Selfies, in: Hahn, Oliver; Hohlfeld, Ralf und Knieper, Thomas (Hrsg.), Digitale Öffentlichkeiten, Konstanz, 267–283.

Burns, Anne (2014), "Selfies and the Numbers Game." Photomediations Machine, http://photomediationsmachine.net/2014/02/15/selfies-and-the-numbers-game/ 2014 [Zugriff: 6. Juni 2016].

Burns, Anne (2015), Self(ie)-Discipline: Social Regulation as Enacted Through the Discussion of Photographic Practice, in: International Journal of Communication 9, 1716–1733.

Coleman, Rebecca (2008), The Becoming of Bodies. Girls, media effects, and body image, in: Feminist Media Studies 8, H. 2, 163–179.

Gervais, Sarah J. (2013), „Does Instagram Promote Positive Body Image? Using Social Media to Empower Rather than Oppress", in: Psychology Today, http://www.psychologytoday.com/blog/power-and-prejudice/201301/does-instagram-promote-positive-body-image [Zugriff: 6. Juni 2016].

Goffman, Erving (1969), Wir alle spielen Theater. Die Selbstdarstellung im Alltag, München.

Gómez Cruz, Edgar (2014), Self-Portraits and Chats. The Unoffical Story of the Selfie, in: Lehmuskallio, Asko und Rastenberger, Anna-Kaisa (Hrsg.), #snapshot. Cameras Amongst Us, Helsinki, 31–32.

Grohmann, Miriam; Kamil Abdulsalam, Layla und Wyss, Eva L. (2015a), Selfie-Proteste – eine emergente Praktik des Protests im Web 2.0, in: Aptum. Zeitschrift für Sprachkritik und Sprachkultur 11, H. 1, 21–47.

Grohmann, Miriam; Kamil Abdulsalam, Layla und Wyss, Eva L. (2015b), Selfie-Proteste zwischen Personalisierung und Anonymisierung, in: Forschungsjournal Soziale Bewegungen 28, H. 3, 62–72.

Hand, Martin (2012), Ubiquitous photography, Cambridge, Malden.

Katz, James E. und Crocker, Elizabeth Thomas (2015), Selfies and Photo Messaging as Visual Conversation. Reports from the United States, United Kingdom and China, in: International Journal of Communication 9, 1861–1872.

Lee, Dong-Hoo (2005), Women's Creation of Camera Phone Culture, in: Fibreculture 6, http://journal.fibreculture.org/issue6/issue6_donghoo.html [Zugriff: 6. Juni 2016].

Lobinger, Katharina und Brantner, Cornelia (2015), Likable, Funny or Ridiculous? A Q-sort Study on Audience Perceptions of Visual Portrayals of Politicians, in: Visual Communication 14, H. 1, 15–40.

Marwick, Alice E. und boyd, danah (2011), I Tweet Honestly, I Tweet Passionately. Twitter Users, Context Collapse, and the Imagined Audience, in: New Media & Society 13, H. 1, 114–133.

Murray, Derek Conrad (2015), Notes to Self: the Visual Culture of Selfies in the Age of Social Media, in: Consumption Markets & Culture 18, H. 6, 490–516.

Nemer, David und Freeman, Guo (2015), Empowering the Marginalized. Rethinking Selfies in the Slums of Brazil, in: International Journal of Communication 9, 1832–1847.

Otto, Isabell und Plohr, Nikola (2015), Selfie-Technologie, in: POP. Kultur & Kritik 4, H. 1, 26–30.

Reißmann, Wolfgang (2015), Mediatisierung visuell. Kommunikationstheoretische Überlegungen und eine Studie zum Wandel privater Bildpraxis, Baden-Baden.

Roberts, Brent W.; Edmonds, Grant und Grijalva, Emily (2010), It Is Developmental Me, Not Generation Me. Developmental Changes Are More Important Than Generational Changes in Narcissism, in: Perspectives on Psychological Science 5, H. 1, 97–102.

Rubinstein, Daniel und Sluis, Katrina (2008), A Life More Photographic, in: Photographies 1, H. 1, 9–28.

Sarvas, Risto und Frohlich, David (2011), From Snapshots to Social Media. The Changing Picture of Domestic Photography, London.

Schwarz, Ori (2010), On Friendship, Boobs and the Logic of the Catalogue, in: Convergence. The International Journal of Research into New Media Technologies 16, H. 2, 163–183.

Senft, Theresa M. und Baym, Nancy K. (2015), What Does the Selfie Say? Investigating a Global Phenomenon, in: International Journal of Communication 9, 1588–1606.

Sheehan, Clare (2015), The Selfie Protest. A Visual Analysis of Activism in the Digital Age, MSc Master Thesis, London School of Economics and Political Science.

Tifentale, Alise (2014), The Selfie: Making sense of the „Masturbation of Self-Image" and the „Virtual Mini-Me", 1–24, online: http://selfiecity.net/#theory [Zugriff: 15. Juni 2016].

Tiidenberg, Katrin (2014), Bringing Sexy Back: Reclaiming the Body Aesthetic via Self-shooting, in: Cyberpsychology. Journal of Psychosocial Research on Cyberspace 8, H. 1, article 1.

Tiidenberg, Katrin und Gómez Cruz, Edgar (2015), Selfies, Image and the Re-making of the Body, in: Body & Society 21, H. 4, 77–102.

Valentine, Ben (2013), A Survey of the Protest Selfie. The Civic Beat Reader, online: http://reader.thecivicbeat.com/2013/11/the-protest-selfie/ 2016 [Zugriff: 6. Juni 2016].

van Dijck, José (2008), Digital Photography. Communication, Identity, Memory, in: Visual Communication 7, H. 1, 57–76.

Van House, Nancy A.; Davis, Marc; Ames, Morgan; Finn, Megan und Viswanathan, Vijay (2005), The Uses of Personal Networked Digital Imaging. An Empirical Study of Cameraphone Photos and Sharing, in: CHI'05 Extended Abstracts on Human Factors in Computing Systems, 1853–1856.

Villi, Mikko (2015), „Hey, I'm here Right Now". Camera Phone Photographs and Mediated Presence, in: Photographies 8, H. 1, 3–22.

Walker, Jill (2005), Mirrors and Shadows. The Digital Aestheticisation of Oneself. Proceedings of the Digital Arts and Culture Conference, Copenhagen, 184–190.

Warfield, Katie; Cambre, Carolina und Abidin, Crystal (2016), Introduction to the Social Media + Society Special Issue on Selfies. Me-diated Inter-faces, in: Social Media + Society 2, H. 2, 1–5.

Klaas Huizing

Selfie, Belfie, Footsie und Nudie

Das Wörterbuch der Selbstentblößung

Einleitung: Klausur im Dunklen, online in der hellen Kammer

Maurice Blanchot, der Ideengeber der dekonstruktivistischen Literaturtheorie von Paul de Man und Jacques Derrida und der Mitbegründer des *Nouveau Roman* in Frankreich, bewundert von Michel Foucault und Freund von Emmanuel Levinas, liebte den diskreten Auftritt. Offiziell gibt es nur ein Foto von ihm, das ihn 1929 zusammen mit Emmanuel Levinas ablichtet. In Frankreich machte immer wieder das Gerücht die Runde, vielleicht sei auch das Lichtbild ein Fake und Blanchot gar nicht existent, auch das Foto nur eine Camouflage, ein Versteckspiel und das Gesichts-Double eines anderen Autors. Auch ein geisterhafter Kurzauftritt 1968 änderte daran nichts, Blanchot scheute das Tageslicht, liebte die Klausur im Schatten, sein berühmtester Roman heißt nicht zufällig *Thomas l'obscur, Thomas der Dunkle,* der ungläubige Thomas, der im Nachnamen selbst das Verdächtige und Irrationale mit sich führt (vgl. Blanchot 2007; Frey 2007; Ebeling 2011). Durch das Desaster der Shoa ist für Blanchot die Sprache verhunzt und der Himmel wüst und leer. Nur die Literatur ist das Negativ zur gleißenden Sprache der Macht, sie verstört und entfremdet uns vom Gebrabbel des Heideggerschen ‚Man', ertastet das Unsagbare im Sagbaren, erkundet einen Neuanfang, ein anderes Sprechen, will Sprachbilder erschaffen, die alle mimetischen Spuren löschen und Fremdheit heraufbeschwören.

Diese Kultur des Diskreten steht offenbar quer zur heutigen Kultur des Indiskreten, dem Bilder-Tsunami der Selfies, dieser flüchtig dokumentierten, aber auch herrlich verspielten Chronik der Begegnung und sich versichernden Selbstbegegnung. Übereilt aber wäre es, den Charme des Diskreten gegen das Ordinäre und Obszöne des Indiskreten in Stellung zu bringen, dann ist man schnell mit einer Denunzierung der Neuen Medien und Medienmöglichkeiten bei der Hand und dämonisiert das Medium schlechthin. Auch Blanchot arbeitet mit der Sprache gegen eine verfaulte Sprache. Dieser Zugang steht jedem Medium offen, deshalb auch kann die Netzkultur gegen die Macht der Bilder im Rekurs auf Bilder einen Streit führen. Die Kunst des Aufstands der Bilder gegen die Bilder reicht von ungezogen bis ausgezogen. Der diskrete Charme des bourgeoisen Blanchot, der in Dauerklausur geht und als Höhlenforscher im Gehäus der Sprache überwintert, ist nur ein möglicher Zugang, um gegen die schlechte Unendlichkeit im Medium der verkommenen Sprache Neues zu gebären; der indiskrete, plebejerhafte Exhibitionismus der Selfies kann durchaus auch im Gehäus des iPhones, gleichsam der Fötus der digitalen Welt, ein hintersinniger Aufstand der Massen gegen eine systemisch gelenkte Bildermacht sein. Ob Blanchot oder eine gewitzte Selfie-Kultur gegen die nivellierende Sprache oder gegen die nivellierende, vielleicht sogar monetär ausbeutende, weil von einer fiesen neoliberalen Krake gesteuerte Bildermacht gewinnen oder zumindest ein Patt erreichen, muss zunächst offen bleiben.

Mein Essay hat drei Teile. Zunächst inventarisiere ich den Streit um die Macht der Bilder, die entweder drohen zu Idolen zu verkommen oder durch kluge Bild-Strategien den Betrachter zur Teilnahme – darin schwingt immer auch Empathie mit – auffordern (vgl. Nancy 2011). Vor allem die Bildtheoretiker in Frankreich haben diese Debatte geführt. Ich nenne, um die Extrempositionen einzufangen, zwei Namen: Emmanuel Levinas und Georges Didi-Huberman. Mit dem Namen Roland Barthes verbindet das lesende Gedächtnis den Versuch, die gleichermaßen traumatischen und affektiven Stärken des Mediums Photographie zu erkunden und zu durchleuchten. Wie lassen sich Barthes Einsichten mit der neuen Form der Spontanphotographie verbinden? Was ändert sich durch die klickende Spontaneität der Selfies und der Gemeinschaftsselfies?

Ein zweiter Teil liest die Selfie-Kultur zunächst als Alltagsritual, das der Identitätssicherung und Gemeinschaftsstabilisierung dient. In dieses Geschäft zeichne ich auch die bildlogischen Neuerungen des Genres ein: Empathieschulung/Gesichtslektüre, Fragmentierung/Auratisierung, Spontaneität/Chimäre, Kreativität/Spiel, Taktilität/Verknautschung, Seriellität/Manie, Trauer/Todessublimierung.

Schließlich konzentriere ich mich auf die erotischen Selfies, die ich als Prozess der willentlichen Entschämung lese, um ein Fanal gegen die jahrhundertelange Denunzierung und Verdunkelung der erotischen und auch pornographischen Leiblichkeit zu setzen. Ich frage nach der kulturellen Bedeutung, die durch die Entschämung der Intimsphäre vor sich geht: Was passiert, wenn die Ausnahmesituation der Intimität zum digitalen Normalzustand, wenn der private Eros zum öffentlichen Eros wird und zum ganz öffentlichen Gesichtsverkehr einlädt? Auch in diesen Fällen, so meine These, bleibt die inszenierte Nähe letztlich ein Rätsel.

1 Idolatrie und Teilnahme

Gleichsam die Negativfolie der neuen Bildtheorien lieferte der frühe Emmanuel Levinas mit einer durch das jüdische Bilderverbot unterfütterten Kritik an jeder Kunst, die Menschen und Dinge durch Bilder und damit durch ihren Schatten ersetzt, die jede lebendige Beziehung sistiert und das Lebendige zu Idolen, zu goldenen Kälbern verkürzt (vgl. Levinas 2011; Levinas 1975; Delhom 2011; Alloa 2011). „Zu sagen, dass das Bild ein Idol ist, heißt zu behaupten, dass am Ende jedes Bild eine Plastik ist und jedes Kunstwerk letztlich eine Statue, ein Standbild – ein Stillstand der Zeit oder besser noch ein Verzug der Zeit auf sich selbst" (Levinas 2011, 76). Traumatisiert durch die Erfahrungen des Naziterrors, traumatisiert auch durch den Sündenfall seines Lehrers Martin Heidegger, dessen Philosophie er als Paganismus demaskiert, ist Levinas vom Ekel gegenüber dem Sein erfüllt, will der Totalität des Seins fliehen, sucht und findet deshalb eine Differenz und eine Diachronie im Antlitz des Anderen, der, wie er mit Platons Charakterisierung der Idee des Guten in der Politeia sagt, epekeina täs ousias, außerhalb des Seins angesiedelt ist. „Während das Phänomen, in welcher Eigenschaft es auch sei, immer schon Bild ist, in seine plastische und stumme Form gebannte Manifestation, ist die Epiphanie des Antlitzes etwas Lebendes" (Levinas 2005, 40; vgl. Huizing 1988; Delhom 2011).

Ethik, nicht Ästhetik wird zur ersten Philosophie, denn das Antlitz (visage) lässt die idolisierende Macht des alles vereinnahmenden und verselbigenden Logos scheitern, es ist gleichermaßen zu nah und zu entfernt, zündet im Menschen ein Begehren (désir), das im Unterschied zum innerweltlichen Bedürfnis (besoin) niemals an ein Ende kommt. Die lexikalischen Großbegriffe, die künftig die französische Philosophie adeln: Begehren, Differenz und Diachronie – von Jaques Derrida werden die Begriffe Differenz und Diachronie bekanntlich zum Kunstwort differance verschränkt –, nehmen hier ihren Ausgang.[1]

Es ist nicht übertrieben zu behaupten: Gegen die Bildskepsis des frühen Levinas, die im Spätwerk deutlich abgeschwächt wird[2], versuchen viele Philosophen von Rang die Bilder zu retten, ihre ihnen von Levinas zugeschanzte Statuisierung aufzubrechen. Den Bildern, so der Tenor, werden von den Malern und Photographen eigene Strategien beigegeben, damit sie lebendig bleiben, auch die Bilder, so die große Koalition der Bilderfreunde, sind lebendig, lösen ein Begehren aus, sind auf Diachronie und Differenz hin ausgelegt. Bilder leisten genau das, was Levinas für das Antlitz des Anderen, die visage, reserviert hat. Bilder handeln! So lautet der Schlachtruf der Bilderfreunde.[3] Ihr klügster Apologet ist Georges Didi-Huberman.

Mirabile dictu ist der horizontsprengende Grundbegriff, mit dem Didi-Huberman arbeitet, der der Inkarnation[4], denn die Idee der Fleischwerdung Gottes in Jesus Christus ist strukturell paradox, will sie doch nichts weniger erreichen als eine Darstellung, Figura des Undarstellbaren, des „l'infigurabel", eine Sichtbarkeit des Unsichtbaren. Inkarnation ist gleichermaßen Repräsentation und Rücknahme der Repräsentation, also latent ikonoklastisch, anders gewendet: die ganze Kunstgeschichte *post natum* Christi unterliegt der paradoxalen Inkarnationslogik. Didi-Huberman liefert in seinem Aufsatz „Von den Mächten der Figur. Exegese und Visualität in der christlichen Kunst" (2011) nichts weniger als „eine Tafel der zehn Gebote oder auch: der zehn Bedingungen der christlichen Figur" (2011, 288). Er nennt: *Translatio*, die Verschiebung; *Memoria*, das Gedächtnis; *Praefiguratio*, das Bevorstehende; *Veritas*, die Wahrheit; *Virtus*, das Visuelle; *Defiguratio*, die Unähnlichkeit; *Desiderium*, das Begehren; *Praesentatio*, die Darstellbarkeit; *Collocatio*, die Macht des Ortes; *Nominatio*, die Macht des Namens.

Stellvertretend für die zehn Gebote will ich das fünfte Gebot kurz präsentieren: „Du sollst nichts darstellen oder sagen, das sich ganz erfassen lässt. Deute nur an, zeige ohne zu bezeichnen; lass in dir die Potenz des Virtuellen wirksam wer-

---

[1] Den Gedanken des Idols aufgenommen hat Jean-Luc Marion (Marion 1977), dann aber im Gegenzug die Ikone gefeiert.

[2] Während Levinas der antiken Kunst vorhält, durch die schöne Form einer Idolatrie des Schönen vorzuarbeiten, die den Schatten überblendet, kann er der modernen Kunst immerhin zugestehen, hier werde zwar im Augenblick kontingente Endlichkeit eingefroren, es werde aber auch Verletzlichkeit ausgestellt. Vgl. Bernhardt 2001; Esterbauer 1998; de Vries 2001.

[3] Mit deutlicher Parusieverzögerung wurde dieser Gedanke auch im deutschen Sprachraum heimisch (Bredekamp 2010).

[4] Auch Louis Marin verwendet in seiner Bildtheorie diesen Begriff an zentraler Stelle (vgl. Marin 1997 und 2006).

den.' Aus diesem Grund sind daher so viele religiöse Werke regelrecht unheimlich. Doch was mag in der Malerei wohl Potenz des Visuellen bedeuten? Meistens geht es um die Potenz der Farbe. […] In einem Bild vermag die Farbe von einem Ort zum anderen von einem Gegenstand zum nächsten überzugehen: sie vermag also, unbestimmt zu werden, aber auch überbestimmt, sodass sich gleichermaßen das gesamte Netzwerk, das sie durchtränkt, virtualisiert, unabhängig vom abgebildeten Inhalt oder vielmehr durch diesen hindurch" (Didi-Huberman 2011, 291). Oder mit einem Buchtitel gesagt, der sich wie eine Antwort auf Levinas liest: „Was wir sehen, blickt uns an. Zur Metapsychologie des Bildes" (1999).[5] Dieser Blickwechsel trifft selbstredend pointiert auf die Porträtmalerei zu, wie Gottfried Boehm in seinem Standardwerk: „Bildnis und Individuum. Über den Ursprung der Porträtmalerei in der italienischen Renaissance" (1985) gezeigt hat. Ob allerdings die Photographie, die bekanntlich lange um die Adelung als Kunst werben musste, auch produktionsästhetische Raffinessen besitzt, um Levinas Reserve zu beruhigen, ist auf den ersten Blick durchaus fraglich, denn die Lebendigkeit des Antlitzes (visage) scheint durch die Frontalphotographie doch ernsthaft in Gefahr.

In einem flamboyanten Essay zur Photographie, das zugleich ein melancholisches *memento mori* über die eigene Sterblichkeit und ergreifendes (dieses verschlissene Prädikat ist hier endlich wieder angemessen) Tröstungskultbuch über den Tod der eigenen Mutter anhand eines verblichenen Kinderphotos der Mutter ist, hat Roland Barthes eine der schönsten Hymnen auf die Photographie gehalten: Die Photographie in der Breite ihrer Darstellungsformen ist „Geschehnis" oder Ereignis (Barthes 1989).[6] Angetrieben vom ‚ontologischen Wunsch' (11), das Wesensmerkmal des Photos aufzudecken, feiert Barthes die „Einzigartigkeit" (16) des Photos und in einem zweiten Schritt das „einzigartige Wesen" (85) der Mutter, wie es sich in einem Kinderphoto verdichtet: „(W)as die Photographie endlos reproduziert, hat nur einmal stattgefunden: sie wiederholt mechanisch, was sich existentiell nie mehr wird wiederholen können. In ihr weist das Ereignis niemals über sich selbst hinaus auf anderes: sie führt immer wieder den Korpus, dessen ich bedarf, auf den Körper zurück, den ich sehe; sie ist das absolut Besondere, die unbeschränkte, blinde und gleichsam unbedarfte Kontingenz, sie ist das Bestimmte (eine bestimmte Photographie […]), kurz die Tyche, der Zufall, das Zusammentreffen, das Wirkliche in seinem unerschöpflichen Ausdruck" (12). Nicht unbescheiden, fordert Barthes eine neue Wissenschaft, eine *„mathesis singularis"*, die „jeweils vom einzelnen Gegenstand" (16), der nicht fingiert ist, ausgeht, um von dort aus das Universale zu erreichen. Als Gradmesser gilt ihm zunächst das eigene Gefühlsleben, das freilich nach einer Begründung verlangt: Warum ziehen Barthes bestimmte Photos an, andere nicht? Warum lösen einige Photos eine „Erregung" aus, „ein Fest, auch eine Arbeit, der Druck des Unsagbaren, das gesagt werden will" (26)? Warum sind sie Abenteuer und damit „Beseelung" (29)?

---

[5] Eine kluge Einführung zu Georges Didi-Huberman bietet Emmanuel Alloa (2011). Vgl. auch Stock 2004.

[6] Die folgenden Zitate entstammen diesem Buch. Vgl. auch Barthes 1990. Zu Roland Barthes vgl. den klugen Artikel von Iris Därmann (2011). Siehe dazu Benjamin 1980. Ein weiterer Klassiker zum Thema stammt von Susan Sontag (1978). Vgl. Geimer 2009.

Als Betrachter, der sich am schlechthin Kontingenten erfreut, kann die Wahrheit des Bildes zunächst nur in der Intensität der Gefühle ausgemacht werden, um anschließend zu erkunden, was diese „affektive Intentionalität" (30) auslöst. Zwei Elemente unterscheidet Barthes am Photo: das *studium*, hier verstanden als „Hingabe an eine Sache, das Gefallen an jemandem, eine Art allgemeiner Beteiligung, beflissen zwar, doch ohne besondere Heftigkeit. Aus *studium* interessiere ich mich für viele Photographien, sei es, indem ich sie als Zeugnisse politischen Geschehens aufnehme, sei es, indem ich sie als anschauliche Historienbilder schätze." (35) Von diesem gleichsam allgemeinen Interesse unterscheidet Barthes das *punctum*, welches das *studium* gleichsam aufschreckt, „*punctum*, das meint auch: Stich, kleines Loch, kleiner Fleck, kleiner Schnitt – und: Wurf der Würfel. Das *punctum* einer Photographie, das ist jenes Zufällige an ihr, das mich besticht (mich aber auch verwundert, trifft)." (36) Aus „höflichem Interesse", das man neudeutsch *liken* kann, entbrennt durch die traumatische Verletzung eine Lust, ein ganzes, kein halbes Verlangen, sprich: Liebe. Barthes rückt das Bild als kontingente Szene in eine enge Verwandtschaft mit dem Theater, nennt es eine „Art von ‚lebendem Bild'" (41), das gleichwohl oft einförmig wirkt, solange nicht das Detail alles durchkreuzt und ‚besticht', ein Detail, das oft nicht absichtsvoll platziert wurde – etwa die schlechten Zähne eines kleinen Jungen auf einem Photo aus dem italienischen Viertel in New York –, das bei Barthes „Rührung" hervorruft und dabei nichts mit gutem Geschmack oder Wohlwollen (53) zu tun hat. Barthes strapaziert dabei die Sprache, denn „was ich benennen kann, vermag mich nicht eigentlich zu bestechen" (60). Barthes fordert vielmehr die Augen zu schließen, damit „das Detail von allein ins affektive Bewußtsein aufsteigen" kann (60). Durch das *punctum*, das berührende Detail, treten die Bilder gleichsam aus dem Rahmen.

Das Begriffspaar *studium/punctum* kann allerdings nur ein Gesetz benennen, das für das eigene Verlangen entscheidend ist, das Universale kommt so noch nicht in den Blick. In einem mäandernden zweiten Durchgang entdeckt Roland Barthes ein zweites punctum, „nicht mehr eines der Form, sondern der Dichte": es „ist die Zeit, ist die erschütternde Emphase des Noemas (‚Es-ist-so-gewesen'), seine reine Abbildung" (105). Hier, in diesen Photographien, so die Pointe, ist der Tod zu finden, das macht ihre Melancholie aus, unterschieden vom Film, wo das Es-ist-so-gewesen sich fiktional verflüchtigt oder allenfalls auf den Schauspieler verweist, der inzwischen gestorben ist. Mit der Pose vor der Kamera beginnt die Mortifizierung bereits vor dem Tod, als Betrachter von vergilbten Bildern ist man traumatisiert durch die Begegnung mit dem inzwischen eingetretenen Tod. Jedes Bild ist diese Katastrophe: „*Das wird sein und das ist gewesen*" (106). Für Photos ist die Zeugenschaft entscheidend, eine Photographie ist durchaus nicht eine „‚Kopie' des Wirklichen – sondern […] eine Emanation des vergangenen Wirklichen: als Magie und nicht als Kunst." (99) Nicht scheut sich Barthes hier von „Auferstehung" (92) zu sprechen, weil ihn die Porträts an das Schweißtuch der Veronica erinnern oder, wie man ergänzen darf: an die Ikonen, die ebenfalls als nicht von Menschenhand gemacht gelten.

Aber auch dieser zweite eidetische Durchgang misslingt an entscheidender Stelle, weil sich ein ‚Grund' der Bilder nicht erschließen lässt, lebt doch das Photo von der unzerlegbaren Evidenz an der Oberfläche: „(W)ie lange ich das Bild auch betrachten mag, es teilt mir nichts mit. Genau in dieser Interpretationssperre liegt die Gewißheit des Photos: auch wenn ich mich noch so sehr mühe, alles, was ich feststellen kann, ist, daß es so gewesen ist; für jeden, der ein Photo in Händen hält, liegt darin ein ‚fundamentaler Glaube', eine ‚Urdoxa', die nichts zerstören kann" (117). Nur wenn man diese reine Präsenz, die sich im Blick verdichtet, aushält, dann meldet sich die „unbeugsame Realität" (131), dann zeigt sich der verrückte „Schrei der Anarchismen, Marginalismen und Individualismen" (130), dann wird die ethische Seite der Photographie entdeckt, dann notiert Barthes den „seltsam altmodischen Namen Mitleid." (130) Eine heutige Kultur der Bilder, so die Schlussvolte, tut alles, um die Bilder zu zähmen, erzeugt eine Kultur der Indifferenz und Kälte.

Jacques Derrida hat die Intentionen von Barthes aufgenommen und dekonstruktiv weitergedacht (vgl. Derrida 1997 u. 2007; Münzberg 2001; Busch 2011); bei Derrida wird die affektive Kraft des *punctum* gerade spürbar als Entzug der Einzigartigkeit, das *punctum* ist nach Derrida nicht eigentlich *Zeugnis der Präsenz*, sondern *Trauer um den Verlust*, ist Trauerarbeit und Vorwegnahme des eigenen Todes.[7]

2 Identitätsstabilisierung, Verknautschung und der kleine Alltagsroman zum Selfie

Von einer soziologischen Zugangsweise hat Roland Barthes ausdrücklich abgesehen, um dem Eidos des Photos auf die Spur zu kommen, ich halte die Zugangsweise aber durchaus für sinnvoll, weil die Selfie-Kultur keiner Kabinettenkultur einer kunstsinnigen Elite zuzuordnen ist, sie gewinnt vielmehr Gestalt als eine ritualisierte Alltagskultur, die der eigenen Identitätssicherung dient. Ich nenne sie mit einem Ausdruck von Hans-Martin Gutmann *Kleinrituale*[8], die gleichermaßen der individuellen Vergewisserung der eigenen Lebenszeit dienen als auch der Stabilisierung der sozialen Vernetzung, weil Selfies bekanntlich auf Facebook gepostet werden, oft als Gemeinschaftsphoto mit einem Mitglied aus einer Clique, das entsprechend gelikt oder kommentiert werden kann. Die Kleinrituale der Selfies erfüllen also alle Kriterien sozialer Interaktion, genauer: sie stiften eine gemeinsame Wirklichkeit, die von Handy zu Handy reicht oder im Netz die ganze Netzgemeinde mit durchaus differierenden Bindekräften auszeichnet. Für das Selfie scheint mir entscheidend, dass in diesem Ritual nicht das zum Alltag (ganz) Andere anvisiert wird, sondern in diesem Kontext dient das Ritual der Stabilisierung der gemeinsamen Lebenswelt.[9]

---

[7] Bildtheoretische Annäherungen, die zum Teil Ansichten Barthes weitertreiben und dekonstruieren, stammen von Laner 2013; Schürmann 2013; Sepp 2013.

[8] Gutmann 2013, 27ff. Ich habe viele Anregungen und Lektürevorschläge diesem Buch entnommen.

[9] Vor allem die Praktische Theologie hat sich intensiv mit der Ritualdebatte auseinandergesetzt. Forschungsgeschichtlich gibt es zwei große Strömungen: Victor Turner steht für die Untersuchung von Passageriten (vgl. Turner 1989), Mary Douglas orientiert sich an der Stabilisierung der alltäglichen Lebenswirklichkeit durch Rituale (Douglas 1986). Zu beiden Ansätzen nenne ich jeweils einen Autor: Fechtner 2011; Hauschildt 1996.

Wegen der Nomadisierung moderner Lebensläufe ist die Rückkoppelung an eine vertraute Gruppe oft extrem festigend: Freundinnen, die in ganz unterschiedlichen Städten, Barcelona und Bielefeld, Wien und Wolfsburg, arbeiten oder studieren, leben gleichsam an zwei oder mehreren Orten gleichzeitig, probieren in unterschiedlichen Weltgegenden die Tragfähigkeit des bisher erprobten alltagspraktischen Geländers aus. Wahrscheinlich trauen sich einige der Daheimgebliebenen erst durch diese medial vermittelten Erfahrungen Grenzüberschreitungen zu.

Eigentümlich für die Selfie-Kultur ist eine Empathieschulung, denn eine Selfie-Kultur, die nicht absichtsvoll ein *Duckface* ausstellt, trainiert alltagspraktisch Mimik oder Pathognomik und Physiognomik: *Du siehst scheiße aus, was ist dir denn zugestoßen?* Stress mit den Eltern, Stress in der Schule, Stress mit Klamotten und Stress mit dem Freund (dieser Stress kann selbstredend auch Indifferenz sein). Zwischen engen Freundinnen werden kleinste mentale Verwerfungen an minimalen mimischen Veränderungen ausgemacht, ohne dass die Person grimassierend einen Flunsch zieht oder die Augen verdreht. Auch die Kommentare zum neuen Outfit lassen auf eine erstaunliche Dechiffrierungskunst schließen und werden gewöhnlich so austariert, damit der Kreativitäts- oder Authentizitätswunsch innerhalb des Gruppengeschmacks bleibt – auch wenn vielleicht das Vorbild Lady Gaga ist. „In den alltäglichen Reziprozitätsritualen der lebensweltlichen Interaktion gilt – anders als in den systemischen Feldern von Ökonomie und Politik –, dass Erhalt, Schutz und Förderung des gemeinsam Geteilten wichtiger ist als individuelle Interessendurchsetzung." (Gutmann 2013, 107). Alltägliche Lebensführung ist unter den Bedingungen der medialen Kommunikation auch bei narzisstischen Inszenierungen tendenziell bewahrend.[10] Auch die Kommentare, die die Präsentationen begleiten, borgen sich, sofern er gesucht wird, den Trost aus dem leicht angehübschten Fundus der Lebensweisheiten: *Jetzt erst recht. Du kriegst die Kurve. Genau, so geht das.* Selten wird die Hysterie und Dramatisierung verstärkt, es herrscht eine Tendenz zu Deeskalierung und Entdramatisierung, die sogar so weit gehen kann, zu einer Schönheitskorrektur zu raten, wenn die Scham übergroß wird.

Die ausufernde kommentierende Verbindung von Bild und Text macht hinterrücks deutlich, wie die Sprache zwar versucht die Bilder zu lesen, die sich in ihrer Eigentümlichkeit doch immer auch dagegen sperren gelesen zu werden. Texte schwellen zu einem Hypertext an, der nur zwischenzeitlich gedeckelt werden kann, wenn alltagsweisheitliche Bemerkungen, die in ihrer Performanz selbst auf ein un-sagbares Vertrauen zielen, den Dialog, der manchmal droht in leeres Geschwätz und einen lärmenden Diskurs zu verflachen, runden. Das Geheimnis der Bilder bleibt durch die figurative Ordnung des Photos, die sich gegen die diskursive Ordnung der Sprache behauptet, geschützt. In guten Momenten kann durch die nahezu unendliche Kommentierung ein kostbarer kleiner Alltagsroman entstehen.[11]

---

[10] Vgl. den Beitrag von Bauer in diesem Band.
[11] Bei Kofman war selbstredend nicht das Selfie im Blick, auch nicht primär das Photo, sondern ein Gemälde, bei ihr bereits aber mit besonderem Nachdruck auf die serielle Malerei ausgerichtet (vgl. Kofman 1986).

Dank der technischen Möglichkeiten, Photos am Schirm groß zu ziehen, werden auch Fragmente des Gesichts der potentiell unendlichen Dechiffrierungskunst zugänglich. Genau in diesem Augenblick erlangen die Photos eine seltsame Aura zurück, die sie durch die technische Reproduzierbarkeit nach Walter Benjamins berühmten Aufsatz eigentlich verloren haben (Benjamin 2009). Fragmente einer ganz privaten Sprache des Gesichts werden exzessiv lesbar – und doch nicht ganz entschlüsselt, weil das Inkarnat auch immer Maske ist, nicht vollständig durchsichtig, bereits partiell petrifiziert. Aber die Haut selbst, die zeigt und verbirgt, wird gefeiert in der Bandbreite von Verwundbarkeit und Strahlkraft – Derma-Doxologie und Derma-Vulnerabilität. Gerade das Streching der Haut am Schirm offenbart das Geheimnis der Haut. Das Streching ist eine hochintime Geste der Berührung, halb streicheln, halb spannen, halb erotisch, halb medizinisch.[12] Ja, es ist eine Geste an der Oberfläche, die alles andere ist als oberflächlich, eine verkörperte Beziehung, die virtuell ist und doch seltsam real. Ich kann, mirabile dictu, der photographierten Kopie näher sein als dem Original. Platon wird auf den Kopf gestellt. Nimmt man jetzt noch den Gedanken hinzu, dass viele diese Erfahrung ‚teilen', dann schwingt hier ein ethischer Sinn mit.

Gegenwendig zu der hier vertretenen These lässt sich die Selfie-Kultur auch durchaus kritisch als Kultur einer Ausdrucksnormierung lesen, sofern man allen Nachdruck auf die Beobachtung legt, dass die Selfies sich nahezu sklavisch an den Emoticons orientieren. Wolfgang Ullrich hat im bewährt kulturkritischen Gestus geschrieben: „Selfies (sind, K. H.) für diejenigen, die aktiv oder passiv damit zu tun haben, alles andere als folgenlos. Vielmehr ist aktuell zu beobachten, wie Selfies in ihrer funktionalen Ähnlichkeit zu Emoticons – und beeinflusst von diesen – die Körpersprache und Mimik der Menschen verändern. Je öfter man sich in eine Selfie-Pose begibt, um anderen mitzuteilen, was man gerade erlebt, und je alltäglicher man mit zahllosen Selfies seiner Freunde, aber auch vieler Unbekannter konfrontiert ist, desto deutlicher prägen sich bestimmte Gesten, Kopfhaltungen und Grimassen aus. Als hoch mimetische Wesen mit stets aktiven Spiegelneuronen übernehmen Menschen nämlich die stärksten und suggestivsten Ausdrucksformen anderer. […] Selfies (müssen, K. H.) vielleicht einmal als eine frühe Form von Kommunikationsmitteln gewürdigt werden, mit denen Menschen ihre Gesichter und Körper semantisch konditioniert haben." (Ullrich 2015, 35f., 41) Es ist die physiognomische Eigentümlichkeit eines Gesichts, die selbstredend verhindert zu einem facialen Emoticon zu verkommen. Gegen die Normierungsalarmisten vertraue ich auf die gleichermaßen selbstbewusste und ironische pathognomische Inszenierung der Selfies.

Wolfgang Ullrich möchte die Selfie-Kultur von der Porträtkultur abrücken, weil im Selfie alles auf die direkte Übermittlung abgestellt wird. Auch Adam Levin betont: „War das Ethos der analogen Photographie von der Reproduzierbarkeit bestimmt, so ist das mobile, vernetzte Bild von der Übermittelbarkeit bestimmt." (vgl. Levin 2015, 108; Donnachie 2015) Die Präsenzdauer jeder Screen-Performance ist freilich gering, denn bereits nach wenigen Posts auf der Proto-

---

[12] Jedes Mal, wenn ich die Geste ausführe, drängt sich mir auch der Eindruck auf, ich sei ein Dermatologe, der die Haut auf krankhafte Veränderungen hin absucht.

kollliste kann das Selfie absinken und (auch) aus der (eigenen) Aufmerksamkeit verschwinden. Nur Big Data hortet eifersüchtig die Protokolle und liest sie bei Bedarf. Und trotzdem: Auch als Einwegporträt bleibt das Selfie ein Porträt, die Porträtierten setzen sich sehr wohl in Szene und wollen wahrgenommen werden.

Auch der *Run* auf die Teleskopstange wäre nicht verstehbar, ginge es bei den Selfies nur um eine pathognomische Kurzübermittlung. Die prominente Selfie-Teleskopstange führt zu einer markanten Ausweitung des Mediums Körper[13] und ermöglicht ohne großen Aufwand spielfilmkameraähnliche Perspektiven von der Heldeneinstellung bis zur Astronautenperspektive, erzeugt Raumtiefen vor Landschaften und Straßenfluchten – der Preis ist die *chimärenhafte Verlängerung* des Arms durch die Stange. *So schön ist Bielefeld. Mit mir*. Mit dieser künstlichen Verlängerung geht auch die Primärassoziation mit dem berühmten „Selbstporträt im konvexen Spiegel" (1523/24) von Parmigianino in Rente, die eine Hand ins Bild hält, als würde Parmigianino bereits ein Patent auf ein Smartphone besitzen.[14]

Abb. 1: Parmigianino: Selbstporträt im konvexen Spiegel

Von der Lust am Spiel, dem oft entspannt albernen Spaß, aus un-möglichen Perspektiven dem eigenen Ich sich anzunähern, lebt sichtbar die Selfie-Kultur. Sie besitzt einen nicht zu unterschätzenden Unterhaltungswert. Johan Huizinga, der niederländische Kulturgeschichtlicher, hat bekanntlich den Menschen als *Homo ludens* charakterisiert und zwischen Spiel als Darstellung und Wettkampf unterschieden, beide Elemente finden in der heutigen Selfie-Kultur zusammen: Es geht um das Kleinritual der Selbst-Darstellung oder Gemeinschaftsdarstellung, vereinigt aber auch Elemente des Wettkampfs unter sich, wenn nämlich die Frage gestellt wird, wer die meisten Selfies produziert. Ob freilich die von Huizinga behauptete

---

[13] Medien als Körperextensionen zu verstehen geht zurück auf Marshall McLuhan (1992); Dazu Huizing 2015, 334f. Jetzt auch Haberer 2015, 108ff. Eine neue Gesamtdarstellung bietet Janine Marchessault (2005).
[14] Vgl. den Katalog zur Ausstellung (Bieber 2015; Saltz 2015).

Zweckfreiheit des Spiels jemals vollständig erreicht wird, darf jeder bezweifeln, aber ein karnevalesker Riss trennt die Selfie-Performance vom verzweckten Alltag (vgl. Huizinga 1956).

Überraschend ist die momenthafte taktile Nähe, die in einer oft taktilfreien Gesellschaft in der Kultur der Selfies aufblitzt, denn nicht nur die engsten Freundinnen lächeln Schulter an Schulter lehnend in die Kamera, sondern auch öffentliche Gesichter vom Papst über den Fußballprofi bis hin zu Rock- und Popgrößen und Angela Merkel schauen schulterverbindend ins Bild. Die telematische Vernetzung bewirkt eine augenblickhafte Nivellierung von oben und unten, die öffentlichen Gesichter zeigen sich volksnah, das Alltagsgesicht präsentiert sich mit den Promis auf Augenhöhe. Das *noli me tangere* der Alltagskultur wird für Augenblicke ausgesetzt. Ich nenne es die Verknautschung. Diese *verknautschte Zone*, die Falten im Schulterbereich der sich anlehnenden Menschen, sind für mich auf diesen Bildern das *punctum 1* von Roland Barthes, *der gekittete Riss* zwischen den Menschen – unabhängig von einer voreilig denunzierten Promigeilheit, die dem Machterhaltungstrieb der Promis entspricht. Zeugenschaft legt die glatte Oberfläche ab von der epiphanen Verknautschung.

Abb. 2: Lee Myung-Bak and Ji So-Yun. Quelle:
https://commons.wikimedia.org/wiki/File:Lee_Myung-Bak_and_Ji_So-Yun.jpg
[Zugriff: 1.6.2016; Urheber: Korean Culture and Information Service]

Aber auch das *punctum 2* von Roland Barthes lässt sich im Genre der Selfies in bearbeiteter Form ausmachen. Durch die serielle Anordnung der Selfies wird der immanenten Melancholie des Photos (Es-ist-so-gewesen) begegnet, der Selfie-Produzent ist sein eigener Stalker, der sich unentwegt verausgabt und sich ein digitales Mausoleum anlegt. Durch die Manie der eigenen Bildproduktion wird das Spiegelstadium gleichsam auf Dauer gestellt. Erst mit der hypertrophen Plurifizierung und Verschnellung der Photos, die auch nicht mehr auf die unendliche Kommentierung durch Freundinnen setzt, die sich vielmehr mit einem einfachen Like zufrieden gibt, wird rituell versucht, die Melancholie und den Tod *auszutrei-*

ben. Trauerarbeit als ewiger Aufschub (vgl. Baudrillard 2005, 113f.). Das Kleinritual des Freundschaftspostings, die Inszenierung von Intimität über die mediale Bande, die der ganz individuellen Identitätssicherung dient, wird überlagert von der gewollten Ritualisierung der versuchten Ausblendung der eigenen Endlichkeit durch den Bilderstrom des individuellen Konterfeis. Verausgabung als Angsttherapie.

3 Erotischer Exzess

Ein Sonderfall in der Matrix des Genres Selfie, die die für die bürgerliche Kultur maßgebende Kartographie von öffentlich und privat neu vermisst, sind die erotischen Selfies, changierend zwischen der Fetischierung von Körperteilen (Fuß, Hintern, Hände, Busen) und der Ausstellung der eigenen Nacktheit: Schaut mich an. Ich will gesehen werden. *Voll peinlich* oder *Voll süß*. Berühmt geworden ist die mäßig begabte Schauspielerin Kim Kardashian durch ihre Po-Photos, po-pulär im wahrsten Sinne des Wortes. Ihre A-Tergo-Ansicht auf dem Modemagazin PAPER brach alle Klick-Rekorde, seitdem wird im Internet diskutiert, ob die Kurven künstlich oder virtuell ausgebaut sind. Privat nachgestellt wurde das Bild vielfach, dann oft mit mäßig witzelnden Kommentaren versehen, denn es verlangt komisch anmutende Verrenkungen, um den eigenen Hintern abzulichten.

Abb. 3 (links): Naked in front of mirror. Foto: David Steckel A1.[15]
Abb. 4 (rechts): „Nelfie". Foto: Peachplumbear 101.[16]

Außergewöhnliche Vorlieben, die nicht jedermanns Geschmack sind, müssen, sofern sie nicht gegen Jugendschutz und die Selbstbestimmung des Anderen verstoßen, nicht länger im Halbdunkel bleiben, sondern können offen ausgelebt werden. Fetischisten sind nicht länger einsam. Fragmente, wie Füße oder Hintern, entzerren den Schönheits-Wahn, der häufig auf Ganzheit zielt. Wer ist schon ganz perfekt. Entstressend wirkt die partielle Sicht der Dinge, die Regionalisierung von

---

[15] Quelle: https://commons.wikimedia.org/wiki/File:David_Steckel.jpg [Zugriff: 1.6.2016].
[16] Quelle: https://commons.wikimedia.org/wiki/File:Nelfie.jpg [Zugriff: 1.6.2016].

Schönheit und Erotik. Wahrscheinlich ist noch nie innerhalb der Kulturgeschichte so umfassend über die Ästhetik und Erotik von Füßen und Hinterteilen diskutiert worden. Das Wörterbuch der Selbstentblößung hat dafür zwei neue Wörter kreiert: Belfie und Footsie.

Spielt die Ausstellung von Fragmenten der Nacktheit noch mit der alten erotischen Dialektik von entbergen und verbergen, dann zeigt das exzessive Posen der unverhüllten Nacktheit einen deutlichen Mentalitätswandel an (vgl. Elias 1997; Duerr 1988; Wounders 1994; Lotter 2012). Die öffentliche Präsenz markiert eine Verschiebung der Grenze der Intimität, ist eine selbstwusste Ordnungsverstörung: ein verschämt/unverschämtes, oft milde protziges Statement. Dem Absenken der Schamschwelle dürfte von anderer Seite aus vorgearbeitet worden sein, war es doch Jeff Koons, der massenwirksam seine eigene Sexualität, gerne auch im Kontakt mit seiner Frau, dem ehemaligen Pornostar Cicciolina (Ilona Staller), überlebensgroß ausstellte, um, wie er in Interviews wiederholt bekundete, gegen die christliche Denunzierung der Sexualität und Körperlichkeit neue Bilder zu präsentieren – eine Sexualität und Erotik diesseits von Sünde und Schuld, diesseits des Sündenfalls (vgl. Huizing 2012).

Als Ordnungsverstörung, als willentliche Verstörung gegen eine als überholt gescholtene Verbindung von Sexualität und Intimität, als Verstoß gegen moralische und institutionelle Muster, sind die geposteten Nudies zunächst ein Empörungsangebot, ein bewusster Verstoß auch gegen die Tugendpolizei im Netz, sie provozieren einen möglichen Shitstorm, dem sie sich sehr selbstbewusst und selbstbestimmt aussetzen. Über Konsequenzen dieser Aktionen herrscht Klarheit, wir leben inzwischen jenseits der Pubertätsschwelle im Umgang mit den neuen Medien. Beinahe jeder, der im Netz postet oder im Inner-Circle seiner Peer-Group seine Nudies verschickt, ist sich der möglichen Folgen bewusst. Zwar bildet der Anarchismus im Netz auch eine Versuchung, aber der Sender im Netz sucht den Konflikt, sucht die indiskrete Lebensweise, verstößt gegen den Imperativ der Diskretion, spielt absichtsvoll mit der eigenen Attraktion und rechnet auf Entgegenkommen, auch wenn das Entgegenkommen sich möglicherweise in Abwehr verkehrt, die Resonanz negativ ausfällt und ein Invektivenschwall über ihn hereinbricht. Als Sender testet er das Begehren im öffentlichen Umtrieb, testet die eigene Genitalität, ist ein Entfesselungskünstler, der die Stricke einer für ihn einengenden Moral zerreißt. Folgeabschätzungen sind beim heutigen Stand des Medienumgangs eingepreist, ein, sagen wir: Metzger wird sich leichter dazu entschließen, sich nackt zu präsentieren als ein künftiger Französischlehrer, beiden dürfte der Stolz auf die eigene Körperlichkeit als Schutzschild gegen mögliche Anfeindungen dienen. Die Breite der Angebote reicht von Enhancement-Beweisen primärer Geschlechtsmerkmale bis zu im besten Sinne berührenden Bezeugungen von Kreatürlichkeit.

Ich deute das Exzessive der Nudies als Überfluss von Energien des Menschlichen, die sich verschwenden müssen und dürfen und dabei das Korsett der bürgerlichen Sphäre um die Selbsterhaltung aufschneiden. Es ist eine Grundentscheidung, ob wir den Menschen als verhärmtes Mängelwesen im Anschluss an Arnold Gehlen präsentieren oder als Überflusswesen im Gefolge von Bataille und Didi-Huberman (Gehlen 1986). Die Tränen des Eros (Bataille 1981) sind auch die

Glückstränen über die Abundanz, die der Eros vermittelt[17] und die puritanischen Verhaltenscodices umwidmet. Eros steht für Überfluss, Übertritt, Transgression, ist gleichsam der ontologische Schlüssel zur Kritik der von Levinas behaupteten Idolatrie aller Bildwerke, denn dank der Transgression des Eros sprengen alle Bilder und Porträtphotos die Repräsentation, sind Spuren eines sich veraus-Gabenden Anderen, der nie ganz präsent ist, nie ganz habhaft zu bekommen ist, der immer auch absent ist und im darbietenden Genuss auch Trauer mit sich führt. Gerade darin besteht die Kraft der Bilder und Photos, Lebendigkeit zu inszenieren, insofern darf man sagen, dass auch der Andere in seinen Nudies, der in seiner entblößenden Nacktheit mich anschaut und ablichtet, in seiner Nähe immer auch ein Fremder bleibt.

Allerdings: Anders als in den gleichsam ordnungsgemäßen Selfies stehen die Nudies für die Macht der Bilder Ordnungen zu verstören. Mit Rufen zur Ordnung werden die Nudies rechnen müssen. Nach Jahrhunderten einer durch die Leibfeindlichkeit augustinischer, calvinistischer, puritanischer, pietistischer Theologien unterdrückten Sexualität und Erotik empfinde ich diesen unverhüllten Umgang zunächst als Befreiung. Ein Problem sehe ich an anderer Stelle, denn die Zurschaustellung der eigenen Intimität ist ein radikaler Prozess der Entschämung, der immer bereits mit einem verbalen Tiefschlag als Antwort rechnen muss. Anders gewendet: Wer Nudies postet, stellt sich vorab bereits auf einen Shitstorm ein und macht sich unempfindlich. Hinsichtlich der Körperscham halte ich diese Unempfindlichkeit für unproblematisch, schwieriger allerdings wird es, wenn dauernde Medienpräsenz und die eingeübte Erwartung eines Shitstorms zu einer körperlichen Teflonisierung führt (vgl. Swertz/Wallnöfer 2006) und Menschen sehr grundsätzlich unempfindlich oder schamlos werden und Scham allenfalls in der Schwundstufe der Peinlichkeit wahrnehmen. Da die Erfahrung von Scham für die eigene Charakterformung unabdingbar ist, wäre diese Abflachung bedenklich (vgl. Huizing 2016). Eine medienpädagogisch kluge Schulung der eigenen Empfindsamkeit anhand der affektiven Potentiale der Bildlichkeit, auch der Nudies, wäre eine passende Medizin.

Sich der Macht der Bilder im Guten wie im Schlechten ganz zu entziehen, wie Blanchot es versucht hat, scheint mir dagegen heute unmöglich. Unser digitaler Schatten wächst mit dem ersten Ultraschall-Photo auf der Entbindungsstation. Der Kampf gegen den digitalen Schatten wäre eine Geistergeschichte.

Nachspiel

„Bei ihr gab es nie eine Metasprache, eine Pose, ein gewolltes Bild. Genau das ist ‚Heiligkeit'."
Roland Barthes im *Tagebuch der Trauer* über seine Mutter (2010, 219).

---

[17] Bataille ist inzwischen lehrbuchtauglich geworden, denn die Sexualanthropologie deutet Sexualität als „ungerichtete Energie und neues Leben spendende Quelle". So Dabrock 2015, 41.

Literatur

Alloa, Emmanuel (2011), Emmanuel Levinas: Die Wirklichkeit und ihr Schatten, in: *Alloa 2011*, 65–86.
Alloa, Emmanuel (Hrsg.) (2011), Bildtheorien aus Frankreich. Eine Anthologie, München.
Alloa, Emmanuel (Hrsg.) (2013), Erscheinung und Ereignis zur Zeitlichkeit des Bildes, München.
Barthes, Roland (2010), Tagebuch der Trauer. Aus dem Französischen von Horst Brühmann, München.
Barthes, Roland (1989), Die helle Kammer: Bemerkung zur Photographie, übersetzt von Dietrich Leube, Frankfurt a. M.
Barthes, Roland (1990), Rhetorik des Bildes, in: ders., Der entgegenkommende und der stumpfe Sinn. Kritische Essays III, übersetzt von Dieter Hornig, Frankfurt a. M., 28–46.
Bataille, Georges (1981), Die Tränen des Eros, übersetzt von Gerd Bergfleth, München.
Baudrillard, Jean (2005), Der symbolische Tausch und der Tod, übersetzt von Gerd Bergfleth, Gabrielle Ricke und Ronald Voullié, München.
Benjamin, Walter (1980), Eine kleine Geschichte der Photographie, in: Tiedemann, Rolf und Schweppenhäuser, Hermann (Hrsg.), Gesammelte Schriften II.1, Frankfurt a. M., 368–385.
Benjamin, Walter (2009), Das Kunstwerk im Zeitalter seiner technischen Reproduzierbarkeit, Frankfurt a. M.
Bernhardt, Uwe (2001), Die Jugendlichkeit des Werkes. Zum Status der Kunst bei Levinas, in: Allgemeine Zeitschrift für Philosophie 26, 225–244.
Bieber, Alain (Hrsg.) (2015), EGO Update. Die Zukunft der digitalen Identität, NRW-Forum Düsseldorf, Düsseldorf.
Blanchot, Maurice (2007), Thomas der Dunkle. Roman. Aus dem Französischen übersetzt von Jürg Laederach, Basel/Weil am Rhein.
Boehm, Gottfried (1985), Bildnis und Individuum. Über den Ursprung der Porträtmalerei in der italienischen Renaissance, München.
Bredekamp, Horst (2010), Theorie des Bildakts, Berlin.
Busch, Kathrin (2011), Jacques Derrida, in: *Busch/Därmann 2011*, 124–137.
Busch, Kathrin und Därmann, Iris (Hrsg.) (2011), Bildtheorien aus Frankreich. Ein Handbuch, Paderborn.
Dabrock, Peter u. a. (2015), Unverschämt – schön. Sexualethik: evangelisch und lebensnah, Gütersloh.
Därmann, Iris (2011), Roland Barthes, in: *Busch/Därmann 2011*, 25–37.
de Vries, Hent (2001), Levinas über Kunst und Wahrheit, in: Fischer, Matthias; Gondek, Hans-Dieter und Liebsch, Burkhard (Hrsg.), Vernunft im Zeichen des Fremden. Zur Philosophie von Bernhard Waldenfels, Frankfurt a. M., 99–129.
Delhom, Pascal (2011), Emmanuel Levinas, in: *Busch/Därmann 2011*, 205–217.
Derrida, Jacques (1997), Die Tode von Roland Barthes, übertragen von Gabriele Ricke und Ronald Voullié, Berlin.
Derrida, Jacques (2007), Berühren. Jean-Luc Nancy, übertragen von Hans-Dieter Gondek, Berlin.
Didi-Huberman, Georges (2011), Von den Mächten der Figur. Exegese und Visualität in der christlichen Kunst, in: *Alloa 2011*, 273–302.
Didi-Huberman, Georges (1999), Was wir sehen, blickt uns an. Zur Metapsychologie des Bildes, übersetzt von Markus Sellaczek, München.
Donnachie, Karen ann (sic!) (2015), Selfies, #ich. Augenblicke der Authentizität. Selfies, #me. Glimpses of Authenticity, in: *Bieber 2015*, 50–79.
Douglas, Mary (1986), Ritual, Tabu und Körpersymbolik. Sozialanthropologische Studien in Industriegesellschaft und Stammeskultur, Frankfurt a. M.
Duerr, Hans Peter (1988), Nacktheit und Scham, Frankfurt a. M.
Ebeling, Knut (2011), Maurice Blanchot, in: *Busch/Därmann 2011*, 73–83.
Elias, Norbert (1997), Über den Prozess der Zivilisation. Soziogenetische und psychogenetische Untersuchungen, Bd. 1 und 2, Frankfurt a. M.

Esterbauer, Reinhold (1998), Das Bild als Antlitz? Zur Gotteserfahrung in der Kunst beim späten Levinas, in: Wohlmuth, Josef (Hrsg.), Emmanuel Levinas. Eine Herausforderung für die christliche Theologie, Paderborn u. a., 13–23.

Fechtner, Kristian (2011), Kirche von Fall zu Fall. Kasualien wahrnehmen und gestalten, Gütersloh.

Frey, Hans-Jost (2007), Maurice Blanchot: Das Ende der Sprache schreiben, Basel/Weil am Rhein.

Gehlen, Arnold (1986), Zeit-Bilder. Zur Soziologie und Ästhetik der modernen Malerei, Frankfurt a. M.

Geimer, Peter (2009), Theorien der Photographie zur Einführung, Hamburg.

Gutmann, Hans-Martin (2013), „Irgendwas ist immer". Durchs Leben kommen. Sprüche und Kleinrituale – die Alltagsreligion der Leute, Berlin.

Haberer, Johanna (2015), Digitale Theologie. GOTT und die Medienrevolution der Gegenwart, München.

Hauschildt, Eberhard (1996), Alltagsseelsorge. Eine sozio-linguistische Analyse des pastoralen Geburtstagsbesuchs, Göttingen.

Huizing, Klaas (1988), Das Sein und der Andere. Levinas Auseinandersetzung mit Heidegger, Frankfurt a. M.

Huizing, Klaas (2012), Jeff Koons covert die Bibel. Ist Kitsch heute theologisch satisfaktionsfähig?, in: Herder Korrespondenz 66, Spezial 1, 42–45.

Huizing, Klaas (2015), Ästhetische Theologie, Gütersloh.

Huizing, Klaas (2016), Scham und Ehre. Eine theologische Ethik, Gütersloh.

Huizinga, Johan (1956), Homo ludens. Vom Ursprung der Kultur im Spiel, Reinbek.

Kofman, Sarah (1986), Melancholie der Kunst, übersetzt von Birgit Wagner, Wien.

Laner, Iris (2013), Ereignis, Bild, Iterabilität. Zum Problem der Geschichtlichkeit der Fotographie, in: *Alloa 2013,* 127–150.

Levin, Adam (2015), Das vernetzte Selbst. Codes, Knoten und Rhizome. The Networked Self(ie). Codes, Nodes and Rhizomes, in: *Bieber 2015,* 96–133.

Levinas, Emmanuel (1948/49), La réalité et son ombre, in: Les Temps Modernes 4,1, 769–789; auch in: *Alloa 2011,* 65–84.

Levinas, Emmanuel (1975), Sur Maurice Blanchot, Paris.

Levinas, Emmanuel (2005), Humanismus des anderen Menschen, deutsch von Ludwig Wenzler, Hamburg.

Lotter, Maria-Sibylla (2012), Scham, Schuld, Verantwortung. Über die kulturellen Grundlagen der Moral, Berlin.

Marchessault, Janine (2005), Marshall McLuhan, London.

Marin, Louis (1997), Pascal et Port-Royale, Paris.

Marin, Louis (2006), Das Porträt des Königs, übersetzt von Heinz Jatho, Berlin.

Marion, Jean-Luc (1977), L'idole et la distance, Paris.

McLuhan, Marshall (1992), Die magischen Kanäle. Understanding Media, Düsseldorf u. a.

Münzberg, Katharina (2001), Wahrheit und Bild. Zur Kunstphilosophie Heideggers und Derridas, in: Drügh, Heinz J. und Moog-Grünewald, Maria (Hrsg.), Behext von Bildern? Ursachen, Funktionen und Perspektiven der textuellen Faszination durch Bilder, Heidelberg, 159–176.

Nancy, Jean-Luc (2013), Das Bild: Mimesis & Methexis, in: *Alloa 2011,* 349–370.

Saltz, Jerry (2015), Kunst am ausgestreckten Arm. Eine Geschichte des Selfies. Art at Arm's Length. A History of the Selfie, in: *Bieber 2015,* 30–49.

Schürmann, Eva (2013), Erscheinen als Ereignis. Zeittheoretische Überlegungen zur Fotographie, in: *Alloa 2013,* 17–38.

Sepp, Hans Rainer, Einbrüche im Erscheinen. Von der Uneinholbarkeit des Selbst im Bildnis, in: *Alloa 2013,* 151–164.

Sontag, Susan (1978), Über Fotografie, München/Wien.

Stock, Wiebke-Marie (2004), Geschichte des Blicks. Zu Texten von Georges Didi-Huberman, Berlin.

Swertz, Christian und Wallnöfer, Elsbeth (2006), Internet und Scham – Sensationen, Skurrilitäten und Tabus im Internet, in: Ganguin, Sonja und Sander, Uwe (Hrsg.), Sensation, Skurrilität und Tabus in den Medien, Wiesbaden, 69–75.

Turner, Victor (1989), Vom Ritual zum Theater. Der Ernst des menschlichen Spiels, Frankfurt, New York.

Ullrich, Wolfgang (2015), Selfies als Weltsprache, in: Müller-Tamm, Pia und Schäfer, Doris (Hrsg.), Ich bin hier! Von Rembrandt zum Selfie. Ein Kooperationsprojekt der Staatlichen Kunsthalle Karlsruhe, des Musée des Beaux-Arts in Lyon und der National Galleries of Scotland in Edinburgh, Köln, 32–43.

Wounders, Cas (1994), Duerr und Elias. Scham und Gewalt in Zivilisationsprozessen, in: Zeitschrift für Sexualforschung 7, 203–216.

Michael Bauer

#selfie #Narzissmus #ethische_Debatte?_Argumente

Narziss (Caravaggio, 1598/99)

„Es gibt keine Darstellung, die der Darstellung seiner selbst an Schwierigkeit gleichkommt, doch gewiß auch nicht an Wert! Immerhin muß man sich erst kämmen, muss man sich zurichten und bürsten, um sich öffentlich zu zeigen. So aber putze ich mich ohne Unterlaß; denn ich stelle mich ohne Unterlaß dar."

(Michel de Montaigne: Essais II/6)

„Der Narzißmus könnte den Keim eines andersartigen Realitätsprinzips enthalten".

(Ludwig Marcuse: Triebstruktur und Gesellschaft)

#Stalking_Posts

Man habe es ja schon immer geahnt, meldete die FAZ zu Jahresbeginn 2015, jetzt sei es durch eine empirische Studie der Ohio State University wissenschaftlich belegt: „Jemand, der häufig Selfies von sich macht und in soziale Netzwerke stellt, ist selbstverliebt" (FAZ 2015): „Selfie-Sucht entlarvt Narzissten", titelte daher die Tageszeitung. Die WELT, die das Thema ebenfalls aufgriff, variierte ihre Schlagzeile nur leicht: „Selfies verraten den Psychopathen und Narzissten" (Jiménez 2015). Auch das Online-Magazin der Süddeutschen Zeitung, Jetzt.de, hatte mit Vielen vermutet, „dass Leute, die dauernd Selfies posten, einen Hang zur Selbstdarstellung haben", doch zeige nun die Studie von Jesse Fox und Margaret C. Rooney erstmals, „dass dieses Verhalten ein Anzeichen für ernstzunehmende psychische Störungen sein kann" (Heller 2015; ähnlich GQ 2015). The Huffington Post brachte das Ergebnis der Studie auf folgenden Nenner: „Je mehr Fotos die Befragten veröffentlichen, umso höher war die Wahrscheinlichkeit, dass sie eine narzisstische und psychopathische Persönlichkeit haben" (Maier 2015). Daher gab The Huffington Post ihren LeserInnen den Rat „genauer hin[zu]schauen", falls „Freunde vermehrt Selfies auf Facebook oder Instagram posten" (Maier 2015). „Karrierebibel.de" wollte gar wissen, dass nicht erst exzessives Selfieposting zur Verschlechterung der Beziehungen und Empathieschwund führe, sondern diese Wirkungen schon eintreten können, „wenn [...] selten, dafür jedoch regelmäßig" Selfies gepostet werden (Mueller 2015).

Derartige Befürchtungen stimmen ein in den „wake-up"-call: „Narcissism Epidemic!" Diese Diagnose eines zunehmend grassierenden Narzissmus wird seit einigen Jahren von den beiden US-amerikanischen Psychologen Jean M. Twenge und W. Keith Campbell (2009/2013, 8) erhoben. Twenge, an der San Diego State University lehrend, legte mit ihrem Bestseller „Generation Me. Why today's young American are more confident, assertive, entitled – and more miserable than ever before" (Twenge 2006) empirisches Material vor, das bestätigen sollte, dass der Narzissmus gefährlich anwachse und sich gerade auch durch die Social Networking Sites (SNSs) einer Epidemie gleich ausbreite. Mit „The Narcissism Epidemic" legen die Autoren nochmals nach, um gegen „the corrosive narcissism" vorzugehen, „that threatens to infect us all" (Twenge/Campbell 2009/2013, 9). Vergegenwärtigt man, dass die Community auf Instagram seit September 2015 ungefähr 400 Millionen User umfasst, die täglich 80 Millionen Fotos und Videos einstellen (Instagram 2015), und auf Flickr 112 Millionen „photographers" posten (vgl. Bonforte 2015), bleibt – sofern man Twenge folgt – eigentlich nur ein entsetzter Aufschrei: Die Gesellschaft schwebt in äußerster Gefahr!

Ist also der schöne (postmoderne) Traum empirisch widerlegt, dass das Internet, SNSs und das Selfie-Posting als „Identitätsworkshop" (Günther/Fuhrer/Rademacher/Quaiser-Pohl 2005, 107) und „Identitätsspielraum" (Tillmann 2008) wahrgenommen werden müssen, die dazu dienen, „frei von den Erwartungen und Zwängen des sozialen Umfelds" (McKenna/Buffardi/Seidman 2005, 177) spielerisch „Identitäts- und Beziehungsmanagement" (Schmidt 2011, 73–95) zu betreiben? So jedenfalls hatte noch Sherry Turkle als eine der ersten die neuen Medien interpretiert und damit die Hoffnung einer wirklich gewordenen Postmoderne verbunden (vgl. Turkle 1995; Turkle 1996).

Und sind in diesem Fall nicht gar die theologische Ethik und die Religionspädagogik herausgefordert, sich des Problems der „Narzissmus-Epidemie" anzunehmen, wie neuere Publikationen zur „Digitalen Theologie" (Haberer 2015) oder den „Ethische[n] Grundprobleme[n] der Social Media" (Thiede 2014b) nahelegen? Sollen angesichts des gezeichneten Szenarios eines umgreifenden Empathieschwunds und der drohenden Gefahr einer entsolidarisierten Gesellschaft TheologInnen und ReligionslehrerInnen mahnend die Stimme erheben und – in Anlehnung an das bereits verjährte „Facebook-Fasten" (Wahl 2011; Ernst 2015, 342 Anmerk. 431) – nun vielleicht zum „Selfie-Fasten" oder gar zu einem protestantischen Ikonoklasmus aufrufen?

1 Design Pattern

Um die Frage zu beantworten, ob das Selfieposting für das Individuum oder gar für die Gesellschaft, die von dessen Narzissmus infiziert zu werden bedroht ist, eine Gefahr darstellt, gehe ich wie folgt vor:

Erstens systematisiere ich vier verschiedene Verwendungsweisen des Begriffs Narzissmus. Dies geschieht ausführlich, weil in der Debatte, ob die Social Media den Narzissmus fördern, unterschiedliche Bedeutungsweisen von Narzissmus kursieren. Erst eine Systematisierung des Begriffsfeldes ‚Narzissmus' kann klären helfen, wovon eigentlich die Rede ist und wovon nicht.

Zweitens stelle ich vier jüngst veröffentlichte wissenschaftlich-empirische Studien vor, die den Zusammenhang von Narzissmus und Selfieposting untersuchen; Fox/Rooney sind nicht die einzigen, die sich für das Thema interessieren. Um die Aussagekraft der Studien ermessen zu können, bedarf es einer Vorstellung ihres Messinstruments, des Narcissistic Personality Inventory (NPI). Durch dieses Vorgehen versuche ich Schwächen der bisherigen Vorgehensweise einiger medienwissenschaftlicher und -pädagogischer Veröffentlichungen zu vermeiden.

Drittens nenne ich zwölf Indizien und Argumente, die zum einen nahelegen, dass die eingangs geschilderten medialen Berichterstattungen unzutreffend und künftige Verteidigungsversuche der Selfiekultur von Seiten der Medienwissenschaft und -pädagogik neu zu konzipieren sind. Zum anderen soll die Indizienreihe zeigen, dass die empirischen Studien, die einen Zusammenhang von Narzissmus und Selfieposting ermitteln, und vor allem das ihnen zu Grunde liegende Messinstrument mit Problemen behaftet sind, sodass der Narzissmus-Vorwurf, wenn auch nicht widerlegt, so doch geschwächt wird und das verfolgte Narzissmus-Konzept an Überzeugungskraft verliert.

Viertens werde ich im letzten Abschnitt fünf Vorschläge unterbreiten, welche Schlüsse die theologische (Medien-)Ethik aus dem Narzissmus-Vorwurf und der Selfiekultur ziehen könnte.

2 Keyword Finding

Im Folgenden systematisiere ich vier Verwendungsweisen des Narzissmus-Begriffs, wiewohl die Theorievielfalt naturgemäß komplexer ist (vgl. Pincus/Lukowitsky 2010; Altmeyer 2000a). Erst nach einer solchen systematisierenden Klärung des Begriffs, werden Positionen in der gegenwärtigen Narzissmus/Selfie- bzw. Narzissmus/SNSs-Debatte beurteilbar. Zugleich schildere ich, wie die Theologie den jeweiligen Typus rezipierte, damit im selben Zug sichtbar wird, welche Problematik für die Theologie mit dem Begriff verbunden ist.

I. Narzissmus kann zum einen eine *pathologische Persönlichkeitsstörung* bezeichnen. Diese Art der Begriffsverwendung entstammt nicht der Philosophie oder gar der Theologie, sondern der Psychologie, genauer der psychoanalytischen Theorie Sigmund Freuds[1], wiewohl die Begriffsbildung sich an den antiken Mythos von Narziss[2] anlehnt, der sich in sein Spiegelbild verliebte und daran zugrunde ging. Als Persönlichkeitsstörung erstmals 1980 im weitverbreiteten „Diagnostic and statistical Manual of Mental Disorders" (DSM-III) aufgenommen, ist der Narzissmus zumindest idealtypisch zu unterscheiden von der paranoiden, schizoiden, schizotypischen, antisozialen, histrionischen, zwanghaften, vermeidend-selbstunsicheren, dependenten und Borderline-Persönlichkeitsstörung. Zu letzterer bestehen besonders enge Verbindungen. Die von der WHO herausgegebene „In-

---

[1] Zur Geschichte der Narzissmus-Theorie siehe Kernberg/Hartmann 2006; Altmeyer 2000a; Levy/Ellison/Reynoso 2011; Paris 2014.
[2] Zur Interpretation des Narziss-Mythos im Verlauf der Kulturgeschichte siehe Renger 2002.

ternationale statistische Klassifikation der Krankheiten und verwandter Gesundheitsprobleme", kurz: ICD-10, führt die narzisstische Persönlichkeitsstörung (NPS) unter der Rubrik F60.8 „Sonstige spezifische Persönlichkeitsstörungen" neben: exzentrisch, haltlos, unreif, passiv-aggressiv, (pseudo-)neurotisch (DIMDI.de 2015). Als diagnostische Kriterien nennt die überarbeitete Fassung des „Diagnostic and statistical Manual of Mental Disorders" (DSM-5) aus dem Jahre 2013 (APA 2013, 669–672) folgende Punkte, die häufig von der Forschung aufgegriffen oder mit ähnlich klingenden Begriffen umschrieben werden: NSP geht einher mit einem Grandiositäts-Gefühl über die eigene Wichtigkeit (übersteigertes Selbstwert-Gefühl), mit Fantasien von unendlichem Erfolg, Stärke, Brillanz, Schönheit und idealer Liebe, mit dem Glauben etwas Besonderes und Einzigartiges zu sein (vgl. Vater et al. 2014, 309; Vetter 2007, 78), mit dem Verlangen nach Bewunderung, das verbunden ist mit hohen Ansprüchen und Erwartungen an die Umwelt und der Ansicht, eine gesonderte Behandlung verdient zu haben. NSP kann sich in einem instrumentalisierenden, ausbeuterischen/ausnutzenden Verhalten äußern, wobei je nach vorteilversprechender Lage Ansichten schnell gewechselt werden (vgl. Akhtar 2006, 624). Insgesamt scheint fehlende Empathie ein besonderes Merkmal der Störung zu sein (vgl. Vater et al. 2014, 309; Meyer 2000, 117f.). Die fehlende Empathie äußert sich darin, unfähig zu sein die Gefühle und Bedürfnisse anderer zu bemerken oder zu identifizieren. Schließlich zeichnet sich das Störungsbild noch durch die traits Neid, Arroganz und Hochmut aus (vgl. Akhtar 2006, 624; Meyer 2000, 117). Auf Kritik, soziale Zurücksetzung oder beim Gefühl, ungerecht behandelt worden zu sein, wird bei diesem Störungsbild mit extremer Scham, aber auch Wut (narzisstische Wut) und gesteigerter Aggressivität reagiert (vgl. Akhtar 2006, 624).

In der Forschung ist es inzwischen üblich, zwischen einem offenen und verdeckten Narzissmus zu unterscheiden, wobei beide Varianten in triebtheoretischer Hinsicht eine „libidinöse Besetzung des Selbst" (Altmeyer 2000b, 142) darstellen. Die verdeckte Variante, die auch als vulnerabler Narzissmus bezeichnet wird, zeigt häufig Hypersensibilität, Ängstlichkeit, Defensivität und Tendenzen zum sozialen Rückzug (vgl. Dickinson/Pincus 2003; Brailovskaia/Bierhoff 2012, 45). Die offene Variante zeichnet sich dagegen durch Grandiosität-Exhibitionismus, Selbstsicherheit, Aggression und Desinteresse gegenüber fremden Bedürfnissen aus, wobei dennoch ein Narzisst auf ein Gegenüber (zumindest anfangs) charmant und verführerisch wirken kann, denn er ist ein Meister der sozialen Bühne und der Inszenierung (vgl. Akhtar 2006, 624). Dennoch bleibt Narzissmus ein fragiles, „verletzbares Selbstkonzept" – das ist das „Paradox des Narzissmus" (Morf/Rhodewalt 2006, 310, 308). Der pathologische Narzissmus hat starke Auswirkungen auf die Lebensqualität der Betroffenen, da er Identitätsprobleme, Bindungsschwierigkeiten, insgesamt gestörte soziale Funktionsfähigkeit, Labilität, Sozialphobien und Zwangsstörungen zur Folge haben kann (siehe dazu insgesamt: Kernberg/Hartmann 2006). Trotzdem kann ein Narzisst ebenso gut den positiven „Eindruck von Autarkie" vermitteln, da narzisstische Persönlichkeiten oft keine Autorität über sich anerkennen (vgl. Akhtar 2006, 624).

Manche TheologInnen scheuen sich nicht die pathologische Form des Narzissmus mit dem Lutherischen „Homo incurvatus in se ipsum", dem sich selbstverachtenden und zur Selbstliebe unfähigen Sünder, zu identifizieren, der nur „durch den Glauben geheilt" werden könne (Roth 1998)³. Das relationsontologische Modell der Sünde mit einer medizinisch-psychologischen Krankheitsdiagnostik vermengend, wird der Glaube zur besseren Therapie stilisiert.

II. Weniger geläufig ist, dass die psychoanalytische Theorie in Unterscheidung zum pathologischen auch einen „*normalen Narzissmus*" kennt. Damit wird eine Form der Selbstliebe bezeichnet, bei der es sich um eine „libidinöse Besetzung des *normalen* integrierten Selbst" handelt, nicht wie bei der pathologischen Form um die libidinöse Besetzung „einer *pathologischen* Selbststruktur"⁴ (Kernberg 2006, 571). Gemeint ist damit ein selbstbezogener Eros, der der Regulation von Selbstwert und Selbststimmigkeit dient. Es war Heinz Kohut, Begründer der Selbst-Psychologie, der unter heftigen Auseinandersetzungen ab Mitte der 1960er Jahre die positive Seite des Narzissmus als notwendige Selbstliebe innerhalb der psychoanalytischen Zunft zum Ansehen brachte und zu einer Entpathologisierung des Narzissmus beitrug (vgl. Kohut 1966; 1969; 1971; 1973). Kohut vernachlässigte keineswegs die pathologischen Formen, fasste aber Narzissmus nicht als „Schimpfwort" auf, gab vielmehr zu bedenken, dass „Empathie […] ein Aspekt von Narzißmus" (Moss 1977, 53) sei und insofern beide Größen nicht als Antagonisten verstanden werden können: „Die Empathie ist eine schöpferische Erweiterung des Selbst und deshalb ein Resultat der Entwicklung des Narzißmus" (Moss 1977, 53). Kohut konzipierte eine ideal-psychologische Entwicklung des Selbst vom archaischen zum „reifen Narzissmus" (Altmeyer 2000a, 65), der sich durch „Weisheit, Humor und Empathie" auszeichne (Lexikon der Psychologie 3 [2001], 120). In dieser Richtung appellierte Martin Altmeyer, den Narzissmus als „reflexive, im Spiegel von Objektbeziehungen erworbene Selbstbeziehung" (Altmeyer 2000a, 228) zu verstehen.

Mit Kohuts neuem Verständnis des Narzissmus, gepaart mit der Ich-Psychologie eines Erik H. Erikson, die das entwicklungspsychologisch entscheidende „primärnarzißtische Urvertrauen" in positive Beziehung zur „Institution der Religion" (Erikson 2005, 248) rückte, und angefeuert von dem allgemeinen Psychologie-Boom der 1970er Jahre, setzte auch eine breite theologische Rezeption der Narzissmus-Theorie ein, vor allem bei Religionspsychologen, -pädagogen und Pastoraltheologen.⁵ Mitunter war aus den USA zu hören, dass nunmehr die „Psychologie die einzige Art von Theologie sei, die die Zukunft erlaubt" (Homans 1968, 10; vgl. Scharfenberg 1974b, 345). Salopp formuliert entwickelten Theologen die Ansicht, dass Glaube und Selbstliebe einander entsprechen, Glaube keineswegs rigoros-asketische Selbstverleugnung bedeute, sondern dass der richtig verstandene Glaube vielmehr zur Ausbildung eines reifen Narzissmus und einer den Blick

---

3   Differenzierter, aber nicht weniger problematisch: Schneider-Flume 1985.
4   Hervorhebung nicht im Original.
5   Vgl. Meerwein 1971; Scharfenberg 1973; Scharfenberg 1974a; Fraas 1973; Preul 1976; Heimbrock 1977a; Heimbrock 1977b; Nase/Scharfenberg 1977; Preul 1980; Fraas 1990. Zentrum der Rezeption war die Zeitschrift „Wege zum Menschen", in der zahlreiche Artikel erschienen, die sich mit H. Kohuts Ansatz beschäftigten.

auf den Nächsten integrierenden Selbstliebe führe, weil das Selbst in der Gottesliebe Halt und Anerkennung erfahre.

III. Von der narzisstischen Persönlichkeitsstörung ist das *Konzept eines nichtklinischen (subclinical) Narzissmus* zu unterscheiden; man spricht von „normal narcissists" (etwa Foster/Campbell/Twenge 2003; Sedikides et al. 2004). Dieser Narzissmus lässt sich als Persönlichkeitszug, -merkmal oder Dimension der *normalen Persönlichkeit* verstehen. Vor allem die Sozial-, Persönlichkeits- und Differentielle Psychologie arbeiten mit der Vorstellung eines nichtpathologischen Narzissmus, verwenden aber bei seiner Beschreibung in Anlehnung an DSM-III/DSM-IV/DSM-5 häufig dieselben traits wie bei der pathologischen Form: „Selbstüberschätzung, mangelnde Empathie, Überempfindlichkeit gegenüber Kritik und Stimmungsschwankungen" (Asendorpf/Neyer 2012, 214), „Grandiosity" (Großspurigkeit), „Egocentrism" (Egozentrismus) und „constant pursuit of veneration by others", also ein anhaltendes Verlangen danach, von anderen bewundert zu werden (Weiser 2015, 477; Brailovskaia/Bierhoff 2012, 45), sind ebenso zentrale Merkmale des normalen Narzissmus wie Neid, Eitelkeit, Machtbesessenheit und Selbstgefälligkeit (vgl. Vazire et al. 2008, 1440). Das Persönlichkeitsmerkmal „Narzissmus" äußert sich darin, die Leistungen und Fähigkeiten der eigenen Person zu überschätzen, dabei prahlerisch aufzutreten und jede Gelegenheit zu nutzen, die eigene Besonderheit zu kommunizieren (vgl. Sachse/Sachse/Fasbender 2011, 15–18). Exhibitionistisch/angeberisch organisiert mit dem Wunsch, im Zentrum der Aufmerksamkeit zu stehen, sind normale Narzissten stark auf ihr äußeres Erscheinungsbild fokussiert (vgl. Sorokowski et al. 2015, 123; Vazire et al. 2008). Vom subklinischen Narzissmus wird gesprochen, wenn keine Merkmalsausprägungen für einen diagnostischen Befund vorliegen. Zahlreiche Sozial- und PersönlichkeitspsychologInnen gehen davon aus, dass es sich beim Narzissmus um ein Kontinuum, nicht um eine kategoriale Erscheinung handelt – dies ist gleichwohl nicht unumstritten (vgl. Foster/Campbell 2007). Folglich ist ebenso strittig, ob es überhaupt Kriterien dafür gibt, zu bestimmen, ab welchem Grad ‚Normalität' verlassen wird und von einer pathologischen Ausformung gesprochen werden muss (vgl. Sachse 2013, 12). Aufgrund dieser Unbestimmtheit besteht auch die Möglichkeit positive Aspekte des nicht-klinischen Narzissmus herauszustellen: ‚Normale Narzissten' sind häufig besonders kreativ und glücklicher als Vergleichspersonen, zudem verfügen sie über ein ausgeprägtes Selbstbewusstsein und -vertrauen, sodass sie auch unter Druck besonders leistungsfähig sind. Sie erscheinen besonders kontaktfreudig sowie gesellig und neigen weniger zu Ängsten oder Depressionen (vgl. Konrath/Meier/Bushman 2014; Sachse/Sachse/Fasbender 2011, 15–18). Handelt es sich lediglich um einen „Stil", sei Narzissmus sogar eher eine „Ressource", bemerken Sachse/Sachse/Fasbender (2011, 10): „Die Personen sind leistungsfähiger, sind ‚straight', gut organisiert, haben ein gutes Durchhaltevermögen, sind ambitioniert, zufrieden und erfolgreich".

Von TheologInnen wurde die Forschung zum nichtklinischen Narzissmus bisher nicht wahrgenommen.

IV. „Narzissmus" ist zudem ein Zentralbegriff kulturkritischer Gesellschaftstheorie, die eine *narzisstische Gesellschaft* und einen *cultural narcissism* diagnostiziert: Angefangen bei der Freud-Rezeption durch die Kritische Theorie von Th. W. Adorno und M. Horkheimer (Amiri 2008), über E. Fromm (1968, bes. 91) sowie den in der Tradition der Frankfurter Schule stehenden Bestseller „The Culture of Narcissism" aus dem Jahre 1979 von Christopher Lasch (1979) bis hin zu populären Sachbüchern der Gegenwart wie „Die narzisstische Gesellschaft" (Maaz 2012) oder Veröffentlichungen philosophischer Kulturpessimisten wie Byung-Chul Han (2013): Stets droht irgendwie der Untergang des Abendlandes, weil die Gesellschaft immer narzisstischer werde.[6] Zurückgeführt wird der „cultural narcissism", den man mit „modernity" assoziiert (Paris 2014, 2013), wahlweise auch als „Leitbild der Postmoderne" (Kurz 2004) brandmarkt, auf Zerstörung traditioneller Bindungen, Bürokratisierung, Modernisierung, Technizismus, Gier und Konsumterror, Kapitalismus, Neoliberalismus, Individualismus und last but not least auf die „Überflutung durch Medienbilder".[7]

Gemeinsam ist all diesen gesellschaftskritischen Ansätzen, dass der verwendete Narzissmus-Begriff stark pejorativ konnotiert, meist diffus und kaum wissenschaftlich definiert ist. Er speist sich aus Anleihen des Narziss-Mythos, Versatzstücken aus Freuds Psychologie, Kenntnissen über den pathologischen Narzissmus und aus eigenem Entsetzen über gesellschaftliche Vorgänge. Ihr kulturgeschichtlicher Hintergrund ist die bis auf Platon zurückreichende Abgrenzung einer gefährlichen Selbstliebe/Selbstsucht, die Philautía, von einer tugendhaften, am Nächsten und an der Gemeinschaft orientierten heautón Philía (vgl. Dierse 1995). Diese Unterscheidung wird durch die gesamte Philosophie- und Kulturgeschichte bis heute immer wieder durchgespielt (vgl. Knoche 1995; Dyrud 1982; Fuchs 1977), wobei nur die Begrifflichkeit wechselt: Im 20. Jahrhundert wird Selbstliebe/Selbstsucht „durch die Begriffe ‚Egoismus' und ‚Narzißmus' abgelöst" (Knoche 1995, 484). Zu beobachten ist, dass von hier aus ein begrifflich unscharfer, aber deutlich negativ aufgeladener „Narzissmus" in der Alltagssprache zu einem „Modewort" avancierte (vgl. Busch 2007, 204; Auer 1999, 250) und sich in einer ausufernden Narzissmus-Ratgeberliteratur niederschlägt, die einen Mix aus Emotion, Halbwahrheiten und Unfug bietet.[8]

Wie zu erwarten fühlten sich Theologen durch die gesamte Christentumsgeschichte hindurch der gesellschaftskritischen Denkweise eng verbunden (vgl. Hoffmann 2002), indem sie etwa wie Clemens von Alexandrien in der Philautía die Mutter der Sünde erkannten, an deren Stelle Gottvater und die Nächstenliebe zu treten habe (vgl. Dierse 1995, 467 mit Hinweis auch auf Luther), oder wie Oswald Bayer (1993) den innerprotestantischen „Wendepunkt, an dem sich der Altprotestantismus zum Neuprotestantismus wandelt", als ein pathologisches Geschehen entlarvten, wodurch ein „ganz und gar nicht narzißtisches Ich […] zu

---

[6] Ausnahme: Ludwig Marcuse (1973); differenziert auch M. McLuhan; siehe dazu Dreyer 2012, 108–115.

[7] Siehe dazu den Überblick bei Diamond 2006, sowie Eichler 2013, bes. 104–115; 219–255, 457–482.

[8] Amüsant: „Hilfe, ich liebe einen Narzissten! Überlebensstrategien für alle Betroffenen" (Telfener 2009).

einem ganz und gar narzißtischen" wurde. Da liegt es nicht fern, radikale Konsequenzen zu ziehen: „Subjektivität ist Sünde ist (pathologischer) Narzißmus" (Zinnecker-Rönchen 2007, 76). Sehr gern warfen Theologen in den 1970er und 1980er Jahren den damals neuen religiösen Bewegungen wie Hare-Krishna, Children of God, Formen der westlichen Zen-Adaption oder generell dem Mystizismus vor, die Religion „von einem Ort echter Gotteserfahrung in einen ‚Teich des Narziß'" (Stobbe 1979, 219; vgl. Pruyser 1983, 39f.) zu verwandeln. Jüngst stimmen TheologInnen in den Chor der Unheilspropheten gegen die Digitalisierung und die vermeintlich narzisstischen Neuen Medien ein: „Überbordender Narzissmus prägt den Geist der digitalisierten Gesellschaft – und führt zur Unterminierung des ethischen Prinzips der Empathie. Der dank des technischen Fortschritts selber zum Gott gewordene Mensch [...] sucht in seiner Unruhe den Horizont der Transzendenz ins Immanente hineinzuziehen" (Thiede 2014a, 133). Die Ausgeburten der gegenwärtigen „Medienrevolution" seien „Eigeninteresse", „Hybris", „Selbstüberschätzung", „Ichlinge", „Egogesellschaft", statt „Du" und „Wir", schärft Johanna Haberer ein (2015, 12, 75–78). Und Petra Bahr ist überzeugt: „Die Selbstbilder, die in Facebook und anderen ‚sozialen Medien' massenhaft vorgeführt werden, zeugen davon, dass die Digitalisierung eine Achsendrehung im Begriff des Menschen vornimmt" (Bahr 2015, 439). Dabei bleibt leider unklar, was Bahr unter Achsendrehung versteht: eine Wende zum „gläserne[n] Mensch[en]" (Bahr 2015, 441) oder aber, dass Identität nicht über Introspektion, sondern über Extraversion hergestellt wird? Die prophetische Mahnung hingegen ist völlig klar: „Es braucht eine Kultur der Diskretion und der Scham" (Bahr 2015, 441). Werner Thiede (2014b, 237) schließt sich Byung-Chul Han an, der die digitale Technik als „narzisstische Ego-Maschine" verteufelt, weil sie kein „echtes Du" mehr kenne. Der wachsende gesellschaftliche Narzissmus, so Thiede (2014b, 237), führe zur „technizistisch bedingte[n] Erodierung menschlicher Empathiefähigkeit", sodass schlussendlich die gesamte Gesellschaft zerstört werde.

3 Short cut/NPI

Im nächsten Schritt wende ich mich der eingangs erwähnten Studie von Jesse Fox und Margaret C. Rooney vom Dezember 2014 und drei weiteren Arbeiten zu, die ebenfalls den Zusammenhang von Narzissmus und Selfieposting empirisch untersuchten. Weil diese Studien mit empirischem Material aufwarten, sind die geläufigen medienwissenschaftlichen und -pädagogischen Versuche, den Narzissmus-Vorwurf zu entkräften, unzureichend. Dies gilt auch für Angela Tillmann (2014) und Ulla P. Autenrieth (2014), die bislang am ausführlichsten dem Narzissmus-Vorwurf widersprachen. Beide Autorinnen setzen sich nicht mit den Argumenten der gegnerischen Seite auseinander, sondern sind offenbar der Ansicht, man könne den Vorwurf dadurch entkräften, dass man die Selfiekultur anders deutet, nämlich als „soziale Praxis" und „Ambivalenzmanagement" (Tillmann 2014, 44, 47) sowie als Ausdruck von „Identitätsaushandlung", „Persönlichkeitsentwicklung" und „Freundschaftskommunikation" (Autenrieth 2011, 159; vgl. Autenrieth 2014, 56). Wenn nun aber empirische Daten den Zusammenhang von Narzissmus und Selfieposting belegen, verliert die medienwissenschaftliche und -pädagogische Deutung an Plausibilität, und zwar aus dem einfachen Grund, weil empirische Daten argumentativ schwerer wiegen als hermeneutische Deutungsvorschläge. Um also das Gewicht der empirischen Studien abzuwägen, schlage ich den Weg der expliziten Auseinandersetzung mit ihnen ein. Dazu verorte ich sie in ihrem Kontext und stelle ihre Ergebnisse, den verwendeten Narzissmus-Begriff sowie das Messinstrument vor.

Fox/Rooney (2015) legten im Dezember 2015 die erste empirische Studie zum möglichen Zusammenhang von Narzissmus und Selfieposting vor. Doch blieb dies nicht die einzige Studie dieser Art. Innerhalb kürzester Zeit folgten drei weitere Untersuchungen: Der polnischen Studie von Piotr Sorokowski et al. (2015) vom Mai 2015 folgte im Juni 2015 eine Untersuchung von Christopher T. Barry et al. von der Southern Mississippi-University, und einen Monat später erschienen Eric B. Weisers Ergebnisse zum Zusammenhang von Narzissmus und Selfieposting. Ein solcher Zusammenhang liegt nahe: „it seems logical to predict that narcissistic individuals may be more likely to post their pictures on social media than others" (Sorokowski et al. 2015, 123). Zu begründen ist dies damit, dass Narzissten nicht nur dazu neigen, ihrem Äußeren besonderen Wert beizulegen (vgl. Vazire et al. 2008, 1439), sondern auch, dass Fotos die zweckmäßigste Form für Selbstpropaganda zu sein scheinen (vgl. Weiser 2015, 477).

Entscheidend: Gegenstand aller vier Untersuchungen ist nicht der pathologische, sondern der nicht-pathologische, also „normale" Narzissmus. Die Studien sind zudem einem breiten Strom von vor allem US-amerikanischen Forschungen zuzuordnen, die schon seit einigen Jahren empirisch den Zusammenhang von nicht-klinischem Narzissmus und den Social Media untersuchen.[9] Solche Studien legen nahe, dass hohe Narzissmus-Werte mit gesteigerter Selbst-Promotion zusammenhängen: Vor allem mittels (Profil-)Fotos versuchen „Narzissten" Attraktivität, Sexyness, Persönlichkeit und Beliebtheit unter Freunden zu inszenieren, um Anerkennung zu gewinnen. Aber auch eher antisoziales Verhalten scheint bei „Narzissten" empirisch belegbar (vgl. Carpenter 2012).

Alle diese Studien gehören wiederum in den weiteren Kontext einer nicht mehr überschaubaren Anzahl von empirischen Narzissmus-Studien zum subklinischen Narzissmus. Ergebnisse sind unter anderem: Jüngere Menschen haben höhere „Narzissmus-Werte" als ältere Menschen (vgl. Foster/Campbell/Twenge 2003). Männer sind „narzisstischer" als Frauen (vgl. Grijalva et al. 2015).

Messinstrument all dieser Studien zum nicht-pathologischen Narzissmus ist das Narcissistic Personality Inventory (NPI): ein vierzig Items umfassender forced-choice-Fragebogen.[10] Es gilt als „the most common measure of narcissism" (Twenge/Campbell 2003, 262) und wurde Ende der 1980er Jahre von Robert Ras-

---

[9] Vgl. Buffardi/Campbell 2008; Mehdizadeh 2010; Ryan/Xenos 2011; DeWall et al. 2011; McKinney/Kelly/Duran 2012; Skues/Williams/Wise 2012; Wang et al. 2012; Panek/Nardis/Konrath 2013; Kapidzic 2013; Deters/Mehl/Eid 2014; Lee/Kim 2014.

[10] Die gegenwärtige Forschung arbeitet auch mit Varianten, die weniger Items (etwa 4, 10, 12, 14, 15, 17) umfassen.

kin und Howard Terry (1988) entwickelt. Die Fragen wurden in Anlehnung an die DSM-III-Beschreibungen des pathologischen Narzissmus formuliert und getestet. Vulnerable Aspekte fehlen, adaptive, also sozial erwünschte Aspekte des normalen Narzissmus, scheinen unterrepräsentiert (vgl. Steinmayr/Ameling 2011, 646f.).

Pro Item bestehen zwei Antwortmöglichkeiten, wovon eine „Narzissmus" repräsentiert, die andere nicht. Je höher ein score, desto höher die Wahrscheinlichkeit einer hohen Ausprägung des Persönlichkeitsmerkmals „Narzissmus".

Die Items systematisierten Raskin/Terry in sieben Dimensionen/Skalen, wodurch die Multidimensionalität des Konzepts eingefangen werden sollte: 1. Authority (Autorität) 2. Exhibitionism (Angeberei), 3. Superiority (Überlegenheit), 4. Entitlement (Anspruch), 5. Exploitativeness (Ausnutzung) 6. Vanity (Eitelkeit), 7. Self-Sufficiency (Selbstüberschätzung). Dabei gilt die Dimension „Autorität" als adaptiv, d. h. sozial erwünscht, wohingegen vor allem „Entitlement", „Exploitativeness", „Self-Sufficiency" als stark maladaptiv, sozial unerwünscht, eingeschätzt werden. Die anderen Skalen dimensionieren tendenziell maladaptive Facetten.

Der Test sieht wie folgt aus:[11] *NPI (deutsche Version)*

Authority:
1. Ich habe von Natur aus die Eigenschaft (natural talent), andere Menschen zu beeinflussen (N).
Ich kann andere Menschen nicht gut beeinflussen.

8. Ich werde Erfolg haben (N).
Erfolg ist für mich nicht so wichtig.

10. Ich bin nicht sicher, ob ich einen guten Führer abgeben würde.
Ich sehe mich selbst als einen guten Führer (N).

11. Ich bin anspruchsvoll (assertive) (N).
Ich wünschte, ich wäre anspruchsvoller.

12. Ich übe gerne Autorität (authority) auf andere Menschen aus (N).
Es macht mir nichts aus, Regeln (orders) zu befolgen.

32. Es bedeutet mir nicht so viel, eine Autorität zu sein.
Andere scheinen immer meine Autorität anzuerkennen (N).

33. Ich bevorzuge es, ein Führer zu sein (N).
Für mich macht es kaum einen Unterschied, ob ich ein Führer bin oder nicht.

36. Ich bin der geborene Führer (N).
Führerqualität ist eine Eigenschaft, die lange braucht, um sich zu entwickeln.

---

[11] Abgedruckt ist eine deutsche Version (vgl. Zimmermann 1994; Triller 2003, 103–106), deren Items ich der Übersichtlichkeit halber nach den Skalen sortiert habe. Die auf Narzissmus ladende Antwort ist mit (N) gekennzeichnet. N-Antworten zählen einen Punkt, Nicht-N-Antworten keinen Punkt. Höchster Narzissmuswert ist 40. Zur Verdeutlichung sind teils englische Original-Wendungen in Klammern ergänzt. Die englisch-sprachige Version ist zu finden unter: http://personality-testing.info/tests/NPI/).

Exhibitionism:
2. Bescheidenheit (modesty) liegt mir nicht (N).
Ich bin von Natur (essentially) aus bescheiden.

3. Ich würde mich fast alles trauen (N).
Ich bin eine eher vorsichtige Person.

7. Ich halte mich gerne im Hintergrund.
Ich mag es, im Mittelpunkt zu stehen (center of attraction) (N).

20. Ich versuche, kein Angeber zu sein (to be a show off).
Wenn ich die Möglichkeit habe, stelle ich mich gerne selber dar (show off) (N).

28. Ich kümmere mich nicht um neue Trends und Moden (new fads and fashions).
Ich bin gerne Trendsetter (to start new fads and fashions) (N).

30. Ich bin wirklich gerne im Zentrum der Aufmerksamkeit (center of attraction) (N).
Ich fühle mich unwohl (makes me uncomfortable), wenn ich im Mittelpunkt stehe.

38. Es ärgert mich, wenn andere keine Notiz von meinem Äußeren nehmen, wenn ich ausgehe (N).
Mir macht es nichts aus, mich unter die Menge zu mischen, wenn ich ausgehe.

Superiority:
4. Es ist mir manchmal peinlich, wenn Leute mir Komplimente machen.
Ich weiß, daß ich gut bin, da es mir alle sagen (N).

9. Ich bin nicht besser oder schlechter als die meisten Menschen.
Ich denke, ein besonderer Mensch zu sein (N).

26. Komplimente sind mir peinlich.
Ich erhalte gerne Komplimente (N).

37. Ich wünsche mir, daß eines Tages jemand meine Biographie schreibt (N).
Ich mag es nicht, wenn sich irgendjemand aus irgendeinem Grund in mein Leben einmischt (to pry into my life).

40. Ich bin im Wesentlichen so wie alle anderen (everybody else).
Ich bin ein ganz besonderer Mensch (N).

Exploitativeness:
6. In der Regel kann ich mich aus jeder Situation herausreden (N).
Ich versuche, die Konsequenzen meines Verhaltens zu akzeptieren.

13. Es fällt mir leicht, andere zu beeinflussen (manipulate) (N).
Ich fühle mich nicht wohl, wenn ich andere beeinflusse.

16. Ich durchschaue andere Menschen leicht (read like a book) (N).
Menschen sind manchmal schwer zu verstehen (hard to understand).

23. Ich erzähle hin und wieder gute Geschichten.
Jeder hört gerne meine Geschichten (N).

35. Manchmal glauben mir die Leute, was ich ihnen erzähle.
Ich kann jedem alles glaubhaft machen (N).

Vanity:
15. Ich mag es nicht besonders, meinen Körper zu präsentieren.
Ich präsentiere gerne meinen Körper (N).

19. Mein Körper ist nichts Besonderes.
Ich mag es, meinen Körper zu betrachten (N).

29. Ich betrachte mich gerne im Spiegel (N).
Ich bin nicht besonders erpicht darauf (not interested), mich im Spiegel zu betrachten.

Self-sufficiency:
17. Wenn ich mich für kompetent halte, bin ich bereit Verantwortung für Entscheidungen zu übernehmen.
Ich übernehme gerne Verantwortung für Entscheidungen (N).

21. Ich weiß immer, was ich tue (N).
Manchmal bin ich nicht sicher, ob ich das richtige tue.

22. Manchmal brauche (depend on) ich andere Menschen, damit ich Sachen getan bekomme.
Ich brauche (depend on) selten die Hilfe anderer (N).

31. Ich kann mein Leben führen, wie immer ich will (N).
Man kann nicht immer das Leben führen, das man möchte (in terms of what they want).

34. Ich werde bestimmt eine besondere Persönlichkeit werden (I am going to be a great person) (N).
Ich hoffe, ich werde Erfolg haben.

39. Ich bin fähiger (more capable) als andere Leute (N).
Ich kann viel von meinen Mitmenschen lernen.

Entitlement:
5. Die Vorstellung, die Welt zu regieren, ist für mich unerträglich.
Die Welt wäre besser, wenn ich sie regieren würde (N).

14. Ich bestehe darauf, den mir gebührenden Respekt zu erhalten (N).
Gewöhnlich erhalte ich den Respekt, der mir gebührt.

18. Ich möchte nicht mehr, als einigermaßen glücklich sein.
Ich möchte gerne in den Augen der Welt etwas bedeuten (N).

24. Ich erwarte viel von meinen Mitmenschen (N).
Ich erledige gerne Sachen für andere Leute.

25. Ich würde mich nie zufrieden geben, bevor ich nicht alles erhalten habe, was mir zusteht (N).
Ich bin mit dem zufrieden, was kommt.

27. Ich habe einen starken Willen, Macht auszuüben (N).
Macht um ihrer selbst Willen (for its own sake) interessiert mich nicht.

Fox/Rooney erhoben bei ihrer Online-Umfrage (1000 Männer; Alter: 18–40 Jahre) zunächst das Ausmaß der drei „dunklen" Persönlichkeitseigenschaften („The Dark Triad"): Narzissmus, Psychopathie und Machiavellismus.[12] Dies erfolgte durch einen etablierten Fragebogen, der zwölf Items umfasste, die sog. Dirty Dozen (vgl. Jonason/Webster 2010), von denen die vier für die Messung des Narzissmus vorgesehenen Items aus dem NPI stammen.

---

[12] Mittels eines weiteren Fragebogens fragte die Studie auch nach der Selbstobjektivierung der Teilnehmer.

Schließlich beantworteten die Teilnehmer Fragen nach Verweildauer auf SNSs, Anzahl der geposteten Selfies in der vergangenen Woche und mit welcher Häufigkeit jemand Filter und andere Techniken zur Veränderung von Fotos benutzt. Die Studie liefert „the first evidence that narcissism is associated with posting selfies and editing photos of the self shared on SNSs" (Fox/Rooney 2015, 164). Bestätigt werden konnte die Vermutung, dass Männer mit hoher Narzissmus-Punktzahl häufiger SNSs nutzen, was nicht im gleichen Maße für die anderen beiden Persönlichkeitseigenschaften gilt. Zudem zeigten die Männer mit hoher Psychopathie- sowie mit hoher Narzissmus-Punktzahl eine höhere Frequenz an Selfieposting, letztere gaben zudem häufiger an, Filter und andere Techniken zu verwenden. Da Männer mit hohen Machiavellismus-Werten keine dieser Beziehungen zeigten, vermuten die Autoren, dass diese ihre Bedürfnisse eher über Text- oder face-to-face-Kommunikation befriedigen (vgl. Fox/Rooney 2015, 164).

Die polnische Studie von Sorokowski widmet sich allein der Narzissmus/Selfie-Fragestellung und bezog hierfür auch Frauen ein (Anzahl insgesamt: 1296; Alter 14–47). Detaillierter als Fox/Rooney untersuchten Sorokowski et al. drei Kategorien von Selfies: Single-, Partner- und Gruppen-Selfies sowie andere Fotos. Das Ergebnis lautet: Frauen posten mehr Selfies aller Art, zeigen aber keine ausgeprägten Bezüge zum subklinischen Narzissmus. Anders die Männer. Ihr Antwortverhalten lässt auf eine stärkere Korrelationen zwischen Narzissmus und Selfie-Posting schließen, dies betrifft vor allem Gruppen-Selfies. Es stellte sich heraus, dass drei von vier Subskalen-Merkmalen (Vanity/Eitelkeit, Leadership/Einfluss auf andere und Autorität, Admiration demand/Geltungsdrang) mit hohem Selfie-Posting unter Männern korrelierte, wohingegen für Frauen nur Admiration demand relevante Werte zeigte.

Barry et al. (2015) untersuchten „Associations between Self-Photography, Narcissism, and Self-Esteem", gelangten aber bei der 128 TeilnehmerInnen (Männer und Frauen; Alter 18–43; $M=20.46$) umfassenden Befragung zu dem Ergebnis, dass keine Korrelation festzustellen sei: „The hypothesized relations of narcissism and self-esteem with the posting of selfies independent of theme were not significant" (Barry et al. 2015, 1). Dieses Ergebnis widerspricht deutlich der Studie von Fox/Rooney, ist allerdings nicht repräsentativ. Noch eine andere Besonderheit zeichnet die Studie von Barry aus: Hier wurde nicht nur der nicht-pathologische, sondern auch der pathologische Narzissmus auf seinen Zusammenhang mit dem Selfieposting untersucht: ohne dass eine Korrelation sichtbar geworden wäre.

Die jüngste empirische Studie zu Narzissmus/Selfie legte im Sommer 2015 Eric B. Weiser vor. Seine national (USA) repräsentative Online-Befragung (1204 Personen) untersucht, wie drei der fünf mit Narzissmus dimensionierten Facetten: Leadership/Authority (Führungsanspruch/Autorität), Grandiose Exhibitionism (großspurige Ausstellungslust) und Entitlement/Exploitativeness (Anspruch/Ausnutzung) mit der Frequenz des Selfie-Postings korrelieren. Während bei Frauen besonders der adaptive Stil „Führungsanspruch/Autorität" stark hervortrete, nicht jedoch die maladaptiv eingeschätzte Facette „Anspruch/Ausnutzung", zeigten Männer zwar bei letzterem höhere Werte, aber eine prädikative Wirkung der maladaptiven Merkmalseigenschaften Entitlement/Exploitativeness auf die Frequenz von Selfieposting lasse sich nicht nachweisen, erklärte der Autor (Weiser 2015,

480). Kurz: Diese Studie kennt zwar eine prädikative Wirkung von einzelnen Narzissmus-Dimensionen auf die Frequenz des Selfie-Posting, aber darunter fallen gerade nicht die negativen, maladaptiven Facetten des Narzissmus.

Anders interpretieren Fox/Rooney ihr Ergebnis: Sie vermuten bei den untersuchten normalen Narzissten betrügerische und manipulative Taktiken („manipulative tactics"; „cheater strategies"), einmal ist sogar von „lie" die Rede (Fox/Rooney 2015, 164). Sorokowski et al. (2015, 126) verhalten sich dagegen zurückhaltender und sprechen lediglich von „strategic self-presentation". Gleichwohl ist darauf hinzuweisen, dass diese Aussagen keine Ergebnisse der Studie sind, sondern lediglich Spekulationen über die Motivation der „Narzissten", viele Selfies zu posten. Auffällig ist, dass bis auf Barry et al. die Autoren überwiegend die negativen Facetten zur Beschreibung des normalen Narzissmus verwenden: „egocentric", „grandiosity", „dominance", „entitlement who perceive themselves as smarter, more attractive, and better than others", „coldness", „exploitation", „aggression" bei gleichzeitiger „insecurity" (Fox/Rooney 2015, 161f.). Sorokowski et al. übernehmen fast wörtlich die Narzissmus-Beschreibung von Fox/Rooney (vgl. Sorokowski et al. 2015, 123). Allerdings geben nur Fox/Rooney den LeserInnen noch einen Warnhinweis mit auf den Weg, der positiv auf die Diagnose „Narcissistic Epidemic" abzielt: Es bestehe die Möglichkeit, dass „individual behaviors are affecting other network members through interpersonal and normative influence" (Fox/Rooney 2015, 164). Dies trifft sich mit der Einschätzung von Twenge/Campbell (2009/2013, 3f., 5): „longterm consequences [des Narzissmus] are destructive to society" und „can […] be destructive to the individual and other people", wegen „little value on emotionally close relationship". Kurz: Obwohl Fox/Rooney lediglich den nicht-pathologischen Narzissmus untersuchen, suggerieren sie durch die Rezeption der stark negativen Beschreibung eine von der narzisstischen Persönlichkeitseigenschaft ausgehende Gefahr der Infizierung mit sozial unerwünschten Eigenschaften wie Egozentrismus, Überheblichkeit, überzogenem Anspruchsdenken, Kälte, Instrumentalisierung und Aggressivität. Derartiges unterlassen Sorokowski et al. und Barry.

4 Comment

Der folgende Abschnitt nennt zwölf Indizien und Argumente, weshalb die einführend geschilderten Medienberichte unzutreffend sind, die Argumentationsstrategien der Medienwissenschaften und -pädagogik neu konzipiert werden sollten und weshalb beim derzeitigen Stand der Forschung der Narzissmus-Vorwurf gegenüber der Selfiekultur als eher unberechtigt erscheint. Eventuell ist eine Überarbeitung des NPI und seiner Dimensionen ratsam.

I. Entscheidend ist zunächst, dass die oben vorgestellten empirischen Forschungen nicht die pathologische Persönlichkeitsstörung untersuchten, sondern den „normalen" Narzissmus als eine Persönlichkeitseigenschaft. Deshalb ist es unzutreffend, wenn die FAZ und die WELT von „Selfie-Sucht" sprechen (FAZ 2015; Jiménez 2015). Aus demselben Grund ist die Aussage auf Jetzt.de, die Studie von

Fox/Rooney habe ergeben, dass häufiges Selfieposting ein „Anzeichen für ernstzunehmende psychische Störungen" sei (Heller 2015; ebenso GQ 2015), haltlos. Auch die Warnung auf Karrierebibel.de (vgl. Mueller 2015), schon seltenes, aber regelmäßiges Selfieposting könnte Beziehungsprobleme und Empathieschwund hervorrufen, entpuppt sich als starke Übertreibung. Insofern können die Ergebnisse zu mehr Gelassenheit im Umgang mit der Selfiekultur führen.

Es ergibt sich allerdings für die medienwissenschaftliche und -pädagogische Selfieforschung die Anforderung, ihre Argumentation zu überdenken, denn Autenrieth und Tillmann richteten ihre Argumente noch gegen den Vorwurf, bei der Selfiekultur handle es sich um eine „pathologische narzisstische Störung" (Autenrieth 2014, 56). Aber genau dies ist nicht der Fragehorizont der Persönlichkeits- und Sozialpsychologie.

II. Nehmen MedienwissenschaftlerInnen und -pädagogInnen zukünftig die empirischen Studien zum Selfie/Narzissmus-Verhältnis zur Kenntnis, können sie nicht mehr wie noch Autenrieth und Tillmann dem Narzissmus-Vorwurf entgegenhalten, das Selfiephänomen müsse gedeutet werden als Kommunikationsmittel im Freundschaftsverkehr, als „Sehnsucht nach sozialer Anerkennung" (Autenrieth 2014, 55; vgl. Autenrieth 2011, 148), als „gezielte[r] Versuch der Kontaktaufnahme und als eine soziale Praxis" (Tillmann 2014, 44). Denn sowohl alle diese Deutungen als auch das kreative Inszenieren (gerade auch für Dritte) widerspricht nicht der narzisstischen Persönlichkeit, wie sie in der gegenwärtigen Forschung konstruiert wird. Vielmehr zeichnet sich das narzisstische Persönlichkeitsmerkmal geradezu dadurch aus, sich kreativ für andere zu inszenieren und Kontakt aufzunehmen, um die übersteigerte Selbstwahrnehmung zu stabilisieren und um „center of attraction" zu werden. Die vermeintlich „soziale Praxis" des Selfiepostings entpuppt sich so als unsoziale, weil ausbeuterische Strategie.

III. Gegen solche Befürchtungen hilft am besten ein genauer Blick auf die empirischen Studien. Dabei zeigt sich, dass im Grunde die empirischen Studien gar nicht danach fragten, welche Charaktereigenschaften Menschen besitzen, die viele Selfies posten. Denn darüber können die Studien kaum Auskunft erteilen, weil dafür eine ganz andere Herangehensweise notwendig wäre. Man müsste Personen, die viele Selfies posten, systematisch nach einer ganzen Reihe von verschiedenen Persönlichkeitseigenschaften befragen und zusätzlich diese Ergebnisse solchen Befragten gegenüberstellen, die keine oder nur wenige Selfies posten. Denn es ist vorstellbar, dass Personen mit anderen Persönlichkeitseigenschaften, etwa Extraversion, ebenfalls viele Selfies posten, nur eben aus anderen Gründen als „Narzissten".

IV. Wer möglicherweise erwartete oder befürchtete, die empirischen Studien ermittelten extrem hohe Narzissmus-Werte, wird enttäuscht: Am höchsten sind die Werte noch bei Barry et al. (vgl. 2015, 6) mit M=16.65 (SD=6.92) in einer Streuung von 3 34; bei Weiser (vgl. 2015, 479) lag der Schnitt bei schwachen 12,79 Punkten (SD=7,61), während Fox/Rooney bei einer Skala von 4 Items den Wert von 2.96

ermittelten.[13] Auch andere Studien, die nicht das Selfieposting betreffen, zeigen relativ geringe Werte: Die Umfragen von Constantine Sedikides et al. (2004, 402f.) ergaben Streuungen von 2–35, bzw. 3–29 Narzissmus-Punkten, wobei der Schnitt einmal bei $M=15.8$, ein anderes Mal bei $M=16.06$ lag. Ähnliche Werte ermittelten Raskin und Terry (1988) ($M=15.8$), Foster/Campbell/Twenge (2003) ($M=15.2$; $SD=6.7$) sowie Drew Pinsky und Mark Young (2009) ($M=15.3$), wobei sog. Celebrities einen höheren Wert erzielten: $M=17.8$.

In diesem Zusammenhang wäre es spannend und aufschlussreich zu erfahren, welche Items besonders häufig oder gar nie bzw. höchst selten gewählt wurden, sodass etwa Tabu- und No-go-Haltungen sichtbar würden. Doch darüber erfährt man von den AutorInnen nichts, die sich generell wenig mitteilsam zeigen. So erfahren die LeserInnen nichts darüber, mit welchem Text der Fragebogen den TeilnehmerInnen vorgestellt wurde. Dass solche Texte einen erheblichen Einfluss auf das Antwortverhalten ausüben, ist aber spätestens seit Hans D. Mummendeys Arbeiten (1995, 223–276) zum „Impression-Management" bekannt. Für eine wissenschaftliche Beurteilung der Ergebnisse wären genauere Angaben über die Durchführung der Tests hilfreich.

V. Zudem zeigen jene Studien, die einen Zusammenhang zwischen Narzissmus und Selfieposting behaupten, einen recht niedrigen Korrelationskoeffizienten. Sorokowski et al. (2015, 125) gestehen: „It should be noted that the correlations reported were rather weak (all less than $r=.22$)". Bei Fox/Rooney (2015, 163) korrelieren Narzissmus und gepostete Selfies mit $r=.19$; bei Weiser (2015, 479) immerhin mit $r=.32$. Berauschend sind die Werte nicht. Gerade die von Fox/Rooney verwendeten Dirty Dozen besitzen lediglich 4 Items für Narzissmus, ein Manko hinsichtlich der Aussagekraft, das die Autoren selbst anzeigen (Fox/Rooney 2015, 164).

VI. Darüber hinaus bestehen in der Forschung Bedenken gegenüber der von Raskin/Terry (1988) gefundenen Dimensionen-/Skalen-Einteilung. Manche Studien reduzieren von sieben auf fünf oder gar auf drei Dimensionen/Skalen. Barry (2015, 4) schied Entitlement, Exploitativeness und Self-sufficiency aus; also gerade jene Dimensionen, die als besonders maladaptiv angesehen werden. Sorokowski et al. (2015, 124) fassten dagegen Authority und Exploitativness zu einer eigenen Dimension „Leadership" zusammen und bündelten Entitlement, Superiority und Exhibitionism zur Dimension „Admiration demand". Solche Maßnahmen sind nicht selten dadurch gesteuert, ob eher die adaptiven oder maladaptiven Aspekte des Narzissmus hervorgehoben werden sollen. So behaupten manche, dass das NPI im Grunde nur adaptive Merkmale, nämlich self-esteem, bezeuge (siehe dazu Paris 2014; Weiser 2015; Ackerman et al. 2011; Rosenthal/Hooley 2010; Rosenthal et al. 2011). Wiewohl die sieben Dimensionen/Subskalen ursprünglich dazu gedacht waren, die Komplexität des Phänomens präzise einzufangen, öffnet das Jonglieren mit ihnen einen Interpretationsspielraum, der die grundlegende Problematik des Messinstruments für nicht-pathologischen Narzissmus sichtbar

---

[13] Bei Sorokowski et al. (2015) finden sich keine Angaben.

macht: Das NPI schwebt irgendwo zwischen Pathologie und völliger Normalität, sodass eine wissenschaftlich geprüfte Zuordnung, ab welchem Wert der normale Narzissmus droht pathologisch zu werden, nicht existiert. Eine solche Bestimmung wird auch in Zukunft kaum zu erstellen sein (vgl. Steinmayr/Ameling 2011, 647), sodass insgesamt die Aussagekraft des Konzepts stark leidet. Von nicht geringer Bedeutung ist dieser Punkt allerdings für eine Medienwissenschaft und -pädagogik, die Selfies „als symbolische[n] Ausdruck eines durchaus gesunden Narzißmus und eines Ambivalenzmanagements" (Tillmann 2014, 47) versteht, denn er bietet die Möglichkeit einer positiven Anknüpfung an die Ergebnisse der empirischen Sozial- und Persönlichkeitspsychologie – dasselbe gilt für die folgende Beobachtung.

VII. Die genannten Einwände führen dazu, dass manche PsychologInnen dazu raten, den Begriff „Narzissmus" allein für die pathologische Form zu verwenden, nicht mehr hingegen zur Bezeichnung „normaler" Erscheinungsformen (vgl. Lammers 2015, 239–249; Zepf/Nitzschke 1985). Die Verwendung als eines Persönlichkeitsmerkmals leiste gar einer „Psychopathologisierung von Menschen und Gesellschaften" (Lammers 2015, 239) Vorschub, die die Grenze zwischen Krankheit und Gesundheit unkenntlich werden lasse und Normalität pathologisiere. Dieser Ansatz negiert, dass es sich bei Narzissmus um eine kontinuierliche Erscheinung handelt und plädiert für eine rein kategoriale Bestimmung: Entweder jemand leidet unter pathologischem Narzissmus oder nicht, dann ist er aber gesund. Bestärkt wird dieser Einwand dadurch, dass die American Psychiatric Association (APA), die das DSM-IV seit 1999 überarbeitete und ihr Ergebnis 2013 veröffentlichte, im Jahre 2010 ankündigt hatte, neben den Kategorien der Persönlichkeitsstörung „abhängig", „histrionisch", „paranoid", „schizoid" auch „Narzissmus" im DSM-5 nicht mehr als eigenständige Diagnose aufzuführen – für das Krankheitsbild „Narzissmus" fehlten vor allem die Langzeitstudien. Zwar revidierte die APA nach heftigen Debatten ihre Entscheidung, gleichwohl blieben Bedenken gegenüber dem „Narzissmus". Die vermehrte Anzahl an empirischen Untersuchungen des Narzissmus seit 2010 ist auch dem Interesse von PsychologInnen geschuldet, dem Narzissmus mit Hilfe der Studien Stützhilfe zu leisten.

VIII. Nimmt man einmal das NPI unter ethischen Gesichtspunkten wahr, so zeigt sich, wie wenig es sich um ein neutrales Messinstrument handelt: Die Items, die keinen Narzissmus repräsentieren, zeigen im Zusammenhang überblickt ein dezidiertes Ideal und Ethos: Die dem Narzissmus gegenübertretende Gestalt ist vorsichtig, demütig und bescheiden (Item 2, 7, 13, 14, 15, 18, 20, 23, 26, 29, 32, 35, 40). Sie akzeptiert Gegebenes (Item 6, 7, 10, 12, 18, 19, 25, 28, 31) und drängt sich nicht in den Vordergrund (Item 4, 5, 9, 12, 15, 24, 26, 30, 38, 40), sondern ist selbstgenügsam und zurückhaltend (Item 1, 8, 9, 18, 25, 32, 33, 37, 39, 40), hegt höchstens kleine Fantasien (Item 11, 18, 34), aber benötigt aus Unsicherheit Stützen und Rückversicherungen (Item 1, 3, 5, 10, 12, 16, 17, 21, 22, 27, 32, 36, 39). Das NPI auf diese Weise betrachtet, ruft Erinnerungen an die restriktive Sozialnorm für junge Damen des 19. Jahrhunderts hervor. Angenommen, man führte unter Jugendlichen des 21. Jahrhunderts eine Befragung durch, die nur diese nicht-narzisstischen Items enthielte, so wäre nicht zu erwarten, dass eine Mehrheit eine hohe Punktzahl erzielte.

IX. Richtet man das Augenmerk auf die ethische Dimension, ergeben sich weitere Probleme des NPI. Angenommen es gilt, dass Selfies – unabhängig davon, ob aus narzisstischen Motiven oder nicht gepostet – immer auch eine Form von Opposition gegen die gesellschaftlichen Normen kommunizieren (vgl. Tillmann 2014) und Selbstinszenierung mithin als „Befreiungsakt" (Gregori 2010, 11) verstanden werden muss, zeigen hohe Narzissmus-Werte möglicherweise auch, worauf Vera Dreyer (2012, 116) hingewiesen hat: dass im „elektronischen Zeitalter […] für die Selbstdarstellung andere Regeln als im literalen Zeitalter, dem Zeitalter der Buchkultur", gelten. So spielen etwa im elektronischen Kulturkreis „individuelle, originelle Gedankenführung, die Idee der Privatheit und vor allem Schreibfertigkeiten" (Dreyer 2012, 116) offensichtlich eine bloß untergeordnete Rolle. Die dort gezeigte Freizügigkeit irritiert dagegen die Bürger der literalen Welt. Unproduktiv, wenn nicht gar unlauter, ist es, wenn BewohnerInnen der literalen Welt die ihnen fremde elektronische Welt mit Maßstäben beobachten und beurteilen, die dem literalen Kulturkreis entnommen, nicht aber dem elektronischen Kulturkreis angemessen sind. Äpfel mit Birnen zu vergleichen, war schon immer mit Problemen behaftet. Sollten also möglicherweise Kulturunterschiede vorliegen, dann lehrt die Erfahrung, dass sie nicht dadurch zu überwinden sind, dass eine Kultur der anderen ihre Normen diktiert, sondern wenn überhaupt, nur im Dialog auf gleicher Augenhöhe.

Der Gedanke der Kulturunterschiede zwischen literaler und elektronischer Welt führt zu Ludwig Marcuses eigenwilliger Narziss-Narzissmus-Interpretation. Narziss (und auch Orpheus) interpretierte Marcuse als Ausdruck „ein[es] andersartige[n] Realitätsprinzip[s]" (Marcuse 1973, 168), an das man nicht den herkömmlichen Moralmaßstab anlegen könne, wolle man seine Eigentümlichkeit erfassen. Narziss, so Marcuse, verkörpere eine radikale Verneinung des „Leistungsprinzips", feiere dagegen das Reich der „Phantasie": „Orpheus und Narziß versöhnen Eros und Thanatos. Sie rufen die Erinnerung an eine Welt wach, die nicht bemeistert und beherrscht, sondern befreit werden sollte – eine Freiheit, die die Kräfte des Eros entbinden würde, die jetzt noch in den unterdrückten und versteinerten Formen des Menschen und der Natur gefesselt sind. Diese Kräfte werden nicht als Zerstörung, sondern als Friede begriffen, nicht als Schrecken, sondern als Schönheit" (Marcuse 1973, 163). Hohe Narzissmuswerte, so wäre zu schlussfolgern, dürften gerade nicht mit dem Moralmaßstab der bürgerlichen Welt gelesen werden; Aussagen, die ein Bürger der bürgerlich-literalen Welt als empathiearm wahrnimmt, können im Kontext einer anderen, fremden elektronischen Kultur etwas völlig Konträres bedeuten, ohne in irgendeinem Sinne mit fehlender Empathie verbunden zu sein. Marcuses Orpheus und Narziss ähneln Friedrich Nietzsches „Selfie" in „Ecce Homo": Gerichtet gegen Objektivität und Historismus versagt sich die Selbstdarstellung Nietzsches der überkommenen bürgerlichen Gepflogenheit der Verklärung, Summierung und Beruhigung; sie ist Entwurf zur reinen Bedeutung (vgl. Wuthenow 1974, 214f.).

X. Wie steht es aber um die These vom Epidemic Narcissism? Manche von Tillmanns Ausführungen klingen wie der Versuch einer Entgegnung: Verschärfte Selbstdarstellung sei notwendig, weil unter den Bedingungen einer entgrenzten Jugendphase, die eingebettet sei in eine „Konkurrenz- und Verdrängungsszenerie der segmentierten Arbeitsgesellschaft", schon sehr früh „Selbstbehauptung" eingeübt werden müsse (Tillmann 2014, 42–43, 47). So einleuchtend dies klingt, das Argument verläuft nach dem Muster: Die Jugendlichen üben nur ein, was generell schon gesellschaftliche Praxis (der Erwachsenen) sei. Von einem ethischen Standpunkt aus kann aber eine solche Aussage nicht als triftiges Argument gewertet werden, weil das Sosein von etwas noch nicht sein Gutsein verbürgt. Einen eleganteren Weg für die Beurteilung des „Epidemic Narcissism" bietet auch in diesem Fall die Berücksichtigung der innerdisziplinären Auseinandersetzungen: Zwar vermochte Twenge, selbst „something of a celebrity psychologist, appearing on the ‚Today' show, ‚Good Morning America' and MSNBC", wie die New York Times spöttelte (Quenqua 2013), ihre Diagnose medienwirksam zu verbreiten, doch scheitert sie an der mangelhaften Beweisführung. Um Aussagen über ein jahrzehntelanges Anschwellen des Narzissmus zu treffen, bedarf es einer ausgereiften Methode für diachron-generationenübergreifende Vergleichsstudien und einer Zielsetzung, die *vor* Studienbeginn skizziert wird. Twenge/Campbell (2009/2013) werteten dagegen Umfrageergebnisse der letzten Jahrzehnte aus, die keinem einheitlichen Konzept unterlagen, zweitens unterschiedliche Fragestellungen verfolgten und denen drittens, wie zu erwarten, meist das NPI zu Grunde lag. Und schließlich bleiben auf diese Weise Einflüsse anderer Faktoren, wie z. B. kulturelle Veränderungen im Geschlechter- und Rollenverständnis unberücksichtigt. Aufgrund dieser Mängel verwundert es nicht, dass eine ähnliche Studie über steigende Narzissmuswerte zu den Jahren 1979 bis 2007 von M. Brent Donnellan/Kali H. Trzesniewski/Richard W. Robins (2008a/2008b) „no significant change" feststellt. Epidemic Narcissism? „Much ado about nothing", urteilen Donnellan/Trzesniewski/Robins (2009).

XI. Und der gesellschaftliche Schwund an Empathie? Welches zukünftige Messinstrument diesen Schwund auch immer erheben können soll, die Ergebnisse einer Studie von Arielle Baskin-Sommers/Elizabeth Krusemark/Elsa Ronningstam (2014, bes. 327) zeigen jedenfalls, dass selbst „pathologische Narzissten" empathisch sein können, dass ihre Empathie jedoch nach Situation und Kontext fluktuiert. Vor allem in stabilen Situationen zeigen Narzissten Empathie. Doch noch bemerkenswerter ist die Warnung der AutorInnen davor, den Empathie-Begriff einseitig moralisch aufzufassen! Empathiemangel sei keine generell maladaptive Eigenschaft. Es gebe zahlreiche Situationen im Leben eines Individuums (und wahrscheinlich auch eines Theologen), in denen Empathie entweder vernünftige Entscheidungen verhindere oder gar umgekehrt mangelnde Empathie tatkräftiges Handeln ermögliche, etwa in der Medizin, beim Militär, in der Politik und der Wissenschaft (vgl. Baskin-Sommers/Krusemark/Ronningstam 2014, 328).

XII. Alle die genannten Punkte sind lediglich Indizien, die den Narzissmus-Vorwurf nur schwächen, nicht aber widerlegen. Wieso? Es gilt grundsätzlich, dass empirische Studien, wie diejenigen von Fox/Rooney, nur wiederum von empirischen Studien *gültig* widerlegt werden können; und zwar dann, wenn sie sich erstens *dezidiert* dem Verhältnis von Selfieposting und Narzissmus widmen und zweitens das Thema so bearbeiten, dass sie gegenüber den Vorgängerstudien hinsichtlich Methodik, Repräsentativität, Validität, Reliabilität und Objektivität deutlich überlegen sind. Eine solche Studie liegt bisher nicht vor.

#Wächteramt invers

In theologischen Beiträgen zur Medienethik ist es üblich, Ratschläge zu erteilen, wie mit den Neuen Medien lebensdienlich umgegangen werden soll. Kaum ein Autor, der nicht für mehr Medienpädagogik, Medienbildung, Medienschulung und Medienkompetenz – die „Schlüsselqualifikation des 21. Jahrhunderts" (Scholz 2012, 132) – plädiert. Etwas vorschnell stehen im Visier der Forderung nach Medienkompetenz jugendliche SchülerInnen. Die aber können sich Spannenderes vorstellen, wie Elisabeth Fuchs-Auer (2013, 180) berichtete: „Ein Raunen geht durch das Klassenzimmer, wie uncool – Facebook"; denn, so klären die SchülerInnen auf, „sie wüssten bereits alles über Facebook und dessen Gefahren und es sei somit nicht nötig, dies im Religionsunterricht noch einmal zu vertiefen."[14]

Ich schlage deshalb einen neuen Adressaten vor: die theologische (Medien-)ethik. Daher frage ich nicht, welchen (ideologie-)kritischen Beitrag eine evangelische Ethik im medienethischen Diskurs zu leisten vermag, sondern umgekehrt, welche Impulse und Anreize sich für eine theologische (Medien-)Ethik aus der Beobachtung der Selfiekultur und des Narzissmusvorwurfs ergeben.[15] Fünf solcher Anreize will ich nennen.

I. Trifft es zu, dass mit dem Konzept des nichtklinischen Narzissmus eine Art Psychopathologisierung der Gesellschaft Raum greift (vgl. Lammers 2015, 239), so stellt sich für die Theologie die kritische Rückfrage, ob nicht TheologInnen in derselben Manier zu Pathologisierungen und Dämonisierungen neigen; etwa wenn der Verdacht geschöpft wird, Weltliches wolle an die Stelle Gottes treten. Dieser Vorwurf wird gegenwärtig an die Neuen Medien gerichtet. Allerdings zeigt ein selbstkritischer, historischer Blick auf die Geschichte evangelischer Medienethik, dass TheologInnen häufig als kulturpessimistische MedienkritikerInnen

---

[14] Die Selbsteinschätzung der SchülerInnen ist auch als Appell zu verstehen, dass die einzelnen Fächer/LehrerInnen ihre medienpädagogischen Initiativen untereinander besser koordinieren und abstimmen. Die Unterrichtsstunde wurde übrigens mit Hilfe von Ps 139 noch ein voller Erfolg.

[15] Eine solche Umkehrung der Fragestellung ist auch bei C. Ernst (2015, 336) vorsichtig angedacht: Sie schlägt vor, die Auseinandersetzung mit den Social Media „als bereichernde Neuakzentuierung theologischer Überlegungen zur Geschöpflichkeit und Gottebenbildlichkeit des Menschen" zu verstehen: „Von der Beschäftigung mit Selbstdarstellungen auf Facebook und den entfalteten pluralen Identitätsmodellen kann die theologische Anthropologie insbesondere das kreative Potenzial von Begrenzungen und Selbstrelativierungen endlichen Seins für ihr Menschenbild fruchtbar machen."

agierten, deren Warnungen vor der Unchristlichkeit des Films oder des Fernsehens und vor einem medialen Ersatz-Götterhimmel heute oft lächerlich wirken (vgl. Bauer 2011, 41f.). Pathologisierungen und Dämonisierungen zu vermeiden, könnte das Ziel einer medienkompetenten evangelischen Ethik sein.

II. W. Thiede (2014b, 238) forderte unlängst, „dass namentlich christliche Ethiker mehr auf die interdisziplinär diagnostizierten Zusammenhänge" zwischen SNSs und dem gesellschaftsdestabilisierenden Narzissmus eingehen sollten. Ich schließe mich der Forderung von Thiede an, schlage aber vor, dass theologische EthikerInnen nicht allein kulturpessimistische Pamphlet-Autoren (vgl. Han 2013; Maaz 2012) unkritisch rezipieren, sondern die kritisch-interdisziplinäre Auseinandersetzung auch mit den empirischen Erhebungen der Sozialpsychologie und den Kulturwissenschaften suchen. Der vorliegende Beitrag unternimmt einen Schritt in diese Richtung.

III. Die Problematik des Narzissmusbegriffs insgesamt und die Ungeklärtheit des Verhältnisses seiner adaptiven zu den maladaptiven Facetten lässt sich zurückspiegeln auf die theologische Ethik und in eine Frage umformulieren: Welche (versteckten) Begründungsprobleme besitzen liebgewonnene Quellen und Instanzen der theologischen Ethik? Der besonders gern in medienethischen Veröffentlichungen gebrauchte Rekurs auf „*das* christliche Menschenbild" oder die Rede von „*dem* christlichen Verständnis" suggerieren ein einheitliches Christentum und identische Glaubensinhalte, die weder diachron noch synchron gegeben sind. Vielmehr stößt man allerorts auf plurale Heterogenität.

Ähnliche Probleme treten auf, wenn in begründender Absicht das Theologumenon der Gottebenbildlichkeit in (medien-)ethische Debatten eingespielt wird. Nur weil die Gottebenbildlichkeit biblisch bezeugt ist, entbindet es TheologInnen nicht davon, sie argumentativ zu begründen. Damit ist nicht gemeint, irgendwie hermeneutisch ihren Gehalt zu beschreiben, sondern wirklich ihre Gültigkeit auszuweisen: Welche Gründe belegen, dass der Mensch als Ebenbild Gottes, als kommunikatives Beziehungswesen geschaffen ist? Der Hinweis, es handele sich dabei um eine mit Sinnüberschuss ausgestattete eigentümliche Anschauung von Welt und Mensch, die einer rationalen Begründungsleistung entzogen sei, verschleiert nur die harten ontologischen Hintergrundannahmen, die dem Modell zu Grunde liegen, wodurch quasi-naturwissenschaftliche Kategorien hinterrücks fröhlich auferstehen.

IV. Die theologische Medienethik wird bei der Beobachtung der SNSs und des Selfiephänomens darauf hingewiesen, dass nach wie vor christliche Traditionen in der (Netz-)Kultur verankert sind. Gerade im Selfiephänomen ist das biblische Bilderverbot durchaus wirksam. Dies ist nicht nur der Fall, weil jede Sichtbarmachung stets mit „Praktiken des Unsichtbarmachens" verbunden ist, da sich beide bedingen und „konstitutive Elemente von Selbstdarstellungen" sind, wie Christina Ernst zeigte (2012, 32; Ernst 2015). Vielmehr löst die Generation Web 2.0 das Bilderverbot paradoxerweise durch eine gesteigerte Bilderproduktion ein. Die gesteigerte Bildproduktion kann die Intention des biblischen Bilderverbots deshalb einfangen, weil es dem Bilderverbot nicht um die Einübung asketischer Formen der Selbstbeschränkung geht, sondern es intendiert: Keine Festschreibung! (vgl. Wehrle 2014, 67) Je mehr Fotos von einem Individuum „öffentlich" kursieren, desto schwieriger wird eine solche Festschreibung der Person: mal sexy, mal crazy, mal emo, mal edgy, mal total dicht, mal churchy. Vielfalt und Variation, mögen sie auch stereotypisierten Vorlagen folgen, brechen die Macht des *einen* Bildes, das festschreibt. Exzessive Selfie-Produzenten adaptieren – und sei es auch unbewusst – die Kunststrategien einer Katharina Sieverding oder Cindy Sherman. Sie kommunizieren ein dynamisiertes Individuum und teilen damit die theologische Ansicht, dass der Mensch ein zukunftsoffenes, wandelbares Wesen ist. Welche Wandlung wird das nächste Selfie inszenieren?

V. Abschließend möchte ich nun doch noch jenen nachgeben, die von der Sehnsucht getragen sind, dass „alte und ganz alte religiöse Einsichten" auch im Umgang mit den neuen Medien hilfreich sein können (Haberer 2015, 7). Zwar müsste, meint Lucia Heller auf jetzt.de, „doch auch die zigtrillionste Bloggerin einmal erkannt haben, dass ihr unermüdliches Selfie-Posten bei den meisten ihrer Follower als genau das wahrgenommen wird, was es ist: Verzweifelte Komplimentfischerei" (Heller 2015). Doch falls dies nicht der Fall sein sollte, so mag das Gleichnis von „Rangordnung und Auswahl der Gäste" (Lk 14,7–11)[16] sich hervorragend für „Narzissten" und Selbstdarsteller als künftige Handlungsstrategie anbieten:

Lukas lässt seinen Jesus bei einem Mahl bemerken, wie ein paar Gäste versuchen, oben an der Tafel die Ehrenplätze einzunehmen. Eine typisch narzisstische Handlungsweise. Daraufhin lässt Lukas seinen Jesus äußern: „Wenn du von jemanden zur Hochzeit geladen bist, so setze dich nicht obenan; denn es könnte einer eingeladen sein, der vornehmer ist als du, und dann kommt der, der dich und ihn eingeladen hat, und sagt zu dir: ‚Weiche diesem!', und du mußt dann beschämt untenan sitzen." In der Tat wäre dies eine für den Narzissten höchst unangenehme Situation, eine narzisstische Kränkung par excellence, auf die er womöglich mit narzisstischer Wut reagieren würde, die letztlich dazu führen könnte, die feierliche Stimmung und Gemeinschaft zu zerstören. Lukas legt sodann Jesus folgenden Ratschlag in den Mund: „Sondern wenn du eingeladen bist, so geh hin und setz dich untenan, damit, wenn der kommt, der dich eingeladen hat, er zu dir sagt: ‚Freund, rücke hinauf!' Dann wirst du Ehre haben vor allen, die mit dir zu Tisch sitzen."

Der lukanische Jesus empfiehlt somit eine Strategie der Demut, um das narzisstische Ziel „Ehre haben vor allen" – und zwar öffentlich – zu erreichen. Dies toppt sogar noch die anfängliche Strategie, schnurstracks auf den Ehrensitz zuzusteuern: Denn mit Hilfe der Demutsgeste vor aller Augen und in Szene gesetzt durch die Aufforderung des Gastgebers, gelingt es auf elegante Weise, das Beabsichtigte zu erreichen: „to be center of attraction". Zugleich ist, soviel List darf man der Vernunft zutrauen, die Feierstimmung beibehalten und die moralisch-sittliche Gemeinschaft stabilisiert.

---

[16] Ich danke Klaas Huizing vielmals für den Hinweis auf das Gleichnis!

Literatur

Ackerman, Robert A.; Witt, Edward A.; Donnellan, M. Brent; Trzesniewski, Kali H.; Robins, Richard W. und Kashy, Deborah A. (2011), What does the Narcissistic Personality Inventory really measure?, in: Assessment 18, 67–87.

Akhtar, Salman (2006), Narzissmus und Liebesbeziehungen, in: *Kernberg/Hartmann 2006*, 624–638.

Altmeyer, Martin (2000a), Narzißmus und Objekt. Ein intersubjektives Verständnis der Selbstbezogenheit, Göttingen.

Altmeyer, Martin (2000b), Narzißmus, Intersubjektivität und Anerkennung, in: Psyche 54, H. 2, 142–171.

APA [American Psychiatric Association] (2013), Diagnostic and statistical Manual of Mental Disorders, 5th Ed., DSM-5, Arlington.

Amiri, Shahrsad (2008), Narzißmus im Zivilisationsprozeß. Zum gesellschaftlichen Wandel der Affektivität, Bielefeld.

Asendorpf, Jens B. und Neyer, Franz J. (2012), Psychologie der Persönlichkeit, 5. Aufl. Berlin/Heidelberg.

Auer, Elisabeth (1999), „Selbstmord begehen zu wollen ist wie ein Gedicht schreiben". Eine psychoanalytische Studie zu Goethes Briefroman „Die Leiden des jungen Werther", Stockholm.

Autenrieth, Ulla P. (2014), Das Phänomen „Selfie". Handlungsorientierungen und Herausforderungen der fotografischen Selbstinszenierung von Jugendlichen im Social Web, in: *Lauffer/Röllecke 2014*, 52–59.

Autenrieth, Ulla P. (2011), MySelf. MyFriends. MyLife. MyWorld. Fotoalben auf Social Network Sites und ihre kommunikativen Funktionen für Jugendliche und junge Erwachsene, in: Neumann-Braun, Klaus und Autenrieth, Ulla P. (Hrsg.), Freundschaft und Gemeinschaft im Social Web. Bildbezogenes Handeln und Peergroup-Kommunikation auf Facebook & Co., Baden-Baden, 123–162.

Bahr, Petra (2015), Ethik der Kultur, in: Huber, Wolfgang; Meireis, Torsten und Reuter, Hans-Richard (Hrsg.), Handbuch der Evangelischen Ethik, München, 401–450.

Barry, Christopher T.; Doucette, Hannah; Loflin, Della C.; Rivera-Hudson, Nicole und Herrington, Lacey L. (2015), „Let me take a Selfie". Associations between Self-Photography, Narcissism, and Self-Esteem, in: Psychology of Popular Media Culture 2015, https://www.researchgate.net/publication/281317126_Let_Me_Take_a_Selfie_Associations_Between_Self-Photography_Narcissism_and_Self-Esteem [15.02. 2016].

Baskin-Sommers, Arielle; Krusemark, Elizabeth und Ronningstam, Elsa (2014), Empathy in Narcissistic Personality Disorder. From Clinical and Empirical Perspectives, in: Personality Disorders: Theory, Research, and Treatment 5, 323–333.

Bauer, Michael (2011), Implizite und explizite Religion in den Medien unter pluralismustheoretischer Perspektive, in: Rupp, Horst F. und Huizing, Klaas (Hrsg.), Religion im Plural, Forum zur Pädagogik und Didaktik der Religion Band 3, Würzburg, 19–52.

Bayer, Oswald (1993), Der neuzeitliche Narziß. Reformation und Moderne im Konflikt, in: Evangelische Kommentare, H. 3, 158–162.

Bonforte, Jeff (2015), Thank you, Flickr Community!, http://blog.flickr.net/en/2015/06/10/thank-you-flickr-community/ [14.12.2015].

Brailovskaia, Julia und Bierhoff, Hans-Werner (2012), Sensationssuchende Narzissten, Extraversion und Selbstdarstellung in sozialen Netzwerken im Web 2.0, in: Journal of Business and Media Psychology 3, 43–56.

Buffardi, Laura E. und Campbell, W. Keith (2008), Narcissism and Social Networking Web Sites, in: Personality and Social Psychology Bulletin 34, 1303–1314.

Busch, Hans-Joachim (Hrsg.) (2007), Spuren des Subjekts. Positionen psychoanalytischer Sozialpsychologie, Göttingen.

Carpenter, Christopher J. (2012), Narcissism on Facebook. Self-promotional and anti-social behavior, in: Personality and Individual Differences 52, 482–486.

Constanza, Christina und Ernst, Christina (Hrsg.) (2012), Personen im Web 2.0. Kommunikationswissenschaftliche, ethische und anthropologische Zugänge zu einer Theologie der Social Media, Edition Ethik Band 11, Göttingen.

Deters, Fenne große; Mehl, Matthias R. und Eid, Michael (2014), Narcissistic power poster? On the relationship between narcissism and status updating activity on Facebook, in: Journal of Research in Personality 53, 165–174.

DeWall, C. Nathan; Buffardi, Laura E.; Bonser, Ian und Campbell, W. Keith (2011), Narcissism and implicit attention seeking: Evidence from linguistic analyses of social networking and online presentation, in: Personality und Individual Differences 51, 57–62.

Diamond, Diana (2006), Narzissmus als klinisches und gesellschaftliches Phänomen, in: *Kernberg/Hartmann 2006*, 171–204.

Dickinson, Kelly A. und Pincus, Aaron L. (2003), Interpersonal Analysis of Grandiose and Vulnerable Narcissism, in: Journal of Personality Disorders 17, 188–207.

Dierse, Ulrich (1995), [Art.] Selbstliebe I., in: Historisches Wörterbuch der Philosophie 9, 465–476.

DIMDI.de (2015), ICD-10 online: https://www.dimdi.de/static/de/klassi/icd-10-gm/kodesuche/onlinefassungen/htmlgm2016/block-f60-f69.htm [20.11. 2015].

Donnellan, M. Brent, Trzesniewski, Kali H. und Robins, Richard W. (2009), An emerging epidemic of narcissism or much ado about nothing?, in: Journal of Research in Personality 43, 498–501.

Dreyer, Vera (2012), „All Mankind as Our Skin". Wie wir uns im Global Village auf die Welt bringen, in: *Constanza/Ernst 2012,* 108–126.

Dyrud, Jarl E. (1982), Die heutige Diskussion über den Narzißmus als ein beherrschendes kulturelles Phänomen, in: Concilium 18, 428–432.

Eichler, Lutz (2013), System und Selbst. Arbeit und Subjektivität im Zeitalter ihrer strategischen Anerkennung, Bielefeld.

Erikson, Erik H. (2005), Kindheit und Gesellschaft [1957], 14. Aufl. Stuttgart.

Ernst, Christina (2015), Mein Gesicht zeig ich nicht auf Facebook. Social Media als Herausforderung theologischer Anthropologie, Edition Ethik Band 15, Göttingen.

FAZ (2015), Selfie-Sucht entlarvt Narzissten, FAZ.net 09.01. 2015, http://www.faz.net/aktuell/gesellschaft/menschen/studie-selfie-sucht-entlarvt-narzissten-13360922.html [02.11.2015].

Foster, Joshua D. und Campbell, W. Keith (2007), Are there such things as „Narcissists" in social psychology? A taxometric analysis of the Narcissistic Personality Inventory, in: Personality and Individual Differences 43, 1321–1332.

Foster, Joshua D.; Campbell, W. Keith und Twenge, Jean M. (2003), Individual differences in narcissism. Inflated self-views across the lifespan and around the world, in: Journal of Research in Personality 37, 469–486.

Fox, Jesse und Rooney, Margaret C. (2015), The Dark Triad and trait self-objectification as predictors of men's use and self-presentation behaviors on social networking sites, in: Personality and Individual Differences 76, 161–165.

Fraas, Hans-Jürgen (1973), Religiöse Erziehung und Sozialisation im Kindesalter, Göttingen.

Fraas, Hans-Jürgen (1990), Die Religiosität des Menschen. Ein Grundriß der Religionspsychologie, UTB 1578, Göttingen.

Fromm, Erich (1968), Die Seele des Menschen. Ihre Fähigkeit zum Guten und zum Bösen, Zürich.

Fuchs, Hans-Jürgen (1977), Entfremdung und Narzissmus. Semantische Untersuchungen zur Geschichte der „Selbstbezogenheit" als Vorgeschichte von französisch „amour-propre", Studien zur allgemeinen und vergleichenden Literaturwissenschaft 9, Stuttgart.

Fuchs-Auer, Elisabeth (2013), Wer bin ich? Facebook als „Identitätskonfigurator", in: Katechetische Blätter 138, 180–183.

GQ (2015), Selfie-Studie: Von Narzissten und Psychopathen, GQ-Magazin.de 22.07.2015, http://www.gq-magazin.de/auto-technik/handy-apps/selfie-studie-von-narzissten-und-psychopathen [02.11.2015].

Gregori, Daniela (2010), Auftritt und Abbild – Zum Verständnis des Ich und des Selbst nach der Moderne, in: Kraus, Karola (Hrsg.), „Jeder Künstler ist ein Mensch!" Positionen des Selbstportraits. Staatliche Kunsthalle Baden-Baden, Köln, 10–14.

Grijalva, Emily; Newman, Daniel A.; Tay, Louis; Donnellan, M. Brent; Harms, P.D., Robins; Richard W. und Yan, Taiya (2015), Gender Differences in Narcissism. A meta-analytic review, in: Psychological Bulletin 141, 261–310.

Günther, Antje; Fuhrer, Urs; Rademacher, Jeanne und Quaiser-Pohl, Claudia (2005), Internet, Identität und Persönlichkeit, in: *Renner/Schütz/Machilek 2005,* 106–118.

Haberer, Johanna (2015), Digitale Theologie. Gott und die Medienrevolution der Gegenwart, München.

Han, Byung-Chul (2013), Im Schwarm. Ansichten des Digitalen, Berlin.

Heimbrock, Hans-Günter (1977a), Phantasie und christlicher Glaube. Zum Dialog zwischen Theologie und Psychoanalyse, München.

Heimbrock, Hans-Günter (1977b), Spinoza und die neuere Religionspsychologie, in: Wege zum Menschen 29, 79–88.

Heller, Lucia (2015), Selfie und Selbstbild, jetzt.de 10.01.2015, http://jetzt.sueddeutsche.de/texte/anzeigen/590944/Selfie-und-Selbstbild [10.11.2015].

Hoffmann, Monika (2002), Selbstliebe. Ein grundlegendes Prinzip von Ethos, Paderborn u. a.

Homans, Peter (1968), Introduction, in: ders. (Hrsg.), The Dialogue between Theology and Psychology, Essays in Divinity 3, Chicago, 1–10.

Instagram.com (2015), Press News 22. September 2015; http://blog.instagram.com/post/12966 2501137/150922-400million [14.12.2015].

Jiménez, Fanny (2015), Selfies verraten den Psychopathen und Narzissten, Die Welt 29.01. http://www.welt.de/gesundheit/psychologie/article136920755/Selfies-verraten-den-Psychopathen-und-Narzissten.html [04.01.2016].

Jonason, Peter K. und Webster, Gregory D. (2010), The Dirty Dozen. A concise Measure of the Dark Triad, in: Psychological Assessment 22, 440–443.

Kapidzic, Sanja (2013), Narcissism as a Predictor of Motivations behind Facebook Profile Picture Selection, in: Cyberpsychology, Behavior and Social Networking 16, 14–19.

Kernberg, Otto F. und Hartmann, Hans-Peter (Hrsg.) (2006), Narzissmus. Grundlagen, Störungsbilder, Therapie, Stuttgart/New York.

Kernberg, Paulina F. (2006), Narzisstische Persönlichkeitsstörungen in der Kindheit, in: *Kernberg/Hartmann 2006,* 570–601.

Knoche, Susanne (1995), [Art.] Selbstliebe II., in: Historisches Wörterbuch der Philosophie 9, 476–487.

Kohut, Heinz (1973), Narzißmus. Eine psychoanalytische Theorie zur Behandlung narzißtischer Persönlichkeitsstörungen, Frankfurt a. M.

Kohut, Heinz (1971), Introspektion, Empathie und Psychoanalyse, in: Psyche 25, 831–855.

Kohut, Heinz (1969), Die psychoanalytische Behandlung narzißtischer Persönlichkeitsstörungen, in: Psyche 23, 321–348.

Kohut, Heinz (1966), Formen und Umformungen des Narzißmus, in: Psyche 20, 561–587.

Konrath, Sara; Meier, Brian P. und Bushman, Brad J. (2014), Development and Validation of the Single Item Narcissism Scale (SINS), in: PLOSone 9, http://www.plosone.org/article/fetchObject.action?uri=info:doi/10.1371/journal.pone.0103469&representation=PDF [17.01.2016].

Kurz, Henning (2004), Der Narzisst. Leitbild der Postmoderne. Plädoyer für einen pädagogischen Paradigmenwechsel, in: Religion heute 60, 226–229.

Lammers, Claas-Hinrich (2015), Psychotherapie narzisstisch gestörter Patienten. Ein verhaltenstherapeutisch orientierter Ansatz. Unter Mitarbeit von Gitta Jacob und Gunnar Eismann, Stuttgart.

Lasch, Christopher (1979/1980), The Culture of Narcissism, New York 1979/[dt.] München 1980.

Lauffer, Jürgen und Röllecke, Renate (Hrsg.) (2014), Lieben, Liken, Spielen. Digitale Kommunikation und Selbstdarstellung Jugendlicher heute. Medienpädagogische Konzepte und Perspektiven. Beiträge aus Forschung und Praxis (Dieter Baacke Preis Handbuch 9), München, 52–59.

Lee, Eusun und Kim Yeo Jung (2014), Personality traits and self-presentation at Facebook, in: Personality and Individual Differences 69, 162–167.

Levy, Kenneth N.; Ellison, William D. und Reynoso, Joseph S. (2011), A historical review of narcissism and narcissistic personality, in: Campbell, W. Keith und Miller, Joshua D. (Hrsg.), Handbook of narcissism and narcissistic personality disorder, New York, 3–13.

Maaz, Hans-Joachim (2012), Die narzisstische Gesellschaft. Ein Psychogramm, München.

Maier, Sophia (2015), Studie: Menschen, die ständig Selfies posten, haben ein psychisches Problem, The Huffington Post 21.7.2015, http://www.huffingtonpost.de/2015/07/21/studie-selfies-posten-narzissten-psychopathen_n_7833474.html [10.11. 2015].

Marcuse, Herbert (1973), Triebstruktur und Gesellschaft. Ein philosophischer Beitrag zu Sigmund Freud, [engl. 1955/dt. 1957], Frankfurt a. M.

McKenna, Katelyn Y.A.; Buffardi, Laura und Seidman, Gwendolyn (2005), Selbstdarstellung gegenüber Freunden und Fremden im Netz, in: *Renner/Schütz/Machilek 2005,* 175–188.

McKinney, Bruce C.; Kelly, Lynne und Duran, Robert L. (2012), Narcissism or openness? College students' use of Facebook and Twitter, in: Communication Research Reports 29, 108–118.

Meerwein, Fritz (1971), Neuere Überlegungen zur psychoanalytischen Religionspsychologie, in: Zeitschrift für Psychosomatische Medizin und Psychoanalyse 17, 363–380.

Mehdizdeh, S. (2010), Self-presentation 2.0: Narcissism and Self-esteem on Facebook, in: Cyberpsychology, Behavior and Social Networking 13, 357–364.

Meyer, Uwe (2000), Quantitative und qualitative Differenzierung narzißtischer Persönlichkeitsmerkmale, in: Reinecke, Jost und Tarnai, Christian (Hrsg.), Angewandte Klassifikationsanalyse in den Sozialwissenschaften, Münster u. a., 117–137.

Montaigne, Michel de, Essais. Auswahl und Übersetzung von Herbert Lüthy, Zürich 1953/⁶1985.

Morf, Carolyn C. und Rhodewalt, Frederick (2006), Die Paradoxa des Narzissmus – ein dynamisches selbstregulatorisches Prozessmodell, in: *Kernberg/Hartmann 2006,* 308–347.

Moss, David M. (1977), Narzißmus, Empathie und Fragmentierung des Selbst. Ein Gespräch mit Heinz Kohut, in: Wege zum Menschen 29, 49–68.

Mueller, Christian (2015), Selfie Manie: 10 unbequeme Wahrheiten, karrierebibel.de 21.11.2014, http://karrierebibel.de/selfie-manie-10-unbequeme-wahrheiten/ [20.12.2015].

Mummendey, Hans D. (1995), Psychologie der Selbstdarstellung [1990], 2. Aufl. Göttingen u. a.

Nase, Eckart und Scharfenberg Joachim (1977), Psychoanalyse und Religion, WdF 275, Darmstadt.

[o.Vf.], [Art.] Narzißmus, in: Lexikon der Psychologie 3 (2001), 120.

Panek, Elliot T.; Nardis, Yioryos und Konrath, Sara (2013), Mirror or megaphone? How relationships between narcissism and social networking site use differ on Facebook and Twitter, in: Computers in Human Behavior 29, 2004–2012.

Paris, Joel (2014), Modernity and Narcissistic Personality Disorder, in: Personality Disorders. Theory, Research, and Treatment 5, 220–226.

Paris, Joel (2013), Psychotherapy in an Age of Narcissism. Modernity, Science and Society, Basingstoke.

Pincus, Aaron L. und Lukowitsky, Mark R. (2010), Pathological narcissism and narcissistic personality disorder, in: Annual Review of Clinical Psychology 6, 421–446.

Pinsky, Drew und Young, Mark (2009), The Mirror Effect. How Celebrity Narcissism is seducing America, New York.

Preul, Reiner (1976), Religion, Alltagswelt und Ich-Konstitution, in: Wege zum Menschen 28, 177–190.

Preul, Reiner (1980), Religion – Bildung – Sozialisation. Studien zur Grundlegung einer religionspädagogischen Bildungstheorie, Gütersloh.

Pruyser, Paul W. (1983), Narzißmus in der Religion der Gegenwart, in: Wege zum Menschen 35, 32–43.

Quenqua, Douglas (2013), Seeing Narcissists Everywhere, The New York Times 05.08., http://www.nytimes.com/2013/08/06/science/seeing-narcissists-everywhere.html?pagewanted=all&_r=0 [17.1.2016].

Raskin, Robert und Terry, Howard (1988), A principal-components analysis of the Narcissistic Personality Inventory and further evidence of its construct validity, in: Journal of Personality and Social Psychology 54, 890–902.

Renger, Almut-Barbara (Hrsg.) (2002), Narcissus. Ein Mythos von der Antike bis zum Cyberspace, Stuttgart.

Renner, Karl-Heinz; Schütz, Astrid und Machilek, Franz (Hrsg.) (2005), Internet und Persönlichkeit. Differential-psychologische und diagnostische Aspekte der Internetnutzung, Göttingen u. a.

Rosenthal, Seth A. und Hooley, Jill M. (2010), Narcissism assessment in social-personality research: Does the association between narcissism and psychological health result from a confound with self-esteem?, in: Journal of Research in Personality 44, 453–565.

Rosenthal, Seth A.; Montoya, R. Matthew; Riging, Leigh E.; Rieck, Stacey M. und Hooley, Jill M. (2011), Further evidence of the narcissistic personality inventory's validity problems: A meta-analytic investigation – Response to Miller, Maples, and Campbell, in: Journal of Research in Personality 45, 408–416.

Roth, Michael (1998), Homo incurvatus in se ipsum – Der sich selbst verachtende Mensch. Narzißmustheorie und theologische Hamartiologie, in: Praktische Theologie 33, 14–33.

Ryan, Tracii und Xenos, Sophia (2011), Who uses Facebook? An Investigation into relationship between the Big Five, shyness, narcissism, loneliness, and Facebook usage, in: Computers in Human Behavior 27, 1658–1664.

Sachse, Rainer (2013), Persönlichkeitsstörungen. Leitfaden für die Psychologische Psychotherapie, 2. Aufl. Göttingen u. a.

Sachse, Rainer; Sachse, Meike und Fasbender, Jana (2011), Klärungsorientierte Psychotherapie der narzisstischen Persönlichkeitsstörung, Göttingen u. a.

Scharfenberg, Joachim (1973), Narzißmus, Identität und Religion, in: Psyche 27, 949–966.

Scharfenberg, Joachim (1974a), Religiöses Bewußtsein als Narzißmus?, in: ders. u. a. (Hrsg.), Religion. Selbstbewußtsein – Identität. Psychologische, theologische und philosophische Analysen und Interpretationen, ThExh 182, München, 10–16.

Scharfenberg, Joachim (1974b), [Art.] Psychologie und Psychotherapie, in: Klostermann, Ferdinand und Zerfaß, Rolf (Hrsg.), Praktische Theologie heute, München, 339–346.

Schmidt, Jan-Hinrik (2011), Das neue Netz. Merkmale, Praktiken und Folgen des Web 2.0, 2. Aufl. Konstanz.

Schneider-Flume, Gunda (1985), Narzißmus als theologisches Problem, in: Zeitschrift für Theologie und Kirche 82, 89–110.

Scholz, Stefan (2012), Bibel und Multimedia. Ist religiöse Bildung auch online möglich?, in: Englert, Rudolf; Kohler-Spiegel, Helga; Naurath, Elisabeth; Schröder, Bernd und Schweitzer, Friedrich (Hrsg.), Gott googeln? Multimedia und Religion, Jahrbuch der Religionspädagogik 28, Neukirchen-Vluyn, 125–133.

Sedikides, Constantine; Rudich, Eric A.; Gregg, Aiden P.; Kumashiro, Madoka und Rusbult, Caryl (2004), Are Normal Narcissists psychologically healthy? Self-Esteem Matters, in: Journal of Personality and Social Psychology 87, 400–416.

Skues, Jason L.; Williams, Ben und Wise, Lisa (2012), The effects of personality traits, self-esteem, loneliness, and narcissism on Facebook use among university students, in: Computer in Human Behavior 28, 2414–2419.

Sorokowski, Piotr; Sorokowska, Agnieszka; Oleszkiewicz, Anna; Frackowiak, Tomasz; Huk, A. und Pisanski, Katarzyna (2015), Selfie Posting behaviors are associated with Narcissism among Men, in: Personality and Individual Differences 85, 123–127.

Steinmayr, Ricarda und Ameling, Manfred (2011), Zur Diagnostik konnotativ negativ besetzter Konstrukte, in: Hornke, Lutz F., Amelang, Manfred und Kerting, Martin (Hrsg.), Persönlichkeitsdiagnostik. Psychologische Diagnostik 4, Göttingen u. a., 639–654.

Stobbe, Heinz-Günther (1979), In der Bewußtheit des Augenblicks. Die narzißtische Grundkomponente neuer Religiosität, in: Lutherische Monatshefte 18, 218–224.
Telfener, Umberta (2009), Hilfe, ich liebe einen Narzissten! Überlebensstrategien für alle Betroffenen, München.
Thiede, Werner (2014a), Die Digitalisierung aller Dinge als totalitäre Gefahr. Wird die digitale Revolution zur weltanschaulichen Herausforderung?, in: Materialdienst Evangelische Zentralstelle für Weltanschauungsfragen 77, 125–135.
Thiede, Werner (2014b), Gefällt mir keineswegs. Ethische Grundprobleme der Social Media, in: Ethica 22, 219–251.
Tillmann, Angela (2014), Selfies. Selbst- und Körpererkundigungen Jugendlicher in einer entgrenzten Gesellschaft, in: Lauffer/Röllecke 2014, 42–51.
Tillmann, Angela (2008), Identitätsspielraum Internet. Lernprozesse und Selbstbildungsprozesse von Mädchen und jungen Frauen in der virtuellen Welt, Weinheim/München.
Triller, Carsten (2003), Faktorenstruktur des NPI-R (revidierte deutsche Fassung des Narcissistic Personality Inventory, Raskin & Hall). Eine Studie zur Konstruktvalidität, Diss. Aachen.
Trzesniewski, Kali H.; Donnellan, M. Brent und Robins, Richard W. (2008a), Is „Generation Me" really more narcissistic than previous generations?, in: Journal of Personality 76, 903–918.
Trzesniewski, Kali H.; Donnellan, M. Brent und Robins, Richard W. (2008b), Do today's young people really think they are so extraordinary? An examination of secular changes in narcissism and self-enhancement, in: Psychological Science 19, 181–188.
Turkle, Sherry (1996), Parallel Lives. Working on Identity in Virtual Space, in: Grodin, Debra und Lindlof, Thomas R. (Hrsg.), Constructing the Self in a mediated World, Thousand Oaks/CA, 156–175.
Turkle, Sherry (1995), Life on the screen. Identity in the Age of the Internet, New York.
Twenge, Jean M. und Campbell, W. Keith (2013), The Narcissism Epidemic. Living in the Age of Entitlement [2009], Paperback-Edition, New York et al.
Twenge, Jean M. (2006), Generation Me. Why today's young American are more confident, assertive, entitled – and more miserable than ever before, New York.
Twenge, Jean M. und Campbell, W. Keith (2003), „Isn't it fun to get the Respect that we're going to deserve?" Narcissism, Social Rejection, and Aggression, in: Personality and Social Psychology Bulletin 29, 261–272.
Vater, Aline; Ritter, Kathrin; Strunz, Sandra; Ronningstam, Elsa F.; Renneberg, Babette und Roepke, Stefan (2014), Stability of Narcissistic Personality Disorder. Tracking Categorial and Dimensional Rating Systems over a Two-Year Period, in: Personality Disorders: Theory, Research, and Treatment 5, 305–313.
Vazire, Simine; Naumann, Laura P.; Rentfrow, Peter J. und Gosling, Samuel D. (2008), Portrait of a narcissist. Manifestations of narcissism in physical appearance, in: Journal of Research in Personality 42, 1439–1447.
Vetter, Brigitte (2007), Psychiatrie. Ein systematisches Lehrbuch, 7. Aufl. Stuttgart/New York.
Wahl, Fabian (2011), In der Fastenzeit 40 Tage auf Facebook verzichten, in: Die Welt 08.03.; http://www.welt.de/lifestyle/article12734490/In-der-Fastenzeit-40-Tage-auf-Facebook-verzichten.html [09.01.2016].
Wang, Jin-Liang; Jackson, Linda A.; Zhang, Da-Jun und Su, Zhi-Qiang (2012), The relationships among the Big Five Personality factors, self-esteem, narcissism, and sensation-seeking to Chinese University students' uses of social networking sites (SNSs), in: Computers in Human Behavior 28, 2313–2319.
Wehrle, Josef (2014), Der Dekalog. Text, Theologie und Ethik, Berlin.
Weiser, Eric B. (2015), #Me: Narcissism and its facets as predictors of selfie-posting frequency, in: Personality and Individual Differences 86, 477–481.
Wuthenow, Ralph-Rainer (1974), Das erinnerte Ich. Europäische Autobiographie und Selbstdarstellung im 18. Jahrhundert, München.
Zepf, Siegfried und Nitzschke, Bernd (1985), Einige kritische Anmerkungen zum Narzißmus-Konzept von Otto Kernberg, in: Psyche 39 (1985), 865–876.

Zimmermann, Jörg (1994), Metrische Erfassung der Persönlichkeitsdimension „Narzißmus" bei Normalpersonen, Patienten mit narzißtischen Persönlichkeitsstörungen und anderen Persönlichkeitsstörungen, Manuskript RWTH Aachen.

Zinnecker-Rönchen, Astrid (2007), Geschenkte Menschlichkeit. Über die Bedeutung des Kreuzes Jesu Christi für das Verständnis und die Beschreibung christlicher Identität in feministischer Theologie, bei Dietrich Korsch und bei Hans Joas, Dortmunder Beiträge zu Theologie und Religionspädagogik Band 2, Berlin.

Kathrin S. Kürzinger – unter Mitarbeit von Sarah Schickell

„bei glücklichen Selfies hast deine ruhe"

Selfies als Gradmesser des Glücks der aktuellen Jugendgeneration?
Eine empirische Analyse

> „Interviewerin: Warum denkst du machen die meisten hauptsächlich Selfies, wenn sie glücklich sind?
> Teilnehmer: aja wer zeigt schon gern seine schlechte seite? wenn interesierts heute schon wirklich ob's einem schlecht geht? da kommt dann nur geheucheltes mitleid und das machts nicht besser oder nervige oberflächliche fragen die einen nur noch mehr aufregen also totschweigen und gute miene zum schlechten spiel machen. bei glücklichen Selfies hast deine ruhe"
>
> (Interview011-102-104 m25)[1]

An dieser kurzen Interviewsequenz aus der vorliegenden Interviewstudie zu Glück und Selfies mit Jugendlichen und jungen Erwachsenen lassen sich wesentliche Aspekte von Selfies aufzeigen. Im ersten Antwortsatz des befragten Teilnehmers wird bereits angedeutet, warum auf Selfies hauptsächlich glücklich und/oder gut aussehende Menschen zu sehen sind. Da Selfies per se die Funktion der Selbstpräsentation innewohnt, sind Selfies oftmals insofern einseitig, als sich die Protagonisten hier in bestimmter Art und Weise inszenieren – und dies eben überwiegend als gut aussehend, glücklich oder erfolgreich. Schlechte Seiten, schlechte Laune oder auch Krankheiten oder Kummer blenden Selfies i. d. R. aus.[2] Als Grund für dieses Phänomen rekurriert der junge Mann in seiner Antwort auf die ‚Oberflächlichkeit' der Gesellschaft, in der das tatsächliche Befinden des Einzelnen gar nicht interessiere. Sein Statement mündet daher in der Empfehlung, das Spiel mitzuspielen, um vor Heucheleien oder Oberflächlichkeiten gefeit zu sein: „bei glücklichen Selfies hast deine ruhe". Darin zeigt sich außerdem die Funktion von Selfies als Kommunikationsmedium. Während Selfies darauf ausgelegt sind, eine Anschlusskommunikation in Form von Likes und/oder Kommentaren zu evozieren (vgl. Autenrieth 2014, 52f.), kehrt der Teilnehmer diese Funktion hier um: Indem er von sich selbst glückliche Selfies postet, entgeht er – seiner Ansicht nach nervigen – Nachfragen und wird durch die Signalisierung ‚mir geht es gut' von seinen Mitmenschen in Ruhe gelassen.

Glück bzw. Glücklich-Sein wird in dieser Sequenz als ‚Gutgehen' interpretiert: Wenn es mir gut geht, bin ich glücklich. Diese Art von Glücklichsein kann man außerdem sichtbar machen bzw. anderen präsentieren, indem man beispielsweise ‚glückliche' Selfies macht und mit seinen Mitmenschen teilt. Dies und der oft als

---

[1] Die Zahl gibt die Interviewnummer sowie die Absatznummer der zitierten Interviewpassage an. ‚m' bzw. ‚w' steht für männlich respektive weiblich und die anschließende Zahl steht für das Alter der Befragten. Die Interviews wurden in schriftlicher Form per whatsApp bzw. skype durchgeführt, siehe hierzu auch Punkt 1 Studiendesign.
[2] Vgl. den Beitrag von Schwarz in diesem Band.

Vorwurf formulierte Aspekt der Selbstinszenierung auf Selfies[3] führen zu der Frage, ob und falls ja, inwiefern Selfies als Gradmesser von Glück fungieren können.

Können Selfies etwa dazu beitragen, das Glückslevel einer ganzen Stadt zu bestimmen? Schenkt man den Schlagzeilen einzelner überregionaler Printmedien in Deutschland Glauben, dann kann man tatsächlich zu dieser Erkenntnis gelangen.[4] Die Aussagen beziehen sich auf die Studie „Selfiecity" von einem Team um den Medienwissenschaftler Lev Manovich, für die über 120.000 gepostete Fotos auf Instagram aus den Städten New York City, Bangkok, São Paulo, Moskau und Berlin ausgewertet wurden. In einem ersten Schritt wurden alle echten Selfies ausgewählt,[5] anschließend wurden die Selfies anhand verschiedener Kriterien codiert wie z. B. geschätztes Alter, Geschlecht, BrillenträgerIn, Gesichtsausdruck lächelnd oder nicht usw. Für den Städtevergleich betrug der Datensatz 640 Selfies pro Stadt, die nun unter selfiecity.net anhand diverser Kriterien präsentiert und verglichen werden. Setzt man Lächeln auf Selfies als Indikator für Glück gleich, so kann man zu dem Ergebnis gelangen, dass die glücklichsten Menschen in Bangkok leben, während in Moskau selten gelächelt wird, ergo die Menschen tendenziell unglücklicher sind.[6]

Diese Gleichsetzung von Lächeln und Glück ist allerdings insofern problematisch, als sie den Aspekt der Inszenierung, der Selfies per se innewohnt, außer Acht lässt. So kann man für ein Selfie durchaus lachen, auch wenn man gerade alles andere als glücklich ist,[7] da beim Aufnehmen eines Selfies i. d. R. die Perspektive der BetrachterInnen vorweggenommen bzw. mindestens mitgedacht wird. „Während man offline größtenteils unreflektiert sichtbar ist, wohnt der Sichtbarkeit in sozialen Netzwerken immer ein reflektiertes Moment inne" (Lück 2013, 158). So gelten Selfies zwar durchaus als authentisch, aber die teils suggerierte Natürlichkeit oder Spontaneität sind doch immer auch Inszenierung.

Trotz der Fragwürdigkeit einzelner Schritte der Auswertung der Selfiecity-Studie, die größtenteils von Microtasking-ArbeiterInnen von Amazon Mechanical Turk durchgeführt wurden, und der teils fragwürdigen Schlussfolgerungen, wenn etwa Glück mit Lächeln gleichgesetzt wird, liefert die empirische Studie auch einige substanzielle Befunde. So wird u. a. bestätigt, dass mehr Frauen als Männer Selfies posten, wenngleich die Unterschiede zwischen den Städten deutlich differieren: In Moskau betrug etwa der Frauenanteil 82 % der ausgewerteten Selfies, in

---

[3] Siehe hierzu auch den Beitrag von Lobinger in diesem Band.

[4] http://www.zeit.de/digital/internet/2014-02/selfie-city-visualisierung [Zugriff 23.05.16] http://www.spiegel.de/netzwelt/web/fotoanalyse-selfiecity-in-moskau-laecheln-sie-selten-a-954602.html [Zugriff 23.05.16].

[5] Streng genommen sind Selfies nur solche Bilder, auf denen erkennbar ist, dass es sich tatsächlich um ein „Self-Shooting" handelt, also beispielsweise der ausgestreckte Arm der/des Fotografin/en erkennbar ist. Siehe hierzu auch den Beitrag von Lobinger in diesem Band.

[6] http://www.spiegel.de/netzwelt/web/fotoanalyse-selfiecity-in-moskau-laecheln-sie-selten-a-954602.html [Zugriff 17.06.16].

[7] Siehe hierzu auch das entsprechende Beispiel aus der Interviewstudie unter Punkt 3.3 „Ich mach nur Selfies wenn ich gut drauf bin".

Berlin hingegen ‚nur' 59,4 %, während Bangkok mit 55,2 % ‚weiblichen' Selfies zu 44,2 % ‚männlichen' Selfies das ausgeglichenste Geschlechterverhältnis aufweist.[8]

Da tatsächlich glückliche oder lustige Selfies zu überwiegen scheinen und Selfies mit offensichtlich traurigen oder gar weinenden Menschen selbst bei entsprechender Bildersuche im Internet nur sehr vereinzelt zu finden sind, erscheint es lohnend, diesem Zusammenhang von (zur Schau gestelltem?) Glück und Selfies nachzugehen. Nachdem Selfies vor allem bei der jungen Generation verbreitet sind – auch das bestätigen die Datensätze von Selfiecity, wird im Folgenden die Frage untersucht, wie für Jugendliche und junge Erwachsene Glück und Selfies zusammenhängen. Dazu wurde eine qualitative Interviewstudie konzipiert, in der Jugendliche und junge Erwachsene befragt wurden, um ihre Ansicht zum Zusammenhang von Glück und Selfies zu erheben.

1 Studiendesign

Für die explorative qualitative Studie wurden 13 Jugendliche und junge Erwachsene im Alter zwischen 11 und 25 Jahren aus Deutschland sowie der deutschsprachigen Schweiz zum Thema Glück und Selfies befragt. Acht der Teilnehmenden waren weiblich und fünf männlich. Die leitfadengestützte Interviewstudie wurde aufgrund der Kommunikationsgewohnheiten der Jugendlichen und der leichteren Erreichbarkeit per whatsApp bzw. skype durchgeführt. Eventuelle Rechtschreib- oder Zeichensetzungsfehler wurden bewusst nicht korrigiert, um die Authentizität der Interviewdaten zu gewährleisten. Die schriftliche Form der Befragung schlägt sich natürlich auch im Kommunikationsstil der Interviews nieder. So ist zu vermuten, dass die Antworten kürzer ausfallen als bei einer mündlichen Befragung, es entfallen i. d. R. Füllwörter wie beispielsweise ‚ähm', stattdessen werden selbstverständlich auch Emojis als Teil der ‚Schriftsprache' benutzt. Die Interviewdauer betrug 30 bis 50 Minuten. Erhebungszeitraum war März 2016.

Da aufgrund der vorliegenden Forschungsfrage im Mittelpunkt des Interesses steht, wie Glück und Selfies *nach Ansicht von Jugendlichen* zusammenhängen, ist das qualitative Forschungsparadigma indiziert. In der qualitativen Forschung geht es insbesondere darum, dass die Befragten ihre Antworten selbst formulieren und gerade dadurch ihre Sicht der Dinge zum Ausdruck bringen (vgl. Witzel 1982, 66), sodass das erhobene Material als besonders authentisch gelten kann (vgl. Lamnek 2005, 301).

2 Generelle Erkenntnisse

Auffallend ist zunächst einmal die große Heterogenität der befragten Jugendlichen und jungen Erwachsenen in Bezug auf Selfies. So lehnte beispielsweise ein potentieller Teilnehmer die Beteiligung an der Interviewstudie mit dem Hinweis ab, dass er keine Selfies macht. Ein anderer – ebenfalls männlicher – Jugendlicher

---

[8] http://selfiecity.net/\#dataset [Zugriff 23.05.16].

konnte zur Teilnahme überredet werden, obwohl er von sich selbst behauptet, noch nie ein Selfie geschossen zu haben (vgl. Interview008-2 m17) und zu Beginn große Unsicherheiten offenbarte, weil er Sorge hatte, „nicht alle fragen beantworten zu können" (Interview008-1 m17). Interessanterweise gab er als Begründung die Spiegelfunktion von Selfies an: „Und Selfies mache ich nicht, da ich mich im Spiegel anschaue wenn ich mich selbst sehen möchte" (Interview008-10 m17). Selfies werden hier demnach insbesondere als augenblickliches Selbstporträt verstanden. Nicht in den Blick genommen wird dabei die zeitliche Dimension von Selfies: Während das eigene Spiegelbild durch das Wegtreten vom Spiegel im selben Moment für immer verschwindet, lässt sich das fotografierte Selbstporträt, ergo das Selfie, nicht nur aufbewahren und zu späteren Zeitpunkten immer wieder anschauen, sondern eben auch anderen zeigen, indem es gepostet oder geteilt wird und dann meist auch noch mit Likes oder Kommentaren als Rückmeldung versehen wird. Somit fehlen dem Spiegelbild eine ganze Reihe wesentlicher Merkmale von Selfies.

Des Weiteren war auffallend, dass mehr als die Hälfte der befragten Jugendlichen ausdrücklich betonten, keine Selfies bzw. Fotos zu posten (vgl. Interview001, -002, -003, -004, -007, -008, -011, -012; vgl. „Ich poste gar keine selfies in sozialen netzwerken ..." Interview003-25 w25). Fragt man genauer nach, ob denn nicht doch Fotos zumindest mit Freunden oder Familienmitgliedern geteilt werden, bestätigen fast alle, dies über whatsApp zu machen oder sie am PC zu zeigen. Interessant ist daran jedoch, dass die befragten Jugendlichen und jungen Erwachsenen unter ‚posten' explizit das Bereitstellen von Bildern auf sozialen Netzwerken wie Facebook, Instagram oder Snapchat verstehen, nicht jedoch das Austauschen per Instant-Messaging-Dienst wie etwa whatsApp. Letzterer zählt streng genommen nicht zu den Social Media Plattformen, da bei whatsApp das Versenden und Empfangen von Nachrichten, Bildern und Videos im Vordergrund steht. Es gibt zwar auch eine Profilseite für jede/n Nutzer/in, jedoch spielt diese keine so bedeutende Rolle wie etwa bei Facebook, auch gibt es längst nicht so viele Möglichkeiten, diese zu gestalten. Da whatsApp ausschließlich über eine App läuft, kann man also auch keine fremden whatsApp-Profile auf einer Website im Internet anschauen, lediglich die Profilseiten der eigenen Kontakte können aufgerufen werden. Die unterschiedliche Nutzung von whatsApp und Social Media Plattformen trägt vermutlich auch dazu bei, dass whatsApp seitens der NutzerInnen als privater eingestuft wird. Kontaktieren kann man nur jemanden, dessen Handynummer einem bekannt ist. Die jüngsten Diskussionen über Datenschutz und Privatsphäre im Internet und insbesondere bei Social Network Sites mögen so dazu geführt haben, dass seitens der NutzerInnen teilweise eine größere Sensibilität, wie mit eigenen Daten (und v. a. Fotos) umgegangen wird, entstanden ist. Darauf deutet jedenfalls die ausdrückliche Unterscheidung der Jugendlichen in der vorliegenden Interviewstudie hin.

Diese Beispiele zeigen, dass das Aufnehmen und Posten von Selfies nicht unter allen Jugendlichen und jungen Erwachsenen dermaßen verbreitet ist, wie die oft pauschalisierenden Aussagen der Medien den Eindruck erwecken. Gerade darin zeigt sich auch der Erkenntnisgewinn von empirischen Studien, die genauere Daten zu (vermuteten) allgemein verbreiteten Phänomenen liefern.

3 Glücksmotive

3.1 „Kurzum alle Personen bedeuten mir sehr viel und ich verbringe gerne und regelmäßig viel Zeit mit Ihnen." (Interview004-23 w25)

Zu Beginn des Interviews wurden die TeilnehmerInnen gebeten, drei Selfies zu zeigen, die sie mit Glück verbinden. Bei der Analyse dieser Bilder fällt zunächst auf, dass in den meisten Fällen Selfies ausgewählt wurden, die die befragte Person gemeinsam mit mindestens einer weiteren Person aus ihrem nahen Umfeld zeigen. In der Auswertung wurde dabei zwischen Familienmitgliedern und Freunden und hierbei noch einmal dezidiert zwischen bester Freundin (ein Phänomen, das vor allem bei weiblichen Jugendlichen eine herausragende Bedeutung hat) sowie Freunden im Sinne von LebenspartnerIn unterschieden. Auch innerhalb der Familienmitglieder war die Bandbreite an Personen, die auf den ausgewählten Selfies abgebildet waren, sehr groß. Neben Selfies mit Geschwistern, die gehäuft vorkamen, und Fotos mit Nichte bzw. Neffe, waren auch Bilder mit Mutter oder Vater bis hin zum Selfie mit der Oma vertreten. Auf Nachfrage, warum Selfies mit diesen Personen ausgesucht wurden, lautet eine exemplarische Antwort wie folgt: „Das letzte ist meine Schwester die ist mir einfach wichtig und bedeutet mor viel" (Interview013-14 w20). Glück wird von den Befragten hinsichtlich ihrer auf den gezeigten Selfies abgebildeten Bezugspersonen demnach mit ‚wichtig' oder ‚bedeutend' gleichgesetzt. Bei Mädchen wird diese Bedeutung nicht selten noch mit einer Art ‚Liebesbekundung' unterstrichen: „Die zweite Person auf dem ersten Bild bedeutet mur viel denn es ist meine Schwester die ich sehr lieb habe" (Interview010-17 w11). Diese ‚Liebeserklärungen' sind auch sprachlich betrachtet äußerst typisch für (Schul-)Mädchen, wie Martin Voigt in seiner Analyse von „Mädchenfreundschaften unter dem Einfluss von Social Media" diagnostiziert (vgl. Voigt 2014, 195 ff.). In der vorliegenden Interviewstudie zeigt sich, dass diese Liebeserklärungen nicht nur der jeweils besten Freundin vorbehalten sind, sondern beispielsweise auch für die Beschreibung der Beziehung zur eigenen Schwester herangezogen werden. Auffallend ist, dass diese sprachliche Wendung nur bei den jüngeren weiblichen Teilnehmerinnen (bis zum Alter von 20) zu finden ist, wohingegen man sie bei den älteren ebenso wie bei den männlichen Teilnehmern vergeblich sucht. Sprachlich wird die Bedeutung der Bezugspersonen bei diesem Teilnehmerkreis stattdessen folgendermaßen ausgedrückt: „Es sind alles Personen die ich gern hab" (Interview001-15 m22).

Bemerkenswert an diesem ersten Glücksmotiv der befragten Jugendlichen und jungen Erwachsenen in Bezug auf Selfies ist der Gemeinschaftsaspekt. Glück bedeutet für die TeilnehmerInnen, wichtige Bezugspersonen zu haben, die man gern hat bzw. liebt. Allein das Zusammensein mit diesen Personen – dokumentiert auf Selfies – verheißt Glück. Dabei lässt sich noch einmal zwischen zwei Varianten differenzieren: Zum einen wird als Glück angesehen, beispielsweise eine beste Freundin zu haben: „Das ist ein selfie von mir und meiner besten Freundin und ich verbinde das mit Glück weil sie halt für mich großes Glück in meinem Leben ist" (Interview006-5 w16). Zum anderen wird die gemeinsam verbrachte Zeit als Glücks-Moment betrachtet, der ggf. durch Selfies festgehalten wird: „Und des letzte ist wieder mit meiner besten Freundin. Das Bild ist in Berlin entstanden und zwar hab ich das Bild genommen weil das eine total tolle Zeit dort war und wir so viel gemeinsame Zeit verbracht haben und die ganze Zeit gelacht haben" (Interview009-13 w18). Am letzten Beispiel ist die Relation zum nächsten Glücksmotiv, der Erinnerung und dem Festhalten von glücklichen Momenten erkennbar.

Anthropologisch zeigt sich an der Gleichsetzung von Glück und wichtigen Beziehungen bzw. Bezugspersonen der Mensch als soziales Beziehungswesen, der auf seine Mitmenschen angewiesen ist. Dies spüren – wenn auch unbewusst – die Jugendlichen, wenn sie die Bedeutung ihrer wichtigen Bezugspersonen als Glück artikulieren und, gefragt nach dem Zusammenhang von Glück und Selfies, auf die Bezugspersonen rekurrieren, die auf ihren Selfies abgebildet sind. Gleichzeitig wird dadurch die hohe Relevanz von insbesondere Familie, aber auch Freundschaften, für die aktuelle Jugendgeneration bestätigt, wie sie beispielsweise in den jüngsten Shell-Jugendstudien (vgl. Leven/Quenzel/Hurrelmann 2010, 57f.; Leven/Quenzel/Hurrelmann 2015, 52ff. und Gensicke 2015, 238ff.) immer wieder betont wird und sich auch in anderen Studien nachweisen lässt (vgl. Kürzinger 2014, 258ff.). Speziell das enge Verhältnis von Glück und gelingenden Beziehungen respektive Freundschaften offenbart sich auch in anderen empirischen Untersuchungen. In einer Studie von Katharina Hermes, die Schülerinnen und Schülern fragte: „Malst du mir ein Bild, das zeigt, was für dich Glück ist?" (Hermes 2013, 11), bestätigt sich, dass Bezugspersonen wie Familienmitglieder oder Freunde fast immer auf den Bildern bzw. in den Beschreibungen zu den Bildern/Collagen der Kinder und Jugendlichen auftauchen. Exemplarisch sei hier Elise, eine siebenjährige Grundschülerin, zitiert: „Glück ist für mich, wenn ich mit meinen Freunden spiele" (Hermes 2013, 14).

3.2 „ich würde sagen wenn man einen glücklichen Moment erlebt kann man ihn durch selfies einfach festhalten" (Interview006-23 w16)

Rudolf Englert weist in seinem Beitrag „Glück und Lebenskunst als Thema und Ziel des Religionsunterrichts" im Jahrbuch für Religionspädagogik darauf hin, dass es im Deutschen – entgegen vieler anderer europäischer Sprachen nur einen Begriff für Glück gibt, womit Differenzierungsmöglichkeiten wie beispielsweise im Englischen oder Französischen wegfallen. Er schlägt daher vor, folgende „Dimensionen von Glück zu unterscheiden: zwischen 1. ‚luck' im Sinne von glücklichem Zufall, 2. ‚pleasure' im Sinne von angenehmem Gefühl und 3. ‚happiness' im Sinne von gelingendem Leben. Man könnte auch sagen: Wenn von ‚Glück' die Rede ist, kann es 1. um ‚Glück haben' (luck), 2. um ‚Glücksmomente erleben' (pleasure) und 3. um ‚ein glückliches Leben führen' (happiness) gehen" (Englert 2013, 166, Hervorhebung im Original). Beim Glücksmotiv der Erinnerung an schöne Momente aus der Interviewstudie lässt sich an Englerts zweite Dimension, dem Erleben von Glücksmomenten, anknüpfen. Selfies dienen den befragten Jugendlichen und jungen Erwachsenen (neben anderen Fotos) dazu, glückliche Momente bzw. Erlebnisse bildlich festzuhalten, um sich später beim erneuten Anschauen der Bilder wieder daran erinnern zu können: „ich würde sagen wenn man einen glücklichen Moment erlebt kann man ihn durch selfies einfach festhalten. Beispielsweise du stehst mitten in Newyork und du hast grad riesige Glücksgefühle weil du schon immer nach Newyork wolltest ich würde dann ein selfie machen um diesen Moment festzuhalten für mich persönlich" (Interview006-23 w16). Das bedeutet, Selfies bzw. Fotos dienen als Mittel dazu, vom gerade erlebten Glück etwas für später zu konservieren. Obwohl Glück in diesem Sinne ein Gefühl ist, das man nur im Hier und Jetzt spüren kann, ist die Sehnsucht natürlich dennoch groß, dieses Glücks-Gefühl nicht loszulassen und ein stückweit für später zu bewahren – und zwar mithilfe von Selfies oder Fotos. Die Bilder haben hier also eine zweifache Funktion: Zum einen dienen sie dazu, etwas Abstraktes wie Glück festzuhalten bzw. zu konservieren, und zum zweiten unterstützen sie die Erinnerung an den glücklichen Moment und lassen diesen Revue passieren – in der Hoffnung, dabei erneut etwas von dem ursprünglichen Glücks-Gefühl zu spüren: „Dann werde ich an momente erinnert in dennen ich glücklich war oder Spaß hatte. Und wenn mans dann im nachinein anschaut, nimmt man etwas von der positiven energie, die damlas herrschte wieder mit und kann sich an schöne momente erinnern. Also ein foto/selfie ist für mich eine Erinnerung an schöne Momente" (Interview003-17 w25).

Bezüglich Selfies als bildgewordene Glücksmomente ist noch eine weitere Dimension bedenkenswert, die allerdings in den vorliegenden Interviews nicht zur Sprache kam: Da das Teilen bzw. Posten von Selfies ein wesentliches Merkmal derselben ist, ließe sich überlegen, inwieweit Menschen durch Selfies auch ihre Mitmenschen an ihren persönlichen Glücksmomenten teilhaben lassen möchten und inwiefern das Betrachten von glücklichen Momenten im Leben anderer Personen, eventuell auch bei den Betrachtenden, zu Glücksgefühlen führen (kann). Die Umkehrung dieser Intention, nämlich die BetrachterInnen der eigenen Selfies damit neidisch zu machen, kam hingegen in zwei Interviews vor: „Per whatsapp teile ich sie schon manchmal aber im grossen und ganzen nur um die Kollegen oder Familienmitglieder eifersüchtig zu machen" (Interview012-60 w22). Demnach dienen Selfies hier der eigenen Glücks-Präsentation für ein bestimmtes Publikum, jedoch gerade nicht um das Glück zu teilen und die Betrachtenden ebenfalls glücklich zu stimmen, sondern um sie neidisch auf das eigene Glück zu machen.

3.3 „Ich mach nur selfies wenn ich gut drauf bin" (Interview001-19 m22)

Diese Intention, mithilfe von Selfies das eigene Glück zu demonstrieren, steht bei folgendem Motiv im Mittelpunkt: Von Ausnahmen abgesehen werden i. d. R. nur Fotos zu Selfies (also gepostet/geteilt), auf denen die Protagonisten erkennbar glücklich und/oder gut oder aber lustig aussehen bzw. eine Situation zeigen, die darauf hindeutet, dass die Personen auf dem Bild gerade Spaß zusammen haben. Selfies dienen hier als Mittel zum Zweck durch Gut-Aussehen bzw. Gut-drauf-Sein, das eigene Glück einem (teilöffentlichen) Publikum zu präsentieren. „Ein perfektes Selfie zeigt auf jeden Fall die gute Laune, die die Leute haben, die auf dem Bild sind" (Interview004-37 w25). Dabei ist die Konvention, auf Selfies gut aussehen zu müssen bzw. zu wollen, insofern außer Kraft gesetzt, als man auf Bildern nicht im eigentlichen Sinne ‚gut' aussieht, weil man z. B. eine Grimasse schneidet. Dennoch geht auch aus dieser Art Selfie eindeutig hervor, dass die Person/en auf dem Foto gerade Spaß hat/haben, weil es sich um eine lustige Situation handelt: „Man kann ja auch doof gucken und gerade deswegen ist das bild so lustig" (Interview003-23 w25). Doch auch hierbei werden die Fotos, die schließlich gepostet/geteilt werden, von den Jugendlichen teils sehr bewusst ausgewählt: „Selbst Grimassen müssen ‚gut' aussehen" (Interview005-26 w25).

Unter diese Kategorie Glück als Gut-drauf-Sein fallen auch Selfies zu besonderen Anlässen, also beispielsweise aus dem letzten Urlaub, einer tollen Party, einer Abschlussfeier. So antwortete eine Teilnehmerin auf die Frage, was denn das perfekte Selfies für sie sei: „Es muss mit einem schönen Erlebnis in Verbindung gebracht werden woran ich mich gerne erinnere" (Interview005-24 w25). Diese Aussage zeigt wiederum die enge Verknüpfung zum vorherigen Motiv, der Relation von Glück und Erinnerung. Diese beiden Dimensionen lassen sich daher nur schwer trennen. Interessant ist in diesem Zusammenhang auch, zu welchen Anlässen oder von welchen Situationen eben keine Selfies gemacht werden.[9] So überwiegen eindeutig positive Selfies, die Menschen in glücklichen bzw. lustigen Momenten und gut aussehend zeigen, Fotos von negativ besetzten Situationen oder traurigen Personen werden i. d. R. nicht zu Selfies: „Ich hab noch nie ein selfie bekommen wo jmdn geheult hat, weils ihm schlecht ging" (Interview003-31 w25). Darüber hinaus scheint es generell eine Konvention zu geben, keine weinenden Personen zu fotografieren: „wenn ich weine würde ich mich wohl kaum fotografieren" (Interview005-26 w25).

An dieser Stelle zeigt sich wiederum, dass Selfies als Kommunikationsmedium der eigenen Selbstpräsentation im Freundes- bzw. Familienkreis und teils darüber hinaus in der gesamten Netzgemeinde dienen. Da man sich für gewöhnlich nicht von seiner verletzlichen Seite zeigen will, was ja auch großes Vertrauen in das jeweilige Gegenüber voraussetzt, hat sich die Konvention herausgebildet, die eigene Person möglichst von ihrer ‚Schokoladenseite' zu präsentieren. Reuter konstatiert, dass „die Selbstinszenierung [im Netz] insgesamt einem Happy-Life-Konzept entspricht. Gepostet werden Bilder und Inhalte, die das eigene Leben als schön, spannend und erfüllt darstellen" (Reuter 2014, 265). (Bewusste) Brechungen dieses Konzepts stoßen daher oftmals auf Widerstand oder evozieren zumindest Irritationen.

Wie bestimmend diese Konventionen auch bezüglich Selfies wirken und wie selbstverständlich diese auch befolgt werden, lässt sich an folgendem Beispiel verdeutlichen:

> „Teilnehmerin: Aber ehrlich gesagt gab es garantiert schon selfies wo ich darauf lächel aber innerlich geht es mir gar nicht gut
> Interviewerin: Ok. Aber für das selfie hast du dann trotzdem gelächelt?
> Teilnehmerin: Ja ‚weil ich finde auf selfies lächelt man einfach."
> (Interview006-27-29 w16)

---

[9] Vgl. hierzu auch den Beitrag von Schwarz in diesem Band.

Diese Interviewsequenz dokumentiert, dass es sehr wohl auch zu Diskrepanzen zwischen tatsächlichem inneren Fühlen und äußerlich gezeigten Emotionen kommt, um die Konventionen einzuhalten. Dies führt uns auch wieder zum Vorwurf der Oberflächlichkeit am Anfang dieses Beitrags.

3.4 „wenn ich bei schönem Wetter mit Menschen die ich mag oder Liebe am Wandern bin und da ein Bild oder Selfie machen kann." (Interview012-42 w22)

Als vierte Dimension ließ sich das Motiv einer Gleichsetzung von Glück mit Natur bzw. reizvollen Landschaften in den Interviews herausarbeiten. So wurden beispielsweise häufiger Selfies von Wanderungen ausgewählt und der Interviewteilnehmer, der selbst noch nie ein Selfie geschossen hat, zeigte stattdessen selbst aufgenommene Landschaftsfotografien, die er im Freundes- und Familienkreis entweder per whatsApp teilt oder am Computer zeigt und die er teils mit Glück bzw. schönen Momenten verbindet. Hierbei wird Glück als eine Art Spiritualität im Sinne einer Verbundenheit mit sich selbst und der Umwelt verstanden, wie sich auch in folgender Antwort einer anderen Teilnehmerin zeigt: „Des zweite weil ich sehr gerne in der Natur und generell draußen unterwegs bin und damit auch eine gewisse Ruhe verbinde und einfach glücklich bin wenn ich in der Sonne sitzen kann. Dan geht es einem immer gut" (Interview009-12 w18). Die Natur wird hier wie eine Art Kraftquelle beschrieben, die einem glückliche Zufriedenheit oder innere Ruhe beschert.

Daneben lassen sich auch bei dieser Dimension von Glück in der Natur Bezüge zum ersten und zweiten Glücksmotiv erkennen, wodurch die Verschränkung der unterschiedenen Glücksdimensionen deutlich wird. So waren beispielsweise auf den gezeigten (Gipfel-)Selfies von (Berg-)Wanderungen die Interviewten nie alleine, sondern immer in Begleitung einer wichtigen Bezugsperson aus Familie oder Freundeskreis zu sehen: „3. Bild: mit meinem Vater auf einen Berg zu wandern ist für mich immer wieder ein tolles Erlebnis. Wo ich auch immer wieder über die wunderbare Aussicht staunen kann und einfach nur noch denke ‚wau'" (Interview012-32-33 w22). An diesem Zitat wird auch der Gefühlszustand des Ergriffenseins, der häufig mit Glück in Verbindung gebracht wird, erkennbar.

Darüber hinaus wird auf ‚Urlaubsselfies' vor beeindruckenden Naturkulissen oder auch beliebten Sehenswürdigkeiten Glück mit ‚Reisen', ‚die Welt sehen' oder ‚etwas erleben' gleichgesetzt. Auf dieser Art Bilder wird auch wieder die Kommunikationsabsicht, zu zeigen, wo man schon überall gewesen ist und was man alles gesehen oder erlebt hat, deutlich. Zugleich wird gerade auf Urlaubsselfies die Verschränkung aller vier analysierten Glücksmotive besonders offensichtlich: Gemeinsam mit wichtigen Bezugspersonen zeigen sie einen gut gelaunt bzw. entspannt vor eindrucksvollem Hintergrund und halten die schönen/glücklichen Momente des Urlaubs für später fest:

„Interviewerin: Kannst du kurz für jedes Bild erklären, warum du es ausgewählt hast? Also warum du es mit Glück verbindest?

Teilnehmer:
naja zu allen weil sie mit [Name der Lebenspartnerin] zusammen waren und dann zum ersten Oktoberfest also Bier. 2. Kreuzfahrt + Urlaub = die pure Erholung. 3. Pariser Eifelturm bei Nacht= schöne Aussicht"

(Interview011-15-17 m25)

4   Fazit

Es liegt auf der Hand, dass man in kurzen Interviews zu Glück und Selfies mit Jugendlichen und jungen Erwachsenen nicht zu tiefsinnigen philosophischen oder theologischen Diskursen zum Thema Glück kommt. Dies war auch nicht die Absicht der vorliegenden explorativen Interviewstudie. Vielmehr wurde die Ansicht der Jugendlichen und jungen Erwachsenen zum Zusammenhang von Glück und Selfies erfragt, also explizit ihre Sichtweise erhoben und analysiert. Nimmt man die Subjektorientierung (nicht nur) des Religionsunterrichts ernst, so ist es erforderlich, immer wieder die Lebenswirklichkeit der lernenden Subjekte sowie ihre Haltungen empirisch zu erheben, um eine fundierte Grundlage für die Planung von Lernsituationen und Bildungsprozessen zu haben. Dazu will diese Studie einen ersten Beitrag leisten, ohne über deren explorativen Charakter hinwegzutäuschen. Allerdings geben die vielversprechenden Ergebnisse Anlass dazu, ggf. eine umfangreichere Studie mit größerer Reichweite anzustoßen.

So hat die Auswertung des Datenmaterials ergeben, dass sich grob vier Dimensionen von Glück in Bezug auf Selfies differenzieren lassen, die oftmals miteinander verschränkt sind. Neben dem Glück in oder durch persönliche Beziehungen, die sich auf Selfies abbilden lassen, sowie der Erinnerung an schöne/glückliche Momente, die mittels Selfies festgehalten werden und später beim erneuten Ansehen hoffentlich erneut für positive Gefühle sorgen, zeigt sich das Glück als Spaß und gute Laune im Sinne von Gut-drauf-Sein, die als Anlässe Selfies zu schießen gesehen werden. Darüber hinaus finden manche in nicht selten spiritueller Art und Weise das Glück in der Natur bzw. besonderen Landschaften, die dann oftmals als ‚Hintergrund' von Selfies dienen.

Werfen wir zum Abschluss noch mal einen Blick auf die Ausgangsfrage, ob sich Selfies als Gradmesser des Glücks der aktuellen Jugendgeneration eignen. Die Problematik bei der Beantwortung dieser Frage liegt darin, dass Selfies per se auf (Selbst-)Präsentation und demnach Inszenierung ausgerichtet sind, sodass sie zwar als authentisch gelten können, jedoch nicht selten genau darauf fokussiert sind, Glück bildhaft werden zu lassen. Aus diesem Grund sind sie nur bedingt als ‚Gradmesser' des Glücks geeignet. Dessen ungeachtet lassen sich wie beschrieben diverse Glückskonzepte und deren anthropologische sowie auch teils ethische Implikationen auf Selfies identifizieren. So könnten Selfies beispielsweise im Religionsunterricht genutzt werden, um den Jugendlichen Zugänge zur Frage nach dem (eigenen) Glück zu bieten sowie den Zusammenhang von Glücks- und Sinnfragen zu erörtern. Die Frage nach dem Glück bietet – abseits der teils einseitigen

Ausrichtung an Dilemma-Situationen – einen ganz wesentlichen Zugang zur ethischen Bildung, sodass Glückskonzepte auf Selfies auch zum Anlass für das Philosophieren über Lebensglück und Lebenssinn werden können. Hinsichtlich der Kommunikationsabsicht von Selfies kann man beispielsweise mit den SchülerInnen ins Gespräch darüber kommen, ob Selfies wie im oben vorgestellten Interviewbeispiel dazu dienen, durch die Präsentation des eigenen Glücks andere (FreundInnen, KollegInnen, Familienmitglieder) neidisch zu machen, oder ob Selfies auch dazu beitragen können, andere mit dem eigenen Glück anzustecken bzw. sie daran *teilhaben* zu lassen; das *Teilen* von Selfies also als Weitergeben von Glück(sgefühlen) zu verstehen ist. Daran anknüpfend kann man gemeinsam mit den SchülerInnen überlegen, ob das Glück des einen das Unglück eines anderen bedingt. Diese Fragen führen zu der sozialen Dimension von Glück und bieten beispielsweise auch Anschlussmöglichkeiten an den Utilitarismus als ethischen Ansatz, der nach dem größten Glück der größten Zahl strebt.

Insbesondere das erste Glücksmotiv aus der Interviewstudie verdeutlicht gerade auch den Gemeinschaftsaspekt von Glück. So wird Glück als ein positives In-Beziehung-Sein und letztlich auch als Angenommen-Sein verstanden. Hier lässt sich an Aristoteles Glücksverständnis anknüpfen: „Für Aristoteles ist die soziale Dimension ein Konstitutivum des Glücks. Der Einzelne kann nur glücklich sein in der Einbindung in den Staat, in Freundschaften sowie in die Familie" (Bindseil 2011, 294). Die vorgestellten Aspekte und Fragemöglichkeiten illustrieren, inwiefern Selfies einen Zugang zu anthropologischen wie ethischen Fragestellungen im Religionsunterricht darstellen.

Dies zeigt sich beispielhaft in folgender Interviewsequenz, aus der hervorgeht, dass sich auch das Alltagsphänomen Selfie bestens dazu eignet, einen Zugang zu ethischen Fragestellungen im Unterricht zu bieten:

„Interviewerin: Ok gut. Was ist denn das perfekte selfie für dich?
Teilnehmerin: Das perfekte selfie? Hmm ein selfie in dem man Frieden und Gemeinsamkeit erkennt. Außerdem den Zusammenhalt einer Gemeinschaft und das man zusammen stark ist und man sich auch von anderen manchmal helfen lassen muss. Ich glaube dieses Selfie wurde aber noch nicht gemacht"
(Interview009-38-39 w18)

Literatur

Autenrieth, Ulla P. (2014), Das Phänomen „Selfie". Handlungsorientierungen und Herausforderungen der fotografischen Selbstinszenierung von Jugendlichen im Social Web, in: Lauffer, Jürgen und Röllecke, Renate (Hrsg.), Lieben, liken, spielen. Digitale Kommunikation und Selbstdarstellung Jugendlicher heute – Medienpädagogische Konzepte und Perspektiven, München, 52–59.
Bindseil, Christiane (2011), Ja zum Glück. Ein theologischer Entwurf im Gespräch mit Bonhoeffer und Adorno, Neukirchen-Vluyn.
Englert, Rudolf; Kohler-Spiegel, Helga; Naurath, Elisabeth; Schröder, Bernd und Schweitzer, Friedrich (2013), Glück und Lebenskunst. Jahrbuch der Religionspädagogik 29, Neukirchen-Vluyn.
Englert, Rudolf (2013), Glück und Lebenskunst als Thema und Ziel des Religionsunterrichts, in: *Englert/Kohler-Spiegel/Naurath/Schröder/Schweitzer 2013*, 162–172.

Gensicke, Thomas (2015), Die Werteorientierungen der Jugend (2002–2015), in: Shell (Hrsg.), Jugend 2015. Eine pragmatische Generation im Aufbruch, Frankfurt a. M., 237–272.

Hermes, Katharina (2013), „Glück ist einfach die Mischung!" Sichtweisen von Schülerinnen und Schülern auf das persönliche Glück, in: *Englert/Kohler-Spiegel/Naurath/Schröder/Schweitzer 2013*, 11–18.

Kürzinger, Kathrin S. (2014), „Das Wissen bringt einem nichts, wenn man keine Werte hat." Wertebildung und Werteentwicklung aus Sicht von Jugendlichen, Göttingen (Wertebildung interdisziplinär; Bd. 3).

Lamnek, Siegfried (2005), Qualitative Sozialforschung. Lehrbuch, Weinheim.

Leven, Ingo; Quenzel, Gudrun und Hurrelmann, Klaus (2015), Familie, Bildung, Beruf, Zukunft: Am liebsten alles, in: Shell (Hrsg.), Jugend 2015. Eine pragmatische Generation im Aufbruch, Frankfurt a. M., 47–110.

Leven, Ingo; Quenzel, Gudrun und Hurrelmann, Klaus (2010), Familie, Schule, Freizeit: Kontinuitäten im Wandel, in: Shell (Hrsg.), Jugend 2010. Eine pragmatische Generation behauptet sich, Frankfurt a. M., 53–128.

Lück, Anne-Kathrin (2013), Der gläserne Mensch im Internet. Ethische Reflexionen zur Sichtbarkeit, Leiblichkeit und Personalität in der Online-Kommunikation, Stuttgart.

Voigt, Martin (2015), Mädchenfreundschaften unter dem Einfluss von Social Media. Eine soziolinguistische Untersuchung, Frankfurt a. M.

Witzel, Andreas (1982), Verfahren der qualitativen Sozialforschung. Überblick und Alternativen, Frankfurt a. M.

III
Religionspädagogische Perspektiven auf anthropologische und ethische Dimensionen des Selfie-Phänomens

Kathrin S. Kürzinger

„So bin ich – bin ich so?"

Identität und Spiegelungen des Selbst in Selfies und Selbstporträts

> Wer bin ich?
>
> Bin ich das wirklich, was andere von mir sagen, oder bin ich nur das, was ich selbst von mir weiß? Wer bin ich, der oder jener? Bin ich denn heute dieser oder morgen ein anderer? Bin ich beides zugleich? Wer ich auch bin, Du kennst mich, Dein bin ich, o Gott!
>
> (Dietrich Bonhoeffer)[1]

Die große Frage ‚Wer bin ich?' wurde in unserem Kulturkreis besonders seit der Neuzeit virulent. Heutzutage stellt sie sich angesichts des Trends zu immer mehr Individualisierung einerseits sowie gleichzeitig damit einhergehender Pluralität von Lebensformen und insbesondere -möglichkeiten andererseits mehr denn je jedem Individuum. Für die Beantwortung dieser Frage nach der eigenen Identität spielen unsere Mitmenschen und vor allem die Beziehungen zu ihnen eine wesentliche Rolle: So agieren wir etwa in unserem Alltag in diversen Rollen, die sich allein aus diesem Beziehungsgeflecht ergeben: als Mutter und zugleich Tochter, Freundin sowie Chefin, Partnerin oder Kundin. Würde man die Frage ‚Wer bin ich?' aus den unterschiedlichen Rollen heraus stellen, so würden sich die Antworten – teils mehr, teils auch weniger – deutlich unterscheiden. Und doch sprechen wir immer noch von derselben Person, die all diese Rollen gegenüber ihren Mitmenschen einnehmen kann. Wie in Bonhoeffers Gedicht können wir uns angesichts dieser Tatsache fragen, was denn nun unsere Identität ausmacht: Bin ich jede Rolle jeweils punktuell in zeitlicher Abfolge oder bin ich stets alles zugleich? Ist für meine Identität mein eigenes Selbstbild entscheidend oder das jeweilige Bild, das andere von mir haben? Die Frage nach der eigenen Identität stellt sich immer wieder aufs Neue und lässt sich nie abschließend im Sinne von endgültig beantworten – das macht die Frage nach der Identität gleichzeitig so schwierig und komplex und gerade dadurch doch auch so spannend und faszinierend.

---

[1] Bearbeiteter Ausschnitt aus „Wer bin ich?" von Dietrich Bonhoeffer, in: Bonhoeffer 2008, 188.

Abb. 1: Foto: Inge Scheibel

Das aktuelle mediale Phänomen der Selfies bietet eine neue Form der Auseinandersetzung mit der eigenen Identität: Hier werden auf bildlicher Ebene diverse Rollen sowie das eigene Ich und insbesondere der eigene Körper inszeniert. Zwar stehen Selfies auf der einen Seite in der Tradition von (Selbst-)Porträts und sind insofern gar nicht so neu, auf der anderen Seite steht bei Selfies sehr viel mehr die Verbreitung in Echtzeit über Social Network Sites und die damit anzustoßende netztypische Anschlusskommunikation im Vordergrund (vgl. Autenrieth 2014a, 52f.).[2] In Selfies tritt das Subjekt – ähnlich einer Spiegelung – sich selbst gegenüber und wird so gleichzeitig sowohl zum Akteur als auch Betrachter der eigenen Identität.[3] Analog zum oftmals kritischen Blick in den Spiegel gibt das Selfie als moderne und insbesondere jederzeit verfügbare Form des Selbstporträts Anlass, über das eigene Ich nachzudenken, darüber, wie man sich selbst sieht und ggf. auch möchte, dass einen andere sehen. Gerade die technischen Spielereien wie Belichtung, Wahl des Ausschnitts, Farbtemperatur, Filter und Nachbearbeitung bieten gezielte Möglichkeiten zur Inszenierung der eigenen Identität. Daneben haben das Posten, Liken und Kommentieren von Selfies insbesondere bei Jugendlichen erhebliche Bedeutung für das Aushandeln ihrer Beziehungen und Freundschaften, sodass sich daran auch die Zusammenhänge von Identität und Sozialität aufzeigen lassen (vgl. Autenrieth 2015, 110f.). Selfies und Selbstporträts bieten damit insbesondere für Jugendliche einen idealen Zugang zur Identitätsarbeit. Da es sich bei Selfies und im Social Web gepostete Selbstporträts um von Jugendlichen selbst gefertigte Medienprodukte handelt, erscheint es lohnend, diese auch als medialen Selbst-Ausdruck der Jugendlichen religionspädagogisch fruchtbar zu machen.[4]

---

[2] Doch auch im analogen Zeitalter gab es ein ähnliches Phänomen mit den sogenannten Automatenfotos, die genauso wie Selfies und andere Fotos auf Social Network Sites heutzutage die Freundschaftsbeziehungen von Jugendlichen repräsentieren und damit letztlich als Instrument des Beziehungsmanagements gelten können (vgl. Walser 2011, 83f.).

[3] Vgl. Gojny in diesem Band.

[4] Vgl. Gojny in diesem Band.

Der Aufsatz orientiert sich daher an folgenden Fragen: Wie spiegelt sich in Selfies und Selbstporträts die eigene Identität wider und inwiefern bieten Selfies und Co. einen religionspädagogischen Zugang zu Identität bzw. zu anthropologischen Fragestellungen?

Da sich mit dem Identitätsbegriff alleine und insbesondere mit den diversen Identitätskonzeptionen ganze Bücher füllen lassen,[5] werden im Folgenden nur einzelne Aspekte von Identität, die vor allem im Hinblick auf Selfies und Selbstporträts relevant sind, herausgearbeitet. Um die oben vorgestellten Fragen zu beantworten, werden folgende Schwerpunkte gesetzt:

Ich beginne mit 1. Identität als Rollenverständnis – Selfies als Rollenabbild? und beleuchte anschließend gendertypische Rollenmuster als selfietypische Rollenbilder (2), bevor 3. Identität als Persönlichkeit – Selfies als Inszenierung? betrachtet werden. Es folgt eine dezidierte Auseinandersetzung mit der Spiegelungsmetaphorik in Bezug auf Identität und Selfies (4), ehe der Beziehungsaspekt von Identität und Selfies (5) in den Fokus tritt. Abschließend werden religionsdidaktische Konkretionen zu Selfies als Zugang zu anthropologischen Fragestellungen vorgestellt (6).

Identitätsbegriff
Der Identitätsbegriff hat sich im 20. Jahrhundert disziplinenübergreifend zu einer Art Leitbegriff im wissenschaftlichen Diskurs wie auch im Alltagskontext entwickelt (vgl. Pirker 2015, 38).[6] Die religionspädagogische Debatte prägt er insbesondere seit dem letzten Drittel des 20. Jahrhunderts. Wegweisend war dabei Henning Luthers Identitätsverständnis, das sich differenziert mit den Identitätskonzepten von Erikson und Mead auseinandersetzt und diese aus theologischer Perspektive kritisch auf ihren Anspruch nach Vollendung hin befragt. Mit seinem eigenen Identitätskonzept des Fragmentarischen und dem Hinweis auf Gebrochenheit und Unvollständig-Bleiben als anthropologische Grunderfahrungen bringt er genuin christliche Aspekte in die Identitätsdebatte ein, die mir bis heute wegweisend und aktuell erscheinen. Wie in dem oben zitierten Gedicht von Bonhoeffer und den daraus abgeleiteten Überlegungen halte ich es für außerordentlich sinnvoll, das Fragmentarische und Unvollständige bei Fragen nach der Identität als wesentliches Charakteristikum von Identität von Anfang an mit zu bedenken. Aufgrund dessen wird Luthers Identitätskonzept den folgenden Ausführungen zugrunde gelegt.

Entwicklungspsychologisch
Bei Kleinkindern stellt es – nicht nur sprachlich – einen enormen Entwicklungsschritt dar, wenn sie sich selbst im Spiegel erblicken und sich nicht mehr mit ihrem Namen, sondern als ‚Ich' bezeichnen. Im Jugendalter wird die Frage nach der eigenen Identität dann zum bestimmenden Thema der Entwicklung, doch auch im

---

[5] Siehe exemplarisch: Erikson 1973, Fraas 1983, Keupp 2006, Luther 1992, Mead 1973, Pirker 2013 sowie Pühl voraus. 2016.

[6] Ein ausführlicher historischer Abriss des Identitätsbegriffs ist außerdem zu finden in: Pühl voraus. 2016.

Erwachsenenalter ist diese Frage nie ganz abgeschlossen. Bei der Beantwortung der Frage nach der eigenen Identität hilft oftmals sowohl der Blick in den Spiegel als auch ein Abgleich mit dem Gegenüber. Die Zugehörigkeit sowie die Beziehung zum Gegenüber gelten dabei als entscheidender Motor bei der Entwicklung der eigenen Ich-Identität. So beschreibt etwa Altmeyer in Anlehnung an Winnicott die Beziehung und das Gesehenwerden durch ein Gegenüber als grundlegende Bedingung für die Identitätsentwicklung: „Der Blick der Mutter gibt dem Säugling eine erste Ahnung davon, wer er ist; er schaut sie an und spürt in ihrem Gesicht, wie sie ihn sieht. Das wäre der eigentliche Geburtsakt des Selbst, eine reflexive Bewegung nämlich vom Subjekt zum Objekt und wieder zurück, die wir als identitätsstiftende Spiegelung begreifen können." (Altmeyer 2002, 10) Elegant spannt Altmeyer dabei den Bogen von der notwendigen ursprünglichen Spiegelung im Angesicht der Mutter zu unseren heutigen medialen Inszenierungen wie beispielsweise ‚Big Brother', ‚Deutschland sucht den Superstar' oder aktuellen Formaten wie ‚Das Supertalent' oder ‚The Voice of Germany', in denen das betrachtende Gegenüber teils millionenfach vervielfältigt wird. Dabei beschreibt er die (Sehn-)Sucht nach Aufmerksamkeit und Anerkennung zur Selbstbestätigung der eigenen Identität – teils durchaus kulturpessimistisch – als postmodernen Narzissmus (vgl. Altmeyer 2002, 6ff.).[7] Seine Ausführungen gipfeln in der Umschreibung des berühmten *cogito ergo sum* von Descartes in „*video(r) ergo sum*: Ich werde gesehen, also bin ich" (Altmeyer 2002, 1), was er zudem als „conditio humana überhaupt" (Altmeyer 2002, 12) bezeichnet.

Identität im Social Web
Ähnlich wie Castingshows und dergleichen bieten Social Networks, aber auch Plattformen wie Instagram oder Snapchat heutzutage die Möglichkeit, die eigene Identität meist visuell via Bildern einem großen Publikum zu präsentieren – und direkt kommentieren zu lassen. Während bei Fernsehformaten die Auswahl geeigneter KandidatInnen noch von offizieller Seite erfolgt, treten in Social Media-Kontexten ProduzentIn und RezipientIn sehr viel direkter in Kontakt miteinander. Nicht nur die Aufgabe der Vorauswahl müssen die RezipientInnen hier selbst übernehmen, auch die ProduzentInnen erhalten beispielsweise über die Anzahl ihrer Follower sowie insbesondere natürlich durch deren Kommentare direkte Rückmeldungen. Diese Rückmeldungen stellen zum einen die unmittelbare Motivation dafür dar, warum Personen überhaupt etwas auf Social Media Plattformen posten[8] und zum anderen hat die Art und Weise der Rückmeldungen – positiv oder negativ – direkt Einfluss darauf, was künftig gepostet wird, ganz im Sinne davon, was eben gut ankommt beim eigenen Publikum (vgl. Autenrieth 2014a, 56).

---

[7] Vgl. den Beitrag von Bauer in diesem Band.
[8] So äußern sich jugendliche aktive Plattformnutzerinnen in einer Befragung, dass es durchaus ihr Wunsch respektive ihre Absicht sei, „durch die online gestellten Videos oder Bilder soziale Anerkennung zu bekommen (…) ‚Mir ist es natürlich total wichtig, gut anzukommen. Sonst würde ich YouTube wahrscheinlich nicht machen, weil: Was bringt es mir, wenn ich nicht gut ankomme? Dann würde ich wahrscheinlich nicht weitermachen, weil: Das bringt mir ja nichts.'" (Hajok/Zerbin 2015, 66)

1 Identität als Rollenverständnis – Selfies als Rollenabbild?

Selfies wie auch überhaupt das gesamte Web 2.0 bieten für Jugendliche die Möglichkeit, probeweise in diverse Rollen zu schlüpfen und diese zu testen: Passt das zu mir? Fühle ich mich darin als Ich? Im Sinne eines role taking (Mead) geht es dabei für die Jugendlichen darum, sich selbst in verschiedenen Rollen zu versuchen und – dies ist das Entscheidende – unmittelbar die Reaktion ihrer Umwelt darauf zu erfahren. Nach der Definition von Autenrieth ist die anschließende „Distribution und Verhandlung über entsprechende Medienkanäle" (Autenrieth 2014a, 52) ein wesentliches Kennzeichen von Selfies. Auf diese Weise provozieren Selfies eine Anschlusskommunikation auf den entsprechenden Plattformen, die den Jugendlichen wiederum Rückmeldungen zu ihren Posen respektive Rollen liefern. Dabei bieten soziale Netzwerke laut Schmidt/Paus-Hasebrink/Hasebrink „sowohl eine ganz reale als auch eine Als-ob-Welt zum Kennenlernen und Ausprobieren in den für Jugendliche und Heranwachsende zentralen Feldern an (…), um mit der eigenen Identität online zu experimentieren und zu spielen, sich selbst auszuprobieren und Selbstbewusstsein aufzubauen" (Schmidt/Paus-Hasebrink/Hasebrink 2009, 153). Damit sind das Internet und insbesondere die sozialen Netzwerke heutzutage zu einem wichtigen ‚Spielraum' für Jugendliche geworden, in dem sie ihre sozialen Rollen aushandeln und ihre Identität entwickeln können. Lothar Böhnisch spricht in diesem Zusammenhang sogar von einem „digitalen Moratorium" und postuliert, „dass das Internet die Lücke eines fehlenden Schon- und Experimentierraums füllt; (…) in dem die Jugendlichen ihre soziokulturelle Selbstständigkeit ausleben und grenzenlos unterwegs sein können" (Tillmann 2014, 43, zitiert nach Böhnisch 2009). Auch wenn dieser These nur bedingt zuzustimmen ist, da das Internet gewiss keinen Schonraum darstellt, in dem grenzenlos alles möglich ist (man denke hier beispielsweise an Cybermobbing, nicht einvernehmliches Sexting oder dergleichen), so stellt das Internet heutzutage dennoch sicherlich einen bedeutsamen Experimentierraum für Jugendliche dar, in dem insbesondere Selfies in jüngster Zeit eine nicht unwesentliche Rolle spielen. Ob Selfies dabei als normales Phänomen der Identitätsentwicklung angesehen werden oder – aus nicht selten kulturpessimistischer Perspektive – als Zeichen einer neuen narzisstischen „Generation Selfie", variiert derzeit im wissenschaftlichen wie auch öffentlichen Diskurs.[9] M. E. sind Selfies jedoch ein aktuell alltägliches Gesellschaftsphänomen, das insbesondere aber nicht ausschließlich von den jungen Generationen genutzt und verbreitet wird und im Rahmen der im Jugendalter zu bewältigenden Entwicklungsaufgaben (Havighurst) einen Beitrag zur Entwicklung der eigenen Identität leistet.

Angesichts der Pluralisierung von Lebensformen werden und sind Identitäts- und Sinnfindung immer mehr Aufgabe eines jeden Einzelnen. Gleichzeitig gilt die Ausbildung einer eigenen Identität heute als lebenslanger Prozess, der auch mit

---

[9] Vgl. den Beitrag von Bauer in diesem Band sowie Autenrieth 2014a, 54; Tillmann 2014, 44 und 47 sowie Zeitungsbeiträge wie beispielsweise Graff, Bernd (2015), Die Egopaparazzi. Selfies jetzt: Eine Düsseldorfer Ausstellung über die digitale Selbstdarstellung, in: Süddeutsche Zeitung vom 30.10.15, 13.

dem Erwachsenenalter noch nicht abgeschlossen ist (vgl. Schmidt 2011, 77). Generell wird Identität im Gegensatz zu früher weniger als etwas Stabiles, Festes oder Einheitliches, sondern eher als etwas Wandelbares, Fluides, Dynamisches oder eben nach Luther als Fragmentarisches gesehen (vgl. Keupp 2012; Luther 1992 und Pirker 2013), was auch der Pluralisierung in der Gesellschaft geschuldet ist. Während man früher eher in vorgefertigte Rollen hineinwuchs, stehen Heranwachsende heutzutage teils vor einer unübersichtlichen Vielfalt an Möglichkeiten. Verheißt die Wahlmöglichkeit in allen Lebenslagen zwar einerseits eine nie da gewesene Freiheit, so bedeutet sie andererseits gleichzeitig eine Pflicht zu ständigen Entscheidungen, die in der Regel auch noch als bewusste deklariert werden und somit angreifbar sind bzw. unter Rechtfertigungsdruck geraten (vgl. Keupp 2012, 105).

Aufgrund dessen scheint das Identitätskonzept von Henning Luther, gleichwohl es schon ein bisschen in die Jahre gekommen ist, noch immer aktuell und insbesondere konstruktiv für die Identitätsarbeit Heranwachsender zu sein. Dabei ist es vor allem Hennig Luther zu verdanken, dass das Fragmentarische von Identität nicht als Malus angesehen wird, sondern gerade ein wesentliches Kennzeichen (christlicher) Identität darstellt: So versteht Luther vielmehr das Streben nach Perfektion und Ganzheit im Hinblick auf Identität als Sünde, wohingegen die Akzeptanz des Unvollkommenen und Fragmentarischen christliche Identität auszeichnet (vgl. Pirner 2002, 74). Interessant ist hierbei auch das Verständnis von Fragment als Bruchstück bzw. Teil eines Ganzen. Hier ergeben sich aufschlussreiche Bezüge zu dem aktuellen Trend, vor allem im Zusammenhang mit dem Internet zunehmend von sog. Hybrididentitäten zu sprechen (vgl. Merle 2014, 141), während ansonsten eher von Patchwork-Identität (Keupp 2006) oder Bricolage-Identitäten die Rede ist, um die Identitäten in verschiedenen Rollen zu beschreiben. Dabei scheint der Hybrid-Begriff[10] aktuell ein Modebegriff zu sein, der als Metapher für die Vermischung zweier differenter Elemente nicht nur bei sog. *Hybrid*fahrzeugen, die von einem *Hybrid*antrieb bewegt werden, oder eines *Hybrid*anschlusses bei Festnetz- und Mobilfunktelefonie, sondern eben auch für die Vermischung mehrerer Identitäten aus realer und virtueller Welt herhalten muss. Allerdings darf bezweifelt werden, ob die Trennung von realer und virtueller Realität in der Lebenswirklichkeit der Jugendlichen tatsächlich vorhanden ist, da diese zumeist von sog. Digital Immigrants behauptet wird. Digital Natives hingegen zeichnen sich gerade dadurch aus, dass sie eben nicht zwischen Virtualität und Realität trennen, sodass die zunehmende Verflechtung von Offline- (face-to-face) und Online- (medial vermittelter) Kommunikation für sie den Normalfall darstellt (vgl. Kürzinger 2014, 252f.). Zudem zeigen Studien, dass beispielsweise die Möglichkeit zur Ausbildung und Nutzung differenter Internetidentitäten etwa auf Facebook nur äußerst selten genutzt werden, da Authentizität gerade auch in so-

---

[10] Die Zusammensetzung von Hybrid und Identität wurde im Umfeld der Cultural Studies theoretisch begründet und wird in den Erziehungs- und Sozialwissenschaften in der Regel verwendet, um die kreativen und produktiven Aspekte der Identitätskonstruktionen in Migrationskontexten herauszustellen, da Elemente der Herkunfts- und Ankunftskultur aufgenommen und zu etwas Eigenem/Neuen transformiert werden (vgl. Fürstenau/Niedrig 2007).

zialen Netzwerken eine große Rolle spielt und diese Netzwerke insbesondere dazu dienen, bestehende Offline-Freundschaften auch im Netz zu pflegen (vgl. Astheimer/Neumann-Braun/Schmidt 2011, 7; Ernst 2015, 9). Darüber hinaus gibt es aber den Trend, beispielsweise auf Facebook Profilbilder einzustellen, auf denen der oder die ProfilinhaberIn kaum bis gar nicht mehr erkennbar ist; Christina Ernst beschreibt dieses Phänomen als sichtbare Selbstverhüllung (vgl. Ernst 2015, 9). Diese kann als Schutz vor ‚fremden' Blicken gedeutet werden. Für Freunde und Bekannte, die jemanden anhand des Profils, der Beziehungen zu anderen und der Zugehörigkeit zu bestimmten Gruppen – hier wird Identität wiederum aufgrund diverser Rollen bzw. Zugehörigkeiten sichtbar – identifizieren können, bleibt man so auch weiterhin auffindbar. Darüber hinaus spielen diese sichtbaren Selbstverhüllungen als offensichtlich inszenierte Selbstdarstellungen auch mit der (Nicht-)Darstellbarkeit von Identität im Netz und verweisen stattdessen als Fragment (wenn beispielsweise nur die eigenen Füße abgebildet sind) auf das Ganze, in diesem Fall den oder die ProfilinhaberIn.

Ein weiteres Phänomen bei der Wahl des Profilfotos in sozialen Netzwerken beschreibt die Abhängigkeit des Profilfotos von den Erwartungen des jeweiligen Publikums. So finden sich auf Xing beispielsweise eher Bewerbungsfotos, wohingegen auf Facebook größere Variationen bei den Fotos bis hin zu oben beschriebenen sichtbaren Selbstverhüllungen üblich sind. Auch hierin spiegeln sich also die verschiedenen Rollen der NutzerInnen (Beruf oder privat) wider.

Abb. 2: Foto: pixabay   Abb. 3: Foto: Yulia Mayorova/shutterstock

2 Gendertypische Rollenmuster – selfietypische Rollenbilder?

In Bezug auf die Genderthematik sind insbesondere die reproduzierten Rollenstereotype bei Selfies auffallend. So überwiegen bei Mädchen und jungen Frauen eindeutig Flirt- und Modelposen sowie Bilder, die sie selbst als sexy oder beschützenswert darstellen, wohingegen Selfies von Jungen und jungen Männern Stärke,

Macht und Dominanz demonstrieren oder sie beispielsweise in Do-it-yourself-Posen zeigen (vgl. Tillmann 2014, 44; Astheimer/Neumann-Braun/Schmidt 2011, 113).

Auch hierin werden wiederum die anschließende Distribution und Verbreitung in sozialen Netzwerken als wesentliche Kennzeichen von Selfies deutlich: Die aufgenommenen Bilder nehmen bereits die Betrachterperspektive vorweg: Es geht darum, sich möglichst idealtypisch oder rollenkonform zu inszenieren, um Aufmerksamkeit zu erzielen und Anerkennung vom Gegenüber zu erhalten. „Mädchen lernen dabei, sich mit einem beurteilenden Männer-Blick selbst anzusehen, sodass sie die mögliche Bewunderung und Bewertung durch den Mann bereits vorwegnehmen" (Kohler-Spiegel 2002, 44). Die Selbstinszenierungen reproduzieren also typische Geschlechterbilder und wirken daher stark heteronormativ. Die Konnotation von eindeutig weiblich bzw. männlich führt daher auch zu immergleichen Posen und Gestaltungen. Selfies sind dabei auch als Teil des Körpermanagements der Heranwachsenden anzusehen und zeichnen so die Entwicklung vom Mädchen zur Frau bzw. vom Jungen zum Mann nach.[11]

Gegen den Trend, sich selbst in Selfies zum einen in Bestform präsentieren (zu müssen) – es geht ja ständig um positive Rückmeldungen! – und zum zweiten trotz normativ vorgegebener Posen auch noch möglichst Individualität und Einzigartigkeit auszustrahlen, hilft wiederum Luthers Hinweis auf das Fragmentarische von Identität: Einerseits können auch Selfies immer nur als Fragment auf die auf ihnen abgebildete Person als Ganzes verweisen; die Ganzheit einer Person lässt sich nie auch nur ansatzweise auf einem Bild darstellen. Andererseits kann man die Jugendlichen zum Spiel mit Identitäten bzw. Rollen ermuntern, damit sie ihre Adoleszenz bewusst als Experimentierraum nutzen: Welche Rolle passt zu mir? Fühle ich mich darin (un)wohl? Des Weiteren beschreibt Luther, dass das spezifisch Christliche etwa im Konfirmandenunterricht darin zum Ausdruck kommt, „daß die einzelnen Jugendlichen vom Druck zu Identifizierung, vom Entscheidungsdruck und vom Zwang zur Festlegung befreit werden und zur Suche, zum Experimentieren ermutigt werden. Nur so kann der späteren Erstarrung zu einer konventionalisierten Identitätsform vorgebeugt werden (…)" (Luther 1985, 335). Bezüglich der starken Normierung durch bestimmte Selfie-Typen kann man den Jugendlichen diese Verengung aufzeigen: Es gibt weit mehr Möglichkeiten als die besonders stark rezipierten. Gleichzeitig kann man gemeinsam mit ihnen die Selfie-Typologie infrage stellen und nach Gründen forschen, warum gerade diese Posen besonders angesagt sind und andere nicht. Gleichzeitig lohnt sich hier auch ein Blick auf Initiativen wie beispielsweise ‚Pinkstinks', die sich zum Ziel gesetzt haben, genderstereotype Normierungen zu durchbrechen und aktiv dagegen intervenieren.[12]

---

[11] Siehe Beitrag von Lobinger in diesem Band.
[12] Siehe hierzu die Selbstdarstellung der Initiative ‚Pinktstinks': „Pinkstinks ist eine junge Protestorganisation, die gegen Produkte, Werbe- und Medieninhalte agiert, die Mädchen eine limitierende Geschlechterrolle zuweisen. Die ‚Pinkifizierung' trifft Mädchen und Jungen gleichermaßen – wir wirken diesem Trend entgegen. Mit Theaterarbeit an Schulen, Vorträgen, Kampagnen gegen Germany's next Topmodel und sexistischer Werbung sowie durch Gespräche mit der Politik" www.pinkstinks.de [zuletzt aufgerufen am 08.12.15].

3 Identität als Persönlichkeit – Selfies als Inszenierung?

Wer bin ich? Wer will ich sein? Bei diesen Urfragen des Menschen stellen sich in Bezug auf Selfies und Selbstporträts die Fragen: Wie stelle ich mich dar? Wie inszeniere ich meine Persönlichkeit? Es geht also darum, welche Eigenschaften einer Person primär auf Selfies und Selbstporträts ausgedrückt werden bzw. in den Vordergrund rücken und welche eben nicht. So finden sich in Magazinen und Zeitschriften regelmäßig Anleitungen für das perfekte Selfie[13], um die eigene Persönlichkeit gut getroffen anderen zu präsentieren und als ‚Lohn' dafür Aufmerksamkeit in Form von Likes oder positiven Kommentaren zu erhalten.

Jan Schmidt beschreibt Medien und insbesondere das ‚Neue Netz' daher als Werkzeug und Ressource von Identitätsmanagement: Medial vermittelte Rollenvorbilder und gesellschaftlich-kulturelle Leitbilder regen so zur Selbstreflexion an und das Ausfüllen von Profilseiten sozialer Netzwerke oder das Posten von Selfies bieten Ansatzpunkte für Selbstthematisierung (vgl. Schmidt 2011, 77f.). Durch die Rückmeldungen ist die eigene Wirkung auf andere unmittelbar erfahrbar. Deshalb geht es im Netz also darum, die eigene Persönlichkeit i. d. R. möglichst vorteilhaft zu präsentieren. Nicht umsonst steht die häufig als Vorwurf formulierte Feststellung im Raum, im Web 2.0 drehe es sich stets um übermäßig idealisierte Selbstdarstellungen im Sinne eines self-branding mit ausschließlicher Darstellung positiver Eigenschaften. Dem kann man m. E. zweifach entgegnen: Zum einen ging es bei der Fotografie (und auch früher bei der Porträtmalerei) schon immer darum, die abgebildete Person möglichst ‚ins rechte Licht zu rücken' und zum anderen dienen die ausschließlich positiven Eigenschaften auch als Schutz vor fremden Blicken. Wenn schon alle Welt zuschaut, dann möchte man sich wenigstens erfolgreich, glücklich oder vorteilhaft darstellen.

Selfies und Selbstporträts laden außerdem dazu ein, die Übereinstimmung von Selbst- und Fremdwahrnehmung zu überprüfen wie auch mit der Selbstinszenierung zu spielen, wenn beispielsweise Fotos des eigenen Spiegelbildes gepostet werden. Die heutzutage kontinuierliche Selbstbeobachtung und Selbstreflexion innerhalb medialer Umgebungen führt dabei zur Entwicklung einer Haltung der Selbstoptimierung und marktförmigen Gestaltung der eigenen Selbstdarstellung (vgl. Ernst 2015, 268). Es stehen also ständig die Sonnenseiten der eigenen Persönlichkeit oder des eigenen Lebens im Fokus der Aufmerksamkeit, die Schattenseiten werden i. d. R. ausgeblendet bzw. dürfen/sollen nicht gezeigt werden.[14] Insofern passt der Selfietrend auch nahtlos in die heutige Leistungsgesellschaft mit ihrem ständigen Zwang zur Selbstoptimierung.

Auch hinsichtlich dieser – zugegeben kulturpessimistischen – Analyse zeigt sich wiederum, wie Luthers Identitätskonzeption des Fragmentarischen diesen

---

[13] Siehe beispielsweise: http://www.elle.de/lifestyle-tipps-tricks-das-perfekte-selfie-205401.html [zuletzt aufgerufen am 08.12.15], http://www.focus.de/digital/videos/haltung-filter-hintergrund-mit-diesen-tricks-machen-sie-das-perfekte-selfie-fuer-instagram_id_4574999.html [zuletzt aufgerufen am 08.12.15] oder http://www.welt.de/wirtschaft/webwelt/article148087407/So-gelingt-Ihnen-das-perfekte-Selfie.html [zuletzt aufgerufen am 08.12.15]

[14] Selbstverständlich gibt es auch das gegenteilige Phänomen, wo beispielsweise bewusst bestimmte Krankheiten auf Selfies thematisiert werden, doch stellen solche Bilder Ausnahmen dar.

Status quo aufzubrechen oder doch zumindest infrage zu stellen hilft: Das Fragment weiß um seine eigene Unvollkommenheit und verweist dennoch auf das Ganze. Zum einen präsentieren Selfies und Selbstporträts immer nur Fragmente einer Persönlichkeit und können diese unmöglich in ihren sämtlichen Facetten erfassen, geschweige denn darstellen. Zum anderen verweisen sie als Fragmente stets über sich hinaus auf die Person, von der sie eben (nur) einen ganz bestimmten Aspekt respektive eine ganz spezielle Pose abbilden.

Gleichzeitig wird auch die Frage nach Wahrheit und Fiktion immer kniffeliger – und zwar nicht nur angesichts von Photoshop und Co. So verhalten und bewegen sich Menschen ganz anders, wenn ihnen ihre eigene Sichtbarkeit beispielsweise durch die Anwesenheit einer Kamera bewusst wird (vgl. Lück 2013, 73ff.). ‚Natürliches' Verhalten verschwindet zugunsten von Posen, um ein gutes Bild abzugeben. „Im reflexiven Auge der Kamera wird aber das Echte ständig in die Pose umgewandelt. Realität und Fiktion lassen sich im medialen Spiegelkabinett der Postmoderne kaum noch unterscheiden. Das Lebendige und das bloß Gespiegelte schieben sich unauflöslich ineinander" (Altmeyer 2002, 7f.). Damit gewinnt letztlich auch die Frage nach Authentizität eine ganz neue Dimension.[15]

So ist Authentizität auf Social Network Sites offensichtlich anders konnotiert als in der analogen Welt. Auf Facebook und Co. wird das eigene Profil über das Ausfüllen der Profilseite, diverse Fotoalben und die Verlinkungen zu anderen Usern und Userinnen auf den auf deren Profilseiten enthaltenen Bildern sowie durch die Mitgliedschaft in Gruppen *authentifiziert*. Je umfassender das Beziehungsnetzwerk im Social Web abgebildet ist und je umfangreicher die Informationen über die betreffende Person auf ihrer Profilseite sind, umso authentischer gilt das angelegte Profil bei den anderen Nutzern und Nutzerinnen (vgl. Autenrieth 2011, 138). „Dabei geschieht die Selbstdarstellung der jungen Menschen im Spannungsfeld zwischen dem Bedürfnis, sich einerseits möglichst authentisch im Sinne von ‚so bin ich' und andererseits möglichst idealisiert im Sinne von ‚so sehe ich gut aus' darzustellen" (Autenrieth 2011, 130). Insofern spricht die bewusste und eben auch durchaus übliche Inszenierung im Netz nicht gegen Authentizität im Sinne von Authentifizierung. Während traditionell Authentizität mit Wahrheit, Echtheit und teils auch Natürlichkeit assoziiert und eben die Glaubwürdigkeit

---

[15] So erregte beispielsweise Anfang November 2015 die 19jährige Essena O'Neill, bis dato ein Instagram-Star mit fast 700 000 Followern, mediale Aufmerksamkeit, als sie verkündete, aus der Social-Media-Inszenierung auf Instagram auszusteigen. Da sie ihr eigenes Instagram-Ich nicht mehr leiden konnte, durchbrach sie ab sofort die bisherige Illusion der scheinbar spontanen Momentaufnahmen und erklärte ihren Fans stattdessen das aufwändige Making-of ihrer Bilder und berichtete von den Unternehmen, die ihr Geld für ihre Aufnahmen und die Kleider, in denen sie sich präsentierte, gaben: „Ich will einfach, dass jüngere Mädchen wissen, dass das weder das wahre Leben, noch cool oder inspirierend ist. Es ist gekünstelte, gestellte Perfektion, die Aufmerksamkeit erzeugen soll" (SZ vom 03.11.15 http://jetzt.sueddeutsche.de/texte/anzeigen/594987/Das-ist-Essena-ONeill-Instagram-Star-der-mit-Social-Media-nichts-mehr-zu-tun-haben-will). Instagram hat sich in Teilbereichen inzwischen zu einer Art subtilen Werbeplattform entwickelt: Nicht wenige der sogenannten Instagram-Stars können mittlerweile ihren Lebensunterhalt mithilfe der zugeschickten Artikel, die sie dann auf Instagram in Szene setzen und dem Geld der Firmen, das sie dafür kassieren, finanzieren (vgl. Einfluss im Quadrat, in: SZ vom 13.08.15, 19).

einer Person damit zum Ausdruck gebracht wird, geht es im Social Web im Sinne einer *Authentifizierung* darum, ein bestimmtes Profil anhand gewisser Identitätsmarker eindeutig einer Person zuzuordnen. Das heißt Authentizität und Inszenierung schließen sich im Netz nicht gegenseitig aus, sondern gehören stattdessen sogar zusammen. Vielmehr ist die bewusste Inszenierung der eigenen Identität über Profilseite und insbesondere Selfies allgemeiner Konsens und aufgrund der erwünschten Anschlusskommunikation gewissermaßen notwendig. So beschreibt etwa Autenrieth die Präsentation von Bildern auf Social Network Sites sowie die damit zusammenhängenden vielfältigen Kommunikationsvarianten als ein „peer-reviewtes Symbolsystem zur Aushandlung der kommunikativen Bedeutung der Bilder. Diese Tatsache unterstützt und erfordert ein gewisses strategisches Kalkül bei der Erstellung der Fotoalben, da durch die Präsentation persönlicher Fotografien stets die eigene Außenwirkung gestaltet werden kann – und muss." (Autenrieth 2011, 125) Diese Feststellung Autenrieths lässt darauf schließen, dass die Auswahl und Bearbeitung von geposteten Selfies und anderen Bildern auf Social Network Sites im Rahmen einer Identitätsarbeit 2.0 durchaus äußerst bewusst und selbstkritisch erfolgt, um in Hinblick auf die mediale Währung Aufmerksamkeit mithalten zu können.

Abb. 4: Foto: Inge Scheibel

4 Identität im Spiegel des Gegenübers – Selfies als Identitätsspiegel?

Identität wohnt immer auch ein Spiegelungsmoment inne, da wir den Blick der anderen brauchen, um unser Selbstbild reflexiv zu erwerben und unser Selbstwertgefühl zu regulieren. Wir schauen den anderen daher immer in der Erwartung eines Echos oder einer Spiegelung an, um dadurch eine Bestätigung unseres Seins zu erhalten (vgl. Lück 2013, 150). Nur durch zwischenleibliche Kommunikation kann sich der Mensch überhaupt als Person entwickeln, andere Personen als Person erleben und auch von anderen als Person erlebt werden (vgl. Lück 2012, 97).

Die Ich-Perspektive gibt es nicht ohne die Du-Perspektive. Das heißt, Identität wird immer in Bezug auf ein Gegenüber entworfen und hat demnach ein interaktionistisches Moment inne.

Charles Horton Cooley hat dafür den Begriff des „Looking Glass Self" (Cooley 1956) geprägt und beschreibt damit ein „Konzept der Identitätskonstruktion, in dem die Selbstwahrnehmung einer Person maßgeblich von den ‚Spiegelungen' ihres sozialen Umfelds geleitet werden" (Autenrieth 2014, 55). Ernst schreibt in Anlehnung an Meads symbolischen Interaktionismus von einem reflektierten Me und einem impulsiven I, um die wechselseitige Beziehung bei der Aushandlung personaler Identität in sozialer Interaktion zu veranschaulichen. „Identität erscheint dabei als Ergebnis sozialer Interaktionen, in denen sie durch Reaktionen und Erwartungen der Interaktionspartner strukturiert wird" (Ernst 2015, 236f.). Aufgrund dessen sind die Rückmeldungen unserer Umwelt so entscheidend für unsere eigene Identität – dieses Phänomen wird in Selfies ganz besonders augenscheinlich, da die Anschlusskommunikation ein so wesentliches Merkmal von Selfies ist.

Selfies und im Internet gepostete Selbstporträts symbolisieren demnach diese Spiegelungen der ‚fiktiven' Gegenüber. Das heißt, durch die Rückmeldungen in Form von Likes oder Kommentaren findet diese Spiegelung in der digitalen Kommunikation teils zeitverzögert und nicht-leiblich statt. Die Reaktion erfährt der Produzent bzw. die Produzentin also nicht direkt beim Blick ins Angesicht des leiblich anwesenden Gegenübers oder durch die mündlich geäußerte sowie leiblich gezeigte Reaktion, sondern in Form von schriftlicher Kommunikation, wozu selbstverständlich auch Symbole wie Emojis gehören. Auch wenn also die Art und Weise der Spiegelung sich heutzutage teilweise anders vollzieht, so bleibt sie dennoch weiterhin unabdingbarer Bestandteil für die reflexive Identitätsarbeit mittels Spiegelung im Gegenüber. Fraglich ist, ob dieser neuen Art der Spiegelung über wort- und bildsprachliche Kommunikation statt leiblicher Spiegelung im Angesicht des Gegenübers auch wieder etwas Fragmentarisches anhaftet, da die KommunikationspartnerInnen jeweils nicht leiblich präsent sind. Ich möchte bewusst nicht die These aufstellen, die leiblich präsente Kommunikation wäre direkter, echter, authentischer als die schriftliche, digitale, da mir dies nicht entscheidend erscheint. Vielmehr ist festzuhalten, dass nach wie vor Spiegelung stattfindet und dass diese gerade auch von den Akteuren und Akteurinnen als wesentlich eingestuft wird. Ohne die Möglichkeit der Spiegelung durch Likes oder Kommentare wäre der Erfolg des Social Web wohl nicht so durchschlagend gewesen, da eine enorme, wenn nicht sogar die ausschließliche Motivation der NutzerInnen damit entfallen würde: nämlich Rückmeldungen der Mitmenschen über das eigene Aussehen und Tun zu erhalten.[16] Letztlich steckt auch dahinter wieder die (Sehn-)Sucht des Menschen nach Anerkennung, Angenommensein oder schlicht Aufmerksamkeit. „Wir sind von Beginn unseres Lebens an auf Echo und Reflexion angewiesen. Die individuelle Persönlichkeit entsteht in sozialen Spiegel- und Resonanzräumen" (Altmeyer 2003, 3).

---

[16] Vgl. Fußnote 8.

Betrachtet man diesen stets aufgeführten Wunsch nach Anerkennung als Motiv für das Posten von Bildern und/oder Videos auf Internetplattformen sowie den Trend zur Selbstoptimierung und positiven Selbstdarstellung im Web 2.0 aus rechtfertigungstheologischer Perspektive, so wird das menschliche Leistungsprinzip als Voraussetzung für Anerkennung durchbrochen. In Bezug auf die Mensch-Gott-Beziehung geht der Zuspruch dem Anspruch voraus, das bedeutet, ich muss mir die Anerkennung als Person nicht erst mittels Likes und Kommentaren erarbeiten oder verdienen. „Sich als unbedingt von Gott gewollt und angenommen zu verstehen, kann vom Zwang befreien, sich als Jemand zu profilieren oder gar zu ‚managen' [müssen]" (Filipović 2012, 29). Zwar gilt dies wie angedeutet zunächst für die Mensch-Gott-Beziehung, dennoch hat dieses Rechtfertigungsverständnis durchaus etwas Befreiendes und in der Logik einer Leistungsgesellschaft durchaus etwas Provozierendes, steht doch die Zusage der Gnade Gottes diametral zu einer Werkgerechtigkeit. Doch die Rechtfertigungslehre ist noch aus einem zweiten Grund interessant: Sie betrachtet den Menschen als grundlegend sündig; Menschsein beinhaltet nach christlichem Verständnis also immer schon Fehlbarkeit und Scheitern. „Entsprechend kann der Topos von Gesetz und Evangelium nun so gelesen werden, daß wir durch das Evangelium davon befreit werden, die wir nicht ganz sein können, ganz sein zu wollen." (Luther 1985, 331) Die Vollendung geschieht durch Gott und nicht durch menschlichen Perfektionismus. Henning Luther versteht Rechtfertigung in Bezug auf Identität also folgendermaßen: „Erst wenn wir uns als Fragmente verstehen, erkennen wir unser Angewiesensein auf Vollendung, auf Ergänzung an. Und erst und nur wenn wir aus diesem Verwiesensein unserer fragmentarischen Existenz leben, sind wir gerechtfertigt, nicht aber, wenn wir bereits versuchen, ganz zu sein." (Luther 1985, 330) So zeigt sich in Selfies nicht selten unser Streben nach dem perfekten Bild, doch gleichzeitig bleibt jedes Selfie bildlicher Ausdruck eines Fragments unserer Person und spiegelt uns die Fragmentarität unserer Identität jedes Mal aufs Neue.

Die Spiegelungsfunktion von Selfies verläuft somit auf zwei Ebenen: Likes und schriftliche Anschlusskommunikation stellen die räumlich entrückten und (nur teils) auch zeitlich verzögerten Spiegelungen im Gegenüber dar. Aber mittels Selfies kann der einzelne Mensch auch sich selbst als Spiegel-Wesen gegenübertreten. Beim Betrachten, ggf. Bearbeiten, Löschen oder Aufbewahren und Auswählen zum Weiterverbreiten über das Internet tritt der Mensch jedes Mal sich selbst bzw. einem Bild gewordenen Fragment seiner selbst gegenüber – wodurch Selfies wie eine Art Identitätsspiegel wirken.

Abb. 5: Foto: pixabay

5 Identität und Sozialität – Selfies als Beziehungskitt?

Da der Mensch seit jeher ein Beziehungswesen ist, definiert sich seine Identität immer auch über die Beziehungen zu seinen Mitmenschen, etwa als Vater, Tochter, Partner oder Freundin. Dieses Beziehungsgeflecht lässt sich teilweise auch auf Selfies finden: Wer kommt mit aufs Bild? Wie stelle ich meine Beziehungen bildlich dar? Einen neuen nicht ungefährlichen Trend stellen sog. Gleis-Selfies bester Freundinnen dar: Als eine Art Freundschaftsbeweis werden Selfies auf Bahngleisen gepostet, um Unzertrennlichkeit bzw. ewige Treue zu demonstrieren.[17] Da das Social Web, wie wir gesehen haben, primär der Selbstdarstellung und Kontaktpflege dient, können Selfies auch als Ausdruck von Freundschaft gelten, um die gegenseitige Verbundenheit (nach außen also dem Publikum) zu demonstrieren: Wir gehören zusammen! Dies zeigt sich nicht nur in teils intimen Kussszenen von Liebespaaren, sondern auch in sog. Groufies, wo sich eine ganze (Jugend-)Clique mittels Selfiestick als zusammengehörig präsentiert oder auch bei Familienselfies. „Durch das gegenseitige Abbilden, Kommentieren und Verlinken erfolgt auf diese Weise eine Bestätigung und damit Validierung der gegenseitigen freundschaftlichen Verbundenheit." (Autenrieth 2011, 133) Zudem dienen die Verlinkungen, Likes und Kommentare dazu, die Beziehungsstruktur und insbesondere die wirk-

---

[17] Vgl. Selfies auf Schienen (2015) in: http://www.sueddeutsche.de/bayern/lebensgefaehrlicher-trend-selbstbildnis-auf-schienen-1.2616166 [zuletzt aufgerufen am 18.03.16] und Selfies auf Gleisen. Gefährliche Kulisse (2015), in: http://www.spiegel.de/unispiegel/studium/gefaehrlicher-trend-jugendliche-machen-selfies-auf-gleisen-a-1038797.html [zuletzt aufgerufen am 18.03.16].

lichen bzw. wichtigen FreundInnen auf Social Network Sites auch für Außenstehende deutlich zu markieren.[18]

Jan Schmidt betont bei seiner Analyse und Systematisierung der Nutzungspraktiken des Web 2.0 von Jugendlichen den engen Zusammenhang von Identitäts- und Beziehungsmanagement, „weil die Referenzpunkte dieser Handlungskomponenten – Identität und Beziehungen – untrennbar miteinander verbunden sind" (Schmidt 2011, 86). Das verdeutlicht, dass die Beziehungspflege als eine – wenn nicht sogar die wichtigste – Komponente von Social Media eng mit Identität verknüpft ist. Da Selfies per definitionem immer eine Anschlusskommunikation durch Liken oder Kommentare herausfordern, können sie daher auch als gezielter Versuch der Kontaktaufnahme gelten (vgl. Tillmann 2014, 44). Erfolgt keine oder gar eine negative Rezeption, so gilt dies als fehlgeschlagene Kommunikation (vgl. Autenrieth 2014a, 53). Die Rezeption von Selfies gleicht daher einer Art Selbstevaluation: Je nachdem, wie die Rückmeldungen ausfallen, erzeugen sie als affektive Reaktion entweder Stolz und Selbstbewusstsein oder Scham beim Produzenten bzw. bei der Produzentin. In jugendlichen Peergroups besitzt die Quantität der Verlinkungen, Likes und Kommentare außerdem Statusrelevanz (vgl. Autenrieth 2015, 117) und lässt so unmittelbar Rückschlüsse auf die Akzeptanz innerhalb der Gruppe zu – ein für die jugendliche Identität nicht unwesentlicher Faktor. „Zu beobachten ist hier eine ritualisierte und auf Reziprozität basierende Bestätigung der Freundschaft und der sozialen Akzeptanz, von der alle an der Kommunikationsepisode involvierten Personen profitieren." (Autenrieth 2015, 117) Autenrieth spricht in diesem Zusammenhang sogar von „einer Art digitalisiertem Peer-Review-Verfahren" (Autenrieth 2014b, 170).

Allerdings kann auch hier wieder darauf hingewiesen werden, dass Selfies und gepostete Freundebilder, in der die Beziehungen der einzelnen NutzerInnen erst richtig sichtbar werden, immer nur fragmentarisch für das Beziehungsnetzwerk sowie die Identität der betreffenden Person stehen. Selbst bei einer noch so großen Vielfalt an Selfies und anderen Bildern auf den Profilseiten von Social Network Sites werden immer nur Teilaspekte der gesamten Persönlichkeit bzw. deren Beziehungsnetzwerk abgebildet und der Öffentlichkeit präsentiert. Interessant ist dabei insbesondere der Blick auf das, was eben nicht gepostet wird: So finden sich beispielsweise in der Regel keine Fotos von Ex-FreundInnen, da diese wiederum auf die Brüchigkeit von Beziehungen hinweisen würden. Entgegen dem sonst vorherrschenden Trend zur Archivierung von Bildern auf Social Network Sites, werden Bilder von Ex-PartnerInnen nach Beendigung einer Beziehung wieder gelöscht, da der Verbleib die zeitliche Begrenztheit und Zerbrechlichkeit von Beziehungen sichtbar machen und somit eventuell das aktuelle Glück einer neuen Beziehung gefährden würde (vgl. Autenrieth 2011, 137). Böse Zungen könnten auch behaupten, das Fragmentarische – hier im Sinne von Brüchigkeit bzw. zeitlicher Begrenzung – wird bewusst ausgeblendet, da es nicht zur Inszenierung passt.

---

[18] „Wo alle als *Freunde* geführt werden, existieren zunächst keine *wirklichen* Freunde. Diese müssen erst durch performatorische Akte differenziert werden" (Autenrieth 2015, 118, Hervorhebung im Original).

6 Religionsdidaktische Konkretionen – Selfies als Zugang zu anthropologischen Fragestellungen

Primarstufe:
Das kleine Ich-bin-ich aus dem gleichnamigen Kinderbuch von Mira Lobe ist ein fröhliches, kunterbuntes Tier mit großen Augen, vier kleinen knubbeligen Beinen, blauen Haaren und Schwanz sowie zwei langen orangen Ohren, mit denen es sogar fliegen kann. Die Welt des kleinen Ich-bin-ich scheint in Ordnung, es geht auf einer bunten Blumenwiese spazieren, bis es auf einen Frosch trifft, der es fragt: „Wer bist denn du?"

Äußerst verunsichert und betrübt stellt das kleine Tier fest, dass es die Frage nach seiner eigenen Identität nicht beantworten kann. Es macht sich auf die Suche nach jemanden, der ihm die Frage, wer es ist, beantworten kann. So vergleicht es sich nach und nach mit verschiedenen Tierarten, findet jeweils eine passende Übereinstimmung, die jedoch nicht ausreicht, um beispielsweise als Pferd, Nilpferd oder Hund zu gelten. Von allen Tieren, die es trifft, wird es abgewiesen, es passt nirgends wirklich dazu. Als es schließlich an seiner eigenen Existenz zweifelt und sich die Frage stellt, ob es überhaupt irgendetwas ist, gelangt es – einer Offenbarung gleich – zur Selbsterkenntnis:

> „Sicherlich
> gibt es mich:
> ICH BIN ICH!"

Bestätigung dieser neuen Selbsterkenntnis und Identität erfährt es anschließend durch sein eigenes Spiegelbild in einer Seifenblase, womit die Bedeutung des Spiegels für das eigene Ich augenscheinlich wird. Anschließend läuft das kleine Ich-bin-ich mit seiner neuen Selbsterkenntnis und neu erlangtem Selbstbewusstsein zu allen Tieren:

> „,So, jetzt weiß ich, wer ich bin!
> Kenn ihr mich?
> ICH BIN ICH!'"

Die Frage nach der eigenen Identität ist fester Bestandteil der Lehrpläne an den Grundschulen – im bayerischen LehrplanPlus beispielsweise im Lernbereich 9 „Über mich und mein Leben nachdenken"[19]. Das vorgestellte Kinderbuch veranschaulicht die Frage nach der eigenen Identität auf kindgerechte Art und Weise und wird daher auch gerne im Primarbereich im Unterricht eingesetzt und wirft dabei doch alle entscheidenden Fragen bzw. Aspekte auf: die Frage nach der Identität, der Zugehörigkeit sowie der Beziehung zum Gegenüber als entscheidendem Motor bei der Entwicklung der eigenen Ich-Identität. Angeregt durch das kleine Ich-bin-ich können Grundschulkinder ihre eigenen besonderen Eigenschaften

---

[19] Lehrplanplus für die Grundschule in Bayern, online abrufbar unter: http://www.lehrplanplus.bayern.de/fachlehrplan/grundschule/1/evangelische-religionslehre [zuletzt aufgerufen am 24.03.16].

und Fähigkeiten wahrnehmen und zum Ausdruck bringen, worin ihre Einzigartigkeit besteht. Dabei bietet es sich an, entweder mit selbst gemalten Bildern der Kinder oder auch fotografischen Selbstporträts zu arbeiten und gemeinsam zu überlegen, welche Eigenschaften oder auch Fähigkeiten überhaupt bildlich darstellbar sind. Hier kommt auch wieder das Fragmentarische von Selbstporträts ins Spiel: Ein Foto ist immer eine Momentaufnahme und bereits beim Betrachten unmittelbar im Anschluss ist der Moment bereits Vergangenheit. Dessen ungeachtet kann es für Kinder natürlich auch sehr interessant und aufschlussreich sein, die eigene Entwicklung (auch gerade die äußerlich sichtbare) anhand von Fotos aus ihrem bisherigen Leben nachzuvollziehen.

In Anlehnung an das Kinderbuch vom kleinen Ich-bin-ich kann man außerdem auf die Vielfalt in der gesamten Klasse sowie gleichzeitig auf die Individualität jeder einzelnen Schülerin und jedes einzelnen Schülers eingehen. Da – wie oben entfaltet – das Bedürfnis nach Anerkennung eng mit der Identitätsthematik verknüpft ist und dieser Aspekt auch in der Geschichte des kleinen Ich-bin-ich eine Rolle spielt, liegt es nahe auch den Glauben, dass alle Menschen als Geschöpfe Gottes gewollt und angenommen sind, einzubeziehen. Besondere Relevanz wird dieser Zuspruch für die Kinder dann entfalten, wenn sie diesen mit Situationen und Erfahrungen aus ihrer Lebenswelt in Zusammenhang bringen.

Sekundarstufe I:
Für die Sekundarstufe ergeben sich vielfältige Möglichkeiten, die Identitätsthematik mit dem Phänomen Selfie zu verknüpfen und für die SchülerInnen fruchtbar zu machen. Bei Lehrplanthemen zu Gemeinschaft, Gruppen und Beziehungen, Partnerschaft und Liebe stellt sich aufgrund der Bedeutung von Beziehungen und der Spiegelung im Gegenüber für die Identitätsentwicklung auch die Frage nach der eigenen Identität. Selfies und andere auf Social Network Sites gepostete Bilder von Jugendlichen bieten sich daher als Zugang an, um einerseits das persönliche Beziehungsnetz zu visualisieren und andererseits nach den eigenen Kriterien für die Veröffentlichung und somit die bewusste Außendarstellung des persönlichen Netzwerks zu fragen und diese zu reflektieren. Zugleich kommt auch hier das Fragmentarische von Identität bzw. menschlichen Lebens durch die eigene Begrenztheit oder das Zerbrechen von Beziehungen zum Tragen. Dabei ist insbesondere darauf zu achten, das Fragmentarische nicht als Malus in Anschlag zu bringen, sondern entlastend als Akzeptanz auch des Unvollkommenen und Brüchigen.

Als Vertiefung in das Thema Identität bietet sich Bonhoeffers Gedicht von Beginn dieses Beitrags an, da sich darin u. a. die Frage nach unterschiedlichen Rollen, die Differenzierung zwischen Selbst- und Fremdbild sowie das Bedürfnis nach Anerkennung und Angenommensein wiederfinden.

Im Rekurs auf die Frage „Woher komme ich?" kann bei Unterrichtsthemen zu Familie und Familienformen mit einem historisch angelegten Vergleich von Familienfotos gearbeitet werden. So lassen sich anhand der Gegenüberstellung von Familienbildern früher und heute nicht nur die immer schon vorhandenen Inszenierungen im Wandel der Zeit verdeutlichen, sondern gleichzeitig auch die stark normativ wirkenden Konventionen der jeweiligen Zeit. Während beispielsweise im klassischen Familienporträt um 1900 die einzelnen Familienmitglieder im Sonntagsanzug in der Regel um den Familienpatriarch als Oberhaupt der Familie drapiert wurden – und auf diese Weise nicht selten auch Nähe und Distanz zu diesem widerspiegelten, zeichnen sich heutige Familienselfies und -porträts eher durch Lockerheit, Spontaneität und sichtbar gut gelaunte Familienmitglieder aus. Das heißt, dass auf Familienbildern auch die jeweils geltenden Werte und Normen ganz offensichtlich werden.

Sekundarstufe II:
Für die Sekundarstufe II bietet sich insbesondere die Arbeit mit der Spiegelungsmetaphorik an, so wie dies beispielsweise auch auf sehr gelungene Weise im Ortswechsel-Band für Klasse 11 umgesetzt ist (vgl. Gojny u. a. 2013). Denkbar ist etwa die Frage ‚Wer bin ich?' zunächst einmal nicht schriftsprachlich, sondern mittels Selfies beantworten zu lassen. Weiterhin bietet es sich an, die eigene Profilseite einer Social-Network-Plattform unter der Fragestellung, was darauf über die eigene Identität ausgesagt wird, zu ‚lesen'. Anschließend kann man mit den SchülerInnen ins Gespräch darüber kommen, warum das Interesse an Selbstdarstellungen (nicht nur) im Web 2.0 so groß ist und welche Motivation (Suche nach Anerkennung) dahinter steckt. Gleichzeitig kann auch den Fragen ‚Warum bin ich, wie ich bin? Wie bin ich geworden, was und wie ich bin?' anhand von Fotos nachgegangen werden. Neben Erinnerungen lädt diese Selbstreflexion dazu ein, darüber nachzudenken, wer oder was Menschen prägt, sodass sich ebenso Anknüpfungspunkte an die eigene Werteentwicklung und Wertebildung ergeben.

Für die Sekundarstufe II ist darüber hinaus folgender Diskussionsimpuls denkbar: Würde Gott ein Selfie posten? Anhand dieser Frage ergeben sich Anknüpfungsmöglichkeiten an die Themen Gottesbild respektive Gottesebenbildlichkeit des Menschen sowie Christologie. Gleichzeitig wird damit auch die Frage nach dem Bilderverbot sowie der Nichtdarstellbarkeit von Gott aber auch der eigenen Identität virulent.

Literatur

Altmeyer, Martin (2002), Video(r) ergo sum! (Ich werde gesehen, also bin ich), Vortrag vom 15.04.02 im Rahmen der 52. Lindauer Psychotherapiewochen 2002, 10, online abrufbar unter: http://www.lptw.de/archiv/vortrag/2002/altmeyer_martin.pdf [zuletzt aufgerufen am 19.03.16].
Altmeyer, Martin (2003), Mediale Inszenierung postmoderner Identität. Vortrag vom 26.10.03 auf dem Kongress „Identität und Krankheit", 3, online abrufbar unter: http://www.martinaltmeyer.de/artikel/Narzissmus_Medien/Mediale_Inszenierung.htm [zuletzt aufgerufen am 19.03.16].
Astheimer, Jörg; Neumann-Braun, Klaus und Schmidt, Axel (2011), MyFace: Die Porträtfotografie im Social Web, in: *Neumann-Braun/Autenrieth 2011*, 79–122.
Autenrieth, Ulla P. (2011), MySelf. MyFriends. MyLife. MyWorld. Fotoalben auf Social Network Sites und ihre kommunikativen Funktionen für Jugendliche und junge Erwachsene, in: *Neumann-Braun/Autenrieth 2011*, 123–162.
Autenrieth, Ulla P. (2014a), Das Phänomen „Selfie". Handlungsorientierungen und Herausforderungen der fotografischen Selbstinszenierung von Jugendlichen im Social Web, in: *Lauffer/Röllecke 2014*, 52–59.

Autenrieth, Ulla P. (2014b), Die Bilderwelten der Social Network Sites. Bildzentrierte Darstellungsstrategien, Freundschaftskommunikation und Handlungsorientierungen von Jugendlichen auf Facebook und Co., Baden-Baden.

Autenrieth, Ulla P. (2015), Die Theatralisierung der Freundschaft. Zum Einfluss von Bildern und bildbasierter Kommunikation auf Social Network Sites auf die Freundschaftsbeziehungen von Jugendlichen und jungen Erwachsenen, in: Lobinger, Katharina (Hrsg.), Visualisierung – Mediatisierung. Bildliche Kommunikation und bildliches Handeln in mediatisierten Gesellschaften, Köln, 108–124.

Böhnisch, Lothar (2009), Jugend heute, in: Kerbe – Forum für Sozialpsychatrie 27, H. 2, 4–5, online unter: http://www.kerbe.info/files/Kerbe_ausgaben/2009-04-24_Kerbe2_09-Artikel-Boehnisch.pdf [zuletzt aufgerufen am 19.03.16].

Bonhoeffer, Dietrich (2008), Widerstand und Ergebung. Briefe und Aufzeichnungen aus der Haft. Herausgegeben von Eberhard Bethge, Gütersloh.

Cooley, Charles Horton (1956), The two major works of C. H. Cooley, Glencoe.

Costanza, Christina und Ernst, Christina (Hrsg.) (2012), Personen im Web 2.0. Kommunikationswissenschaftliche, ethische und anthropologische Zugänge zu einer Theologie der Social Media, Göttingen.

Erikson, Erik H. (1973), Identität und Lebenszyklus. Drei Aufsätze, Frankfurt a.M. [1959].

Ernst, Christina (2015), Mein Gesicht zeig ich nicht auf Facebook. Social Media als Herausforderung theologischer Anthropologie, Göttingen.

Filipović, Alexander (2012), Anthropologie des Web 2.0? Die Bedeutung eines theologisch-anthropologischen Zugangs für die Internetethik, in: *Costanza/Ernst 2012*, 17–31.

Fraas, Hans-Jürgen (1983), Glaube und Identität. Grundlagen einer Didaktik religiöser Lernprozesse, Göttingen.

Fürstenau, Sara und Niedrig, Heike (2007), Hybride Identitäten? Selbstverortungen jugendlicher TransmigrantInnen, in: Diskurs Kindheits- und Jugendforschung 2, H. 3, 247–262.

Gojny, Tanja; Grill-Ahollinger, Ingrid; Görnitz-Rückert, Sebastian und Rückert, Andrea (Hrsg.) (2013), Ortswechsel 11. Spiegelungen. Evangelisches Religionsbuch für Gymnasien. Ausgabe Bayern, München.

Hajok, Daniel und Zerbin, Franziska (2015), Identitätsbildung im Netz. Selbstdarstellung weiblicher Heranwachsender auf Foto- und Videoplattformen, in: tv diskurs 72, 19. Jg., H. 2, 64–67, online abrufbar unter: http://fsf.de/data/hefte/ausgabe/72/hajok_zerbin_identitaetsbildung_064_tvd72.pdf [zuletzt aufgerufen am 19.03.16].

Keupp, Heiner (2006), Identitätskonstruktionen. Das Patchwork der Identitäten in der Spätmoderne, Reinbek.

Keupp, Heiner (2012), Identitäten – befreit von Identitätszwängen, aber nicht von alltäglicher Identitätsarbeit, in: ZPT 64, H. 2, 100–111.

Kohler-Spiegel, Helga (2002), „Eine sinnvoll verlorene Zeit". Jugendliche in ihrer Entwicklung begleiten. Herausforderungen für die Jugendarbeit, in: Theo-Web. Zeitschrift für Religionspädagogik 1, H. 2, 42–55.

Kürzinger, Kathrin S. (2014), „Das Wissen bringt einem nichts, wenn man keine Werte hat." Wertebildung und Werteentwicklung aus Sicht von Jugendlichen, Göttingen (Wertebildung interdisziplinär; Bd. 3).

Lauffer, Jürgen und Röllecke, Renate (Hrsg.) (2014), Lieben, liken, spielen. Digitale Kommunikation und Selbstdarstellung Jugendlicher heute – Medienpädagogische Konzepte und Perspektiven, München.

Lück, Anne-Kathrin (2012), „Ich hab' nichts zu verbergen!" Persönlich-Sein und Person-Sein im Web 2.0, in: *Costanza/Ernst 2012*, 94–107.

Lück, Anne-Kathrin (2013), Der gläserne Mensch im Internet. Ethische Reflexionen zur Sichtbarkeit, Leiblichkeit und Personalität in der Online-Kommunikation, Stuttgart.

Luther, Henning (1985), Identität und Fragment. Praktisch-theologische Überlegungen zur Unabschließbarkeit von Bildungsprozessen, in: Theologia Practica 20, H. 4, 317–338.

Luther, Henning (1992), Identität und Fragment, in: ders., Religion und Alltag. Bausteine zu einer Praktischen Theologie des Subjekts, Stuttgart.

Luther, Henning (1992), Religion und Alltag. Bausteine zu einer praktischen Theologie des Subjekts, Stuttgart.

Mead, George Herbert (1973), Geist, Identität und Gesellschaft. Aus der Sicht des Sozialbehaviorismus, Frankfurt a.M. [1934].

Merle, Kristin (2014), Religion im Internet: Von neuen Erfahrungsräumen und Hybrididentitäten, in: Nord, Ilona und Luthe, Swantje (Hrsg.), Social Media, christliche Religiosität und Kirche. Studien zur Praktischen Theologie mit religionspädagogischem Schwerpunkt, Jena, 115–142.

Neumann-Braun, Klaus und Autenrieth, Ulla P. (Hrsg.) (2011), Freundschaft und Gemeinschaft im Social Web. Bildbezogenes Handeln und Peergroup-Kommunikation auf Facebook & Co., Baden-Baden.

Pirker, Viera (2013), Fluide und fragil. Identität als Grundoption zeitsensibler Pastoralpsychologie, Ostfildern.

Pirker, Viera (2015), Identität, in: Porzelt, Burkhard und Schimmel, Alexander (Hrsg.), Strukturbegriffe der Religionspädagogik, Bad Heilbrunn, 38–43.

Pirner, Manfred L. (2002), Christliche Identität. Identität zwischen Grenzbewusstsein und Ganzheitsvertrauen, in: Theo-web. Zeitschrift für Religionspädagogik 1, H. 2, 68–79.

Pühl, Barbara (vorauss. 2016), Die Aufgabe der Identität. Erik H. Eriksons Identitätskonzept und seine Bedeutung für die Religionspädagogik, Berlin.

Schmidt, Jan-Hinrik; Paus-Hasebrink, Ingrid und Hasebrink, Uwe (Hrsg.) (2009), Heranwachsen mit dem Social Web. Zur Rolle von Web 2.0-Angeboten im Alltag von Jugendlichen und jungen Erwachsenen, Berlin.

Schmidt, Jan (2011), Das neue Netz. Merkmale, Praktiken und Folgen des Web 2.0, Konstanz.

Tillmann, Angela (2014), Selfies. Selbst- und Körpererkundungen Jugendlicher in einer entgrenzten Gesellschaft, in: *Lauffer/Röllecke 2014*, 42–51.

Walser, Rahel (2011), „Darf ich dein Portemonnaie anschauen?" Automatenfotos und Freundschaft, in: *Neumann-Braun/Autenrieth 2011*, 83–86.

Monika E. Fuchs

Sehen und gesehen werden – religionspädagogische Impulse zum Spannungsfeld von Selbstbild, Abbild und Ebenbild

1 Taken of oneself and shared – Hinführung

Unter einem Selfie versteht man „[a] photograph that one has taken of oneself, typically one taken with a smartphone or webcam and shared via social media".[1] Selfies sind also medial-mittelbare Formen der Selbstbegegnung, die wiederum medial-unmittelbare Selbstmitteilung koinzidieren und Fremdbegegnung intendieren. „Entsprechend ihrer Distributionsweise werden Selfies zumeist nicht in körperlicher Kopräsenz, d. h. gemeinsam mit dem Urheber in einem Raum, betrachtet, sondern räumlich entgrenzt, an unterschiedlichen Orten, in verschiedensten Situationen, von einem oft nicht eindeutig umrissenen Publikum rezipiert" (Autenrieth 2014, 53).

Im Zentrum des Festgehaltenen steht dabei das – vermeintlich – Flüchtige des Augenblicks, dessen Entlaufen gerade eingeholt und präsentiert wird,[2] wobei jene Form der Produktion und Rezeption einen besonderen Reiz auch und gerade auf Jugendliche ausübt. Die regelmäßig vom Medienpädagogischen Forschungsverbund Südwest erhobenen Daten dokumentieren, dass 92 % der befragten 1200 Jugendlichen ein eigenes Smartphone besitzen (vgl. mpfs 2015, 7), wobei 27 % dieser 12- bis 19-Jährigen täglich Fotos machen (vgl. ebd., 11). Eine in Österreich unter Jugendlichen im Alter von 14 bis 29 Jahren durchgeführte Untersuchung belegt, dass 57 % der 600 Befragten Selfies von sich ins Netz stellt.[3] Schließlich sind mit Identitäts-, Beziehungs- und Informationsmanagement drei lebensweltliche Bedeutungsebenen des Social Web für Jugendliche herausgearbeitet (vgl. Schmidt/Paus-Hasebrink/Hasebrink 2011)[4]. Der Gesamtthese des vorliegenden Bandes folgend vermögen Selfies also einen – der jugendlichen Lebenswelt und kulturellen

---

[1] URL: http://www.oxforddictionaries.com/de/definition/englisch/selfie [Zugriff: 01.07.2016].

[2] „*Selfie* hat sich auch im Deutschen so schnell verbreitet, weil es – wie jeder erfolgreiche Anglizismus – eine Benennungslücke schließt. Ein *Selfie* ist eben doch nicht ganz dasselbe wie ein *Selbstbildnis* oder ein *Selbstporträt* – beides verbindet man eher mit der klassischen Malerei oder bestenfalls noch mit der künstlerischen Fotografie [...]. Aber der Unterschied liegt eher in den Stilebenen als in der Definition: Die verkleinernde Endsilbe *-ie* betont das Flüchtige. Und allein schon die Tatsache, dass es sich um ein englisches Wort handelt, hebt hervor, dass *Selfie* zur Netzwelt gehört und nicht zur Hochkultur." Der Journalist Matthias Heine in seinem Beitrag unter http://www.welt.de/kultur/article122047331/Das-Selfie-ist-ein-Foto-Quickie-mit-sich-selbst.html [Zugriff: 01.07.2016]; Hervorh. i. Orig.

[3] URL: http://jugendkultur.at/generation-selfie/ [Zugriff: 02.07.2016].

[4] Zum medienpädagogischen Umgang siehe Pelzer 2016. Er ergänzt als vierte Ebene die der Reflexionskompetenz; hier „ist der Kern einer wachsamen Nutzung immer jener, dass der Nutzer sich bewusst ist, dass im gleichen Maße wie er das Medium nutzt, es ihn auch nutzt" (ebd.).

Praxis entsprechenden – Zugang zu anthropologischem und ethischem Lernen darzustellen.

Diese Überlegungen sind nun einerseits und im Sinne einer realistischen Krisenreflexion so zu tarieren, dass sie das durchaus innewohnende Gefahrenpotential jugendlicher Mediennutzung benennen, ohne zugleich einem falschen Kulturpessimismus anheimzufallen (vgl. Autenrieth 2014, 53ff.; Schulz 2015, 29f.; Murray 2015, 491)[5]. Für ihre religionspädagogische Profilierung ist anderseits und im Sinne einer anthropologischen Krisenreflexion[6] zu prüfen, welche Lernanlässe sich konkret stellen und inwiefern diese theologische Anschlussstellen eröffnen.

1.1 Anthropologische und ethische Lernanlässe: Grundsituationen, Grundfragen und Grundfiguren

Tanja Gojny hat in ihrem einleitenden Beitrag den fotografischen Blick in den Spiegel als *anthropologische Grundsituation*[7] markiert: „Der Mensch als ein ‚Spiegelwesen' vermag es, Abstand von sich zu nehmen und zugleich Subjekt und Objekt des Erkennens zu sein" (Gojny, 19). Jene Fähigkeit zur Selbstreflexion mündet in die anthropologische Grundfrage: „Wer bin ich?" Im Social Web wird diese Frage nun flankiert von einer *ethischen Grundsituation*, insofern sich postwendend eine Bewertungssituation einstellt – unmittelbar intendiert durch das Posten des Selfies. Allerdings wird die ursprüngliche ethische Grundfrage „Wie soll ich sein?" nun ersetzt durch die Frage „Wie soll ich aussehen?". Autenrieth (2011, 130) erläutert hinsichtlich der sog. „Ich-Alben", dass sich „die Selbstdarstellung junger Menschen im Spannungsfeld zwischen dem Bedürfnis, sich einerseits möglichst authentisch im Sinne von ‚so bin ich' und andererseits möglichst idealisiert im Sinne von ‚so sehe ich gut aus' darzustellen", vollzieht.

---

[5] „Dass Jugendliche die Potenziale digitaler Medien für soziale Integration und Identitätsarbeit nutzen, kann also auf der einen Seite als eine Bereicherung im Sozialisationsprozess bewertet werden. Auf der anderen Seite haben keineswegs alle Jugendlichen Zugang zu diesen Potenzialen und verfügen über die entsprechenden Mittel und Fähigkeiten, um sich digitale Medien kompetent und verantwortungsvoll anzueignen. Damit sind die Risiken angesprochen, die sich auf insgesamt drei wesentliche Bereiche zusammenfassen lassen" (Schulz 2015, 29). Schulz benennt als zentrale Risiken die Kommerzialisierung von Kommunikation, Cybermobbing sowie die permanente Kommunikation, vgl. ebd., 30; vgl. auch Pelzer 2016.

[6] „Gleichwohl kann hier studiert werden, was mit Anthropologie als Krisenreflexion gemeint sein kann. Anthropologie bringt demnach eine übergreifende Perspektive ein, indem sie den Menschen als jemanden begreift, der alle sektoralen Zugriffe noch einmal überwindet, der – wie etwa in besonderer Verdichtung in den berühmten vier Fragen Kants (1. Was kann ich wissen? 2. Was soll ich tun? 3. Was darf ich hoffen? 4. Was ist der Mensch?) – sich als Ganzes thematisiert und über einzelne Bereiche hinaus nach dem Grund fragt, ja der die Frage nach dem Grund ist, die innergeschichtlich nicht still gestellt werden kann [...]. Mit dieser Klärung des anthropologischen Referenzbereiches kristallisiert sich Ansatz und Status einer theologischen Anthropologie heraus" (Grümme 2016, 2).

[7] „Das Besondere der Anthropologie gegenüber anderen Wissenschaften liegt bereits darin, dass der Mensch dabei nicht primär in der Außenperspektive der Verobjektivierung verbleibt. Er reflektiert vielmehr sich selber und macht sich so zum Forschungsgegenstand" (Grümme 2016, 1).

Die Selfie-Logik einer Reflexion von Subjekt und Objekt ist zuvorderst also ein permanentes Changieren der Frage „Wie sehe ich mich und wie will ich gesehen werden?". Genau das aber ist die Scharnierstelle – auch und gerade für religionspädagogisches Nachdenken! Denn theologisch reformuliert lautet diese Frage „Wie sehe ich mich und als was werde ich erkannt?"; und sie erhält ihr Pendant in der ethischen Frage „Wozu bin ich bestimmt?"[8]. Das lenkt den Blick auf die theologischen Aussagen über den Menschen.[9]

Mediale Ebene	Anthropologisch	Ethisch	(Re-) Präsentation
Grundsituation	Selbstreflexion („Blick in den Spiegel")	Bewertungssituation	Selbst- & Abbild
Grundfrage	Wer bin ich?	Wie soll ich sein?	
Grundfrage	Als was werde ich erkannt?	Wozu bin ich bestimmt?	Selbst- & Ebenbild
Grundfigur	Gottebenbildlichkeit	Gestaltungsauftrag	
Theologische Ebene	Anthropologisch	Ethisch	(Re-) Präsentation

Tab. 1: Kontextmerkmale medialer und theologischer Anthropologie

Die folgenden Überlegungen gehen erstens von der These aus, dass mit der medial-anthropologischen Ebene jeweils eine theologisch-anthropologische Ebene korrespondiert (Tab. 1)[10]. Diese entzieht sich jedoch zweitens einer diskursiven[11] Selbstverständlichkeit, insofern sie die Auffassung, Menschsein als In-Beziehung-Sein könne nur auf der Basis immanenter Beziehungen verstanden werden, wobei Transzendenz lediglich in Form einer Selbsttranszendenz menschlicher Existenz

---

[8] Der Mensch „muß seine Bestimmung selbst suchen, sich klarwerden, was er will. Darum sucht er umfassende Orientierung in der Welt. Aber er findet weder in der Naturwelt, noch in der Gesellschaft einen letztverbindlichen Maßstab für sein eigenes Leben, nirgends den unzweifelhaft letzten Zweck, dem alle einzelnen Entscheidungen seines Lebens unterzuordnen wären. Die Frage nach seiner Bestimmung läßt ihn bei vorläufigen Antworten nicht zur Ruhe kommen und treibt ihn weiter voran. Dieser unendliche Zug ins Offene zielt über alles, was ihm in der Welt begegnet, hinaus auf Gott. Darum bedeutet Weltoffenheit im Kern Gottoffenheit" (Pannenberg 1985, 40).

[9] „Theologische Aussagen über den Menschen sind – auf jeden Fall auch – Glaubensaussagen, die als solche ein menschliches Selbstverständnis anbieten, das in den Texten der Bibel in ursprünglicher Weise zur Sprache gekommen ist" (Jüngel 2002, 290).

[10] Vgl. auch Fuchs 2014.

[11] Grümme konstatiert gegenwärtig „eine vehemente Intensivierung anthropologischer Reflexionen [...]. Ungeachtet aller damit auch verbundenen Errungenschaften an Freiheit und Selbstbestimmung fordern die Prozesse der Pluralisierung und Virtualisierung von Erfahrungen, der Ökonomisierung der Lebenswelten, der Naturalisierung des Menschen, die entsubjektivierenden, aus geschichtlichen Traditionen herauslösenden Beschleunigungserfahrungen oder auch der Traum von einer Selbstperfektibilität des Menschen in Sozial- und Biotechnologie das überkommene Verständnis des Menschen massiv heraus" (Grümme 2016, 1).

erscheine, gerade nicht teilt.¹² Damit ist drittens festzuhalten, dass sich theologische Anthropologie letztlich als eine Eintragung „von außen" erweist und in religionsdidaktischer Hinsicht eine Leerstelle zu schließen sucht, die als solche zumeist (noch) gar nicht wahrgenommen bzw. konnotiert ist.

Es handelt sich gleichwohl um keine unzulässige Eintragung! Sie geschieht in praktisch-theologischem Interesse und rekurriert auf Religionspädagogik als einer „Theorie der Kommunikation des Evangeliums im Medium von Lernprozessen" (Schröder 2012, 172). Die Suche gilt möglichen Anschlussstellen und Antwortansätzen auf die Frage, ob und wie bzw. wo sich jene „Kommunikation des Evangeliums" korrelativ in die Distributions- und Kommunikationsweisen der Selfie-Generation einbringen lässt.

1.2 Religionsdidaktische Anschlussstellen

Johannes Woyke hat in seinen Ausführungen zu „Gerechtigkeit Gottes/Rechtfertigung des Menschen" bereits elementare Haftpunkte festgehalten, die im Ansatz auch für den vorliegenden Themenkomplex fruchtbar gemacht werden können: „Das Ineinander von theologischer und anthropologischer Dimension der Wirklichkeit ermöglicht auch ohne das Postulat Gottes einen Zugang zur Rechtfertigungsthematik über das elementare menschliche Ringen um Integrität und damit um das eigene Daseins-Recht. ‚Darf ich sein?', ‚Darf ich ‚ich selbst' sein?', ‚Darf ich dazugehören?' sind grundlegende Fragen menschlicher Existenz" (Woyke 2013, 222). Es sind auch jene Fragen, die die jugendliche Auseinandersetzung mit sich selbst, ihrer medialen und ihrer sozialen Wirkung auf andere rahmen. Besondere Bedeutung erhält dabei das ‚ins Bild gesetzte Ich'. Die fotografische Umsetzung ist jedoch lediglich die technische Seite dessen, was sprachlich längst avisiert ist: Es gilt, ein gutes Bild abzugeben (Perspektive), sich ins rechte Licht zu rücken (Be-/Ausleuchtung), verhältnismäßig aufzutreten (Stellung, Größenverhältnisse) und seine Grenzen zu kennen bzw. zu markieren (Motiv-/Bildausschnitt) – all das „taken of oneself"¹³. Je nachdem, ob Produzent oder Rezipient, ergeben sich freilich unterschiedliche Sichtfelder und damit einhergehend Spannungsfelder.

---

12   „In bezug (sic) auf die Auffassung von der relationalen Verfassung des Menschseins, die die anthropologische Reflexion zu dominieren scheint, stellt die christliche theologische Anthropologie keine Ausnahme dar. Vielmehr haben unterschiedliche theologische Entwürfe in der Gegenwart viel dazu beigetragen, diese Auffassung als eine grundlegende Interpretationsperspektive für die Anthropologie zu etablieren. Trotzdem teilt die theologische Anthropologie – obsolet wie immer in den Augen ihrer Kritiker – nicht die Auffassung, daß Menschsein als In-Beziehung-Sein auf der Basis der immanenten Beziehungen der Menschen zu sich selbst, zu anderen Personen und zur Welt der Natur und der Kultur verstanden werden kann, in denen Transzendenz nur in der Form der Selbsttranszendenz menschlicher Existenz erscheint. [...] Vielmehr behauptet sie, daß die Beziehung Gottes zur Menschheit der Schlüssel zum Verständnis aller Beziehungen ist, in denen der Mensch existiert, einschließlich der Beziehung des Menschen zu Gott" (Schwöbel 2002, 194f.).

13   Zu den Techniken der Selbstdarstellung in Selfies vgl. Murray 2015 sowie Lobinger in diesem Band.

2 Sichtfelder

2.1 (Sich) sehen – Selfies als Selbstbilder

Selfies sind eine regulative Form der Selbstbegegnung in definierter Abfolge: aufnehmen – auswählen – posten. Die Bildbearbeitung wird zur Arbeit am Selbstbild, und die Frage „Wer bin ich?" konkretisiert sich im Rahmen des Identitätsmanagements[14] als „Wie sehe ich aus?". In ihrer dokumentarischen Dimension dienen Selfies dabei der „visuellen Biografie- und Individualitätsbezeugung [...] und die fotografischen Darstellungen fungieren als anschauliche (Selbst-)Repräsentationen des Akteurs" (Neumann-Braun 2011, 7). Die Spiegelung als solche ist dabei eine rein immanente; sie verweist im Letzten immer nur auf die selbstreflexive Dimension des „Ich bin *mir* ebenbildlich."

Nun zählt die Ausbildung von Identität und Individualität im Sinne eines adäquaten Selbst- und Weltverhältnisses zu den wesentlichen Entwicklungsaufgaben des Jugendalters,[15] wozu wiederum die Aufgabe gehört, „den Körper bewohnen zu lernen" (Fend 2005, 222). Entsprechend nutzen Jugendliche „diese Fotos, um ihre Entwicklung als Mann oder Frau zu dokumentieren und zu reflektieren, um persönliche Grenzen auszuloten und performativ mit geschlechtstypischen Mustern und Bildern zu spielen" (Schulz 2015, 36). Allerdings riskiert diese Arbeit am Selbstbild nicht selten, lediglich die Reproduktion eines Fremdbilds zu sein: „Im Zusammenspiel von Posieren und Fotografieren orientieren sich die Akteure an den Selbstentwürfen des Marktes (,Fremdbilder'), die durch Vorbilder (Stars/Models) verkörpert werden und übernehmen diese als ihre eigenen Selbstentwürfe (,Selbstbilder'). Auf diese Weise werden in den Bildern keine Selbst-, sondern Fremdbilder verwirklicht! Die Fotografien der jungen Menschen werden an kulturindustriell lancierte Medienbilder angepasst, welche die Normen und Werte der Gesellschaft wiederspiegeln (sic). Die kulturelle Leitidee ist die des Glamours[,] [...] so dass der Selbstausdruck der Jugendlichen im neuen Medium Netz [...] den bekannten vorgegebenen Marktästhetiken folgt" (Neumann-Braun 2011, 8; vgl. auch Neumann-Braun 2010). Im Zuge einer Kopplung von Ästhetik und Ethik (vgl. Fuchs 2014) erfährt die ethische Grundfrage „Wie soll ich sein?" also ihre mediale Transformation in die Frage: „Wie soll ich aussehen?"[16]

---

[14] „Durch das Erstellen eines Profils in einem Netzwerk, durch das Führen eines Blogs, durch das Einstellen von Bildern in Facebook, Instagram oder sonstigen Plattformen managen die Schülerinnen und Schüler ihre Identität" (Pelzer 2016, 1.1). Zur medialen Identitätsarbeit siehe ausführlich Schorb 2009.

[15] Zur Relevanz von digitaler visueller Kommunikation für deren Bewältigung vgl. Döring 2014, 54f.

[16] Sie kann sich freilich auch emanzipatorisch wenden in die Frage „Wie will ich aussehen?"; vgl. hierzu Lobinger in diesem Band zum Spannungsverhältnis von Ermächtigung und Entmächtigung.

2.2 Gesehen werden – Selfies als Abbilder

An dieser Stelle wechselt der Blick hin zu den Rezipienten, wobei anhand der Stichworte Kommunikation, Antizipation und Lokalisation Dreierlei für das Posten und Teilen zu markieren ist.

Vor dem Hintergrund des eben Skizzierten ist zunächst zu konstatieren, dass häufig weniger das Selbstbild als vielmehr ein Abbild kommuniziert und kommentiert wird. Dessen ungeachtet wird die negative oder ausbleibende Rezeption von Selfies als fehlgeschlagene Kommunikation erlebt (vgl. Autenrieth 2014, 53) und das Social Web fungiert als Instrument zur Kommunikation wie zur Selbstvergewisserung: „Wer online nicht sichtbar ist, wird nicht wahrgenommen und verpasst alles. Dabei sind Selfies der Maßstab für Sichtbarkeit und Likes die soziale Währung" (Schulz 2015, 22; vgl. auch 26).

Zum Zweiten ist das Distributionsverhalten die zumeist unmittelbare Folge einer antizipierten Rezipientenerwartung. Diese kann am gängigen Markt orientiert sein (s. o. Neumann-Braun 2011) bzw. sich diesem gezielt widersetzen (vgl. Anm. 16); es kann aber ebenso auch zu Inkongruenzen von antizipiertem und tatsächlichem „Publikum" kommen (vgl. Marwick/boyd 2011, 115). Schließlich ist auch möglich, dass das spätere Publikum nicht oder zu spät bedacht wird (vgl. Autenrieth 2011, 130).[17]

Zum Dritten bewegt sich die mediale Abbildlichkeit aufgrund ihrer Lokalisierung im Social Web jeweils in der zeitlich und/oder räumlich versetzten Sekundärebene, was die Be- und Entgegnung der Kommunikation anbelangt: Sie verbleibt zweidimensional und lässt nur bedingt Sinneswahrnehmungen zu, insofern olfaktorische, gustatorische und taktile (oft auch akustische) Reize wegfallen. Haptische Primärerfahrungen wie die einer spontanen Umarmung oder das mitfühlend gereichte Taschentuch bleiben aus und werden über mediale Sekundärreaktionen – zumeist in Form von Emoticons – kompensiert.[18] Ich blicke als Rezipient also gerade nicht in das Angesicht eines Gegenübers[19], sondern in das Abbild des Angesichts eines Produzenten.

Zusammengefasst bedeutet das: Selfies sind die – zumeist marktreflexiven – Abbildungen gängiger Selbstbilder; die Form der Abbildlichkeit ebenso wie ihre Rezeption ist jeweils sekundär versetzt und trifft nicht immer zweifelsfrei den bzw. die intendierten Rezipienten. Die Spiegelung als solche verbleibt immanent und verweist auf die selbstreflexive Dimension des „Ich bin *mir* ebenbildlich", womit zugleich eine Fokussierung auf Körperlichkeit und Schönheit einhergeht. Was bedeutet das nun für theologische Eintragungen einer „Kommunikation des Evangeliums"?

---

[17] Das wird beim sog. Cybermobbing, nicht selten Folge von Sexting, besonders virulent. So werden „persönliche, erotische Fotos als symbolisches Geschenk von Handy zu Handy versandt, um in ersten Partnerschaften einen Vertrauensbeweis zu erbringen und um Nähe herzustellen" (Schulz 2015, 27).

[18] Zur Befürchtung, digitale Medien würden zu einer Entkörperlichung interpersonaler Kommunikationsprozesse führen, siehe den Beitrag von Lobinger in diesem Band.

[19] Vgl. hierzu auch Ernst 2015.

2.3 Erkannt sein – das Selbst als Ebenbild

Theologische Anthropologie will mehr und kann mehr als eine immanente Spiegelung zu leisten vermag. Sie verweist den Menschen über sich hinaus auf seine Berufung in die Ebenbildlichkeit: „Wir sehen jetzt durch einen Spiegel ein dunkles Bild; dann aber von Angesicht zu Angesicht. Jetzt erkenne ich stückweise; dann aber werde ich erkennen, wie ich erkannt bin" (1 Kor 13,12). Dieses neue Sein ist keine Frage der Inszenierung, sondern verdankte Existenz. Und wo die reflexive Selbstdistanz(-nahme) am ausgestreckten Arm endet und maximal durch den Selfie-Stick verlängert werden kann, eröffnet die transzendente Rede von Gott einen ganz neuen Blick- und „Aufnahmewinkel": So ist es gerade nicht der *von oben herab* kommende Gott, sondern der von oben *herabkommende* Gott.[20] Im Zentrum steht nicht das je neue Bild, sondern der neue Mensch (2 Kor 5,17), nicht der (s)einem Selbstbild entsprechende User, sondern „der Gott entsprechende Mensch"[21]. Dessen Ausbildung von Identität und Individualität – *das Selbst* als Ebenbild gibt es immer nur im Singular! – erfolgt nun im Sinne eines adäquaten Selbst-, Welt- und Gottverhältnisses.

Damit ergeben sich neue Zugänge: Während Identität als Selbstidentifikation „das anthropologische Postulat des vom Willen zu sich selbst beherrschten Menschen" ist, versteht der christliche Glaube „diese ontische Tendenz des Menschen als *Sünde*. Identität als Selbstidentifikation ist für den Glauben das Merkmal eines sich selbst gerade verlierenden Menschen. […] Der Mensch kommt zu sich selbst, wenn er zu einem anderen, als er selber ist, kommt" (Jüngel 2002, 299).[22] Hier deutet sich zugleich die soziätäre (vgl. ebd., 301f.) sowie die relationale Struktur menschlicher Existenz an: Nicht zuletzt vor dem Hintergrund seines Gestaltungsauftrags (s. o., Tab. 1) gehört zur Relationalität des Menschen seine Beziehung zu Natur und Umwelt in leibhafter Existenz, seine Beziehung zu anderen und zur Gemeinschaft in kommunikativer Existenz und seine Beziehung zu Kultur und Kunst in kultureller Existenz. Die Trias bleibt indes unvollständig, wird sie nicht in den Kontext der Relationalität Gottes gestellt:[23] „Christliche Anthropologie behauptet nicht nur, daß die Beziehung des Menschen zur Transzendenz die richtungsweisende Perspektive ist, von der her alle anderen Beziehungen verstanden werden sollten. Vielmehr behauptet sie, daß die Beziehung Gottes zur Menschheit der Schlüssel zum Verständnis aller Beziehungen ist, in denen der Mensch existiert, einschließlich der Beziehung des Menschen zu Gott." Sie „vertritt die Behauptung, daß Gottes Beziehung zum Menschen nur angemessen verstanden werden kann, wenn sie als die Beziehung des dreieinigen Gottes, des Va-

---

[20] Vgl. Jüngel 2002, bes. 306ff. Den Hinweis zur Parallele der „Aufnahmesituation von oben" verdanke ich Linda Schwich.

[21] Im Sein Christi „ist vielmehr über alle Menschen entschieden, insofern dieser eine Gott entsprechende Mensch die Gott nicht entsprechenden Menschen Gott *zur Entsprechung bringt*" (Jüngel 2002, 298).

[22] Vgl. hierzu auch 1 Kor 8,3: „Wenn aber jemand Gott liebt, der ist von ihm erkannt."

[23] „Der trinitarische Gott ist sowohl die Bedingung für das Sein menschlicher Personen als auch die Bedingung für die Erkenntnis der Wahrheit über menschliches Personsein" (Schwöbel 2002, 209).

ters, des Sohnes und des Geistes zur Menschheit verstanden wird" (Schwöbel 2002, 195).[24]

Mit Verweis auf die Transzendenz richtet sich der Blick schließlich auf die eschatologische Existenz des Menschen. „Darin nämlich verhält sich der christliche Glaube kritisch zu jeder Wirklichkeit menschlicher Existenz, daß er den Menschen eschatologisch versteht […]. Das dem Menschen von Gott her zukommende neue Sein ist der Notwendigkeit, veralten zu müssen, entzogen" (Jüngel 2002, 290). – Angesichts der permanenten Produktion und gleichsam ‚flüchtigen Geschichtlichkeit' von Selfies könnte das Kontrafaktische des eschatologischen Vorbehalts kaum größer sein!

3 Spannungsfelder

Das Widerständige einer derart verstandenen theologischen Anthropologie liegt nun insbesondere im Protest, Menschsein nicht nur als In-Beziehung-Sein auf der Basis immanenter Beziehungen zu verstehen. Der Eintrag einer transzendenten Perspektive als heilvolles, ‚(medien-)ideologiekritisches Korrektiv' führt notwendig zu Spannungsmomenten. Zugleich verweisen diese auf Schnittflächen, die wiederum didaktisch fruchtbar zu machen sind.

Im Spannungsfeld von immanenter vs. transzendenter Spiegelung: Hier liegt letztlich der Ausgangspunkt aller weiteren Spannungen. Es gilt zu prüfen, was es in der konkreten Spiegelsituation bedeutet, wenn die selbstreflexive Perspektive ergänzt wird durch eine externe, entgegen- weil ‚herunterkommende' Perspektive. Welche blinden Flecke lassen sich erkennen, wenn die medialen Kernfragen „Wer bin ich?/Wie sehe ich mich?" und „Wie soll ich aussehen?/Wie sehen andere mich?" ergänzt werden um die Frage „(Er-)Kennt Gott mich?/Wie sieht Gott mich?". M. E. müsste die von Pelzer (2016) in Erweiterung der Identitäts-, Beziehungs- und Informationsebene vorgeschlagene Reflexionsebene nicht zuletzt auch in dieser Hinsicht präzisiert und profiliert werden.

Im Spannungsfeld von Begrenzung vs. Entgrenzung: Ulrike Witten hat in ihrem Beitrag (168f.) bereits mögliche Begrenzungen von Selfies aufgezeigt. Im Fokus des Spannungsfeldes steht nun insbesondere das Flüchtige und Vergängliche des im Bild Festgehaltenen; der Versuch, die Zeit zu beugen, die sich doch nicht beugen lässt, und stattdessen teilzunehmen an „der Sterblichkeit, Verletzlichkeit und Wandelbarkeit", am unerbittlichen „Verfließen der Zeit".[25] Was bedeutet es dann

---

[24] Interessant ist das explizite Aufgreifen dieses Motivs im Kontext aktueller inklusionstheologischer Überlegungen: „Gott existiert in der wechselseitigen Beziehung seiner drei Seinsweisen so, dass sich Vater, Sohn und Heiliger Geist in ihrer Verschiedenheit gegenüber stehen und zugleich eine Gemeinschaft bilden. Im trinitarischen Sein Gottes ist Exklusion ausgeschlossen. Als eine Entsprechung zu diesem relationalen Sein Gottes deutet der christliche Glaube auch die Existenz Gottes. Das wird in der Charakterisierung des Menschen als ‚Bild Gottes' besonders eindrücklich. Sie gilt in einem breiten theologischen Konsens als ‚die entscheidende theologische Aussage über den Menschen'" (Liedke 2013, 34).

[25] „Jede Fotografie ist eine Art *memento mori*. Fotografieren bedeutet teilnehmen an der Sterblichkeit, Verletzlichkeit und Wandelbarkeit anderer Menschen (oder Dinge). Eben dadurch, daß sie

konkret, wenn das dem Menschen von Gott her zukommende neue Sein „der Notwendigkeit, veralten zu müssen, entzogen" ist (Jüngel 2002, 290)?

Im Spannungsfeld von Fixierung vs. Freiheit: Der Teilnahme an der Sterblichkeit korrespondiert nun andererseits die Erfahrung, manches Selfie gerne ungeschehen machen und endgültig auslöschen zu wollen, seine initiierte Distribution aber nicht mehr steuern zu können. In der Fixierung des arrangierten Moments droht das abgebildete „So bin ich" einerseits zur Festlegung zu werden, andererseits fragmentieren Identitäten bzw. werden fluide und es wird – nicht zuletzt auch in pädagogischen Kontexten – immer schwieriger, das authentische Leben und die bloß inszenierte Lebendigkeit auseinanderzuhalten.[26] Wie könnte angesichts der im Web 2.0 geltenden Gesetze hier die ‚Freiheit eines Christenmenschen' aussehen?

Im Spannungsfeld von Sollen vs. Sein: Dieses sich unmittelbar anschließende Spannungsfeld betrifft nun insbesondere die jugendlichen Managementstrategien, die sich nicht selten auch als Impression Management verstehen. Dabei ist das Ausbalancieren von Authentizität und Inszenierung nur eine Facette. Die andere betrifft Erfahrungen von Schwäche, Gebrochenheit und Krankheit, die auch Kinder und Jugendliche machen und die nicht Teil des schönen, attraktiven und perfekten ‚Happy Life' zu sein vermögen. Welchen Ort – und welche soziätären bzw. relationalen Strukturen – bekommen sie stattdessen im Leben zugewiesen? Schlussendlich ist auch nach der Spannung zu fragen, in der Gott den Menschen einerseits als Sünder sieht und ihm andererseits mit dem paradox scheinenden Zuspruch begegnet, dass seine Kraft sich gerade in den Schwachen als wirkmächtig erweist (2 Kor 12,9)?

Im Spannungsfeld von Modelgesicht vs. Angesicht: „Selfies lassen dabei zusehen, wie andere sich selbst im Spiegel angucken und ihr Modelgesicht ziehen, wenn grade niemand da ist… nur, dass heutzutage immer jeder überall ist" (Coupland 2015, 24). Zweierlei ist hier angesprochen und paradigmatisch: zum einen die reflexartige Orientierung am Markt und zum anderen die permanente Beobachtung durch den Markt. Wie müssten Beziehungen realiter gestaltet sein, damit aus Beobachtung Begleitung wird? Und was würde passieren, schaute das Original in das Angesicht seines Schöpfers?[27] Insbesondere im Alten Testament finden sich hierzu eindrückliche Begebenheiten, und nicht ohne Grund hat sich die Bitte des Aaronitischen Segens „Der Herr lasse sein Angesicht leuchten über dir" (Num 6,22–27) bis heute in der gottesdienstlichen Liturgie gehalten.

Man könnte die Liste an sich ergebenden Spannungen noch erweitern (s. Anm. 26), variieren oder ausdifferenzieren. Die Hinweise mögen an dieser Stelle jedoch

---

diesen einen Moment herausgreifen und erstarren lassen, bezeugen alle Fotografien das unerbittliche Verfließen der Zeit" (Sontag 1989, 12).

[26] Vgl. die Beiträge von Kürzinger sowie Gojny (bes. 4.1 und 4.3) in diesem Band. Insbesondere unter Berücksichtigung der Relationalität des trinitarischen Gottes wäre hier das Spannungsverhältnis von Identität und Sozialität noch einmal eigens zu bearbeiten: Was bedeutet es für die Verhältnisbestimmung von Identität und Sozialität, wenn die Ebenbildlichkeit als Referenzgröße ausbleibt?

[27] Das Bilderbuch „Du bist einmalig" (Lucado 2007) setzt an dieser Frage an.

genügen. Sie stehen exemplarisch für das didaktische Potential, das eine Gegenüberstellung medialer und theologischer Anthropologie eröffnet und verweisen auf Ansätze und Anschlussstellen für die weitere Auseinandersetzung. Abschließend gilt der Blick den sich ergebenden Schnittfeldern. Diese liegen einerseits quer zu den skizzierten Spannungsfeldern und sie sind andererseits anschlussfähig an mediale ebenso wie an religionspädagogisch-theologische Diskurse insofern sie Interaktionsmarker der Kommunikation darstellen.

4 Schnittfelder

Selfies sind Teil einer sozialen und kulturellen Praxis. Diese wiederum ist eingebunden in sozietäre wie relationale Strukturen. Innerhalb dieser Strukturen vollzieht sich Kommunikation im Wechselspiel von *Beziehung, Bewertung* und *Begegnung*, wobei der Marker ‚Beziehung' zugleich Prämisse und Konsequenz ist.[28]

4.1 Begegnung

Die Frage der Wahrnehmung/des Wahrgenommen-Werdens und der Interaktion ist konstitutiv für das Menschsein. Begegnung ist dabei immer reflexiv: etwas begegnet, jemand begegnet, man begegnet sich. Selfies als Form der Selbstbegegnung verweisen auf diese Sehnsucht, angeschaut statt übersehen zu werden – und dieser Sehnsucht korrespondiert die Selbstdarstellung. Den Menschen als „Sprachwesen", als Kommunikationswesen, bestimmen indes zwei Grundzüge, die die Logik des bloßen „sehen und gesehen werden"[29] überschreiten: „Der Mensch ist sowohl ein *angesprochenes* als auch ein *aussagendes* Wesen" (Jüngel 2002, 310). Damit stellt sich die medienpädagogische Herausforderung im Blick auf den Marker ‚Begegnung' insbesondere hinsichtlich einer Abwägung von ‚face to face' und ‚facebook'.

---

[28] Jugendliche kommunizieren rund um die Uhr per Smartphone, „um nichts zu verpassen und um sich abzusichern, dass sie sozial integriert sind". Es fällt ihnen zunehmend schwerer, „Situationen zu gestalten und auszuhalten, in denen sie nicht per Smartphone mit ihrem Beziehungsnetz verbunden sind. Sich zurückziehen zu können und in die eigenen Beziehungen zu vertrauen, stellt heute eine große Herausforderung für junge Menschen dar, die jedoch sowohl für die persönliche und soziale Entwicklung als auch aus neurologischer Sicht höchst bedeutsam ist" (Schulz 2015, 30).

[29] Vgl. hierzu (Neumann-Braun 2011, 7f.): „Die Bilder dienen in ihrer dokumentarischen Dimension der visuellen Biografie- und Individualitätsbezeugung. Das Portraitbild kompensiert bis zu einem gewissen Grad die (Pseudo-)Anonymität [...]. So gesehen stehen die Bilder in der digitalen Welt als Platzhalter für Personen und Geschehnisse, die der analogen Welt zuzuordnen sind – die Bilder vermitteln also an der Schnittstelle von einerseits analoger und andererseits digitaler Kommunikationswelt und lassen zugleich einen Prozess der Authentifizierung von Kommunikation (... der ist (es) wirklich!) von statten gehen."

4.2 Bewertung

Die Frage der Akzeptanz/des Angenommen-Seins ist konstitutiv für das Menschsein. Sie ist zugleich eine Frage nach der Verortung und Bestimmung des Menschen und geht einher mit der ethischen Grundsituation „Kann ich standhalten?" in der Hoffnung auf Likes. Dislokation allerdings „produziert Fehlorientierung. Beim Versuch, den Platz des Schöpfers einzunehmen, bezieht sich der Mensch auf seine eigene Beziehungshaftigkeit nicht in Übereinstimmung mit ihrer geschöpflichen Verfassung, sondern im Widerspruch zu ihr. Darum ist Sünde nicht nur Selbsttäuschung, sondern auch Selbstwiderspruch insofern der Mensch durch die Sünde seiner Bestimmung in der göttlichen Ordnung widerspricht" (Schwöbel 2002, 202). Die Rechtfertigung des Sünders „relokalisiert den Menschen in seiner Beziehung zu Gott und zur Welt. [...] Diese neue Orientierung des Glaubens ist in der Zurechtbringung der Beziehung zwischen Gott und Mensch begründet und findet im grundlegenden Vertrauen auf Gott als Grund und Ziel allen geschöpflichen Daseins seinen Ausdruck" (ebd., 204). Die medienpädagogische Herausforderung stellt sich im Blick auf den Marker ‚Bewertung' insbesondere hinsichtlich einer theologisch fundierten Identitätsarbeit einerseits und der Klärung sach- und personangemessener Urteilsinstanzen andererseits.

4.3 Beziehung

Die Frage der Zugehörigkeit ist konstitutiv für das Menschsein. Teilen, Posten und Liken sind medial vermittelter Ausdruck dessen.[30] Medien „erfüllen kommunikative bzw. symbolisch-expressive Funktionen und sind Ausgangspunkt für die Teilhabe an jugendkulturellen Gemeinschaften" (Schulz 2015, 23f.). Im Zentrum steht die Frage „Darf ich sein?", und sie gilt es im Angesicht Gottes und der Menschen zu leben und zu gestalten.[31] Sind die Beziehungen lokalisiert bzw. relokalisierend geklärt, kann sich auch das Selbstbild klären und in Distanz zu Rolle und Abbild treten: Dann kann die Maske abgelegt werden, Bekleidung die Verkleidung ersetzen (vgl. Eph 4,24) und die Pose ist als Posse entlarvt. Dennoch „zeichnet sich

---

[30] „Durch das Beitreten zu Gruppen, den Umgang mit Freundschaftsanfragen und durch die Rückmeldungen auf die eigenen digitalen Aktionen erfährt die Schülerin oder der Schüler, wo ihre/seine Position in ihrem/seinem Umfeld ist. Das Internet, vor allem die sozialen Medien, sind gleichsam das Radar der Schülerinnen und Schüler für deren Beziehungsmanagement" (Pelzer 2016, 1.1).

[31] „Unter Beziehung kann sich der Christ etwas anderes vorstellen, weil er eine spezifische Beziehungserfahrung gemacht hat, die im Zusammenhang mit einer Glaubens- oder Gotteserfahrung steht. [...] Im Lichte des christlichen Glaubens existiert jeder Mensch als Individuum vom Anderen her (Schöpfung und Verdanktheit) und ist auf den Mitmenschen hingeordnet. Personale Freiheit und Gemeinschaftsbezug werden nicht gegeneinander ausgespielt, sondern im Zusammenhang gesehen. Die Einheit von Geist und Leib stellt diesen Bezug zugleich in den Kontext von Körperlichkeit, Geschlechtlichkeit und Beziehungsfähigkeit und -bedürftigkeit. Diese Beziehungserfahrungen, die die Leiblichkeit und fassbare Begegnung und die Sinnlichkeit der Beziehung als entscheidend mit einbeziehen, können dann als Kontrast fungieren" (Filipović 2012, 28f.).

derzeit ein Wandel ab, der darauf verweist, dass Medien nicht mehr nur eine ergänzende Funktion erfüllen, sondern eine grundlegend konstitutive Rolle für Beziehungskommunikation spielen" (Schulz 2015, 23f.). Im Blick auf den Marker ‚Beziehung' gilt die medienpädagogische Herausforderung insbesondere der adäquaten Gestaltung einer pädagogischen Beziehungsebene – i. d. R. liegt eine Asymmetrie vor, die sich einerseits auf Lebensalter und -erfahrung und in Umkehrung der Verhältnisse andererseits auf den Status ‚digital native' bzw. ‚digital immigrant' bezieht.

5 Fazit und Ausblick

Der vorliegende Beitrag zielte auf mögliche Anschlussstellen und Antwortansätze auf die Frage, ob und wie bzw. wo sich die „Kommunikation des Evangeliums" korrelativ in die Distributions- und Kommunikationsweisen der Selfie-Generation einbringen lässt. Im Ergebnis stehen fünf ressourcenreiche Spannungs- als Arbeitsfelder einer sich ergänzenden Gegenüberstellung von medialer und theologischer Anthropologie. Ein medienpädagogisch reflektiertes Zusammenspiel von Begegnung, Bewertung und Beziehung als den zentralen Interaktionsmarkern der Kommunikation vermag hier umzusetzen, was Pirner (2016, 4) für die Medienbildung fordert: Sie ist keine „zusätzliche Aufgabe, die der religiösen Bildung von außen aufgebürdet wird, sondern sie muss vielmehr als eine unverzichtbare Dimension von religiöser Bildung verstanden werden.[32] Medienbildung in ihrem mehrdimensionalen, bildungstheoretischen Verständnis ist wiederum in vielfältiger Weise auf eine umfassende ästhetisch-kulturelle, ethische und weltanschaulich-religiöse Bildung bezogen. Dieser vielfachen Verflochtenheit von medialer und religiöser Bildung entspricht es, die beiden Bildungsbereiche in religionspädagogischen Kontexten mit medien-pädagogischer Sensibilität aufeinander zu beziehen". Zu den Lernbereichen, die eine Einbeziehung medienpädagogischer Aspekte möglich und nötig machen, zählt er u. a. die „Erschließung der Mehrdimensionalität von Mensch, Wirklichkeit und menschlicher Kommunikation" und die „Förderung ethischer Urteilsfähigkeit bezüglich der persönlichen und öffentlichen (Medien-)Kommunikation". Für beides bietet der Lerngegenstand ‚Selfie' ausreichend Stoff.

---

[32] Vgl. hierzu auch die Medienpädagogin Schulz: „Insgesamt ist davon auszugehen, dass die Förderung von Medienkompetenz nicht mehr nur als separate pädagogische Aktivität betrachtet werden kann", sondern als „untrennbarer Bestandteil einer umfassenden Lebenskompetenz gefasst und konzeptualisiert werden [muss], der für die Teilhabe an einer mediatisierten Gesellschaft unerlässlich geworden ist" (Schulz 2015, 31).

Literatur

Autenrieth, Ulla P. (2011), MySelf. MyFriends. MyLife. MyWorld. Fotoalben auf Social Network Sites und ihre kommunikative Funktionen für Jugendliche und junge Erwachsene, in: Neumann-Braun, Klaus und Autenrieth, Ulla P. (Hrsg.), Freundschaft und Gemeinschaft im Social Web. Bildbezogenes Handeln und Peergroup-Kommunikation auf Facebook & Co., Baden-Baden, 123–162.

Autenrieth, Ulla P. (2014), Das Phänomen „Selfie". Handlungsorientierungen und Herausforderungen der fotografischen Selbstinszenierung von Jugendlichen im Social Web, in: Lauffer, Jürgen und Röllecke, Renate (Hrsg.), Lieben, Liken, Spielen. Digitale Kommunikation und Selbstdarstellung Jugendlicher heute. Medienpädagogische Konzepte und Perspektiven, München, 52–59.

Coupland, Douglas (2015), Die 2 ½ste Dimension. Notizen zu Selfies, in: Bieber, Alain; NRW-Forum Düsseldorf (Hrsg.), Ego Update [anlässlich der Ausstellung Ego Update – Die Zukunft der Digitalen Identität im NRW-Forum, Düsseldorf vom 19. September 2015 – 17. Januar 2016], Düsseldorf, 22–29.

Döring, Nicola (2014), Mobilität und mobiler Mediengebrauch im Kontext der Entwicklungsaufgaben von Heranwachsenden, in: Wagner, Ulrike (Hrsg.), vernetzt_öffentlich_aktiv, München 2014, 51–66.

Ernst, Christina (2015), Mein Gesicht zeig ich nicht auf Facebook. Social Media als Herausforderung theologischer Anthropologie, Göttingen.

Fend, Helmut (2005), Entwicklungspsychologie des Jugendalters, Nachdruck der dritten, durchges. Aufl. Wiesbaden.

Filipović, Alexander (2012), Anthropologie im Web 2.0? Die Bedeutung eines theologisch-anthropologischen Zugangs für die Internetethik, in: Constanza, Christina und Ernst, Christina (Hrsg.), Personen im Web 2.0. Kommunikationswissenschaftliche, ethische und anthropologische Zugänge zu einer Theologie der Social Media, Göttingen, 17–31.

Fuchs, Monika E. (2014), Mediale Anthropologie als Thema der Religionspädagogik – Befunde und Perspektiven, in: Theo-Web. Zeitschrift für Religionspädagogik 13, H. 1, 111–124.

Grümme, Bernhard (2016), Art. Anthropologie, in: Wissenschaftlich-Religionspädagogisches Lexikon im Internet (WiReLex). Permanenter Link zum Artikel: http://www.bibelwissenschaft.de/stichwort/100185/ [Zugriff: 01.07.2016].

Heine, Matthias, Das Selfie ist ein Foto-Quickie mit sich selbst, URL: http://www.welt.de/kultur/article122047331/Das-Selfie-ist-ein-Foto-Quickie-mit-sich-selbst.html [Zugriff: 01.07.2016].

Jüngel, Eberhard (2002), Der Gott entsprechende Mensch. Bemerkungen zur Gottebenbildlichkeit des Menschen als Grundfigur theologischer Anthropologie, in: ders., Entsprechungen: Gott – Wahrheit – Mensch. Theologische Erörterungen II, 3. Aufl. Tübingen, 290–317.

Liedke, Ulf (2013), Inklusion in theologischer Perspektive, in: Kunz, Ralph und ders. (Hrsg.), Handbuch Inklusion in der Kirchengemeinde, Göttingen, 31–52.

Lucado, Max (2007), Du bist einmalig, 6. Aufl. Holzgerlingen.

Marwick, Alice E. und boyd, danah (2011), I tweet honestly, I tweet passionately: Twitter users, context collapse, and the imagined audience, in: New Media & Society 13, H. 1, 114–133.

Medienpädagogischer Forschungsverbund Südwest mpfs (2015), JIM-Studie 2015. Jugend, Information, (Multi-)Media. Basisuntersuchung zum Medienumgang 12–19-Jähriger, Stuttgart. URL: http://www.mpfs.de/fileadmin/JIM-pdf15/JIM_2015.pdf [Zugriff: 02.07.2016].

Murray, Derek Conrad (2015), Notes to self: the visual culture of selfies in the age of social media, in: Consumption Markets and Culture 18, H. 6, 490–516. URL: http://www.tandfonline.com/doi/pdf/10.1080/10253866.2015.1052967 [Zugriff: 03.07.2016].

Neumann-Braun, Klaus (2010), Zuwendungszirkel. Stars und ihre Verehrerinnen und Verehrer, in: Neumann-Braun, Klaus und Astheimer, Jörg (Hrsg.), Doku-Glamour im Web 2.0. Party-Portale und ihre Bilderwelten, Baden-Baden, 103–111.

Neumann-Braun, Klaus (2011), Internet und Gesellschaft – gegenwärtige Herausforderungen und aktuelle Forschungsergebnisse, Klicksafe Dossier zum Safer Internet Day 2011, URL:

http://www.klicksafe.de/ueber-klicksafe/safer-internet-day/sid-11/dossier-sid-2011 [Zugriff: 03.07.2016].

Pannenberg, Wolfhart (1985), Was ist der Mensch? Die Anthropologie der Gegenwart im Lichte der Theologie, 7. Aufl. Göttingen.

Pelzer, Jürgen (2016), Art. Internet als Medium im Religionsunterricht, in: Wissenschaftlich-Religionspädagogisches Lexikon im Internet (WiReLex). Permanenter Link zum Artikel: http://www.bibelwissenschaft.de/de/stichwort/100137/ [Zugriff: 01.07.2016].

Pirner, Manfred L. (2016), Art. Bildung, mediale, in: Wissenschaftlich-Religionspädagogisches Lexikon im Internet (WiReLex). Permanenter Link zum Artikel: http://www.bibelwissenschaft.de/de/stichwort/100189/ [Zugriff: 01.07.2016].

Schmidt, Jan-Hinrik; Paus-Hasebrink, Ingrid und Hasebrink, Uwe (Hrsg.) (2011), Heranwachsen mit dem Social Web. Zur Rolle von Web 2.0-Angeboten im Alltag von Jugendlichen und jungen Erwachsenen, 2. Aufl. Berlin (URL: https://www.lfm-nrw.de/fileadmin/lfm-nrw/Forschung/LfM-Band-62.pdf [Zugriff: 01.07.2016]).

Schorb, Bernd (2009), Mediale Identitätsarbeit: Zwischen Realität, Experiment und Provokation, in: Theunert, Helga (Hrsg.), Jugend – Medien – Identität. Identitätsarbeit Jugendlicher mit und in Medien, München, 81–93.

Schröder, Bernd (2012), Religionspädagogik, Tübingen.

Schulz, Iren (2015), „Spieglein, Spieglein an der Wand …": Die Bedeutung digitaler Medien im Jugendalter am Beispiel des Umgangs mit Schönheit, Körperlichkeit und Sexualität, in: ARCHIV für Wissenschaft und Praxis der sozialen Arbeit (Berlin), 46, H. 2, 22–33.

Schwöbel, Christoph (2002), Mensch als Sein-in-Beziehung. Zwölf Thesen für eine christliche Anthropologie, in: ders., Gott in Beziehung, Studien zur Dogmatik, Tübingen, 193–226.

Sontag, Susan (1989), In Platons Höhle, in: dies., Über Fotografie. Aus dem Amerikanischen von Mark W. Rien und Gertrud Baruch, München/Wien, 9–28; Neuabdruck, 1–20 unter URL: https://www.lmz-bw.de/fileadmin/user_upload/Medienbildung_MCO/fileadmin/bibliothek/sontag_fotografie/sontag_fotografie.pdf [Zugriff: 03.07.2016].

Woyke, Johannes (2013), Gerechtigkeit Gottes/Rechtfertigung des Menschen, in: Zimmermann, Mirjam und Zimmermann, Ruben (Hrsg.), Handbuch Bibeldidaktik, Tübingen, 222–227.

Britta Konz

Selfies als Ausgangspunkt des Theologisierens mit Kunst

Die ästhetische Praxis prägt heute „unübersehbar den Alltag" von Kindern und Jugendlichen, „mit all den (Selbst-)Inszenierungen, dem Design, der Kleidung, den Medien [...]" (Hilger, 2013, 343). Im Adoleszenzprozess experimentieren Heranwachsende „künstlerisch-aktiv mit dieser Welt" und ihren kulturellen und performativen Ausdrucksformen (ebd.). Mittels ästhetischer Inszenierungen werden die Zugehörigkeit zur Peergroup, aber auch Individualität und Abgrenzung demonstriert (vgl. ebd.). In der Alltagswelt von Schülerinnen und Schülern kommt dabei vor allem auch Bildern eine hohe Bedeutung zu. Wie sich am Beispiel der Selfies zeigt, haben sich sowohl die Produktion als auch die Rezeption von Bildern explosionsartig vermehrt. Aufgrund der medialen Überflutung durch Informationen und Bilder ist die Wahrnehmung von ihnen jedoch oft stereotyp und mechanisiert, es kommt zu keiner tieferen Auseinandersetzung mit dem „bildlichen Gehalt" (Peez 2002, o. S.). „Wer das Bild von etwas gesehen hat, glaubt", so Georg Peez, „einen Vorgang, ein Ereignis verstanden zu haben und Bescheid zu wissen." (ebd.) Das Bild droht dabei zum Signum von Realität, zum Beweis von Existenz zu werden (vgl. ebd.). Selfies sind, so könnte man meinen, das Kennzeichen einer narzisstischen Gesellschaft.[1] Warum sollte man sich also im Religionsunterricht damit beschäftigen? Sollte er nicht eher eine handy- und selfiefreie Zone bleiben?

Die Medialisierung der Jugendkultur wird zwar oft „medien- und kulturpessimistisch" ausgelegt, dennoch können, so Benjamin Jörissen und Winfried Marotzki, durch Medienbildung Orientierungs- und Bildungspotenziale erschlossen werden (vgl. Jörissen/Marotzki 2010, 103). Selfies bieten, so möchte ich im Folgenden zeigen, als Teil der Alltagskultur und als Medium der Selbstbetrachtung einen spannenden Anlass zum Theologisieren, da religiöses Lernen im Religionsunterricht darauf zielt, „Ich-Stärke in Auseinandersetzung mit der Fraglichkeit der realen Welt" und religiösen Sinndeutungsangeboten auszubilden, und Medien untrennbar zur Alltagskultur von Schülerinnen und Schülern gehören (Ziebertz 2013, 153). Kai-Uwe Hugger spricht von der „Offline-Jugend", die zugleich „Online-Jugend" ist: Jugendkulturelle Vergemeinschaftungsformen, „in deren Rahmen sich Jugendliche selbst darstellen, mit ihrer Identität auseinandersetzen und soziales Miteinander von Gleichgesinnten finden können", sind immer auch „digitale Jugendkulturen" (Hugger 2010, 7). Wenn der Religionsunterricht Schülerinnen und Schüler in ihrem Sozialisationsprozess begleiten, ihnen Orientierung bei der Identitätsbildung anbieten möchte, ist er deshalb auch zu kritischer Medienbegleitung herausgefordert (vgl. Leimgruber 2013, 247). Hierbei bewegt er sich an der Schnittstelle zwischen Religionsdidaktik und ästhetischer Bildung: Beide wol-

---

[1] Vgl. den Beitrag von Bauer in diesem Band.

len eine „nachdenkliche Aufmerksamkeit" schulen (Rumpf[2], zitiert nach: Hilger 2013, 338) und eine vertiefte Selbst- und Weltwahrnehmung anbahnen (vgl. ebd., 336). Das alltägliche Leben soll neu, anders und interessierter wahrgenommen werden, und die scheinbaren Selbstverständlichkeiten unserer Alltagskultur sollen hinterfragt werden (vgl. ebd., 335). Dabei geht es durchaus auch darum, Wahrnehmungsgewohnheiten zu irritieren und „festgefahrene Wahrnehmungsmuster" aufzubrechen (ebd., 337). Es ist ein „ästhetisches Grundgesetz", dass Wahrnehmungsprozesse durch Anregungen bereichert werden. Gleichermaßen braucht es aber auch ein „Verweilen, Ruhezonen und Unterbrechungen" (Welsch 1996, 57). Ästhetische Reflexion hat damit eine ähnliche Funktion der Unterbrechung von Alltag und Gewohnheitsstrukturen wie Religion.

Im Religionsunterricht zielt ästhetische Bildung nach Reilly in zwei Richtungen: Zum einen geht es um eine „Sensibilisierung für die religiöse Dimension der Wirklichkeit", zum anderen darum, die „ästhetische Praxis der Alltagskultur religionspädagogisch zu reflektieren" (zitiert nach: Hilger 2013, 337).[3] Hilger sieht den Religionsunterricht zudem zur Schulung des Möglichkeitssinnes herausgefordert. Die „Fähigkeit der Imagination" sei eine „religiöse Schlüsselqualifikation": „Im Interesse einer zu gestaltenden Zukunft, die offen ist für Neues und für das, was man kaum zu hoffen wagt, wird hier versucht, in ein neues Sehen einzuüben durch die imaginative Kraft der Gleichniserzählungen, die imaginativ-poetische Kraft der Psalmen, die prophetisch-utopischen Verheißungen einer ‚neuen Erde' und eines ‚neuen Himmels' oder auch durch die Begegnung etwa mit bildender Kunst." (Hilger 2013, 340) Hierdurch kann eine neue Sicht auf die Wirklichkeit angeregt werden, es können sich „neue Möglichkeiten des Hoffens auftun" und (alternative) Handlungsmöglichkeiten sichtbar werden (ebd.). Die Schulung dieser „produktiven Einbildungskraft" schließt nach Hilger Rationalität nicht aus, sondern befördert diese sogar (ebd., 341).

Vor diesem Hintergrund sollte im Religionsunterricht die Kultur der Selfie-Produktion und Social-Media Kommunikation in den Blick genommen und bewusst reflektiert werden: Wer bin ich, wer möchte ich sein oder werden?

Was mache ich da eigentlich, wenn ich mich selbst fotografiere und dies ins Netz stelle? Wie sehe ich mich? Zeige ich mich so, wie ich bin? Oder eher, wie andere mich gut finden? Wie öffentlich möchte ich mich überhaupt zeigen? Welche Resonanz erhoffe ich mir? Welche Resonanz gebe ich Anderen? Wie können wir wertschätzend und Ich-stärkend miteinander kommunizieren?[4] Diese Fragen können, so möchte ich im Folgenden zeigen, mit Hilfe des Theologisierens mit Kunst im Religionsunterricht Raum finden.

---

[2] Rumpf, Horst (1992), Anfängliche Aufmerksamkeit: Was sollen Lehrer können? Was sollen Lehrer lernen?, in: Pädagogik 9, 26–30.
[3] Reilly, George (1988), Religionsdidaktik und Ästhetische Erziehung, in: RpB, H. 22, 55–66.
[4] Vgl. den Beitrag von Gojny in diesem Band.

1 Selfies und Theologisieren als Reflexionsverhältnis

Wie empirische Untersuchungen zeigen, wird für Jugendliche Religion vorrangig in Bezug auf die eigene Biografie und als Orientierungshilfe für das eigene Leben relevant und von Jugendlichen für die eigenen Antriebe gesucht (vgl. Sellmann 2012, 29). Wo sie ihren eigenen Tiefen begegnen und diese explorieren, verstehen sie „diese Exploration oft als eine religiöse" (ebd.). Vielen gelten deshalb „Tagebuch schreiben, allein im Wald spazieren gehen oder sich an einen ruhigen Ort zurückzuziehen" als religiöse Erfahrung (ebd.). „Die Transzendenz wird also weder vorrangig metaphysisch noch institutionell noch sozial vermutet, sondern in einer Begegnung mit sich selbst lokalisiert." (ebd.) Theologisieren setzt bei dieser Selbstbefragung von Jugendlichen ein. Es ist ein „Reflexionsverhältnis" über sich selbst und damit verbunden über die eigenen theologischen Vorstellungen (Schlag/ Schweitzer 2011, 28). Gerade deshalb können Selfies einen spannenden Anlass zum Theologisieren bieten, weil sie als eine Art Spiegel Anlass zur Selbstbetrachtung, zur Selbstbefragung und damit auch zum theologischen Nachdenken geben und die Schülerinnen und Schüler dort abgeholt werden, wo sie in ihrer Frage nach sich selbst, nach der Welt und Gott stehen.[5]

Das Theologisieren mit Kindern und Jugendlichen folgt nach Freudenberger-Lötz zwei Richtungen: Zum einen sollen die Heranwachsenden zu Spurensuchern von „gelebter Religion" gemacht und „im Mit-Hören, Mit-Suchen und Mit-Fragen" die „existentiellen Bedürfnisse und Suchbewegungen" aufgedeckt und gefördert werden (Freudenberger-Lötz, 2007, 49). Zum anderen sollten sie „bedeutungsvollen Spuren in der biblischen Überlieferung bzw. christlichen Tradition" nachgehen. (ebd.) Wichtig ist, dass die Lehrenden sie dabei begleiten und Angebote zum Weiterdenken machen. Sie sollten *gewagte Hypothesen* einbringen, die Schülerinnen und Schüler zu eigenen Antworten herausfordern und ihnen Ordnungs- und Orientierungshilfe bieten (vgl. ebd., 50). Die „gewagten Hypothesen" bilden sich z. B. daraus, dass „eine bestimmte Erfahrung" an ein „Urthema des christlichen Glaubens" angebunden ist, oder dadurch, dass „eine bestimmte Glaubenserfahrung, die in satzhafter Form überliefert ist, eine moderne Lebenserfahrung trifft" (ebd., 51). Dabei ist es wichtig, weder den Jugendlichen Theologie und Glaube aufzudrängen (vgl. Schlag/Schweitzer 2011, 183), noch die Äußerungen der Jugendlichen zu verklären, als seien sie „Ausdruck etwas Ursprünglichen" (ebd., 182).

2 Chancen des Theologisierens mit Kunst

Theologisieren mit Kindern und Jugendlichen ist, wie Schlag und Schweitzer betonen, keine rein kognitive Angelegenheit, weil sie „durchweg eng mit Gefühlen, Einstellungen und Handlungsweisen verbunden" ist (Schlag/Schweitzer 2011, 181). Darüber hinaus gewinnt sie in unterschiedlichen Ausdrucksformen Gestalt, wie beispielsweise in ästhetischer und narrativer Hinsicht (vgl. ebd., 180). Für das

---

[5] Vgl. den Beitrag von Gojny in diesem Band.

Theologisieren gilt, wie auch für die ästhetische Bildung, dass sie als ein geistiger Prozess nicht ohne rationale Elemente möglich ist, umgekehrt aber auch Rationalität auf Sinnlichkeit basiert (vgl. ebd.). Während für den Grundschulunterricht weitgehend Übereinstimmung herrscht, dass kreative Arbeitsmethoden angeboten werden sollten, stehen in höheren Klassenstufen kognitive Denkprozesse im Vordergrund. Dies entspricht zwar der Entwicklung der Schülerinnen und Schüler, die mit zunehmendem Alter kognitiv leistungsfähiger werden. Andererseits zeigt die Lehr- und Lernforschung, dass sich Gelerntes besser im Gehirn verankert, wenn alle Sinne beim Lernprozess angeregt werden. Durch körperlich-sinnliche Erfahrungen wird eine tiefere Welt- und Selbsterfahrung ermöglicht. Wie der Künstler Bruce Naumann sagt, gewinnt man ein Bewusstsein seiner selbst nur durch „ein gewisses Maß an Aktivität und nicht, indem man nur über sich selbst nachdenkt" (Naumann, zitiert nach: Wappler 2000, 128). Auch wenn oder gerade weil Kinder oft sprachlich noch nicht so eloquent sind, versehen sie ihre Bilder mit „Sinnzeichen", mittels derer sie kommunizieren können. „Sinnzeichen" sind „von jedem Kind selbst erfundene und erarbeitete Symbole", die ihre Erlebnisse wiedergeben. Sie sind Produkte ihrer Welt und Selbsterkundung: „In Sinnzeichen ‚kann das Kind Erlebnisse, Vorstellungen, Wünsche, Vorlieben, aber auch Ängste und Konflikte sichtbar machen'" (Peez 2011, 48). Dasselbe gilt für Jugendliche, die ebenfalls, wenn auch mit höherer kognitiver Kompetenz, ihre eigenen Sinnzeichen schaffen und im künstlerischen Darstellungsprozess Gedanken, Konflikte und Erlebnisse verarbeiten können. Dabei kann auch Unbewusstes und sprachlich Nicht-Fassbares Ausdruck finden. In intensiven ästhetischen Prozessen und Praktiken gibt es „Momente des Grenzgangs zwischen Intention und Überraschung." Es können sich Gedanken und Emotionen offenbaren, „derer man sich vor dem Darstellungsprozess nicht bewusst war" (Wollberg/Zahn/Sabisch 2015, o. S.).

Grundsätzlich ergeben sich hieraus zwei Richtungen des Theologisierens mit Kunst:

2.1 Theologisieren beim Betrachten von Kunstwerken

Das Theologisieren beim Betrachten von Kunstwerken im Religionsunterricht kann der Schärfung der Wahrnehmung dienen und Anlässe zur Selbst- und Weltreflexion bieten. Durch die Beschäftigung mit Kunst kann ein Distanzmoment geschaffen werden, der es ermöglicht, sich selber und seine kulturellen Ausdrucksformen und Wahrnehmungsgewohnheiten mit einem gewissen Abstand zu betrachten. Hilger spricht an dieser Stelle mit Rumpf davon, „mit einem fremden Blick" das „Vertraute wie das Fremde in seiner Differenz wahrnehmen zu können und es so dem schnellen Konsumieren zu entziehen" (Hilger 2013, 337). Theologisieren mit Kunstwerken zielt wie die ästhetische Bildung insgesamt auf die Selbstbestimmung und Selbstermächtigung des Menschen (vgl. Liebau 2008, 39). Im Sinne prophetischer Rede und Gottes Gerechtigkeit und Parteilichkeit für Arme und Schwache gehört dazu auch die Analyse von Machtstrukturen: Wo wird das Ästhetische zur Abgrenzung von Eliten und Legitimation von Herrschaft in den

Dienst genommen? (vgl. ebd., 212f. u. 215) Wo werden Stereotype produziert und reproduziert, so dass Menschen ausgegrenzt und abgewertet oder Menschenbilder befördert werden, die dem jüdisch-christlichen Verständnis des Menschseins widersprechen?

2.2 Theologisieren mittels künstlerischer Darstellungsprozesse

Zum anderen kann durch das Theologisieren mittels künstlerischer Darstellungsprozesse ein Bewusstseinsbildungsprozess in Gang gesetzt werden, indem eigene Sinnzeichen generiert und damit eine non-verbale Kommunikationsebene erschlossen werden kann. Schülerinnen und Schüler können hierbei ästhetische Bildung als „Mittel zur Lebensbewältigung" kennenlernen (Liebau 2008, 213). Beim Theologisieren mittels künstlerischer Darstellungsprozesse können Möglichkeiten der Distanznahme, der Ironisierung, Verfremdung, Kritik und Verarbeitung auf verbaler, aber eben auch non-verbaler Ebene erschlossen werden. Dies ist gerade auch für Schülerinnen und Schüler bedeutsam, die ihre Gedanken (noch) nicht gut in Worte fassen können. Zugleich können auch unbewusste Gedanken und Emotionen zu Tage treten. Schülerinnen und Schüler können beim Theologisieren mittels künstlerischer Darstellungsprozesse die Erfahrung einer „verändernde[n] Kraft der künstlerischen Werke und der ästhetischen Ausdrucksformen [machen], deren Fremdheit nicht in trivialen Lern- und Aneignungsprozessen aufgelöst werden kann" (Liebau 2007, 220). Liebau beschreibt diese Kraft als „rätselhaftes Gegenüber", dessen Wirkungen nicht kalkulierbar seien (ebd.). Der Naturwissenschaftler und Philosoph Michael Polanyi prägte den Begriff „tacit knowing", mit dem diese Art des Wissens beschrieben wird, das sich erst in der Praxis zeigt. Tacit knowing ist, so Wollberg, Zahn und Sabisch, eine Art „produktive, implizite Wissensformation oder -struktur", eine „paradoxe Form einer anwesenden Abwesenheit" (Wollberg/Zahn/Sabisch 2015, o. S.). Im Prozess des künstlerischen Arbeitens können sich Schülerinnen und Schüler deshalb auch Klarheit über ihr Selbst und ihre Gedanken verschaffen. Durch künstlerische Darstellungsprozesse können Räume zur Imagination erschlossen und damit im Sinne von Hilger die Schulung des Möglichkeitssinnes angebahnt werden.

Selfies sind, auch wenn sie oft stereotypen Darstellungsmustern folgen, kreative Selbstdarstellungsprozesse und deshalb künstlerische Ausdrucksformen. Auch wenn Rollen eingenommen werden, kann durch ein „So-tun-als-ob" der Möglichkeitssinn geschult werden, da probehaft Optionen für „Haltungen, Denkweisen, Aussehen" durchgespielt werden und im Unterricht reflektiert werden können (Kirchner, 2012, 5). Selfies bieten Anlass zum Theologisieren mit Kunst in beide eben aufgezeigte Richtungen. Wie und an welcher Stelle Selfies im Religionsunterricht zum Anlass des Theologisierens mit Kunst werden können, möchte ich nun am Beispiel des Nachdenkens über Ebenbildlichkeit und Sterblichkeit aufzeigen.

3 Selfie ist der Mensch?![6] Die Frage nach der Ebenbildlichkeit des Menschen

Identitätsbildungsprozesse von Kindern und Jugendlichen vollziehen sich heute in Deutschland unter „den Bedingungen einer globalisierten westlichen Gesellschaft", die durch eine „pluralistische Grundstruktur in beinahe allen Fragen des Lebens" gekennzeichnet ist (Ziebertz 2013, 148). „Identität" ist dabei nicht als abschließbarer Prozess zu sehen, sondern als „Metapher für den Prozess, dass Menschen angesichts der potenziellen Optionen in der Pluralität nach Selbstvergewisserung, Konsistenz und Kohärenz suchen." (Ziebertz 2013, 149) Hierbei sind Menschen auf Resonanz angewiesen. Diese suchen Schülerinnen und Schüler derzeit häufig in Social-Media-Kontexten. Laut der Medienwissenschaftlerin Autenrieth geht es bei Selfies von Jugendlichen vielfach auch um Verunsicherung im Selbstfindungsprozess, um die Frage: „Wer bin ich und wie wirke ich auf andere?"[7] Bei ihrer „Inszenierung des Selbst" benötigen Jugendliche deshalb Rückmeldung durch das soziale Umfeld, wie die „Internetcommunity, die Peers, Sportgruppen, Vereine, Musikszenen, Klassenkameradinnen und -kameraden, aber auch Lehrerinnen und Lehrer, Eltern, Nachbarn usw." (Kirchner 2012, 4) Selfies werden also gemacht und mit anderen geteilt in der Hoffnung auf Ich-stärkende Resonanz. Sie spiegeln die menschliche Sehnsucht nach „Resonanzerfahrungen", nach „identitätskonstituierenden Erfahrungen des Berührt- oder Ergriffenseins" (Rosa 2014, o. S.). Nicht alle erhalten jedoch die erhoffte positive Rückmeldung. Zudem besteht die Gefahr, wie der Soziologe Hartmut Rosa anmerkt, dass unser Denken und Handeln „zu sehr auf die Herstellung der Bedingungen für Resonanz" abzielt: „Wir denken, wenn ich genug Geld, Zeit, Freunde und so weiter habe, dann stellt sich auch ein resonantes – oder eben: authentisches – Weltverhältnis ein." Darüber geht aber häufig die Fähigkeit und Bereitschaft verloren, sich konkret auf diese Erfahrungen einzulassen, also gewissermaßen „in den Resonanzmodus einzutreten" (Rosa 2014, o. S.).

Wie der einleitende Aufsatz von Gojny gezeigt hat, orientieren sich Jugendliche bei ihren Selfies zudem meist an den ästhetischen Mustern der kommerziellen Medien mit stereotypen Posen und „Happy-Life-Konzept"[8]. Dahinter steht ein ökonomisiertes Menschenbild, bei dem Menschsein an Kriterien der Schönheit, „Gesundheit, ökonomische[r] Brauchbarkeit und Rationalität" gemessen wird (Müller-Friese 1996, 57). Anita Müller-Friese weist darauf hin, dass die damit einhergehende Gleichsetzung von Gesundheit mit Glück, Leistung mit Wert und von Person mit Rationalität insbesondere auch für Inklusion problematisch ist (vgl. Müller-Friese 1996, 58, 68 u. 76).[9]

Gleichzeitig bieten die Social Media jedoch auch Spielräume für alternative Rollen- und Lebensentwürfe und das tiefere Nachdenken über den Menschen.

---

[6] ReliPuls.de – Religionspädagogische Impulse zu aktuellen Anlässen, 24. Oktober 2014
[7] Art. „Das „Selfie" ist der Trend des Jahres", in: Die Welt online (18.12.2013) www.welt.de/newsticker/.../Das-Selfie-ist-der-Trend-des-Jahres.html [Zugriff: 1.12.2015].
[8] Vgl. den Beitrag von Gojny in diesem Band.
[9] Vgl. den Beitrag von Witten in diesem Band.

Hier kann das Theologisieren ansetzen und den Gedanken der Gottebenbildlichkeit und des Seins-in-Beziehung als *gewagte Hypothese* anbieten. Jedem Menschen wird nach jüdisch-christlichem Zeugnis personale Würde zugesprochen. Kranken wie Gesunden, Nicht-Behinderten wie Menschen mit Behinderung gilt gleichermaßen die schöpfungsmäßig zuerkannte Gottebenbildlichkeit. Mit dem Gedanken der Gottebenbildlichkeit gewinnt das theologische Reden vom Menschen „einen kritischen Maßstab gegenüber anderen Entwürfen vom Menschsein" (Müller-Friese 1996, 160). Die biblischen Geschichten und Texte zeigen, dass Gott immer wieder menschliche Erwartungen irritiert und ad absurdum führt, indem er das Schwache, Unscheinbare wählt und seine „Herrlichkeit an die Vergänglichkeit" bindet (Müller-Friese 1996, 154f.). Das menschliche Sein ist nach jüdischem und christlichem Verständnis ein „Sein-in-Beziehung" mit Gott, dem Mitmenschen und der Schöpfung. Dem Menschen ist ein In-Beziehung-Sein, ist Resonanz durch die Gottesbeziehung zugesagt, die nicht an Äußerlichkeiten gebunden ist und auch gilt, wenn die vorgefundenen weltlichen Verhältnisse entmutigend und aussichtslos erscheinen. Freudenberger-Lötz sieht die Rede von der Gottebenbildlichkeit des Menschen mit Henning Luther „als eine kontrafaktische Zusage, die über die Gebrochenheit bestehenden Lebens hinausweist" (Freudenberger-Lötz 2003, 224). Menschen sind begrenzt und sterblich und auf Beziehung angewiesen, gleichzeitig gehört zur Geschöpflichkeit aber auch die Ausrichtung auf Zukunft und die Hoffnung, dass die Gebrochenheit des Daseins in Gottes Zukunft aufgehoben ist. Dadurch wird eine Hoffnungsperspektive eröffnet, „die Mut macht" (ebd.).

Ideenbausteine für den Religionsunterricht

Im Religionsunterricht kann im Sinne des „Theologisierens durch das Betrachten von Kunstwerken" das Bild „Qui ne se grime pas?" (Wer versteckt sich nicht, wer trägt keine Maske?) von Georges Rouault Anlass bieten, die Selbstdarstellungskultur bei Selfies mit einem „fremden Blick" zu betrachten und einer gewissen Distanz zu hinterfragen: Wie ehrlich zeigen wir uns auf Selfies unseren Mitmenschen, wie wollen wir von ihnen gesehen werden? Wer wollen wir sein oder werden? Inwiefern tragen wir, mit Rouault gesprochen, eine Maske und spielen eine Rolle? Dies kann zunächst bei Schülerinnen und Schülern die Wahrnehmung dafür schärfen, dass wir bei Bildern von uns selbst meist Posen einnehmen, von denen wir denken, dass sie gut wirken und dabei von unserer Zeitkultur und ihren ästhetischen Richtlinien geprägt sind. Als *gewagte Hypothese* könnte anschließend Psalm 139 eingebracht werden: „Du kennst mich, du hast mich im Mutterleib gebildet", um über das jüdisch-christliche Verständnis einer Beziehung zwischen Gott und Mensch ins Gespräch zu kommen, bei der der Mensch nicht perfekt sein muss, sondern so angenommen ist, wie er ist.

Im Sinne des „Theologisierens mittels künstlerischer Darstellungsprozesse" könnten Schülerinnen und Schüler zunächst mit eigenen und mitgebrachten Selfie-Bildern eine Collage legen. Das Theologisieren könnte zunächst beim Betrachten der Collage unter der Frage „Was ist der Mensch?" beginnen. Vertiefend könnte anschließend als *gewagte Hypothese* die Frage nach der Ebenbildlichkeit des Menschen eingebracht werden: „Wo und wie zeigt sich die Gottebenbildlichkeit? Wo und wie spiegelt sich Gott im Menschen?" Die Fragen könnten zum Anlass des Erstellens weiterer Selfies werden und einer neuen Collage, möglicherweise auch unter dem paulinischen Bild von den unterschiedlichen Begabungen und dem einen Leib.

4 Mit Selfies über Vergänglichkeit und Sterblichkeit theologisieren

Selfies sind Erinnerungszeichen im Identitätsbildungsprozess. Menschen sind auf diese Erinnerungszeichen, auf Spuren angewiesen, um ein Bewusstsein ihrer selbst zu bekommen und zu erhalten. Ohne „Anhaltspunkte im Lebens-Raum" verlieren sie ihre Orientierung, wie man an Menschen sieht, die ihr Gedächtnis verloren haben (Metken 1996, 39). „Wir sind, wer wir sind, aufgrund dessen, was wir lernen und woran wir uns erinnern", so der Gedächtnisforscher Eric Kandel in dem Dokumentarfilm „Auf der Suche nach dem Gedächtnis".[10] „Das Gedächtnis", so fährt er fort, „ist das Bindemittel, das unser geistiges Leben zusammenhält. Es verleiht unserem Leben Kontinuität." Erinnerungen und Erfahrungen sind stets in Kollektive eingebunden. Der Mensch ist auf Andere angewiesen, um in der Erzählung seiner Selbst seine Identität zu bilden (vgl. Rüsen 1997, 101). Hierbei spielt das Abbilden des Selbst eine große Rolle. Schon Höhlenmenschen haben versucht, durch Malerei oder Handabdrücke Spuren zu hinterlassen. Innerhalb der westlichen Kultur wurden und werden Porträt-Fotografien „als ein zentrales Medium" eingesetzt, „um individuelle Identität abzusichern, Erinnerungen zu stützen und die Biografie zu beglaubigen", so Aleida Assmann (Assmann 2008, o. S.). Sie weist mit Bezugnahme auf Maurice Halbwachs auf die Bedeutung des „Framing" von Fotografien hin: der sozialen und kulturellen Rahmung bei der Verwandlung von individueller Erfahrung in soziale Erinnerung und ein „vereinheitlichtes und gemeinsam geteiltes Gedächtnis" (ebd.). Auf privaten Fotografien werden laut Assmann „isolierte Augenblicke", „flüchtige Momente" festgehalten, die zum bedeutungsvollen „Monument" werden können. Dies schaffen sie jedoch nicht „Kraft ihrer puren Medialität", sondern nur durch eine spezifische Rahmung, durch eine Geschichte, die „den isolierten Bildern einen inneren Zusammenhang" verleiht (ebd.). Dieses autobiografische Erinnern eignen sich Menschen „innerhalb von Kulturen in konkreten sozialen Kontexten" an (ebd.). Außerhalb dieser narrativen Rahmung bezeugen Fotografien laut Assmann nichts. Wenn Fotos „anlässlich von Wohnungsauflösungen auf dem Flohmarkt landen, beweisen sie nur noch eines: dass sich das Familiengedächtnis, das sie einst gerahmt und gestützt hat, aufgelöst hat" (ebd.). Als Aleida Assmann ihren Aufsatz verfasste, fand diese Kommunikation noch bevorzugt anhand der Betrachtung von Fotoalben statt. Heute haben diese Funktion die Selfies übernommen, die auch immer in einen Kommunikationsrahmen eingebettet sind.[11] Selfies, die online gestellt und

---

[10] Seeger, Petra (Reg.), Eric Kandel. Auf der Suche nach dem Gedächtnis, DVD 2009.
[11] Vgl. den Beitrag von Gojny in diesem Band.

mit anderen geteilt werden, sollen unser Sein und unser Dagewesensein bezeugen. Wie andere Erinnerungsstücke sind sie eine „materialisierte Form von Erinnerung", die vor dem Vergessen bewahren sollen (Marquardt 1998, 43). Gleichzeitig sind Selfies Teil einer schnelllebigen Kultur. Im Gegensatz zu früheren Portraitfotografien werden sie in der Regel nicht sorgfältig geplant, sondern eher schnell geknipst und kommuniziert und schnell durch neue, aktuellere Bilder ersetzt. Dies hängt auch damit zusammen, dass sie Teil eines Kommunikationsprozesses sind. Wolfgang Ullrich vergleicht Selfies mit Emoticons, mit denen „diverse Gefühle und Empfindungen, aber auch Standardsituationen der Kommunikation kodifiziert" würden, so dass sie schnell mitteilbar seien (Ullrich 2015, 36). Von hier aus weitergedacht stellt sich die Frage, inwiefern Selfies wirklich zum Beweis von Existenz werden können bzw. inwiefern sie die Sehnsucht nach Ich-stärkender Resonanz befriedigen können. Zunächst sind sie Abbildung eines Erlebnisses, das noch nicht zur Erfahrung transformiert wurde. Erst wenn ein Reflexionsprozess über das Erlebte in Gang kommt, kann es im Sinne Walter Benjamins zur identitätsbildenden „genuinen Erfahrung" kommen (Rosa 2005, 470). Da Schülerinnen und Schüler in einer schnelllebigen Alltagskultur aufwachsen, in der oft Erlebnis an Erlebnis gereiht wird, kann und sollte Schule mit ihnen Methoden der Erfahrungsbildung einüben. Hier können Kunstwerke der „Spurensucher" Anregungen geben, um im Religionsunterricht über den Wert eines Erinnerungsprozesses ins Gespräch zu kommen. Wie bewusst wählen wir Bilder/Selfies aus, bevor wir sie online stellen? Welche Bilder sind wirklich identitätsbildende Erinnerungszeichen? Welche Bilder und damit auch Erfahrungen würden wir für alle Ewigkeit konservieren, bildlich gesprochen in einem Einmachglas aufbewahren wollen?

Abb. 1: Scheer, Petra, „Der Tod", sagte Beys „hält mich wach". Installation (1993–95)[12]

---

[12] In: Schaffner, Ingrid und Winzen, Matthias (1997), Deep Storage. Arsenale der Erinnerung. Sammeln, Speichern, Archivieren in der Kunst, München/New York.

Insbesondere die Werke von Christian Boltanski eignen sich m. E. dazu, die Selfiekultur auch unter dem Aspekt von Erinnerung und Vergänglichkeit zu reflektieren. Christian Boltanski ist der wohl bekannteste Vertreter der künstlerischen Richtung „Spurensicherung". Seine Arbeiten gehören zum elementaren Bestandteil der wichtigsten internationalen Kunstsammlungen. 2005 belegte Boltanski den 10. Platz im Kunstkompass-Ranking, bei dem die weltweit gefragtesten Künstler der Gegenwart ermittelt werden. 1994 erhielt er den Kunstpreis Aachen, 2006 den sogenannten „Nobelpreis der Künste", den Praemium Imperiale in der Sparte Skulptur. Mit seinem künstlerischen Werk setzt sich Boltanski intensiv mit seiner eigenen Vergangenheit auseinander, diese wird ihm zugleich aber auch zum Ausgangspunkt für eine allgemein-soziologische und zugleich ästhetische Beschäftigung mit dem Thema Vergangenheit und Vergänglichkeit.[13] Nicht zuletzt verfolgt er dabei durchaus didaktische Zielsetzungen: Er möchte die Betrachtenden an dieser Reflexionen teilhaben lassen und zwar nicht allein auf einer intellektuellen, sondern auch auf einer emotionalen Ebene. Die Kunst ist für Boltanski ein Versuch, dem Tod, „dem Fluch der Zeit zu entkommen". Sie sei dabei aber „immer eine Art Scheitern, ein Kampf, den du nicht gewinnen kannst".[14] Boltanskis Beschäftigung mit Erinnerung und Spuren, sein Interesse für Zeit, Verlust, Trauer und Tod speist sich jedoch nicht aus negativen Affekten, sondern aus der Zuwendung zum Leben. Es ist das Wissen darum, dass sich aus einem gesteigerten Bewusstsein der „radikalen Endlichkeit der Zeit eines jeden" eine intensivierte Lebenslust entwickeln kann (Beil 2006b, 12).

Für seine Spurensuche sammelt Boltanski beispielsweise alte ausgediente Sachen, die er dann fotografiert, inventarisiert und anordnet und mit denen er Archive füllt (vgl. Spies 2006, 23). Er schafft damit einen ästhetischen Zugang zur Frage danach, was bleibt, was uns trägt in unserem, mit Heidegger gesprochen „Sein zum Tode". Die Arbeiten von Christian Boltanski zeigen die unabwendbare Zusammengehörigkeit von Erinnern und Vergessen (vgl. Assmann 2006, 89). Bei aller Liebe zum Detail und auch bei der sorgsamsten Archivierung und Dokumentation bleibt, so Boltanski, die Hinwendung zur Vergangenheit eine stetige Erfahrung des Verlustes. Selbst wenn man noch so viele Archive anlegen würde, sei es doch unmöglich, ein Leben festzuhalten. Das Kind in uns, an das wir uns erinnern, ist gleichzeitig für immer verloren (vgl. Beil 2006a, 50). Die Zeit schreitet voran. Sie lässt sich nicht aufhalten und führt zwangsläufig zum Tod (vgl. ebd., 65). So gehört wohl beides elementar zum Menschsein: die Erfahrung des Verlustes und die Sehnsucht nach dem Bewahren von Erlebnissen, Erfahrungen und Zeit. Im Prinzip versuche er, so Boltanski, Dinge zu bewahren und die Vergangenheit wiederzufinden: „Wir können nichts bewahren, Wir können nichts vor dem Verfall retten. Genau davon handeln meine ersten Arbeiten: die Dinge zu bewahren im Wissen um ihre Vergänglichkeit" (ebd., 51).

Boltanski arbeitet interessanterweise oft mit Fotografien, die er abfotografiert, vergrößert und anordnet. Aleida Assmann weist darauf hin, dass er damit para-

---

[13] Vgl. http://de.wikipedia.org/wiki/Christian_Boltanski#cite_note-0 [1.12.2015].
[14] Schwerfel, Heinz Peter (Reg), „Die möglichen Leben des Christian Boltanski", Film auf Arte 15.2.2010.

doxerweise eigentlich etwas fotografiert, was sich dem Zugriff entzieht: die Vergangenheit (vgl. Assmann 2006, 89). Mittels Fotografien lassen sich laut Aleida Assmann zeitliche Veränderungen dokumentieren, aber auch kompensieren, weil auf ihnen etwas festgehalten wird, was so in der Gegenwart nicht mehr vorhanden ist (vgl. ebd.). Gleichzeitig kann man mit Siegfried Kracauer und Aleida Assmann sagen, dass Fotografie das Gegenteil von Erinnerung ist, weil sie lediglich die „äußere Hülle" zeigt, „die die Qualität einer Mumie besitzt" (ebd., 92). Lebendige Erinnerungsbezüge lassen zwar die Präzision von Fotografien vermissen, sie haben aber nach Kracauer, eine ganz andere Qualität (vgl. ebd.): Sie sind verarbeitete Erfahrung. Die Fotografie kann erst etwas bezeugen, wenn sie „in einen sozialen Kommunikationsrahmen eingebettet ist" (ebd.). Nur so vermag sie ein „Nach-Gedächtnis" zu produzieren (ebd.). „Boltanskis Gebrauch und Wiedergebrauch von Familien- und Personenfotografien bringt uns", so Aleida Assmann, „diese Erosion des Gedächtniswerts der Fotografie mit großem Nachdruck zu Bewusstsein. Indem er die gesammelten Fotografien noch einmal abfotografiert, eignet er sie sich an und produziert auf diese Weise ein ‚Nach-Nach-Gedächtnis'" (ebd., 93).

Boltanskis Kunstwerke weisen nach Assmann darauf hin, dass die Auswahlkriterien des kulturellen Gedächtnisses unklar geworden sind und die Speicherkapazität der Archive die Grenze dessen überschritten haben, was in menschliche Erinnerung rückübersetzbar sei (vgl. Assmann 2006, 95). Dem immensen Anstieg der externen Speicherkapazitäten im digitalen Zeitalter sei die menschliche Gedächtniskapazität nicht gewachsen: „Boltanski konfrontiert uns in seinen klar strukturierten Archivarchitekturen mit einem Erinnerungsimperativ, der sich nicht umsetzen lässt. Diese Überschwemmung mit Informationen und Eindrücken lässt sich gerade nicht ordnen und in wirkliche Erinnerungen verwandeln: Erinnern mündet ins Vergessen" (ebd.).

Ideenbausteine für den Religionsunterricht

Boltanskis Kunstwerke und ein Dokumentarfilm, in dem sich der Künstler über das Thema „Erinnerung" in seinem Werk äußert, bieten Anregungen für das „Theologisieren beim Betrachten von Kunstwerken", aber auch für eigene künstlerische Darstellungsprozesse. Sie können Schülerinnen und Schüler motivieren, Selfies zu sichten, zu sortieren, anzuordnen und dabei über die Bedeutung von Erinnerung ins Gespräch zu kommen. Erinnerung ist zugleich ein konstitutiver Faktor für Judentum und Christentum. Religion ist, betrachtet man die etymologische Wurzel des Begriffs, „immer memorativ, also erinnernd" (Senn 2003, 212): Vor allem Judentum und Christentum sind Erinnerungs- und Erzählgemeinschaften und biblische Geschichten drücken Hoffnung und Zuversicht aus, dass der Mensch in seiner Geschichtlichkeit auf Gottes Dasein und Beistand vertrauen darf. Bedeutsam ist dabei, dass das Gedächtnis dem Leben zugewandt bleibt, was an der Vergegenwärtigung der Vergangenheit in der Tradition sichtbar und erfahrbar wird. Die Beschäftigung mit der Vergangenheit bleibt niemals in der reinen Vergangenheitsbetrachtung stehen, sondern gibt ethische Impulse für Gegenwart und Zukunft (vgl. Greve 1997).

Im Netz finden sich viele Selfies, die sich, mehr oder weniger explizit, mit dem Alterungsprozess von Menschen und damit mit dem Thema Vergänglichkeit und Sterblichkeit auseinandersetzen.[15] Es gibt sogar Selfies, die auf Beerdigungen gemacht werden.[16]

Betrachtet man mit Schülerinnen und Schülern eine dieser filmischen Zusammenstellungen von Selfies, die über mehrere Jahre lang an jedem Tag gemacht wurden, kommt man automatisch darüber ins Gespräch, was konstant bleibt und was sich verändert. Darüber hinaus regen sie dazu an, danach zu fragen: Wie verändere ich mich innerlich, während ich mich äußerlich verändere? Was bleibt in mir, bei aller körperlichen Veränderung konstant?

Als *gewagte Hypothese* kann Psalm 90,12 eingebracht werden: „Lehre uns bedenken, dass wir sterben müssen, auf dass wir klug werden". Es ist gerade diese Begrenztheit menschlichen Lebens und die immerwährende Erfahrung des Verlustes, die Menschen zum ethischen Denken und Handeln motiviert: Weil der Mensch als ein moralisches Wesen mit Erinnerung begabt ist, spürt er seine Fragmentarität und Unzulänglichkeit, ist verletzbar und leidensfähig (vgl. Tarkowskij 2002, 101). Hiervon ausgehend könnte mit Schülerinnen und Schülern über den Sinn des Lebens, die Vorstellung einer unsterblichen Seele und ein Leben nach dem Tod theologisiert werden.

Literatur

Assmann, Aleida (2006), Die Furie des Verschwindens. Christian Boltanskis Archive des Vergessens, in: *Beil 2006*, 89–97.

Assmann, Aleida (2008), Das Rahmen von Erinnerungen am Beispiel der Foto-Installationen von Christian Boltanski, in: BIOS – Zeitschrift für Biographieforschung, Oral History und Lebensverlaufsanalysen 21, 1, 4–14. URL: http://nbnresolving.de/urn:nbn:de:0168-ssoar-270114 [3.12.2015].

Beil, Ralf (Hrsg.) (2006), Boltanski. Zeit, Katalog der Ausstellung im Institut Mathildenhöhe Darmstadt (12.11.2006–11.12.2007), Ostfildern-Ruit.

Beil, Ralf (2006a), „Das Leben ist ein kurzer schwarzer Strich". Ein Gespräch mit Christian Boltanski, in: *Beil 2006*, 47–80.

Beil, Ralf (2006b), Chronos trifft Thanatos, in: *Beil 2006*, 9–18.

Freudenberger-Lötz, Petra (2003), Religiöse Bildung in der neuen Schuleingangsstufe. Religionspädagogische und grundschulpädagogische Perspektiven, Stuttgart.

Freudenberger-Lötz, Petra (2007), Theologische Gespräche mit Kindern. Untersuchungen zur

---

[15] Auseinandersetzung mit dem eigenen Alterungsprozess und der Vergänglichkeit des Lebens: http://www.n24.de/n24/Nachrichten/Netzwelt/d/5244754/ein-teenagerleben-in-selfies.html [2.12.2015].
Altern im Zeitraffer: http://www.salzburg24.at/altern-im-zeitraffer-ein-selfie-jeden-tag/4060191 [2.12.2015].
Karl Baden auf einem der ersten und einem der letzten Bilder aus seinem Video „It Ain't Over Yet": http://www.augsburger-allgemeine.de/panorama/Ein-Mann-filmt-sein-Altern-25-Jahre-in-zwei-Minuten-id29073407.html [2.12.2015].
Android-Apps, mit denen man das Gesicht künstlich altern lassen kann: http://praxistipps.chip.de/gesicht-kuenstlich-altern-lassen-die-besten-android-apps_30588 [2.12.2015].

[16] http://selfiesatfunerals.tumblr.com/ [2.12.2015].

Professionalisierung Studierender und Anstöße zu forschendem Lernen im Religionsunterricht, Stuttgart.
Hilger, Georg (2013), Ästhetisches Lernen, in: *Hilger/Leimgruber/Ziebertz 2013*, 334–343.
Hilger, Georg; Leimgruber, Stephan und Ziebertz, Hans-Georg (Hrsg.) (2013), Religionsdidaktik. Ein Leitfaden für Studium, Ausbildung und Beruf, 3. Aufl. München.
Greve, Astrid (1997), Erinnern lernen. Zachor als didaktisches Konzept, Siegen.
Jörissen, Benjamin und Marotzki, Winfried (2010), Medienbildung in der digitalen Jugendkultur, in: Hugger, Kai-Uwe (Hrsg.), Digitale Jugendkulturen, Wiesbaden, 103–117.
Kirchner, Constanze (2012), Identität und Ausdruck. Gestalterisches Probehandeln, Selbstinszenierung und Rollenspiele, in: Kunst und Unterricht, H. 336/337, 4–14.
Leimgruber, Stephan (2013), Woran wird gelernt? Medien im Religionsunterricht, in: *Hilger/Leimgruber/Ziebertz 2013*, 242–253.
Liebau, Eckart (2008), Ästhetische Bildung und Schulentwicklung, in: ders. und Zirfas, Jörg (Hrsg.), Die Sinne und die Künste. Perspektiven ästhetischer Bildung, Bielefeld, 215–226.
Liebau, Eckart (2007), Über Geschmack lässt sich (nicht) streiten. Perspektiven ästhetischer Bildung, in: ders. u. a. (Hrsg.), Schönheit, Traum-Kunst-Bildung, Bielefeld, 109–222.
Liebau, Eckart und Zirfas, Jörg (2008), Die Sinne, die Künste und die Bildung. Ein Vorwort, in: dies. (Hrsg.), Die Sinne und die Künste. Perspektiven ästhetischer Bildung, Bielefeld, 7–15.
Marquardt, Claudia (1998), Tagebücher. Zur Konstruktion und Rezeption eigener und fremder Geschichte(n), in: Kunst und Unterricht, H. 227, 42–44.
Metken, Günter (1996), Spurensicherung. Eine Revision. Texte 1977–1995, Berlin.
Müller-Friese, Anita (1996), Miteinander der Verschiedenen. Theologische Überlegungen zu einem integrativen Bildungsverständnis. Weinheim.
Peez, Georg (2002), Ästhetische Bildung. Überraschung, Genuss, Kultur, Sinn und Sinnlichkeit in der kulturellen Erwachsenenbildung, www.georgpeez.de, zuletzt geändert am 24.02.2002 [29.4.2014], o. S.
Peez, Georg (2011), Kinder kritzeln, zeichnen und malen – Warum eigentlich? Von der Welt- und Selbsterkundung, in: Forschung Frankfurt, H. 2, 45–48.
Rosa, Hartmut (2005), Beschleunigung. Die Veränderung der Zeitstrukturen in der Moderne, Frankfurt a. M.
Rosa, Hartmut (2014) im Interview mit Ulrich Schnabel, „Hier kann ich ganz sein, wie ich bin", Zeit-online 28.08.2014, http://pdf.zeit.de/2014/34/hartmut-rosa-ich-gefuehl.pdf [Zugriff: 1.12.2015].
Rüsen, Jörn (1997), Geschichte als politische Wissenschaft, in: Bergmann, Jürgen; Megerle, Klaus und Steinbach, Peter, Handbuch der Geschichtsdidaktik, 5. überarb. Aufl. Seelze-Velber, 99–110.
Sabisch, Andrea (2009), Ästhetische Bildung ist Grundlage jeder Bildung, in: Billmayer, Franz (Hrsg.), Angeboten. Was die Kunstpädagogik leisten kann, München (Kontext Kunstpädagogik Bd. 19), 192–198.
Schlag, Thomas und Schweitzer, Friedrich (2011), Brauchen Jugendliche Theologie?, Jugendtheologie als Herausforderung und didaktische Perspektive, Neukirchen-Vluyn.
Sellmann, Matthias (2012), Jugendliche Religiosität als Sicherungs- und Distinktionsstrategie im sozialen Raum, in: Kropač, Ulrich; König, Klaus und Meier, Uto (Hrsg.), Jugend, Religion, Religiosität. Resultate, Probleme und Perspektiven der aktuellen Religiositätsforschung, Regensburg, 25–55.
Senn, Felix (2003), Zur Partikularität christlicher Memoria. Den ‚anonymen Christen' in memoriam – oder: J.B. Metz braucht K. Rahner, in: Petzel, Paul und Reck, Norbert (Hrsg.), Erinnern. Erkundungen zu einer theologischen Basiskategorie, Darmstadt, 211–227.
Spies, Werner (2006), Das Schattentheater Peter Schlemihls. Christian Boltanski als Historienmaler der Nacht unserer Zeit, in: *Beil 2006*, 23–36.
Tarkowskij, Andrej (2002), Die versiegelte Zeit. Gedanken zur Kunst, zur Ästhetik und Poetik des Films, 2. Aufl. München.
Ullrich, Wolfgang (2015), Selfies als Weltsprache, 34–43, https://ideenfreiheit.files.wordpress.

com/2015/10/selfies-als-weltsprache1.pdf [1.12.2015].

Wappler, Friederike (2000), Bruce Nauman „Ein Bewußtsein seiner selbst gewinnt man nur durch ein gewisses Maß an Aktivität", in: Zweite, Arnim (Hrsg.), Ich ist etwas Anderes. Kunst am Ende des 20. Jahrhunderts, Düsseldorf/Köln.

Welsch, Wolfgang (1996), Grenzgänge der Ästhetik, Stuttgart.

Wollberg, Ole; Zahn, Manuel und Sabisch, Andrea (2013), Kunstpädagogisches Kolloqium in Loccum 06.–08.09.2013, http://loccum.edublogs.org/2012/10/17/10-kunstpadagogisches-kolloquium/ [2.12.2015], o. S.

Ziebertz, Hans-Georg (2013), Wozu religiöses Lernen? Religionsunterricht als Hilfe zur Identitätsbildung, in: *Hilger/Leimgruber/Ziebertz 2013*, 142–154.

Ulrike Witten

#Selfies und #Inklusion?

Überlegungen zum Inklusionspotenzial von Selfies im Religionsunterricht

1   Hinführung

Besucht man touristisch relevante Stätten, so ist aus der Vielzahl der Sprachen leicht der Begriff ‚Selfie' herauszuhören sowie eine zunehmend selbstverständlich gewordene und transkulturell akzeptierte Geste des ausgestreckten Arms (ggf. noch verlängert durch den Selfiestick) zu sehen. Zu beobachten ist die Spiegelung des inszenierten Selbst im Bildschirm, aufgenommen durch die Frontkamera des Smartphones. Menschen fotografieren und filmen sich, teilen dies und lassen den Rest der Welt oder eine eingeschränktere Öffentlichkeit der sich an anderen Orten befindenden Freunde und Familienangehörigen an ihren Ereignissen in Echtzeit teilhaben.

Es gehört konstitutiv zum Nachdenken über religiöse Bildungsprozesse, die Lebenswelt(en) der Heranwachsenden aufzugreifen. Das Selfie-Phänomen gehört zur Lebenswelt von Kindern und Jugendlichen. Im Folgenden sollen für religiöse Bildungsprozesse innerhalb des Religionsunterrichts Selfies unter der Frage nach ihrem Inklusionspotenzial beleuchtet werden. Der Grundthese des Bandes folgend, dass Selfies einen lebensweltbezogenen und jugendgemäßen Zugang zu anthropologischem und ethischem Lernen darstellen, ist es einerseits eine sinnvolle Fortführung, die religionspädagogische Betrachtung von Selfies um das Themenfeld Inklusion zu erweitern. Andererseits ist ausgehend vom Inklusionsdiskurs die benannte Grundthese kritisch zu prüfen. Die folgenden Überlegungen gehen zudem davon aus, dass anthropologisches als auch ethisches Lernen eine gemeinsame Schnittmenge zu Inklusion haben, da mit Inklusion immer Fragen nach Menschenbildern sowie nach gerechten Zugängen zur gesellschaftlichen Teilhabe verbunden sind und Inklusion auch als Ziel anthropologischen sowie ethischen Lernens verstanden werden kann.

Die Betrachtung des Selfie-Themas durch die ‚Inklusionsbrille' geht von zwei Ausgangspunkten aus:

Erstens wird Smartphones zugeschrieben, ein Inklusionsmedium zu sein, da sie durch die Pflege sozialer Kontakte und den Austausch der sozialen Teilhabe in Gruppen dienen (vgl. Breyer/Otto 2015).

Zweitens ist Inklusion politisch und gesellschaftlich eine der aktuellen Herausforderungen, die auch einer religionspädagogischen Bearbeitung bedürfen. Diese beiden Aspekte lassen es sinnvoll erscheinen, das lebensweltlich aktuelle Thema Selfie mit dem Inklusionsdiskurs zu verknüpfen und zu fragen, wie die daraus erwachsenden Implikationen im Religionsunterricht fruchtbar gemacht werden können. An dieser Stelle sollen weder die kritischen Anfragen noch die Begründungsmuster, die aus religionspädagogischer Perspektive an den Inklusionsdiskurs bzw. die aus Perspektive der Inklusion an die Religionspädagogik möglich wären, diskutiert werden, sondern ausgehend von der Zielperspektive Inklusion soll das didaktische Potenzial von Selfies für diesen Prozess dargelegt werden. Dazu bedarf es zunächst einer kurzen Begriffsklärung, anhand derer auch die Bearbeitungsperspektiven des Themas Selfie deutlich werden, sie liegen in der Schnittmenge von Inklusion, Medienbildung und Religionsdidaktik.

2 Begriffsklärungen

Inklusion wird verstanden als Zielperspektive für eine Gesellschaft, die es ermöglicht, dass Menschen in Vielfalt zusammenleben und alle Menschen gleichwürdig und gleichberechtigt teilhaben können (vgl. Pithan 2013, 5). Dies betrifft alle Bereiche menschlichen Zusammenlebens, also auch Schule und Unterricht. Daher gilt als *inklusive Didaktik* eine Didaktik, die die Heterogenität der Lernenden, der Lehrenden sowie des Kontextes als Ausgangsbedingung reflektiert und produktiv in den Lernprozess einbezieht.[1]

Auf diese Weise versteht auch Schluchter *Medienbildung* als Perspektive für Inklusion. Er charakterisiert Inklusion als gesellschaftliche Entwicklungsaufgabe, die „sich auf eine Veränderung aller Lebensbereiche [… bezieht], dergestalt, dass alle Gesellschaftsmitglieder unabhängig von Alter, Geschlecht, sozialer und/oder kultureller Herkunft, Gesundheit (Behinderung/Nichtbehinderung) etc. […] in diese einbezogen sind, sodass Möglichkeiten zur gesellschaftlichen Mitgestaltung in selbstverständlicher Weise gegeben sind" (Schluchter 2015, 11). In dieser Perspektive nimmt Medienbildung „Bezug auf die (vorhandenen) Gestaltungs- und Bewältigungsfähigkeiten von Kindern und Jugendlichen, im Besonderen auf deren Formen, Alltags- und Lebenswelten mit Medien zu gestalten/ zu bewältigen" (ebd., 13). Dies umfasst den „kritisch-(selbst)-reflexiven" sowie den „kreativ-gestalterischen Umgang" mit „Medien(angeboten und -inhalten)" (ebd.). Medien sind „als Möglichkeit des kulturellen Selbstausdrucks, der sozialen Kommunikation, der Erweiterung individueller Erfahrungs-, Handlungs- und Kommunikationsprozesse sowie der Mitgestaltung von Gesellschaft zu denken" (ebd., 14). Schluchter vertritt dabei die These, dass die auf diese Weise mögliche Artikulation „insbesondere für Kinder und Jugendliche, welche mit gesellschaftlichen […] Exklusionsprozessen konfrontiert sind, einen bedeutsamen Weg in die Mitgestaltung von Gesellschaft" darstellt, sowohl individuell als auch politisch (ebd., 14).

Betrachtet man Inklusion unter den Bedingungen des Religionsunterrichts, können die zehn Grundsätze für eine *inklusive Religionsdidaktik*, die die Projektgruppe des Comenius-Instituts aufgestellt hat, herangezogen werden. Sie gründen auf dem ‚Index für Inklusion', der inklusive Kulturen, Strukturen und Praktiken als Zielvorstellungen beschreibt. Für den Religionsunterricht wurde formuliert:

---

[1] Inklusive Didaktik stellt dabei keine neue oder Sonderdidaktik dar, sondern nutzt die zur Verfügung stehenden didaktischen Repertoires.

„Im inklusiven Religionsunterricht wird ein positives Verständnis von Unterschieden gefördert und Vielfalt als Bereicherung erfahrbar gemacht [, …] erfahren und praktizieren alle Beteiligten einen wertschätzenden Umgang miteinander [, …] werden Barrieren für das Lernen und die Teilhabe aller am Unterricht Beteiligten erkannt und verringert [, …] werden die verschiedenen Interessen und Bedürfnisse der Schüler_innen berücksichtigt [,…] kann jede/r Unterstützung einfordern und anbieten. [… Dialog ist] ein durchgängiges Strukturprinzip des inklusiven Religionsunterrichts. […] Im inklusiven Religionsunterricht werden Lernangebote differenziert nach den individuellen Lernvoraussetzungen und Möglichkeiten gestaltet, so dass jede/r Schüler_in nachhaltig und erfolgreich lernen kann [, …] lernen und arbeiten Schüler_innen in der Regel auf unterschiedlichen Niveaus am gleichen Gegenstand und werden bestmöglich gefördert [, …] erfolgt Bewertung in wertschätzender und leistungsförderlicher Weise [, …] werden die allgemeinen Merkmale einer inklusiven Didaktik fachspezifisch auf die Lerngegenstände und Lernprozesse des Religionsunterrichts bezogen" (Projektgruppe 2014, 5).

Diese Grundsätze sollen im Folgenden als Grundlage für ein Verständnis inklusiven Religionsunterrichts dienen.

Mit Autenrieth wird für *Selfies* als konstituierend „die Kombination des Selbstbildnisses mit der anschließenden Distribution und Verhandlung über entsprechende Medienkanäle" betrachtet (Autenrieth 2014, 53). Selfies stellen ein Kommunikationsmedium innerhalb eines bestimmten Kommunikationskontextes dar (vgl. ebd., 52). Sie können als ein „gezielter Versuch der Kontaktaufnahme und als eine soziale Praxis" verstanden werden (Tillmann 2014b, 44). An die Stelle von Worten treten in einer bestimmten Kommunikationssituation live versendete Bilder, was erst durch die neue Technologie ermöglicht wurde. Die Bilder entfalten im Moment des Versendens ihre Bedeutung, sie sind aktuell bedeutsam und dienen nicht der Archivierung[2] (vgl. Ullrich 2015b, 32–34).

Es handelt sich dabei zwar um ein Spontaneität ausdrückendes Medium, aber nicht um zufällige Schnappschüsse, sondern um wohlüberlegte Inszenierungen, die einbeziehen, was ich von mir zeige, was ich nicht zeige[3], welchen Körperteil ich zeige[4] und wie ich meinen Kontext für die Inszenierung nutze.[5]

Im Anschluss an diese Begriffsklärungen stellt sich die Frage, inwiefern Selfies über Inklusionspotenzial verfügen, also ob sie zum wertschätzenden Umgang mit Heterogenität und zur gesellschaftlichen Teilhabe beitragen.

---

[2] Was durch Anbieter, wie Snapchat, die die Bilder nicht in einer Chronik archivieren, sondern nach kurzer Zeit löschen, besonders deutlich wird.
[3] Vgl. den Beitrag von Schwarz in diesem Band.
[4] Vgl. den Beitrag von Kürzinger in diesem Band.
[5] Die Frage, wer oder was auf dem Bild zu sehen ist, also, wie der Hintergrund für die Selbstinszenierung genutzt wird, ist z. B. für Touristen relevant – damit spielt auch eine iPhone-Werbung, in der Jugendliche sich gegenseitig vorspielen, im Urlaub zu sein und bei diesem Spiel aufeinandertreffen. Ein anderes Genre ist das Selfie mit Personen des öffentlichen Lebens, z. B. die medial verbreiteten Fotos von geflüchteten Menschen, die sich mit Angela Merkel fotografieren.

3 Wie inklusiv sind Selfies? Oder: Ermöglichen Selfies einen wertschätzenden Umgang mit Heterogenität und gesellschaftliche Teilhabe?

3.1 Das Exklusionspotenzial von Selfies

Mit Selfies ist erstens häufig die kritische Anfrage verbunden, dass sie Ausdruck einer neuen, selbstverliebten Generation seien,[6] die sich für sich, aber nicht für gesellschaftliches Engagement interessiere. Zweitens taucht die Kritik auf, dass Selfies Geschlechterrollenstereotype festschreiben und damit auch stärken.[7] Zudem ordnet sich drittens die Selbstpräsentation „einer Ökonomie der Aufmerksamkeit"[8] unter, dabei scheint es einen Code zu geben, Aspekte, die im nichtvirtuellen Alltag oft zu Stigmatisierung führen, nicht zu visualisieren.[9] Das kann Menschen in ihren Kommunikationsmöglichkeiten einschränken.

Diese Anfragen sind unter der Frage nach Inklusion sehr ernst zu nehmen, denn sie scheinen weder Ausdruck von wertschätzendem Umgang mit Heterogenität noch von gesellschaftlicher Teilhabe zu sein. Sie sollen daher einer differenzierten Betrachtung unterzogen werden. Es soll im Folgenden überlegt werden, wodurch Selfies Menschen in ihren Teilhabemöglichkeiten und im Ausdruck ihrer Heterogenität möglicherweise begrenzen.

Wann und wodurch begrenzen Selfies Menschen?
Ein einschränkendes Moment liegt in den technischen *Rahmenbedingungen*. Da die Selbstporträts auf Social Network Sites oder durch Applikationen des Smartphones gepostet, geteilt und kommentiert werden, konstituiert sich dadurch ein technischer sowie rechtlicher Raum mit bestimmten (Allgemeinen Geschäfts-)Bedingungen. Wenn infolgedessen oder auf Grund missbräuchlicher Weiterverbreitung die Rechte der Nutzer/innen eingeschränkt werden, Menschen z. B. nicht mehr selbst über die gegenwärtige oder zukünftige Verwendung ihrer Bilder bestimmen können, ist dies sehr kritisch zu sehen, da es den Handlungsspielraum der Menschen begrenzt.

Das einschränkende Moment durch die Übernahme von *Geschlechterrollenstereotypen* in Selfies wurde bereits benannt. Kürzinger (in diesem Band) hat darauf hingewiesen, dass Mädchen und junge Frauen sich in Flirt- und Modelposen bzw. als sexy oder beschützenswert darstellen. Jungen und junge Männer demonstrieren Stärke, Macht und Dominanz. Die Heranwachsenden inszenieren sich idealtypisch oder rollenkonform, da sie sich Beachtung und Aufmerksamkeit erhoffen. Gestaltungsspielräume bleiben ungenutzt. Geschlechtsspezifische Unterschiede zeigen sich auch in der Haltung zum Social Web. In der Shell-Studie waren Mädchen bei dem Typ, der den Verwendungszweck von Social Web „eher unkritisch sieht, aber mit dabei ist", mit 51 Prozent leicht überrepräsentiert (Leven/ Schneekloth 2015, 133).

---

[6] Vgl. den Beitrag von Bauer in diesem Band.
[7] Vgl. u. a. den Beitrag von Kürzinger in diesem Band.
[8] Schwarz in diesem Band.
[9] Vgl. den Beitrag von Schwarz, in diesem Band, in Bezug auf Lück 2013, 159.

Schwarz (in diesem Band) hat darauf hingewiesen, dass ungenutzte Gestaltungsspielräume nicht nur in Bezug auf Geschlechterrollen festzustellen sind, sondern dass Nutzerinnen und Nutzer sich durch die Reproduktion marktförmiger und heteronormativer *Darstellungsweisen* auch selbst begrenzen können. Selfies verändern Körpersprache und Mimik, bestimmte Gesten und Kopfhaltungen oder das ‚Duckface' – nach Ullrich werden dabei Emoticons imitiert – prägen sich ein (vgl. Ullrich 2015b, 35). Jugendliche orientieren sich dabei an medialen Vorbildern, die die Maßstäbe liefern für das, was als vorzeigbar gilt und Aufmerksamkeit verspricht. Die Kehrseite dessen ist, dass Bilder, die sich imageschädigend auswirken und die geringe Aufmerksamkeit versprechen, keine Selfies werden.

Dieser Aussage ist hinzuzufügen, dass Selfies Ausdruck einer Selbstinszenierung sind, die die positive und durch Likes oder Follower quantifizierbare Resonanz der Betrachterinnen vorwegnimmt und einkalkuliert. Dabei sind es keinesfalls nur scheinbar rollenkonforme, Stars imitierende oder marktförmige Darstellungsweisen, sondern auch Selbstporträts, die die Aufmerksamkeit der Betrachter durch schockierende, Scham, Verstörung oder Mitleid erregende Darstellungen herbeizuführen suchen, wie z. B. Sellotape-Selfies, Suglies oder Sick Selfies. Das einschränkende Moment liegt demzufolge nicht nur in der Darstellungsweise, sondern ebenso in der Aufmerksamkeitslogik, die Selfies inhärent ist. Gesteigert wird dies noch, wenn die durch Selfies gewonnene Aufmerksamkeit mit der eigenen Selbstwertschätzung gekoppelt wird (vgl. Autenrieth 2014, 56).

Diese einschränkenden Elemente sind im Blick auf Inklusion problematisch, da Vielfalt als Wert hier nicht zum Tragen kommt, sondern eine Verkürzung und Homogenisierung stattfindet.

Wen begrenzen Selfies in ihren Möglichkeiten? – Heterogene Nutzungen des Internets
Auf die unterschiedliche Verbreitung und Nutzung von Selfies hat Gojny bereits hingewiesen (in diesem Band). Da diese Frage im Blick auf einen wertschätzenden Umgang mit Vielfalt zentral ist, soll sie im Folgenden vertieft werden. Die Ergebnisse der Shell-Studie haben deutlich gezeigt, dass es nicht ‚das' Internet für ‚die' Jugendlichen gibt, sondern dass sich relevante Unterschiede nach sozialer Herkunft, Geschlecht sowie sozialem Status und Alter zeigen. Ergänzend soll noch das Heterogenitätsmerkmal Gesundheit bzw. Behinderung reflektiert werden.

Das Internet fungiert für alle Jugendlichen zunächst als Unterhaltungsmedium, wobei die Nutzung sozialer Netzwerke am häufigsten ist (57 Prozent aller befragten Jugendlichen greifen mindestens einmal am Tag auf soziale Netzwerke zurück). Insgesamt betrachtet gibt es aber sehr unterschiedliches Nutzerverhalten, das von Unterhaltung über Informationen bis zum Gebrauch des Social Web reicht (vgl. Leven/Schneekloth 2015, 140–151).

Heterogenitätsmerkmal soziale Herkunft
Die Shell-Jugendstudie untersucht die Internetnutzung von Jugendlichen und kann dabei einen starken Zusammenhang mit der sozialen Herkunft feststellen. Dies zeigt sich z. B. beim Internetzugang. Im Jahr 2002 waren Jugendliche aus der oberen Schicht deutlich häufiger online (84 Prozent) als Jugendliche der unteren Schicht (38 Prozent). 2006 stieg zwar insgesamt das Niveau, aber es blieb „vor

allem eine soziale Frage, ob die Jugendlichen über einen Internetzugang verfügten oder nicht" (Leven/Schneekloth 2015, 120). Vier Jahre später hatten fast alle (96 Prozent) einen Internetzugang, auch die übergroße Mehrheit der Jugendlichen aus der unteren sozialen Schicht (91 Prozent). 2015 herrscht Vollversorgung (99 Prozent).

Aber nicht nur der Internetzugang ist angestiegen, sondern auch die *Dauer* der Internetnutzung. Durchschnittlich sind Jugendliche 18,4 Stunden pro Woche online, wobei die soziale Herkunft statistisch bedeutsam bleibt (untere Schicht 18,3 Stunden, Mittelschicht 17,6, obere Schicht 19,9 Stunden). Im Vergleich zum Jahr 2010 ist neu, dass ermittelt wurde, *wie* Jugendliche ins Internet gehen. Während sich die Nutzungsdauer je nach sozialer Herkunft mit 2,3 Stunden pro Woche nur wenig unterscheidet, zeigt sich hier eine deutliche Differenz. Es „ist eine Frage der sozialen Herkunft, über *wie viele* Zugänge ins Internet Jugendliche verfügen" (ebd., 124). Während nur 17 Prozent der Jugendlichen aus der unteren Schicht über drei oder mehr Kanäle Zugang ins Internet haben, sind es 47 Prozent der Jugendlichen aus der oberen Schicht. Für das Smartphone gilt, dass die höhere soziale Schicht mit einer häufigeren Nutzung einhergeht; das gilt auch für die Nutzung eines Laptops, eines Tablets oder einer internetfähigen Spielkonsole (vgl. ebd., 124–126).

In Bezug auf das Social Web, dem die Kommunikationsform Selfie zuzuordnen ist, nimmt „mit ansteigender sozialer Schicht [...] die Zustimmung zu den Statements zum sozialen Charakter des Internets ab" (ebd., 130). 47 Prozent der Jugendlichen der unteren sozialen Schicht stimmen der Aussage zu, dass es ihnen Spaß macht zu liken, gegenüber 17 Prozent der oberen Schicht. 48 Prozent der Jugendlichen aus der unteren sozialen Schicht stimmen zu, dass es ihnen Spaß macht, im Internet Kontakte zu knüpfen und zu pflegen, aber nur 28 Prozent aus der oberen Schicht. Den sozialen Zwang, bei sozialen Netzwerken dabei zu sein, um nichts zu verpassen, sehen 52 Prozent der Jugendlichen aus der unteren sozialen Schicht, aber nur 31 Prozent der oberen Schicht (vgl. ebd., 130).

Aus den erhobenen Daten wurden Typologien der Grundhaltungen zum Social Web gebildet, diese variieren je nach sozialer Herkunft. Beim Typ, der sich kritisch gibt und sich nicht auf alles einlässt, ist der Anteil von Jugendlichen aus der oberen Mittelschicht (46 Prozent) am größten. Diejenigen, die sich kritisch geben, aber trotzdem bei allem mit dabei sein wollen, stammen aus der unteren Mittelschicht sowie der unteren Schicht oder gehören zur Gruppe der nichtdeutschen Jugendlichen (vgl. ebd., 131–133).

Die Nutzung von Facebook unterscheidet sich ebenfalls je nach sozialer Herkunft. Jeweils 21 Prozent der oberen Schicht sowie der oberen Mittelschicht nutzen Facebook nie, in der unteren Schicht sind dies nur 7 Prozent. Auch das Vertrauen in Facebook steht im Zusammenhang mit der sozialen Herkunft: je höher die soziale Herkunft umso geringer das Vertrauen in Facebook. Während 20 Prozent der Jugendlichen aus der unteren Schicht glauben, dass Facebook verantwortungsvoll mit den Nutzerdaten umgeht, sind es in der oberen Schicht nur 6 Prozent (vgl. ebd., 135–136). „Jugendliche aus den gehobenen Herkunftsschichten" – so resümieren die Autoren – können „das Internet häufiger und auch besser für ihre Zwecke nutzen" (ebd., 151).

Auf Nutzungs- und Beteiligungsungleichheiten in Abhängigkeit vom sozialen Status haben auch Kutscher und Otto in der Auswertung verschiedener empirischer Studien der letzten Jahre hingewiesen. Sie kommen zu dem Ergebnis, dass Benachteiligungen der Offline-Welt sich auch in der Online-Sphäre abbilden und dass gerade die Nicht-Benachteiligten die Informations- sowie die Partizipationsmöglichkeiten nutzen, während „Jugendliche mit formal niedrigem Bildungshintergrund besonders an präsentativen Aktivitäten im Web 2.0 beteiligt sind, die […] insgesamt teilhabebezogen weniger wirkmächtige Praxen umfassen." (Kutscher/Otto 2014, 290) Virtuelle Kommunikationsräume konstituieren sich exklusiv, da soziale Grenzüberschreitungen kaum erfolgen. Diese Befunde stellen eindringlich die Frage nach Barrieren, die zu Teilhabeungleichheit führen, in der scheinbar so voraussetzungslosen, demokratisierenden digitalen Welt (vgl. ebd., 283–293).

Heterogenitätsmerkmal Alter
Mit dem Alter steigt die Dauer der Internetnutzung (vgl. Leven/Schneekloth 2015, 121) sowie eine kritische Positionierung zum Social Web. Jüngere Jugendliche (12 bis 14 Jahre) sind bei der Typisierung der Grundhaltung zum Social Web beim Typ, der den Verwendungszweck eher unkritisch sieht und „mit dabei ist", mit 44 Prozent leicht überrepräsentiert (ebd., 133).

Die Nutzung von Facebook ist bei den 18- bis 21-Jährigen am höchsten (69 Prozent). Bei den älteren Jugendlichen sind es 64 Prozent, bei den 12- bis 14-Jährigen 31 Prozent – das Mindestalter für die Registrierung liegt bei 13 Jahren – und bei den 15- bis 17-Jährigen sind es 52 Prozent, die Facebook nutzen (vgl. ebd., 134–135). Das Alter stellt also für das Thema Selfies ein nicht zu vernachlässigendes Heterogenitätsmerkmal dar.

Heterogenitätsmerkmal Gesundheit
Im Blick auf das Heterogenitätsmerkmal Gesundheit sollen Anfragen an das Gefährdungspotenzial, das von sozialen Medien und ihrer immerwährenden Präsenz ausgeht, beleuchtet werden. Auch ohne eine kulturpessimistische Sicht auf ‚Neue Medien' stellt sich zurecht die Frage, ob möglicherweise „die komplexen Wirklichkeitsbedingungen der Neuen Medien besonders für Kinder und Jugendliche mit Frühstörungen und ohne den so genannten ‚sicheren Realitätsbezug' eine besondere, neue Irritation und Schwierigkeit [darstellen], die auch neue pädagogische und therapeutische Konzepte erfordern" (Koller 2015, 37). Dabei ist zu bedenken, dass viele Behauptungen zur Bedeutung von Medien und ihren Auswirkungen auf Jugendliche nicht ausreichend belegt sind (vgl. Barth 2015, 81–82).

Für Menschen mit Behinderungen stellen die mit dem Web 2.0 verbundenen neuen Möglichkeiten eine *Chance* im Blick auf Kommunikation und Partizipation dar. Z. B. können Menschen mit Autismus Probleme haben, zu telefonieren, aber sie fühlen sich in der digitalen Welt zuhause, was eine Integrationsmöglichkeit darstellt (vgl. ebd., 83). Auch helfen technische Hilfsmittel Barrieren bei der digitalen Kommunikation zu verringern.

Aussagen zum beschränkenden Potenzial digitaler Kommunikation sind nicht allgemeingültig möglich, da es keinen klar belegten Zusammenhang zwischen dem

Gefährdungspotenzial der digitalen Kommunikation und bestimmten Erkrankungen oder Behinderungen gibt. So sind zwar Korrelationen zu finden, aus diesen können aber keine Kausalitäten abgeleitet werden. Das bedeutet gleichwohl nicht, dass es diese nicht geben kann,[10] z. B. zwischen psychosozialen Erkrankungen und Suchtverhalten (vgl. ebd., 92). Ein einschränkendes Potenzial ist also nicht grundsätzlich auszuschließen.

Cyber-Mobbing stellt ebenso eine Herausforderung in jugendlichen Lebenswelten dar. Mobbing oder Bullying sind extreme Formen exkludierenden Verhaltens, wobei das Cyber-Mobbing durch die allgegenwärtige Präsenz sozialer Medien besonders problematisch ist.

3.2 Das Inklusionspotenzial von Selfies

Trotz oder gerade wegen der kritischen Anfragen soll im Folgenden überlegt werden, wie und wodurch Selfies über Inklusionspotenzial verfügen können. Dabei wird grundlegend davon ausgegangen, dass Selfies als Kommunikationsmedien Ausdruck des Wunsches sind, „sich zugehörig zu fühlen" (Tillmann 2014a, 158); sie also ein Medium sind, das stark auf Teilhabe orientiert ist. Damit sind sie Ausdruck des (jugendlichen) Grundbedürfnisses nach Zugehörigkeit und Anerkennung (vgl. Cwielong 2014, 195). Autenrieth hat herausgearbeitet, dass die Kritik an Selfies bei genauerer Betrachtung hinterfragt werden muss. So kann die idealisierte Selbstdarstellung als Medienkompetenz interpretiert werden, da z. B. die „Positivierung des eigenen Erscheinungsbildes" vor nicht-intendierten Betrachtern schützt (Autenrieth 2014, 54) und Selfies als Kommunikationsform den Entwicklungsaufgaben im Jugendalter entsprechen. Das Internet ermöglicht einen Identitätsspielraum, in dem man ausprobieren kann, wer man sein, wem man nah und wem man fern sein möchte (vgl. Hoffmann 2014, 34).

Tillmann verweist darauf, dass es sich bei der Mediennutzung „nicht um einen reinen Anpassungsprozess" handelt, sondern eine Auseinandersetzung mit den strukturellen Rahmenbedingungen stattfindet und dass dies „immer auch mögliches Widerstandpotential" birgt (Tillmann 2014b, 43). Selfies fordern zwar zu Selbstoptimierungen Jugendlicher heraus, sind aber auch eine Möglichkeit für das Abgrenzen gegenüber „den gesellschaftlichen Anforderungen und Zumutungen der Erwachsenenwelt" (ebd., 47).

Selfies stellen eine universal gültige, transkulturell verständliche Kommunikationsform dar, die in ihrer Rudimentarität die Basis für komplexere Verstehensweisen schafft und gegenüber Worten mehr Möglichkeiten bietet (vgl. Ullrich 2015b, 32–33, 35). Sie schaffen durch Kommunikation eine wichtige Voraussetzung für Partizipation.

---

[10] Barth sieht allerdings einen klaren Zusammenhang zwischen Autismus-Spektrum-Störung und exzessiver Mediennutzung, da „die Erfüllung einer Sehnsucht nach angstfreier Kommunikation durch die neuen Medien" bei Jugendlichen mit Autismus offensichtlich wird, was aber noch nicht die Kriterien einer Mediensucht erfüllt. Er plädiert daher dennoch dafür, die Chancen der Mediennutzung zu sehen (Barth 2015, 83–84).

Wie und wodurch können Selfies ihr Inklusionspotenzial entfalten?
Es wurde darauf hingewiesen, dass durch die *Rahmenbedingungen* sowie die missbräuchliche Nutzung von Bildern Menschen eingeschränkt werden. Dies gilt es allerdings nicht einfach hinzunehmen, sondern in kritischer Weise damit umzugehen. Autenrieth hat für einen kritischen Umgang Richtlinien aufgestellt. Diese beinhalten u. a., einen gewissen Grad an Anonymität herzustellen, indem das Foto nicht mit dem Namen zusammen gepostet wird (vgl. Autenrieth 2015).

Hinsichtlich der Problematisierung, dass Selfies auf Grund ihrer Logik der *Aufmerksamkeit* Vielfalt einschränken, ist kritisch anzumerken, dass dies nicht grundsätzlich im Kommunikationsmedium Selfie begründet liegt. Sondern vieles spricht dafür, dass sich dieser Anpassungsdruck aus anderen Kontexten jugendlicher Lebenswelten speist. Ausschlaggebend ist das Wissen um Ausschließungsprozesse im vorstrukturieren Raum des Internets. Ebenso kann das Internet zum Schutzraum oder zur Solidargemeinschaft werden und bietet zahlreiche Möglichkeiten der Partizipation (vgl. Tillmann 2014a, 160–167). Zudem erweitert die „Digitalisierung des Bildes [...] die Spielräume für ästhetische Selbst- und Körperrepräsentationen [...]. SNS fungieren als Knotenpunkte, in denen Spuren und Referenzen zusammenlaufen, und in denen Jugendliche mit Bildern als Ethnografen ihres Körpers und ihrer eigenen Lebenswelt agieren" (Reißmann 2014, 100).

Abb. 1: Foto: Verena Oestreich

Selfies haben also durchaus das Potenzial, Diversität zum Ausdruck zu bringen und Handlungsspielräume zu schaffen – allerdings erst auf den zweiten Blick. Um dieses Potenzial zu heben, braucht es Reflexionen, wofür der Unterricht einen Ort bieten kann.

Selfies als Ausdruck gesellschaftlicher Teilhabe – Zur politischen Dimension von Selfies
Mit dem Verständnis von Inklusion als Menschenrecht (vgl. Hinz, 2013) sind unmittelbar politische Forderungen verbunden. Inklusion bedeutet also nicht nur, Heterogenität produktiv aufzunehmen, sondern gesellschaftliche Teilhabe zu ermöglichen, indem die dafür notwendigen Rahmenbedingungen geschaffen wer-

den. Ausgehend von dieser politischen Dimension des Inklusionsdiskurses soll der politischen Dimension, über die Selfies verfügen können, nachgegangen werden. Konkret wird danach gefragt, von wem und wie Selfies als Ausdrucksmittel politischer Anliegen genutzt werden.

Noch bevor Selfies in aller Munde waren, nutzte der politisch engagierte Künstler Ai Weiwei ein Selfie.

Abb. 2: Ai Weiwei with rockstar Zuoxiao Zuzhou in the elevator when taken in custody by the police, 2009. Bildrecht: Ai Weiwei Studio

Weiwei postete im August 2009 ein Selfie von seiner Festnahme. Wolfgang Ullrich analysiert das Bild aus kunsthistorischer Perspektive und stellt dabei interessante Bezüge zur christlichen Ikonographie her.

> „Es erstaunt, wie Ai Weiwei inmitten des hektisch-bedrohlichen Geschehens zu einem Selfie in der Lage war, das in Komposition und Bedeutung sehr bewusst gestaltet scheint. Außer ihm sind in der mit Spiegelwänden verkleideten Aufzugskabine, nahezu achsensymmetrisch, der Rockmusiker Zuoxiao Zuzhou sowie zwei Polizisten zu sehen. Der Künstler selbst steht mittig im Vordergrund, sein Oberkörper und Kopf ergeben die Form eines Dreiecks, dessen Spitze von einem Lichtblitz gekrönt wird. Wer mit westlicher Sakralkunst vertraut ist, kommt nicht umhin, diese Komposition mit der Heilsgeschichte und den Künstler mit Jesus Christus zu assoziieren: Ai Weiwei, mit einem blutroten T-Shirt bekleidet, blickt, gefasst und ohne Zeichen von Widerstand gegenüber seiner Festnahme, leicht nach oben auf das grelle Licht, das alles überstrahlt und, indem es die Aufnahme des Selfies ermöglicht, zur Rettung des bedrohten Künstlers wird" (Ullrich 2015a, 268–269).

Auch in anderen Bildern entwickelte Weiwei die Gattung Selfie weiter fort und nutzte sie für seine politischen Aktivitäten.

Darüber hinaus haben sich Selfies zu einem Mittel des Protests im Social Web entwickelt, das mit einer „bemerkenswert weite[n] Verbreitung, eine[r] hohe[n] Popularität [...einhergeht und] bisweilen auch von den traditionellen Medien aufgegriffen und verstärkt" wird (Grohmann/Kamil Abdulsalam/Wyss 2015, 21). Die Proteste beinhalten eine Fotografie des Protestierenden selbst unter Angabe seiner User-Identität, mit einer Protestäußerung oder einem Hashtag versehen, womit „im Rahmen eines sozialen Netzwerks ein gemeinsames politisches Ziel verfolgt" wird (ebd.) – z. B. #bringbackourgirls[11], #whoneedsfeminism, #auchichbindeutschland, #muslima(h)pride, #notamartyr oder #itooamharvard. Bei einer inhaltlich stark verschiedenen Ausrichtung ist den Protesten gemeinsam, dass ihnen ein über die bloße Mitteilung hinausgehendes politisches Mitbestimmungsbedürfnis *von unten* zugrunde liegt" (ebd., 22). Die „kommunikative Gattung des Selfie-Protests" bildet sich im Komplex heraus und setzt sich „aus den einzelnen Protest-Selfies zusammen", wobei das „Protest-Kommunikat" das Gesichtzeigen ist (ebd., 27–28).

Die Plattformen des Social Web „bieten mit ihren nutzerfreundlichen Tools gleichsam einen – unter technischen und finanziellen Aspekten – niedrigschwelligen Zugang zu Öffentlichkeiten und sind zudem zumindest vordergründig anonym", weshalb das Web 2.0 „durchaus als die ideale entlokalisierte Protest- und Kommunikationsmöglichkeit und der gemeinsame Ort verstanden werden, wo unabhängig von Mobilität oder geographischer Position der AktivistInnen ein gemeinsamer Protestraum geschaffen wird" (ebd., 41). Die Praktik des Protestierens wird durch das Social Web zum interaktionalen Prozess, in dem Bedeutungen diskursiv ausgehandelt, erweitert und erneuert werden, was globale Reichweiten annehmen kann. Grohmann/Kamil Abdulsalam/Wyss räumen ein, dass zwar die direkte Resonanz erfasst werden kann, dass aber der gesellschaftliche Impact schwer messbar sei – gleichwohl können „gerade solche Selfie-Proteste, die gesellschaftlich teils tief verwurzelte Rassismen, Sexismen und Ideologien problematisieren, als informelle Bildungsarbeit" beschrieben werden (ebd., 43).

Das alles spricht dafür, dass Selfies prinzipiell eine barrierearme und demokratische Möglichkeit darstellen, Personen zu Wort kommen lassen, und dass sie gesellschaftliche Teilhabe im virtuellen Raum mit Auswirkungen auf die Offline-Welt ermöglichen. Auch wenn die empirischen Befunde darauf hinweisen, dass die Marginalisierung bestimmter Personengruppen sich gleichermaßen in der Offline- wie Online-Welt widerspiegelt, so ist doch grundsätzlich an der prinzipiellen Möglichkeit, Menschen durch (soziale) Medien zur gesellschaftlichen Teilhabe zu befähigen, festzuhalten. Die Inklusion *durch* und *in* digitalen Medien (vgl. BpB 2016) ist in ihrem Potenzial noch nicht ausgeschöpft. Dass Menschen ihre Sichtweisen und ihre Themen aus der Innensicht digital kommunizieren und damit Außensichten in Frage stellen können,[12] ist als Chance zu nutzen – auch

---

[11] Sehr kritisch äußert sich zu dieser Aktion Schadomsky 2014.
[12] Vgl. bspw. die „inklusiven Blogs" http://kaiserinnenreich.de/, http://xmalandersuts.blogspot.de/, http://blog.zeit.de/stufenlos/ [17.3.2016].

wenn eben kritisch zu bedenken ist, dass nicht alle Menschen bislang daran teilhaben können.

Trotz der Selfies potenziell innewohnenden politischen Dimension ist kritisch anzumerken, dass die Plattformen, auf denen sie gepostet werden, zwar Ziele benennen, die nach Ermöglichung von Partizipation, einer idealen Gemeinschaft und Gesellschaft klingen,[13] dass dahinter aber eben auch kommerzielle Vermarktungsstrategien stecken und Informationen über die User/innen genutztes Kapital darstellen.

Abschließend bleibt hinsichtlich des Inklusionspotenzials eine grundlegende Ambivalenz zu bedenken, auf die Mayer/Thompson in Bezug auf Selbstoptimierung hingewiesen haben, und die auch für Selfies gilt:

> „Dem Postulat einer (positiven) Selbstveränderung sowie eines souveränen Zugriffs auf das ‚Selbst' liegt eine eigentümliche und spannungsreiche Doppelstruktur zugrunde. Die ‚Arbeit am Selbst' impliziert eine Position von Autonomie bzw. Verfügung *und zugleich* eine kaum eingeschränkte Disponibilität für Veränderungen und damit ein Unterworfensein unter wechselnde Ansprüche und Anforderungsprofile. Über die ‚Arbeit am Selbst' erschließen sich demnach nicht nur immer wieder neue Möglichkeiten zu *sein*; vielmehr realisiert diese Arbeit das Selbst als radikal gestaltbares, *als* Versprechen, Unsicherheit und Zumutung: Sie situiert es in einer Differenz zu sich, in der Aufforderung seiner Steigerung und Überschreitung." Das gilt z. B. auch im Schönheitshandeln, denn „in der selbstgerichteten Vorstellung, im Schönheitshandeln ‚etwas für sich zu tun', wirken zuletzt soziale Erwartungen, normalisierte Idealvorstellungen und damit auch Unterwerfung und Kontrolle" (Mayer/Thompson 2015, 7–8).

Zusammenfassend lässt sich sagen, dass das Inklusionspotenzial nicht im Medium Selfie oder – weiter gesehen – im Social Web liegt, sondern dass dieses sich im Kontext einer kritischen Nutzung entfaltet. Wie junge Menschen dazu im Religionsunterricht befähigt werden können, soll im Folgenden dargelegt werden.

4 Wie können Selfies ihr Inklusionspotenzial im Religionsunterricht entfalten? Oder: Didaktische Implikationen

Es sollen an dieser Stelle nicht die Eckdaten einer inklusiven Didaktik wiederholt werden,[14] sondern es soll spezifisch für den Religionsunterricht überlegt werden, welche didaktischen Implikationen dazu beitragen, dass Selfies ihr Inklusionspotenzial entfalten.

Selfies bieten sich auf Grund ihres Lebensweltbezugs zur unterrichtlichen Auseinandersetzung an, was auch schon verschiedentlich didaktisch aufgegriffen wurde (vgl. Dropczynski/Nümann/Zumbansen 2014; Dreier/Karsch/Krause/Lipke

---

[13] Vgl. Schwarz in Bezug auf Instagram in diesem Band.
[14] Diese können auch kaum allgemein formuliert werden, sondern sind abhängig von den Heterogenitäten der jeweiligen Lerngruppe, vgl. aber grundlegend zu den didaktischen Überlegungen Reich 2014, Schweiker 2012, Seitz 2006 sowie als Überblick Textor 2015, 119–180.

2015[15]). Sollen Selfies Ausgangspunkt für ethisches Lernen sein, müssen sie aber mehr als einen schülerorientierten Einstieg darstellen. Ein mehrdimensionales Verständnis ist erforderlich. Dementsprechend sollen Selfies im Folgenden aus verschiedenen didaktischen Facetten beleuchtet werden.

4.1 Medienpädagogische Implikationen

Damit ambivalente Kommunikationsformen bzw. -medien wie Selfies ihr Inklusionspotenzial entfalten können, braucht es Medienbildung, auch und gerade in der Schule. Medienbildung gehört zum schulischen Bildungsauftrag.[16] Dennoch ist kritisch zu bedenken, dass die Zwangsinstitution Schule nicht immer dazu geeignet sein wird, sondern dass es medienpädagogisch sehr profilierte außerschulische Lernorte gibt, deren Angebote für Heranwachsende ebenso fruchtbar gemacht werden sollten. Das Eindringen der *Digital Immigrants* in die Sphären der *Digital Natives* wird von den Heranwachsenden als ambivalent betrachtet. Pädagogisch gesehen sollte ein Bewusstsein für Grenzen vorhanden sein und problembewusst bedacht werden, inwiefern Unterricht in jugendkulturelle Bereiche, die von Abgrenzungsbestrebungen der Heranwachsenden gegenüber der älteren Generation geprägt sind, hineindrängen sollte. Ziel kann daher nur sein, im Bewusstsein dieser Ambivalenzen einen offenen Raum für Austausch zu schaffen.

Folgt man den medienpädagogischen Kriterien von Schluchter, werden Selfies dann zu Inklusionsmedien, wenn sie Menschen, „deren Lebensbedingungen durch Ausgrenzungsprozesse gezeichnet sind, Möglichkeiten [… geben], bislang verschlossene Bereiche von Gesellschaft für sich zu entdecken" (Schluchter 2015, 14). Dies geschieht in dreifacher Weise,

> (1) indem durch Medienangebote virtuelle Sozialräume geschaffen werden, die Netzwerkbildung, Aufbau von Wissensbeständen und neue Weltsichten ermöglichen,
> (2) indem „durch mediale Eigenproduktionen, welche im Rahmen öffentlicher Kommunikationsprozesse zirkulieren", individuellen Artikulationsbedürfnissen Ausdruck verliehen wird und diese der Gesellschaft zum Lesen bereitgestellt und weitergehende Interaktionen evoziert werden können und
> (3) „durch Projekte der aktiven Medienarbeit, in denen gemeinsam an einem medialen Produkt gearbeitet wird, eine direkte Kontaktaufnahme, Austausch, Interaktion ermöglicht wird, um gemeinsame Handlungs- und Erfahrungspraxis zu generieren" (ebd., 15).

---

15 Hier werden Selfies allerdings als mit dem Handy fotografierte Selbstporträts definiert, d. h. der mit dem Teilen des Fotos verbundene kommunikative Aspekt wird nicht reflektiert und es werden keine medienpädagogische Überlegungen getroffen, vgl Dreier/Karsch/Krause/Lipke 2015, 6.

16 Bspw. heißt es im Schulgesetz des Landes Sachsen-Anhalt, dass zum Bildungs- und Erziehungsauftrag gehört, die „Schülerinnen und Schüler zu individueller Wahrnehmungs-, Urteils- und Entscheidungsfähigkeit in einer von neuen Medien und Kommunikationstechniken geprägten Informationsgesellschaft zu befähigen" (SchulG Sachsen-Anhalt, § 1). Dieser Bildungsauftrag stellt eine Querschnittsaufgabe für alle Unterrichtsfächer dar.

Diese allgemeinen Überlegungen sollen nun für den Umgang mit exkludierenden Heterogenitätsmerkmalen im Religionsunterricht spezifiziert werden. Es stellt sich die Frage, durch welche didaktischen Szenarien dem Exklusionspotenzial von Selfies begegnet werden kann.

4.2 Didaktische Überlegungen zu exkludierenden Heterogenitätsmerkmalen

Ausgangspunkt ist, die Heterogenitäten in der Lerngruppe wahrzunehmen. In der Bedingungsanalyse sind die spezifischen Voraussetzungen der Lernenden in wertschätzender Perspektive zu betrachten. Zur allgemeinen Einordnung wurden oben bereits Unterschiede im Nutzungsverhalten erläutert, sie sind sensibel zu bedenken.

Das Nutzungs- und Partizipationsverhalten im Internet steht zwar in Abhängigkeit von sozialer Herkunft und sozialem Status, aber gerade die Nutzung Sozialer Netzwerke und damit ebenso von Selfies sind ein verbindendes Element, auch wenn die dort entstehenden Welten (zunächst) nicht geteilt werden. D. h. Selfies stellen einen zentralen gemeinsamen Gegenstand dar, der im Unterricht als Ausgangspunkt genutzt werden kann, um ein differenziertes Lernen am gemeinsamen Gegenstand zu ermöglichen. Wobei zu bedenken bleibt, dass das Identifizieren eines verbindenden Elements die Herausforderungen der Abhängigkeit zwischen sozialer Herkunft und Bildung sowie den damit verbundenen Chancen nicht lösen kann.

Des Weiteren stellt sich die Frage, ob die Jugendlichen, die laut Shell-Studie das Internet nicht nutzen (1 Prozent), oder diejenigen, die über kein Smartphone oder eine Mitgliedschaft in Sozialen Netzwerken verfügen, vor allem Teilnehmende des Religionsunterrichts sein könnten. Diese Vermutung legt sich auf Grund eigener Beobachtungen aus dem Religionsunterricht nahe, aber sie ist empirisch nicht untersucht und wird sich quantitativ kaum erfassen lassen. Umso stärker relevant ist hier die Forderung, mit der Lernausgangslage sensibel umzugehen und auch diesen Jugendlichen einen Raum für kritische Anfragen, die sie oder ihre Eltern stellen, zu geben und sie nicht auf Grund der Nichtnutzung zu marginalisieren. Die Erfordernis der Sensibilität ergibt sich ebenso aus dem Gefährdungspotenzial, das möglicherweise für Jugendliche mit besonderen Bedürfnissen oder Vorerkrankungen besteht.

Es wurde verschiedentlich darauf hingewiesen, dass Identitätsarbeit in multiplen (digitalen) Welten – wovon Selfies ein Ausdruck sind – keine einfache Aufgabe darstellt (vgl. Haberer 2015, 147–151) und es keinesfalls allen gelingt, angesichts der zahlreichen theoretischen Möglichkeiten und realen Chancen, befriedigende Lösungen zu finden (vgl. Vogelgesang 2014, 139). Das gilt in besonderem Maße für junge Menschen, die über geringe Ressourcen verfügen. Angesichts dieses Problems ist es Aufgabe und Herausforderung zugleich, Lernenden die Zusage Gottes über ihr Angenommensein zu kommunizieren.

Aus dem Hinweis von Leven/Schneekloth (144–146), dass mit dem unterschiedlichen Nutzungsverhalten auch eine unterschiedliche Medienkompetenz einhergeht, kann ein Bildungsauftrag für die Schule abgeleitet werden, zu dem auch der Religionsunterricht als ordentliches Lehrfach einen Beitrag zu leisten hat.

Es können Ressourcen, wie z. B. Blogs, aufgezeigt werden. Augustin resümiert für das Bloggen, dass dieses „eine ressourcenfördernde Handlungsstrategie bei kritischen Lebensereignissen" darstellt und „sich durch die aktive gestalterische Bewältigung auf kognitiver wie emotionaler Ebene" auszeichnet (Augustin 2015, 181), da die Blogs Öffentlichkeit herstellen, zur Sichtbarkeit beitragen und die Beziehungsgestaltung ermöglichen.

Hinsichtlich des Heterogenitätsmerkmals Alter ist es sinnvoll, in allen Jahrgangsstufen Selfies und soziale Netzwerke zu thematisieren, da die Nutzung meist schon im Kindes- oder frühen Jugendalter beginnt (auch unter Umgehen des durch die Betreiber festgelegten Mindestalters).

Die vom Alter abhängige Nutzung des Internets betrifft aber nicht nur die Lernenden, sondern auch die Lehrenden. Der Umgang mit den jeweils „Neuen" Medien kann zu einem Wandel der Lehrerrolle führen, da die Lernenden die Expertenrolle übernehmen und neue Phänomene häufig von der jeweils älteren Generation nur schwer verstanden werden.

Hinsichtlich des Heterogenitätsmerkmals Geschlecht ist an die Vorüberlegungen einer gendersensiblen Religionspädagogik anzuknüpfen. Grundsätzlich ist es sinnvoll, das implizit vorhandene „Geschlechterwissen" (Wetterer 2008, 50) explizit zu machen. Da bei vielen Selfies Rollenstereotype besonders deutlich zu erkennen sind (vgl. Tillmann 2014b, 45–49), kann das hier repräsentierte Geschlechterwissen gut reflektiert werden.

4.3 Lernwege

Der von Schwarz vorgeschlagene Lernweg, verschiedene Selfie-Posen zu erproben und zu inszenieren, bietet sich an und sollte genutzt werden, um spielerisch mit Geschlechterstereotypen umzugehen. Die Gestik normierende Kraft von Selfies fordert heraus, diese zu hinterfragen und zu erproben, wie sie genutzt werden kann, um sie als Chance für ein transkulturelles Verstehen zu nutzen, in dem Vielfalt repräsentiert ist. Hierfür können auch künstlerische Darstellungen von Selfies didaktisch fruchtbar gemacht werden. So würde die medienpädagogische Einsicht, dass im Religionsunterricht nicht nur über das Web 2.0 gesprochen, sondern auch mit Social Media gearbeitet werden soll, erfüllt.

Weiterhin ist zu reflektieren, welche Bildaussagen durch den Kontext – der durch einen gut sichtbaren Bildhintergrund oder einen Hashtag entsteht – geprägt werden, ob und welche Heterogenitäten in Selfies sichtbar oder unsichtbar gemacht werden bzw. was ich von mir zeigen möchte, weil es mir gefällt, und was ich lieber nicht zeige. Außerdem sollten Räume im Internet aufgezeigt werden, in denen Pluralität repräsentiert wird und in denen Selfies auch als politisches Statement genutzt werden.

Es wurde das Vielfalt einschränkende Potenzial von Selfies herausgestellt. Dieses sollte daher im Unterricht problemorientiert thematisiert werden. Dazu gehört, zunächst medienpädagogisch und fächerverbindend[17] das Medium Bild zu

---

[17] Zu denken ist dabei an den Kunst- sowie den Geschichtsunterricht, wobei der Geschichtsunterricht für einen quellenkritischen Umgang mit Bildern besonders prädestiniert ist und auf eine

beleuchten. Es ist zu thematisieren, dass Bilder zwangsläufig Teil einer Inszenierung sind, da sie immer nur einen bestimmten Bildausschnitt präsentieren. Da aber Fotografien menschlichen Sehgewohnheiten stark entsprechen, entsteht vorschnell der Eindruck, sie würden Wirklichkeit abbilden. Das führt sogar dazu, dass Menschen gesehene Bilder in ihre Erinnerungen einbauen, sodass sie meinen, diese Situationen selbst miterlebt zu haben.[18]

Ausgangspunkt für eine kritische Bearbeitung des Mediums Bild können gefälschte Selfies sein, die erstellt wurden, um besondere Leistungen scheinbar zu dokumentieren. Sie stellen die Frage in den Raum, warum Menschen Bilder fälschen[19] oder warum der Druck entsteht, ‚Geleistetes' in dieser Form zu beweisen – Ist ein Ereignis bspw. nur real, wenn es als Bild existiert?[20] Dass Selfies bewusst gewählte Darstellungen und keine spontanen Schnappschüsse sind, ist ebenso zu thematisieren.

Medial sind sich selbst inszenierende Personen, die auf verschiedenen Medienkanälen Prominenz erlangt haben, äußerst präsent. Es sind nicht nur die direkten Follower, die an dieser Inszenierung teilhaben, sondern die Berichterstattung darüber findet sich auch in den ‚klassischen' Massenmedien wieder.

Lerntheoretisch gesehen finden sich hier Beispiele für ein Lernen am Modell, das audiovisuell vermittelt seine Wirksamkeit entfaltet. Es ist sinnvoll, diese Lernprozesse und ihre Wirkungen bewusst zu machen. Gojny hat die Spiegelfunktion von Selfies herausgearbeitet. Dabei erfolgt die Spiegelung des Selbst nicht nur im Bildschirm, sondern auch in den Reaktionen, die in den sozialen Medien transportiert werden.[21] Das bringt Snapchat-Star Riccardo Simonetti, der mit der Handykamera wie mit einer Freundin redet, am deutlichsten auf den Punkt, indem er sein Smartphone in eine Hülle eingekleidet hat, die dieses wie einen Handspiegel erscheinen lässt (vgl. Chaimowicz 2015). Hier finden sich ausdrucksstarke Darstellungen, die es ermöglichen, darüber ins Gespräch zu kommen.

Für biographisches Lernen, das die Identitätsbildung stützt, ergeben sich ausgehend vom Selfie-Thema zahlreiche Impulse. Auch wenn Selfies primär nicht der Archivierung dienen, so kann aneinandergereihten Selfies eine Tagebuch-Funktion zukommen (vgl. Liechtenstein 2014, 5), die für biographische Retrospektiven

---

Vielzahl von Vorarbeiten dabei zurückgegriffen werden kann, z. B. Umgang mit Bildfälschungen, propagandistische Nutzung von Bildern und Bildikonen. Vgl. Haus der Geschichte 2003, dass. 2009; Paul 2008, ders. 2009.

[18] Vgl. bspw. Lindenberger 2004. Ein bekanntes Beispiel dafür ist das Foto, das die Deportation von Bewohnern des Warschauer Ghettos am 16. Mai 1943 nach der Niederschlagung des Warschauer Ghettoaufstands zeigt. Mehrere Personen meinen, der abgebildete Junge mit den erhobenen Armen zu sein.

[19] Vgl. bspw. das gefälschten Selfie von Bergsteiger Christian Stangl am K2, http://orf.at/stories/2013133/2013132/ [15.03.2016] oder das gefälschte Selfie des erfundenen Südpol-Rekords von Martin Szwed, http://www.spiegel.de/reise/aktuell/zweifel-am-rekord-von-szwed-die-suedpol-luege-a-1020839.html [15.03.2016]. Eine Variation davon sind die „No-Make-up-Selfies" von Prominenten, die dennoch perfekt gestylt sind oder der spontane Schnappschuss-Eindruck, den wohl bedachte Selfies erwecken sollen.

[20] Dies zeigt sich auch in der vielfältig im Internet zu findenden Forderung nach Beweisfotos, die mit dem Apell „Pics bzw. Pictures or it didn't happen (#poidh) versehen sind.

[21] Vgl. den Beitrag von Gojny in diesem Band.

genutzt werden können. Mit ihnen lassen sich Momente der letzten Monate erinnern.

Außerdem schafft die Reflexion von Selfies einen Schutzraum, um eigene Darstellungen, Inszenierungen und Interpretationen kritisch zu betrachten. Werden Selfies von nicht persönlich bekannten Dritten analysiert, können diese Fragen im Spiegel der anderen Inszenierungen für einen selbst beantwortet werden. Analysefragen können sein: Wer bin ich? Wie zeige ich mich? Wie möchte ich durch die Inszenierung, dass die anderen mich sehen? Und kritisch im Blick auf die Rezipienten und die mit ihnen zu schaffende kommunikative Rahmung: Wer bestimmt, wie andere mich sehen (sollen)?

Dass Nutzer/innen für besonders interessante Selfies quantifizierbare Aufmerksamkeit erhalten, zieht – lernpsychologisch betrachtet – bestimmte Belohnungseffekte nach sich und schließt in die Selbstinszenierung den Blick der Betrachtenden ein (vgl. Faller 2015). Diese lernpsychologischen Effekte sind zu thematisieren, verbunden mit einer inhaltlichen Spiegelung an den grundlegenden theologischen Aussagen zum Menschen, die den Menschen nicht quantitativ bemessen.

Doch die hier getroffenen Überlegungen sind allgemeiner Natur und könnten so auch in anderen Unterrichtsfächern oder fächerverbindend realisiert werden, weshalb im nächsten Schritt anhand einer Didaktisierung der spezifische Beitrag des Religionsunterrichts geklärt werden soll.

4.4 Didaktisierung

Thematisch ist es sinnvoll, Selfies schöpfungs- und rechtfertigungstheologisch mit dem Menschenbild zu verknüpfen: Der Mensch ist Ebenbild Gottes, er ist auf Grund der Gnade mit seinen Fehlern und Brüchen gerechtfertigt, angenommen und befreit – und das eben als nicht quantifizierbarer Akt auf Grund bestimmter Leistungen, sondern mit dem am Anfang stehenden, geschenkten Beziehungsangebot Gottes. Die elementaren Themen Gottebenbildlichkeit und Rechtfertigungslehre sollten in Bezug auf Selfies korrelativ eingebracht werden. Hierin liegt auch die spezifische Zugangsweise des Religionsunterrichts begründet, wenn es gelingt, die daraus resultierenden Menschenbilder als Zusage und als Voraussetzung für mitmenschliches Handeln zu kommunizieren.

Im Folgenden soll an einem Beispiel gezeigt werden, wie die Überlegungen religionsdidaktisch fruchtbar gemacht werden können. Ziel ist, Selfies aus der Perspektive von Theologie und Inklusion kritisch würdigen zu können, d. h. sowohl ihr einschränkendes Potenzial als auch ihre Teilhabe ermöglichende sowie politisch-partizipative Funktion kritisch einschätzen zu können. Selfies sind dabei Unterrichtsmedium sowie Unterrichtsthema.

Im Unterrichtseinstieg werden die Lernenden für das Thema sensibilisiert und tauschen sich über ihre Erfahrungen mit und Meinungen über Selfies aus. Als Medium bieten sich Selfies an, die über Bildersuche im Netz leicht zu finden sind. Dabei wird auf die verschiedenen Selfie-Gattungen sowie die mit Selfies typischerweise verbundenen Körpergesten hingewiesen. Es schließt sich ein Austausch über die Nutzung und Funktionsweisen von Selfies in Sozialen Netzwerken an. Die Spiegelfunktion von Selfies wird anhand von Spiegel-Selfies erläutert. Dieser Teil endet mit einer Begriffsklärung, wobei die Frage, ob Selfies eine neue Gattung darstellen oder ob sie kunsthistorische und jugendkulturelle ‚Vorläufer' aufweisen, diskutiert werden kann.

Um das SNS-Phänomen Selfie tiefgründiger zu erschließen, wird das ebenfalls in Sozialen Netzwerken verbreitete Foto eines Spiegels aus einer Berliner Bar (Abb. 1) zu den Bildern hinzugefügt und über die damit verbundenen Intentionen und die Aussage des Bildes gesprochen. Idealerweise reicht das als Impuls, um zu einer kritischen Perspektive zu gelangen und sich über die Illusion der Authentizität, den Druck der Selbstoptimierung, die Kontextualisierungen eines Selfies und die damit verbundenen Aussagen sowie die dahinterstehende Ökonomie der Aufmerksamkeit auszutauschen. Ergänzt wird dies durch einen experimentellen Umgang mit Selfies, wie er oben besprochen wurde.

Doch diese Impulse würden vermutlich ebenso in einem gesellschaftswissenschaftlichen Fach funktionieren, weshalb stärker zu fragen ist, wie das Thema ein genuin religionspädagogisches Thema wird.

Dafür werden das Selfie von Ai Weiwei (Abb. 2) und ein Street Art-Bild von Paulo Ito (Abb. 3) genutzt, die einerseits den Geübten sofort an religiöse Traditionen erinnern, die andererseits aber kritisch hinterfragt werden können, ob sie nur eine religiöse Formensprache nutzen, um eigene Inhalte zu transportieren.

Abb. 3: Paulo Ito, Freiraumgalerie Halle, 2014, Foto: Ulrike Witten

Nach einer Erstbegegnung mit den Bildern äußern die Lernenden spontan ihren ersten Eindruck in Form eines Meinungsbildes.[22] Dabei wird die lebensweltliche Vertrautheit mit der SNS-Logik des Likens und Dislikens aufgegriffen, indem die Lernenden aufgefordert sind, eine Bewertung innerhalb eines ‚Barometers' aus

---

[22] Ich danke Georg Bucher (Halle/S.) für Ideen zum didaktischen Vorgehen in diesem Abschnitt.

zwei Polen (Daumen hoch/runter) mit verschiedenen Emojis, die ihnen durch die SNS vertraut sind, vorzunehmen.

Anschließend wird dies vertieft unter der Frage, ob die Bilder Religion zum Inhalt haben oder nicht. Diese Frage fungiert zugleich als Problemstellung. Sie kann ergänzt werden um Fragen der Angemessenheit, nach der Intention des Künstlers sowie der Wahrnehmung der Rezipienten, die im Internet wiederum durch Kommentare gut nachvollzogen werden kann. Um diese Fragen begründet einschätzen zu können, sind Hintergrundinformationen zu den Bildern erforderlich. Diese können von den Lernenden selbst recherchiert oder von der Lehrkraft gegeben werden. Mit Hilfe dieser Informationen interpretieren die Lernenden die Bilder und positionieren sich erneut zur Ausgangsfrage.

> Zum Bild von Ai Weiwei wurden oben schon Informationen und eine Interpretation gegeben. Er gewann durch das Selfie den Schutz der informierten (westlichen) Öffentlichkeit. Paulo Ito ist ein Street Art-Künstler. Sein Graffiti-Bild ist im Gründerzeitviertel Freiimfelde im Osten von Halle zu finden. Dort wird seit 2012 versucht, den Leerstand des Viertels durch Entstehen einer Freiraumgalerie produktiv zu nutzen. An zahlreichen Fassaden und Hauswänden sind großformatige Street Art-Bilder zu sehen.[23] Der brasilianische Künstler Ito gewann durch sein WM- bzw. regierungskritisches Bild, das ein hungerndes Kind mit einem Fußball auf dem Teller zeigt, international an Popularität.
> Die Parallelen des Hallenser Bildes zum Wandgemälde Leonardo da Vincis vom Ende des 15. Jahrhunderts, das Jesu letztes Abendmahl zeigt, sind nicht zu übersehen. In der modernen Kunst wurde das Bild oft aufgegriffen und verfremdet, u. a. von Salvador Dali oder von Andy Warhol. Ito wählt eine ähnliche Bildkomposition, wobei Jesus mittig steht. Zu erkennen ist Jesus an seiner Handhaltung. Er ist umringt von seinen Jüngern. Brot, Wein und weitere Utensilien einer Mahlzeit sind zu sehen.
> Auffallend ist der irritierte und suchende Blick Jesu, denn keiner der Jünger scheint sich für ihn zu interessieren. Er wirkt als ob er mit einer Rede oder einer Geste, wie dem Segnen der Gaben, beginnen möchte, aber seine Botschaft verhallt im Leeren, denn die Jünger sind alle mit scheinbar Wichtigerem beschäftigt. Sie befassen sich mit ihren Smartphones und wirken dabei abgelenkt, gelangweilt oder auch belustigt, zwei machen ein Selfie.

Das Ito-Bild kann durch die Arbeit mit Bildausschnitten vertieft bearbeitet werden. Werden nur die einzelnen Jüngergruppen betrachtet, so sind Personen, die auch aus der Gegenwart stammen könnten, zu sehen, denn einzig die Ganzkörpergewänder verorten sie als Personen aus der Antike. Betrachtet man das Bild im Ganzen, werden die Rezeption und die Verortung in der Heilsgeschichte Jesu deutlich.

Die Arbeit mit Bildausschnitten unter Nutzung des gesamten Potenzials religionspädagogischen Umgangs mit bildender Kunst führt zu den Fragen: Ändert sich die Bildaussage, sieht man nur die beiden jungen Männer mit ihrem Handy oder sieht man sie in Bezug zu Jesus Christus? Versteht man Ai Weiweis Festnahme als singuläres Ereignis oder zieht man Parallelen zum Menschen überfor-

---

23 Einen Eindruck kann man gewinnen unter https://commons.wikimedia.org/wiki/Category:Freiraumgalerie_(Halle) [6.4.2016].

dernden, existenziellen Gethsemane-Ereignis, welches, betrachtet man es von Ostern her, aus der Gebrochenheit Hoffnung ausstrahlen kann?

Beide Bilder können als Stationen des Leidensweges Jesu – letztes Abendmahl und Gefangennahme – verstanden werden. Sie verweisen damit auf das Kreuz, das christliche Symbol der Hoffnung, das für die Befreiung der Menschen zum Leben durch Leiden, Schmerz und Tod steht. Aus dieser Perspektive wird menschliches Leben neu bestimmt. Erst durch den heilsgeschichtlichen Kontext stellen die Bilder einen Zugang zu anthropologischem oder ethischem Lernen im Religionsunterricht dar. Da es bei den Bildern aber dem Betrachter oder der Betrachterin überlassen bleibt, ob er sie als religiös bedeutsam oder ob als kulturhistorisches Zitat versteht, bieten sie in dieser Offenheit auch die Chance, die transzendente Perspektive des Kreuzes sich zu eigen zu machen oder auch nicht. Die Frage an die Lernenden wäre, ob und wie sich das Bild der eigenen Person und den Mitmenschen, wie es in Selfies repräsentiert ist, ändert, wenn man sie unter dieser Perspektive betrachtet. Die Bilder laden somit zum Perspektivwechsel ein. Hierin liegt zugleich die spezifisch religionsdidaktische Perspektive, die das Selfie-Phänomen als Ermöglichung von Inklusion eintragen kann.

Die Bilder von Weiwei und Ito verweisen aber auch auf die politische Dimension, die ebenso Selfies innewohnt und die davon ausgehend thematisiert werden kann. Denn das Kreuz soll seine Hoffnungsperspektive in der Gegenwart entfalten, indem es Schwachen Stimme verleiht.

Im Blick auf im Religionsunterricht zu entwickelnde Kompetenzen ist es wichtig, dass Selfies nicht nur als möglicherweise Irritation auslösende oder Verbindungen zur Lebenswelt herstellende Anbahnung genutzt werden, sondern dass sie im Sinne einer Anforderungssituation als Roter Faden fungieren. Die christlichen Traditionsbestände sollten dabei so eingebracht werden, dass sie auf existenzielle menschliche Fragen Antwortmöglichkeiten kommunizieren können.

Doch damit ist noch nicht geklärt, wie spezifisch religionsdidaktisch damit umgegangen werden kann, dass Selfies gleichermaßen Inklusions- als auch Exklusionsprozesse ermöglichen. Hierzu ist es erforderlich, über die exkludierenden Mechanismen aufzuklären, die Gottebenbildlichkeit oder das Angenommensein der Menschen bei Gott zu kommunizieren und davon ausgehend zu fragen, welche Konsequenzen dies für die eigene Lebensgestaltung haben kann; auch indem man Selfies nutzt, um dies auszudrücken.

Zu bedenken bleibt, dass Inklusion als Analysekategorie kritisch zum Einsatz kommt und nicht zur Worthülse wird, wenn z. B. Instagram sich auf die Fahnen schreibt, Vielfalt als Wert kommunizieren zu wollen, um zu einer starken Gemeinschaft beizutragen. Hier sollten Schülerinnen und Schüler befähigt werden, Stellung zu beziehen und über die Intentionen und vorrangig ökonomischen Interessen nachzudenken.

Dann wird deutlich, dass das Potenzial für Inklusions- oder Exklusionsprozesse nicht durch das Medium entsteht, sondern das Inklusionspotenzial in der reflektierten Nutzung begründet liegt. Dazu kann der Religionsunterricht beitragen.

Literatur

Augustin, Elisabeth (2015), BlogLife. Zur Bewältigung von Lebensereignissen in Weblogs, Bielefeld.

Autenrieth, Ulla P. (2014), Das Phänomen „Selfie". Handlungsorientierungen und Herausforderungen der fotografischen Selbstinszenierung von Jugendlichen im Social Web, in: *Lauffer/Röllecke 2014*, 52–59.

Autenrieth, Ulla P. (2015), Zu nackt fürs Internet? Tipps für Familien zum Umgang mit Kinderfotos in Sozialen Online-Netzwerken. o.O., http://netzbilder.net/wp-content/uploads/2015/03/20150609_Kolloquium-Version.pdf [14.3.2016].

Barth, Gottfried Maria (2015), Sehnsucht und Sucht. Das Doppelgesicht exzessiver Mediennutzung bei depressiven und autistischen Jugendlichen, in: Verein für Psychoanalytische Sozialarbeit Rottenburg und Tübingen (Hrsg.), Screenkids – (auf)gefangen im Netz? Risiken und Chancen neuer Medien bei Kindern und Jugendlichen mit psychischen Schwierigkeiten, Frankfurt a. M., 80–98.

Breyer, Ariane und Otto, Jeannette (2015), Eltern, Ist das normal? Die Zeit. 12.11.2015, http://www.zeit.de/2015/44/eltern-familie-smartphone-computer-fragen-experten/komplettansicht [1.3.2016].

Bundeszentrale für politische Bildung, Unsere 10 wichtigsten Beobachtungen zur (digitalen) Inklusion, https://www.bpb.de/lernen/digitale-bildung/werkstatt/222918/unsere-10-wichtigsten-beobachtungen-zur-digitalen-inklusion [15.3.2016].

Chaimowicz, Sascha (2016), 11.47 Uhr: Haare geföhnt, in: Die Zeit 5, http://www.zeit.de/2016/05/riccardo-simonetti-snapchat-star-oeffentlichkeit/komplettansicht [4.3.2016].

Cwielong, Ilona Andrea (2014), Digitale Jugendkulturen – ein Raum der Anerkennung. Wahrnehmung und Anerkennung am Beispiel der Manga- und Animé-Szene, in: *Hugger 2014*, 195–208.

Dreier, Katharina; Karsch, Manfred; Krause, Anne und Lipke, Ulrich (2015), Selfies aus Gottes schöner Welt – Das bin ich und wer bist du? Ein kompetenzorientiertes Unterrichtsvorhaben mit einer inklusiven Lerngruppe, in: ru intern 3, 5–7.

Dropczynski, Katrin; Nümann, Marcus und Zumbansen, Lars (2014), Dürers Selfie-Kampagne. Historische und aktuelle Porträtpraxis zwischen Markt, privater Selbstvergewisserung und öffentlicher (Re-)Präsentation, in: Kunst und Unterricht 387/388, 12–25.

Faller, Heike (2015), Nur für den Klick. Zeitmagazin 48, http://www.zeit.de/zeit-magazin/2015/48/soziale-netzwerke-facebook-twitter-aufmerksamkeit-likes [15.3.2016].

Grohmann, Miriam; Kamil Abdulsalam, Layla und Wyss, Eva L. (2015), Selfie-Proteste – eine emergente Praktik des Protests im Web 2.0, in: aptum 1, 21–47.

Haberer, Johanna (2015), Digitale Theologie. Gott und die Medienrevolution der Gegenwart, München.

Haus der Geschichte der Bundesrepublik Deutschland (Hrsg.) (2003), X für U. Bilder, die lügen, 3. Aufl. Bonn.

Haus der Geschichte der Bundesrepublik Deutschland (Hrsg.) (2009), Bilder im Kopf. Ikonen der Zeitgeschichte, Köln.

Hinz, Andreas (2013), Inklusion – von der Unkenntnis zur Unkenntlichkeit!? – Kritische Anmerkungen zu einem Jahrzehnt Diskurs über schulische Inklusion in Deutschland. In: Zeitschrift für Inklusion 1 (2013), http://www.inklusion-online.net/index.php/inklusion-online/article/view/26/26 [2.5.2016], o. S.

Hoffmann, Dagmar (2014), Digitale Intimitäten. Flirten, Lieben, Partnercheck unter Mediatisierungsbedingungen, in: *Lauffer/Röllecke 2014,* 32–41.

Hugger, Kai-Uwe (Hrsg.) (2014), Digitale Jugendkulturen, Wiesbaden, 195–208 (= Digitale Kultur und Kommunikation, 2).

Koller, Dieter (2015), Entgrenzte Verbindung, in: Verein für Psychoanalytische Sozialarbeit Rottenburg und Tübingen (Hrsg.), Screenkids – (auf)gefangen im Netz? Risiken und Chancen neuer Medien bei Kindern und Jugendlichen mit psychischen Schwierigkeiten. Frankfurt a. M., 13–51.

Kultusministerium Sachsen-Anhalt (Hrsg.) (2016), Fachlehrplan Gymnasium Evangelischer Religionsunterricht Anhörungsfassung (Stand 22.1.2016), Magdeburg.

Kutscher, Nadia und Otto, Hans-Uwe (2014), Digitale Ungleichheit – Implikationen für die Betrachtung medialer Jugendkulturen, in: *Hugger 2014*, 283–298.

Lauffer, Jürgen und Röllecke, Renate (Hrsg.) (2014), Lieben, Liken, Spielen. Digitale Kommunikation und Selbstdarstellung Jugendlicher heute. Medienpädagogische Konzepte und Perspektiven, München.

Liechtenstein, Friedrich (2014), Selfie Man, Berlin.

Lindenberger, Thomas (2004), Vergangenes Hören und Sehen. Zeitgeschichte und ihre Herausforderung durch die audiovisuellen Medien, in: Zeithistorische Forschungen 1, 72–85.

Leven, Ingo und Schneekloth, Ulrich (2015), Freizeit und Internet: Zwischen klassischem ‚Offline' und neuem Sozialraum, in: Shell Deutschland Holding (Hrsg.), Jugend 2015. Eine pragmatische Generation im Aufbruch, Frankfurt a. M., 111–151.

Mayer, Ralf und Thompson, Christiane (2013), Inszenierung und Optimierung des Selbst. Eine Einführung, in: Mayer, Ralf; Thompson, Christiane und Wimmer, Michael (Hrsg.), Inszenierung und Optimierung des Selbst. Zur Analyse gegenwärtiger Selbsttechnologien, Wiesbaden, 7–28.

Paul, Gerhard (Hrsg.) (2009), Das Jahrhundert der Bilder. Bd. 1, 1900 bis 1949, Bonn (= Schriftenreihe, 772).

Paul, Gerhard (Hrsg.) (2008), Das Jahrhundert der Bilder. Bd. 2, 1949 bis heute, Bonn (= Schriftenreihe, 734).

Pithan, Annebelle; Wuckelt, Agnes und Beuers, Christoph (2013), Vorwort, in: dies. (Hrsg.), „... dass alle eins seien" – Im Spannungsfeld von Exklusion und Inklusion, Münster, 5–8 (Forum für Heil- und Religionspädagogik, Bd. 7).

Projektgruppe Inklusive Religionslehrerbildung (2014), Zehn Grundsätze für inklusiven Religionsunterricht, in: CI-Info 1, 5–8.

Reich, Kersten (2014), Inklusive Didaktik. Bausteine für eine inklusive Schule, Weinheim/Basel.

Reißmann, Wolfgang (2014), Bildhandeln und Bildkommunikationen in Social Network Sites. Reflexionen zum Wandel jugendkultureller Vergemeinschaftung, in: *Hugger 2014*, 89–103.

Schadomsky, Ludger (2014), Kommentar: #BringBackOurGirls – Hashtag mit Fallstricken. Deutsche Welle 14.10.2014, http://www.dw.com/de/kommentar-bringbackourgirls-hashtag-mit-fallstricken/a-17994654 [Zugriff 4.3.2016].

Schluchter, Jan-René (Hrsg.) (2015), Medienbildung als Perspektive für Inklusion. Modelle und Reflexionen für die pädagogische Praxis, München.

Schulgesetz des Landes Sachsen-Anhalt in der Fassung der Bekanntmachung vom 22. Februar 2013. GVBl. LSA 2013, 68 http://www.landesrecht.sachsen-anhalt.de/jportal/portal/t/vl6/page/bssahprod.psml;jsessionid=428398CC9D7A66E1ED76E90AF54F9006.jp29?pid=Dokumentanzeige&showdoccase=1&js_peid=Trefferliste&documentnumber=1&numberofresults=1&fromdoctodoc=yes&doc.id=jlr-SchulGST2013rahmen&doc.part=X&doc.price=0.0#focuspoint [3.3.2016].

Schweiker, Wolfhard (2012), Arbeitshilfe Religion inklusiv. Grundstufe und Sekundarstufe I. Basisband: Einführung, Grundlagen und Methoden, Stuttgart.

Seitz, Simone (2006), Inklusive Didaktik: Die Frage nach dem ‚Kern der Sache'. Zeitschrift für Inklusion 01, http://www.inklusion-online.net/index.php?menuid=3&reporeid=16 [18.03.2016].

Textor, Annette (2015), Einführung in die Inklusionspädagogik, Bad Heilbrunn.

Tillmann, Angela (2014), Girls Media – Feminist Media: Identitätsfindung, Selbstermächtigung und Solidarisierung von Mädchen und Frauen in virtuellen Räumen, in: *Hugger 2014*, 155–173.

Tillmann, Angela (2014), Selfies. Selbst- und Körpererkundungen Jugendlichen in einer entgrenzten Gesellschaft, in: *Lauffer/Röllecke*, 42–51.

Ullrich, Wolfgang (2015), Ai Weiwei, in: Müller-Tamm, Pia und Schäfer, Dorit (Hrsg.), Ich bin hier! Vom Rembrandt zum Selfie, Karlsruhe, 268–276.

Ullrich, Wolfgang (2015), Selfies als Weltsprache, in: Müller-Tamm, Pia und Schäfer, Dorit (Hrsg.), Ich bin hier! Vom Rembrandt zum Selfie, Karlsruhe, 32–41.

Vogelgesang, Waldemar (unter Mitarbeit von Heiderose Minas) (2014), Digitale Medien – Jugendkulturen – Identität, in: *Hugger 2014*, 137–154.

Wetterer, Angelika (2008), Geschlechterwissen & soziale Praxis: Grundzüge einer wissenssoziologischen Typologie des Geschlechterwissens, in: Wetterer, Angelika (Hrsg.), Geschlechterwissen und soziale Praxis. Theoretische Zugänge – empirische Erträge, Königstein/Taunus, 39–63.

Susanne Schwarz

Selfie oder Nolfie?

Ein Abwägungsphänomen als Chance für ethische Lernprozesse

Einleitung

Schöne, lachende, fröhliche Gesichter – Gesichter und auch Körper, die eine Einladung aussprechen, sich mit und an ihnen und ihrem Leben zu freuen; eine Behauptung, dass das Leben und Menschsein vorzeigbar und sehenswert ist ... nicht jede und jeder kann und will Selfies aus dieser Perspektive lesen.

„Tired of the ‚ME' Generation?": So wird der Besucher oder die Besucherin auf der Website für den ersten „Anti-Selfie-Song" gefragt.[1] Seit ca. 2013 formiert sich eine Anti-Selfie-Bewegung, die sich als kleiner Gegentrend mit dem als narzisstisch oder ästhetisch normiert o. ä. gedeuteten Selfiephänomen kritisch, humorvoll oder sarkastisch auseinander setzt. Im Antiselfieclub etwa wird eine Hommage an Malewitschs ikonisches Schwarzes Quadrat mit dem Selfie zum Antiselfie.[2]

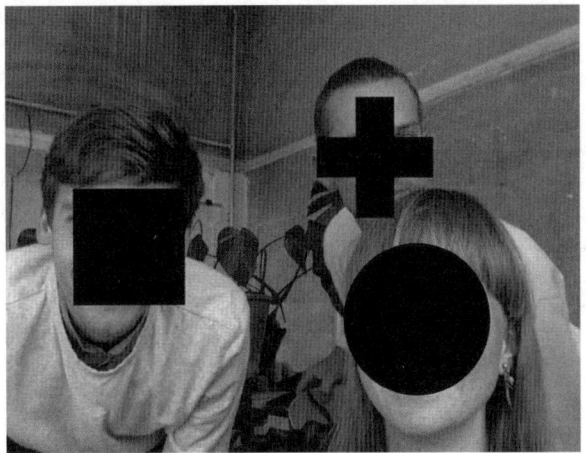

Anti-Selfie Club © 2015, Fondation Beyeler, Riehen/
Basel / Moniker, Amsterdam, Foto: Moniker, Amsterdam

Es ist gerade die Positivausrichtung von Selfies, an der sich die Geister scheiden. Autenrieth z. B. sieht in der „Positivierung des eigenen Erscheinungsbildes [...] vor allem ein(en) Schutz gegenüber entfernten oder fremden bzw. nicht-intendierten Betrachter/-innen" (Autenrieth 2014a, 54) und insofern ein Zeichen für

---

[1] http://www.anti-selfie.com [1.12.2015].
[2] www.antiselfieclub.de [1.12.2015]; vgl. auch die Hashtags #nophoto, #antiselfie, #uglyselfportraits, #antiselfieags etc.

Medienkompetenz. So wüssten die NutzerInnen um die Unsicherheit von Löschvorgängen und um die Normierungseffekte des Forums, da die meisten Kontakte online wie offline bestehen. Nicht infrage gestellt wird, dass geteilte Selfies tatsächlich Idealvorstellungen abbilden, wohl aber, dass sie aus kritikwürdigen Motiven heraus entstehen.

… Gegentrend, Normierungsdruck, Privatsphäre und Medienkompetenz: Ist damit schon alles darüber gesagt, warum Selfies manchmal gar nicht erst geschossen und/oder gepostet werden?

In Anbetracht der Zunahme bildbasierter alltagsbezogener Kommunikation (vgl. Autenrieth 2015, 101) ist das visuelle ‚Schweigen' keine uninteressante Fragestellung. Gerade aus theologischer Perspektive scheint sich diese Thematik als besonders anschlussfähig zu erweisen. Während aus medienwissenschaftlicher Perspektive das Nichtzeigen/das Nichtgezeigte im Zusammenhang mit dem Aushandlungsprozess von Privatheit und Öffentlichkeit (vgl. Schachtner/Duller 2014) gesehen wird, stehen aus theologischer Sicht die Themen Sichtbarkeit wie Unsichtbarkeit und der Zusammenhang mit dem theologischen wie anthropologischen Theologumenon der Unverfügbarkeit (vgl. Ernst, 2015; Lück 2013) wie des Geheimnisses (vgl. Haberer 2015) im Zentrum.

Sowohl aus medienwissenschaftlicher wie auch aus theologischer Perspektive geht es dabei vor allem um das absichtsvoll Nichtgezeigte. Handelt es sich aber beim absichtslos Nichtgezeigten überhaupt um ein Phänomen oder nicht vielmehr um ein Phantom, dem man methodisch zudem kaum nachkommen kann? Würde man die Fragestellung jedoch vorschnell einschränken, könnten entscheidende Aspekte eines noch nicht topographierten Phänomens fehlen. Um sowohl die absichtslos wie absichtsvoll nicht gezeigten Selfies begrifflich zu umfassen, wird hier das Wortspiel oder auch der Arbeitsbegriff ‚Nolfie' gewählt.[3]

Welchen Erkenntnisgewinn verspricht eine Befassung mit dem Nolfie in religionsdidaktischer Perspektive? Leiten lässt sich die Hoffnung auf Erkenntnisgewinn zunächst von der religionsdidaktischen Aufgabe, Phänomene aus der Medienwelt als lebensweltliche Erfahrungsräume der SchülerInnen lesen wie diagnostizieren zu lernen (vgl. Pirner 2006, 286). Leiten lässt sich die Hoffnung zum Zweiten von der Annahme, dass mit der Konstitution des Selfies anthropologisch-ethische Implikationen verbunden sind und von daher auch das Nolfie als mitkonstituierte Kehrseite (un-)ausgewiesene anthropologische und ethische Aspekte enthält, die religionsdidaktisch aufgegriffen und mit der christlichen Perspektive kommuniziert werden können.

Ohne Weiteres ist ersichtlich, dass die Suche nach dem Phänomen *Nolfie* mit methodischen Herausforderungen verbunden ist. Schließlich ist nicht immer direkt nachweisbar, was warum nicht gezeigt wird, denn das Nolfie ist nur von seiner Vorderseite, dem Selfie, her erschließbar. Diesen Herausforderungen wird wie folgt begegnet: Unumstritten ist, dass es sich beim Selfie um ein visuelles Kommunikationsmittel handelt. Deshalb werden Anregungen aus der Nachbarschaft der Verbalkommunikation zum Phänomen des Schweigens (vgl. v. Sass 2013) für eine

---

[3] Eine Einschränkung ist damit insofern bereits eingezogen, als hier vor allem Selfietätige im Blick sind.

topographische Annäherung an das Nolfie eingebunden. Anschließend wird das angenommene Phänomen von *außen* nach *innen* hermeneutisch umrissen. Als äußere Rahmenbedingung ist die Eigenlogik des virtuellen Raumes zu verstehen, weil in und durch ihn das Nolfie als *Kehrseite* mitkonstituiert wird. Zu den inneren Rahmenbedingungen zählen das sozial ausgehandelte Selfiekonzept und das Nutzungsverhalten der UserInnen.

Im dritten Teil schließlich geht es vom Erhebungs- in den Deutungsmodus über, um die theologischen Überlegungen auszuweisen, die sich aus der Suche nach und aus der Auseinandersetzung mit dem Nolfie ergeben. Daran schließen sich viertens religionsdidaktische Konsequenzen und fünftens religionsdidaktische Konkretionen an.

1 Sprachlich-analoges und visuell-virtuelles Schweigen – eine hermeneutische Erkundung

Vorab sei angemerkt, dass es sich beim Selfie im Unterschied zur Verbalsprache um ein optionales bildsprachliches Einzelphänomen handelt. Lässt sich die topographische Erkundung des Schweigens auch auf das visuelle Schweigen beziehen? Wie das sprachliche Schweigen, das als „Unterbrechen des Redens [...] eine intensive Beziehung zum Sagen" hat (v. Sass 2013, 10ff.), haben Nolfies die intensivste Beziehung zum Selfie, das die Möglichkeitsbedingung für Nolfies ist; sie sind im weitesten Sinne „Unterbrechungen" der Selfietätigkeit.

Formal unterscheidet v. Sass zwischen objektivem und expressivem, zwischen verbalem und nonverbalem Schweigen. Objektiv meint das Verschweigen von etwas Konkretem, dabei sorgt „der Gegenstand potentiellen Aussprechens für das Absehen vom Reden" (ebd., 14). Ein objektives Nolfie würde dann all jene Aspekte der eigenen Person und des Umfeldes umfassen, die potentiell gezeigt werden könnten, aber aus unterschiedlichsten Gründen nicht gezeigt werden. Unter expressivem Schweigen ist eher eine Haltung zu verstehen, um etwas besonders auszudrücken, ein „Modus intensivierten Sagens" (ebd., 15). Dieser lässt sich beim Nolfie dort finden, wo das gezeigte Selfie selbst den Rahmen für das Nichtgezeigte (z. B. verdecktes Gesicht) eröffnet.

Verbal wird geschwiegen, wenn etwas gesagt wird, um etwas anderes nicht zu sagen oder um nicht zu schweigen. Das würde für das visuelle Schweigen bedeuten, dass etwas auf Selfies zu sehen ist, um etwas anderes (Nolfie) zu verdecken, z. B. die missliche oder als misslich empfundene Lage, etwa wenn Partystimmung gemimt wird, obwohl es langweilig ist.

Nonverbales Schweigen wird wesentlich mimisch, gestisch oder mit der Körperhaltung ausgedrückt. Im sehr weiten Transfer ließen sich hier all jene Nolfies fassen, die von bewusst Nicht-Selfietätigen *geschaffen* werden.

Wie geschwiegen wird, hängt v. a. von den kommunikativen Funktionen des Schweigens ab (vgl. ebd., 15f.). Für v. Sass ist Schweigen ein kommunikativer, reaktiver und schützender Akt, mit dem Verlegenheit, Peinlichkeit oder andere Probleme bewältigt werden können. Schweigen ist eine Reaktion auf Herausforderung, Unsicherheit, Gefahr. Ergänzt werden müsste hier aus politikwissenschaftlicher Perspektive die Machtfunktion, weil etwas nicht zu thematisieren auch eine „effiziente und wichtige Technik der Machtausübung" und Herrschaftssicherung ist (Lindner 2013, 129f.).

Denkbar ist, dass auch Nolfies Reaktionen auf Unsicherheit, Gefahr und Herausforderung sind. So können auf und mit Selfies Personen wie Ereignisse verdeckt werden, um jemanden zu schützen, um Provokationen oder Peinlichkeiten zu vermeiden. Personen können aus Unsicherheit über ihren Körper, aus Unsicherheit vor dem Forum keine Selfies tätigen. Auch die machtbezogene Funktion kann auf Nolfies bezogen werden. Mit ihnen kann z. B. Macht ausgeübt werden über die Konstitution der persönlichen Öffentlichkeit; über das, was und wie bildmedial warum zur Verfügung gestellt wird und was nicht. Ein Beispiel hierfür wäre, Aspekte, die im nichtvirtuellen Alltag oft zu Stigmatisierung führen, nicht zu visualisieren (vgl. Lück 2013, 159)[4] oder Selfies zu politisieren.

Andere Funktionen des Schweigens sind institutionell gebunden (ÄrztInnen, PfarrerInnen, …). Hierzu sind jene Selfies zu zählen, die aus berufsethischen Gründen, beim individuellen oder kollektiven Schweigen (Gebet, Schweigeminute) oder während bestimmter Zeremonien (Hochzeit, Vereidigung, Beerdigung) nicht geschossen/gepostet werden. Über die tropische Funktion des Nolfies, wie sie dem Schweigen eignet (vgl. v. Sass 2013, 17), lassen sich erste Ansätze im künstlerischen Bereich finden.[5]

Den genannten Schweigeformen eignet die Prämisse der Intentionalität; das ist nach v. Sass (vgl. 18f.) problematisch, weil das Subjekt als Ursache des Schweigens vorausgesetzt wird. Folgt man v. Sass, gibt es auch Situationen bedrohter oder verlorener Souveränität im Sprechen und Handeln, in denen Schweigen – dann als responsives Schweigen – eine Reaktion auf Unerwartetes, Überforderndes, Unfassbares ist. Mit dem Begriff responsiv ist nicht entschieden, ob Intention, Intuition oder Reflex im Spiel sind; klar wird, dass dem Schweigen etwas zuvorkommt, auf das geantwortet wird (vgl. ebd.).

Denkbar sind hierzu Nolfies, die wegen negativer Kommentare ausbleiben; in denen ein Selfie-Schuss unterbrochen wird, die aufgrund veränderter Lebensumstände (z. B. unschöner Augenblicke) *entstehen* oder durch solche, in denen andere Kommunikationsformen bevorzugt werden.

Als weitere Form des nichtintentionalen Schweigens müsste das kulturell bedingte Schweigen über Themen ergänzt werden, die (noch) nicht im Bewusstsein einer Gesellschaft vorhanden sind (vgl. Lindner 2013, 131). Diese können zum Beispiel durch Vergleiche zwischen unterschiedlichen Kulturen ermittelt werden. Als Beispiel nennt Lindner das Frauenwahlrecht in der Schweiz, das zuerst ein Non-Issue gewesen war, weil die Männerherrschaft das Normale gewesen sei und „die Mächtigkeit vorhandener Normensysteme, bestimmte Dinge oder Fragen aus dem Bereich des Denkbaren und Artikulierbaren auszuschließen", zu einer besonderen Art des Schweigens, der strukturellen Herrschaft führt. Außerdem wird angezeigt, „was gesellschaftlich mit Tabus belegt ist" (ebd.). Im inter-

---

[4] Z. B. den Rollstuhl, die Kleinwüchsigkeit, usw.
[5] Vgl. FN 2 und die Beiträge von Witten und Konz in diesem Band.

kulturellen Vergleich sind auch zwischen Selfies Unterschiede erkennbar, die allerdings thematisch noch nicht ausgewertet sind.[6]

Ein sprachliches Wesen, so abschließend v. Sass, sei der Mensch, „sofern er sich aufs Schweigen mit sich und anderen versteht", denn Schweigen ist weniger eindeutig als Sprache und braucht eine „Dekodierung" (ebd., 28). Ein visuelles Wesen ist der Mensch, so könnte man anschließen, sofern er sich aufs *Nolfie-Herstellen* im weiteren Sinn versteht, das ebenfalls schwer zu dekodieren und entsprechend zu kartographieren ist.

Schweigen und Nolfie sind Kommunikationsmedien, die je innerhalb des umfassenden verbalen oder dieses optionalen und speziellen visuellen Kommunikationsraumes als deren Kehrseiten existieren. Beide können bewusst und gewollt, unbewusst oder ungewollt, sichtbar oder unsichtbar sein. Der Unterschied resultiert aus der Eigenlogik der Räume, der Medien (Sprache, Selbstbildnis) und ihrer wechselseitigen Beeinflussung, die die Ingebrauchnahme der Medien (Schweigen, Nolfie) bedingen und von daher auch gestaltet werden. Um die Eigenlogik des virtuellen Raumes für die bildbasierte Kommunikation geht es im Folgenden.

2 Konstitutionsbedingungen von Nolfies

2.1 Profillogik von Instagram

Konstitutiv für das Selfie sind drei Elemente: Es handelt sich um ein selbst geschossenes Foto, das über Social Media geteilt und mit Rückmeldungen versehen werden soll. Die Anschlusskommunikation ist sichtbar und gilt als essentieller Bestandteil von Selfies (vgl. Autenrieth 2014a).

Selfies leben also vom und im virtuellen Wirklichkeitsraum, sie sind darin an die Plattformen der Social Media gebunden. Mit dem virtuellen Kommunikationsraum sind nach boyd (2008) vier Merkmale verbunden, die ihn vom analogen unterscheiden: Alles ist *skalierbar* (die potentielle Reichweite ist enorm, die Verbreitung nicht immer steuerbar), *persistent* (im Allgemeinen wird im Netz nichts vergessen), *durchsuchbar* (potenzielle Zugänglichkeit) und *kopierbar* (Inhalte können problemlos vervielfältigt werden). Wollte man es plakativ etwas überhöhen, ist das Netz/der Netz*blick* des unsichtbaren Publikums nicht nur den Selfies gegenüber wissend, wiederholbar, unberechenbar, zeitlich unbegrenzt. Anzunehmen ist, dass mit Onlineplattformen bereits mögliche Nolfies einhergehen, schließlich wird mit den Plattformen die Grundlage für Darstellungsmöglichkeiten gelegt und werden mit ihnen die Angebote nach Verwertungsinteressen strukturiert (vgl. Bleicher 2014, 35).[7] Exemplarisch wird die Suche nach dem Nolfie deshalb anhand der populären und weitverbreiteten Social-Media-Plattform Instagram fortgeführt.

---

[6] http://selfiecity.net/ [Zugriff: 1.12.2015].
[7] Auf Instagram war es beispielsweise lange nur möglich, Bilder im quadratischen Format zu posten; das soll ein Grund für die vielen Foodies sein und schließt damit natürlich eine Reihe an Motiven aus (z. B. den Eiffelturm o. a. im Hintergrund).

Bei Instagram handelt es sich um eine Plattform, die Teilhabe ermöglicht und Technologien zur Verfügung stellt, um eigene Inhalte zu erstellen und die schönen Momente des Lebens miteinander zu teilen.[8] Verstanden werden soll die Plattform als sicherer Ort, als Ort des respektvollen Umgangs miteinander, als positiver Ort, als Ort der Rücksichtnahme, als Ort der Hilfe für Personen mit Essstörungen und sich selbst verletzende Personen,[9] als angemessener Ort für alle Alters- und Zielgruppen, als Ort einer starken Gemeinschaft. Weiterhin stellt sich Instagram als Quelle der Inspiration dar, um die Welt zu erkunden, Abenteuer und neue Wege zu suchen sowie diese mit ganz anderen Augen sehen zu lernen. Die NutzerInnen werden dazu aufgefordert, alles um sie herum in sich aufzunehmen und dieses mit anderen zu teilen, kurz: „unser Leben zu leben und unsere Geschichten zu erzählen"[10]. Dies kann verstanden werden als Einladung zur Partizipation an einer visuellen Narration, einer neuen, interaktiv gestalteten, idiosynkratischen und global wirksamen Meistererzählung (Lyotard) und zur Verwirklichung der Unternehmensvision. Mit den Gemeinschaftsrichtlinien für NutzerInnen ist zum einen festgelegt, was nicht gezeigt werden darf, und zum anderen positiv bestimmt, was gezeigt werden sollte bzw. besonders erwünscht ist.[11]

Erwünschter Gebrauch	Unerwünschter Gebrauch
Trage dazu bei, diese Gemeinschaft zu fördern.	
Poste nur deine eigenen Fotos und authentische Inhalte.	
Trage dazu bei, dass Instagram ein authentischer und sicherer Ort bleibt.	
Halte dich an die geltenden Gesetze.	
Respektiere alle Personen auf Instagram.	
Poste Fotos, die für eine vielfältige Zielgruppe geeignet sind.	
Fördere bedeutungsvolle und echte Interaktionen.	
Du kannst Narben (Masektonie) oder Nacktheit, wie sie auf Bildern der Kunst zu finden ist, posten.	Nacktheit (Genitalien, Geschlechtsverkehr, (halb-)nackte Kinder)
	Spam
	Verherrlichung von Gewalt, Kriminalität, Hass, sexuelle Dienstleistung, Drogen, Medikamentenmissbrauch, Alkohol, Tabak
	Bedrohungen, Androhungen, Hassreden, Erniedrigungen, Beschämungen, wiederholte unerwünschte Nachrichten

---

[8]   https://de-de.facebook.com/help/instagram/155465357989685/ [Zugriff: 30.3.2016].
[9]   Nicht nur Menschen mit Problemen wie Essstörungen, Selbstverletzungen u. a. nutzen solche Art Plattformen häufig, um sich auszutauschen. Auf der Seite von Instagram finden sich deshalb Infos zur Hilfestellung: https://help.instagram.com/477434105621119/?ref=hc_fnav [Zugriff: 1.12.2015].
[10] https://help.instagram.com/477434105621119/?ref=hc_fnav [Zugriff: 1.12.2015].
[11] https://help.instagram.com/477434105621119/?ref=hc_fnav [Zugriff: 1.12.2015].

	Angriffe auf Personen aufgrund ihrer Rasse, ethnischen Herkunft, Nationalität, ihres Geschlechtes, ihrer geschlechtlichen Identität, sexuellen Orientierung, religiösen Zugehörigkeit, Behinderung, Krankheit
	Verherrlichung von Selbstverletzung
Denke nach, bevor du aktuelle Ereignisse postest.	
Du kannst Gewalt und Missstände dann posten, wenn aus der Bildunterschrift klar wird, dass du diese verurteilst.	Verherrlichung von Gewalt
Trage zu einer starken Gemeinschaft bei: Melde, wenn jemand gegen die Richtlinien verstößt; blockiere Personen, die etwas posten, was dir nicht passt. Du kannst Kommentare, die dir nicht gefallen, löschen.	
Trage dazu bei, eine der besten Gemeinschaften weltweit zu schaffen.	

Anhand des Profils und der Richtlinien wird deutlich, dass sowohl Fragen der Wirklichkeits- und Weltbild-Konstruktion, moralische Regeln, rechtliche Inhalte wie medienethische Überlegungen selbst Gegenstand der Plattform sind (vgl. Pirner 2006). Fast ließe sich aus den Bestimmungen das Anliegen herauslesen, auf dieser Plattform eine globale Community mit einem verbindlich-verbindenden virtuellen Ethos zu verwirklichen, das für Menschen kulturunabhängig zustimmungsfähig ist. Welche anthropologischen Grundannahmen spiegeln sich in den Regularien? Zunächst werden die NutzerInnen als Gruppe mit Bedürfnissen nach Teilhabe und Partizipation innerhalb einer Gemeinschaft, nach Annahme und nach einem glücklichen Leben dargestellt. Gleichzeitig ist der oder die NutzerIn auch angesprochen als moralisch denkender und handelnder Mensch, der oder die ein Interesse an einer funktionierenden Gemeinschaft hat und deshalb amoralische/unethische/illegale Fotos verhindern möchte.

Zwar sind die Regularien immer in einen Gemeinschaftsbezug eingebettet und werden von daher plausibilisiert, gleichwohl wäre zu fragen, ob die Einzelperson nicht implizit mitgedacht ist: als Person, die das Bedürfnis hat, sichtbar zu sein und teilzuhaben.

Mit der Registrierung nehmen die NutzerInnen nicht nur die *Einladung* an, sondern übergeben dem Unternehmen zwar nicht die Eigentumsrechte, die bei den NutzerInnen liegen, wohl aber unentgeltlich sämtliche Verwertungsrechte.[12]

---

[12] „Stattdessen gewährst du Instagram hiermit eine nicht-exklusive, vollständig bezahlte und gebührenfreie, übertragbare, unterlizenzierbare, weltweite Lizenz für die Nutzung der Inhalte, die du auf dem oder durch den Dienst postest; diese unterliegt den Datenschutzrichtlinien des Dienstes, die du hier einsehen kannst http://instagram.com/legal/privacy/; dazu gehören u. a. die Abschnitte 3 („Teilen deiner Informationen"), 4 („Speicherung deiner Informationen") und 5 („Deine Wahlmöglichkeiten in Bezug auf deine Informationen"). Wie in den Datenschutzrichtlinien beschrieben, kannst du auswählen, wer deine Inhalte und Aktivitäten sehen kann, ein-

Bei Instagram handelt es sich um ein global agierendes Unternehmen, das eine Plattform und eine Vision anbietet, im Gegenzug oder als Grundlage dafür aber die persönlichen Daten der NutzerInnen verwertet (vgl. Bleicher 2014; Neumann-Braun/Autenrieth 2011). Die NutzerInnen sind, anthropologisch erweitert, entsprechend nicht „nur" Kunden, sondern das „Produkt" und damit auch Objekt des Konzerns, weil „die Informationen der Nutzer von den Dienstleistern als Werbeprofile vermarktet werden" (Leven/Schneekloth 2015, 111).[13] So ist der Mensch auch gedacht als einer, dem die über Instagram angebotenen wie suggerierten Güter wichtiger sind als das umfassende Recht an den eigenen Daten.

Was aber ist mit *sicherem Ort* gemeint? Aus dem Kontext ist zu entnehmen, dass sicher meint, vor Verletzung durch andere NutzerInnen geschützt zu sein, weil die Regularien und die Wächterfunktion der NutzerInnen dafür Sorge tragen. Heißt *sicher* auch, dass die NutzerInnen jede Art Selfie gefahrlos posten können? Z. B. Selfies von Menschen mit sichtbaren Behinderungen? Selfies von Menschen, die krank sind? Selfies von Menschen, die dick sind oder alt aussehen? Das führt zu der Frage, wer eigentlich die Verantwortung für die meist persönlichkeitsbezogenen Rechtsverletzungen durch NutzerInnen auf Plattformen trägt (vgl. Roggenkamp 2013, 78)? Das Social-Web ist kein rechtsfreier Raum. Rechtsverletzungen werden als juristische Tatsache gewertet, auch weil deren Auswirkungen im nicht-virtuellen Raum real sind. Nach dem Telemediengesetz (2007) sind PlattformanbieterInnen dann zum Handeln (löschen, sperren, ...) verpflichtet, wenn Kenntnis von der Rechtsverletzung besteht. Das Ergreifen von Maßnahmen zur zukünftigen Vermeidung wird allerdings den AnbieterInnen gegenüber als nicht zumutbar angesehen, wiewohl die Registrierung der NutzerInnen nahegelegt wird, um Rechtsverletzungen vorzubeugen (vgl. Roggenkamp 2013, 91). Bei Instagram verpflichtet sich der/die einzelne NutzerIn, Verantwortung für den eigenen Account hinsichtlich der Nutzungsregeln zu übernehmen. Für die Einhaltung tritt auch Instagram ein, gleichwohl steht das Unternehmen bei Unkenntnis nicht in der Verantwortung.

Wie kann die Einladung zur Wahrnehmung der Wirklichkeit durch das „Share-Auge" gelesen werden? Im positiven Sinn heißt das soziale Neukonstitution und die Betonung der positiven Aspekte aus dem eigenen Lebens-Umfeld oder die schöpferische Verschönerung des Alltäglichen über die mediale Selfiekonstruktion, sodass positive Rückmeldungen das eigene Personsein wie Leben bestätigen wie bestärken und ein visuell angespornstes Gemeinschaftsgefühl entstehen kann. Anders gelesen kann es heißen, das eigene Leben(sumfeld) vor dem mitgedachten Forum tendenziell mittelbarer wie selektiver wahrzunehmen, nichtteilbare Momente eher auszublenden oder einer kosmetischen Behandlung zu unterziehen. Es kann heißen, die Ausbildung der eigenen Urteilskraft jener mitbedachten des Forums unterzuordnen bzw. deren Urteil einfach zu übernehmen.

---

schließlich deiner Fotos.", online unter: https://www.facebook.com/legal/terms?locale=de_DE [Zugriff: 30.3.2016].

[13] In Anlehnung an den Netzkritiker Jaron Lanier.

Instagram ist als Kommunikationsraum auf der einen Seite durch eine besonders attraktive Gratifikationsstruktur und auf der anderen Seite von zwei Rechtskulturen gekennzeichnet: eine zu den Persönlichkeitsrechten der NutzerInnen, für die nach der Gesetzgebung wesentlich die NutzerInnen Verantwortung tragen, und eine zu den ökonomischen Verwertungsrechten, die hauptsächlich in den Händen des Konzerns liegen. Mit Blick auf das gesuchte Phänomen Nolfie kann festgehalten werden: Ein Teil der Nolfies lässt sich rechtlich dadurch erklären, dass auf ihnen illegale Inhalte präsentiert werden oder würden. Aus moralischen wie ökonomischen Gründen sind auf Instagram solche Selfies eher nicht zu finden, auf denen Nacktheit oder sexuelle Akte zu sehen sind.[14] Als Begründung für die Regularien wird u. a. die unterschiedliche Kultur der anvisierten Zielgruppen angeführt, die sich an einer bestimmten Art von Bildern stören könnten, und der Jugendschutz.

Die NutzerInnen betreten, als mit den Funktionen und Modi des Schweigens Vertraute, den virtuellen Raum und entscheiden darüber, ob und welche Art von Selfies den Netzblicken warum ausgesetzt bzw. angeboten werden und welche nicht. Die These ist, dass diese Abwägungsprozesse verbunden sind mit moralischen, sozialen und ethischen Orientierungen sowie Interessen im Bewusstsein um Merkmale des Web. Dabei scheint es nicht unwichtig zu sein, dass es sich bei Selfies um visuelle Selbstdarstellungen handelt, denen besondere Wirksamkeit zugesprochen wird. Den Abwägungsprozessen wird folgend aus soziologischer, medienwissenschaftlicher und theologischer Perspektive nachgegangen.

2.2 Selfie oder Nolfie? Soziologische Befunde und medienwissenschaftliche Erkenntnisse[15]

In der Shell-Jugendstudie von 2015 wurden 12–25-Jährige gebeten, ihr Nutzungsverhalten im Internet anzugeben (vgl. Albert u. a. 2015, 126ff.). In den Antworten zeigt sich, dass 84 % der Jugendlichen darum wissen, dass Facebook oder Google mit ihren Daten Geld verdienen wollen. Außerdem ist eine große Mehrheit (72 %) davon überzeugt, dass es das Anliegen der Konzerne ist, mit ihren Angeboten das Internet zu dominieren (vgl. ebd., 128). Mehr als drei Viertel der NutzerInnen geben auch an, dass sie mit ihren persönlichen Daten vorsichtig umgehen (vgl. ebd., 130). Aus der Fragestellung wird allerdings nicht klar, ob *Vorsicht* auf das soziale Forum und/oder auf den Konzern bezogen wird.

Augenscheinlich wird die zwiegespaltene Situation der NutzerInnen am Beispiel Facebook, wenn ihnen zwar das ökonomische Verwertungs- und Dominanzinteresse der Monopolinhaber bewusst ist und sie wenig Vertrauen in Facebook haben, trotzdem aber (ausgenommen ein Sechstel) das Angebot von Facebook

---

[14] Jene Einschränkung wird am häufigsten öffentlichkeits- und werbewirksam diskutiert, vgl. #freethenipple.

[15] In diesem Kapitel wird auf Ergebnisse aus der Social-Media-Nutzung im Allgemeinen und zur bildzentrierten Kommunikation im Besonderen zurückgegriffen, weil anzunehmen ist, dass die Auseinandersetzung mit Selfies dort theoretisch eingebettet werden kann.

nutzen (vgl. ebd., 134ff.). Insofern stimmt nicht, dass den NutzerInnen die Eigentumsverhältnisse in sozialen Netzwerken ganz unklar sind (vgl. Bleicher 2014, 36). Zu überlegen ist, ob die Teilhabe-Entscheidung auch ein Ausdruck von ‚Kapitulation' oder Verdrängung des Komplexitätsgefildes Bildrechte/Datenschutz usw. ist.[16] Wohl aber ist die These berechtigt, dass die ökonomische Vermarktung ihnen weniger wichtig zu sein scheint als die „individuellen Nutzungsfunktionen des Identitätsmanagements und der sozialen Vernetzung" (Bleicher 2014, 34f.).

(Nicht nur) Die meisten Jugendlichen entscheiden sich für die Gratifikationsstruktur der Social Media und nehmen die ökonomische Verwertung der eigenen Daten damit in Kauf. Ohne das sozial-digitale Forum jedoch, in dem und über das gratifikationsfähige Selfies ausgehandelt werden, funktioniert die Gratifikationsstruktur nicht.

2.3 Selfiekonzept und Selfienormen

Mittlerweile lassen sich online unzählige, insgesamt vergleichbare Tipps zum Erstellen von Selfies finden, aus denen sich das sozial kommunizierte Konzept *Selfie* und zugleich auch ein Bedarf an Selfie-Normen ableiten lässt.[17] Übereinstimmend handelt es sich beim Selfie um vorteilhafte Selbstdarstellungen, damit umfasst das Nolfie als Kehrseite Unvorteilhaftes. Den Tipps lässt sich entnehmen, was als unvorteilhaft gilt: Alterssignaturen, dicke Körper und Anderes, dem gängigen Schönheits- und Sozialideal Widersprechendes. Abhilfe sollen z. B. optimale Lichteinstellungen sowie Filter-Apps schaffen, um z. B. das Gesicht von Schatten, Falten, Unreinheiten, zu harten Konturen usf. medial zu *befreien*. Unvorteilhaft sind auch jene Selfies, die dem positiven Bild vom Leben der Person abträglich sind, weil sie (un-)freiwillig etwas sozial Unerwünschtes abbilden.

Konträr zur Phänomenlogik stehen auch Leidsituationen. So sollte vermieden werden, Selfies zu schießen, wenn im Hintergrund Zerstörung, Geflüchtete, Obdachlose etc. zu sehen sind. Grund dafür könnte ein Pietätsbewusstsein aufgrund der Interferenz zwischen Positivbild ‚Selfie' und Leidsituation sein oder auch ein Wissen um die Imagegefährdung. Abgeraten wird auch von Selbstdarstellungen, die Personen in Lebensgefahr bringen, wie zum Beispiel Gleis-Selfies.

Auf Selfies wird demnach meistens nicht gezeigt und von der mitkonstituierten Kehrseite Nolfie umfasst, was Personen (aus Sicht des mitgedachten Forums) ästhetisch oder sozial unvorteilhaft erscheinen lässt, sie ächten könnte (Pietätsbewusstsein) oder sie in Gefahr bringt.

Wie aber, und mit welchen Intentionen laufen bildzentrierte Kommunikationen unter Jugendlichen im Web 2.0 ab? Den NutzerInnen geht es um das Aushandeln von Authentizität, Status und sozialer Anerkennung; entsprechend ist das

---

[16] Parallelen ließen sich zum Einkauf von Billigkleidung oder -essen ziehen.
[17] Expl.: http://www.elle.de/lifestyle-tipps-tricks-das-perfekte-selfie-205401.h; http://www.prophoto-online.de/fotonachrichten/Expertenwissen-von-CEWE-10-Tipps-fuer-das-perfekte-Selfie-10 007937; http://de.wikihow.com/Perfekte-Selfies-schie%C3%9Fen; http://praxistipps.chip.de/selfies-die-besten-tipps-fuers-selbstportraet_28881 [Zugriff: 1.12.2015].

"Leitbild der authentischen Selbstpräsentation im Social Web" weit verbreitet (Autenrieth u. a. 2011b, 47). Mehr als 90 % lehnen es ab, sich auf Profilen ganz anders darzustellen als sie wirklich sind (vgl. ebd.). Nicht gemeint sind „ungeschönte" Einblicke in den Lebensalltag, denn die „positivierte Selbstdarstellung (wird) gemeinhin akzeptiert, jedoch darf nicht das Gefühl entstehen, vom anderen getäuscht zu werden, da dies wiederum eine Abwertung der eigenen Person darstellt" (ebd.). Entsprechend werden zu starke Inszenierungen, aufwändige Stylings und extreme Posen (vgl. Autenrieth 2014b, 244) ebenso abgelehnt wie ungeschönte Einblicke und Abweichungen von der ästhetischen Norm.[18]

Die digitale Selbstinszenierung bewegt sich so zwischen einer zu intimen, entblößenden Darstellung auf der einen und einer zu idealisierten und inszenierten Präsentation auf der anderen Seite, sofern diese als solche nicht transparent gemacht wird (vgl. Reißmann 2012, 176f.). Als Orientierungsrahmen fungieren „gültige Normen und Konventionen" (Autenrieth 2014b, 251) aus unterschiedlichen Lebensbereichen (Freundschaften, Beruf etc.). Nach Autenrieth sind das „vergleichsweise enge(n) Grenzen", die sich in den „insgesamt relativ angepasste(n)" (ebd., 252), vor allem marktförmigen und heteronormativen Darstellungsweisen spiegeln. Vorbilder dafür finden die Heranwachsenden vor allem in der Unterhaltungsindustrie, von woher auch Kriterien für das, was vorzeigbar und aufmerksamkeitsfördernd ist, rezipiert werden (vgl. Autenrieth 2014a, 7f.; Tillmann 2014).

Auch für die Anschlusskommunikation gelten Handlungsprinzipien, mit denen „ein peer-reviewte(s) Selbstbild ausgehandelt" (Autenrieth 2011a, 130) wird. Teil des „Impression Management" ist das gegenseitige, reziproke Wertschätzen mit Kommentaren und Links (vgl. Autenrieth 2014b, 265). Das positive Kommentieren zwischen engen FreundInnen wird dabei auch als Pflicht/Verpflichtung wahrgenommen; an der Anzahl wie Qualität der Kommentare wird die Beliebtheit bemessen. Um nicht als sozial isoliert zu gelten, werden auch Bilder gelöscht, die weder verlinkt noch kommentiert wurden (vgl. ebd., 286). Vermeidungsstrategien werden angewendet, um „imageschädigende Bildaktivitäten" (ebd., 258) zu verhindern. Dazu zählt das „bewusste Nicht-Posten, Nicht-Kommentieren und Nicht-Weitergeben von Inhalten, die sich imageschädigend auswirken könnten („referential advoidance") (ebd.). Weiterhin gilt das Prinzip der Freiwilligkeit, wonach der oder die jeweilige NutzerIn darüber entscheidet, was sie/er an Informationen preisgeben möchte und wie diese gesteuert werden, um das Image des/der anderen zu schützen.[19] Unerlaubtes Distribuieren oder Verlinken sind demnach verpönt. So werden nur Verlinkungen „zu Bildern erstellt, die als für die Beteiligten imagefördernd erachtet werden" (ebd., 262), auf denen sie und andere gut aussehen und jene, die auch von NutzerInnen aus anderen Lebensbereichen als akzeptabel gelten (vgl. ebd., 286); innerhalb von Freundeskreisen werden dafür auch Kriterien diskutiert. Wer die Handlungsorientierungen

---

[18] https://www.instagram.com/thenakediaries/ [Zugriff: 1.12.2015]: vgl. vor allem die Kommentare.
[19] Nach der „EU Kids Online" Studie aus dem Jahr 2011, die Autenrieth (2014b, 259) zitiert, spielt das Cyberbullying bei fünf Prozent eine Rolle.

verletzt, kann durch hochwirksamen sozialen Boykott bestraft werden (vgl. ebd., 266).

Insgesamt dienen das Darstellen von Freundschaft, die positive Kommentierung und die demonstrierte Zuneigung, also die „Werte des Interagierens auf SNS" (ebd., 258f.), nach Autenrieth dazu, Sicherheit herzustellen und Unsicherheit zu vermeiden. Wohlwollende Rückmeldungen vermitteln den NutzerInnen so den Eindruck, angenommen, integriert, wertgeschätzt zu sein (vgl. ebd., 288).

Dass die bildzentrierte Kommunikation auf SNS einer Eigen-PR-Logik folgt, wenn wesentlich positive Erlebnisse, Partys, Reisen, ein großer Freundeskreis, Medien- und Markenprodukte usw. dargestellt werden, sieht Autenrieth durchaus kritisch, weil sich die Selbstpräsentation einer Ökonomie der Aufmerksamkeit unterordnen kann (vgl. ebd., 291).

Anhand der bildbezogenen Nutzungsverhalten und -intentionen ist deutlich geworden, dass es all jene Fotos nicht zum Selfie schaffen werden, die sich als imageschädigend erweisen könnten, weil sie z. B. keine positive Aufmerksamkeit erhalten. Nolfies umfassen danach vor allem überinszenierte, zu intime, langweilige und nicht heteronormative Selbstdarstellungen.

Zwischenfazit
Ein Großteil der NutzerInnen weiß vor allem mit steigendem Alter um die Januskopfigkeit der Social-Web-Plattformen in ökonomischer wie in sozialer Hinsicht. Festhalten lässt sich außerdem, dass Selfie-Moral und -Normen nicht nur von außen, sondern auch von den NutzerInnen her sozial ausgehandelt werden, dass im Netz auch „Moral von unten wächst" (Beck 2008, 72).

Reißmann (2013, 157f.) betont, dass mit der „Rückkehr des (bildlich repräsentierten) Körpers in die (mediatisierte) interpersonale Kommunikation und die Zentralität deiktischer Bildkommunikation" die Verklammerung zwischen *online* und *offline* zugenommen hat. Ohne Frage sind durch die Bildzentrierung die Kommunikationsräume durchwirkt und stärker aufeinander bezogen. Gleichwohl zeigen die Aushandlungsprozesse deutlich, dass die NutzerInnen die Merkmale des virtuellen Kommunikationsraumes reflektieren, die Wechselwirkungen mit dem analogen in ihre Überlegungen einbeziehen und ihre Handlungen darauf orientieren.

Die Auswahlprozesse finden statt zwischen Nutzungsinteressen und der Verobjektivierung vor dem unsichtbaren sozialen Forum mit dem möglicherweise wissenden, wiederholbaren, unberechenbaren und unbegrenzten Blick. Es wird u. a. zwischen dem Schutz der Privatheit und persönlicher Öffentlichkeit entschieden, denn die „Preisgabe privater Informationen (ist) ... Vermittler sozialer Interaktion" (Reinecke/Trepte 2008, 207) und damit Voraussetzung für die erwarteten Gratifikationen. Wie eigenständig die NutzerInnen Privatheit und persönliche Öffentlichkeit aushandeln, ist nicht abschließend geklärt. Schachtner/Duller (2014, 72) attestieren den NutzerInnen die eigenständige Konstruktion, haben aber doch Bedenken, ob diese nicht wesentlich gesellschaftliche Normen adaptieren (vgl. ebd., 80).

Zu den Orientierungsmarken innerhalb des bildbezogenen Auswahl- und Aushandlungsprozesses zählen das Leitbild der Authentizität und für den Kommunikationsprozess das Prinzip der Reziprozität. Beide sind Voraussetzung für den Erwerb eines positiven Images, das soziale Teilhabe und Anerkennung im Web 2.0 umfasst. Das Leitbild korrespondiert den Bild- bzw. Fotoeigenschaften insofern, als sich der Authentizitätseindruck (vgl. Isermann/Knieper 2010, 305) in der Illusion der Unmittelbarkeit manifestiert. So sind Bildrezipierende als BeobachterInnen oft davon überzeugt, *Augenzeugen* zu sein, deshalb eignen Bilder sich, „Privatheit und Intimität sichtbar zu machen" (Isermann/Knieper 2010, 308). Was aber ist mit Authentizität gemeint? Unter *authentisch* verstehen die meisten im Social Web eine zwischen Offline- und Online-Existenz kohärente Selbstdarstellung (vgl. Mocigemba 2008, 162),[20] eine Art ‚Echtheit', die vom Forum akzeptiert wird.[21] Diese Kohärenz herzustellen, nehmen die NutzerInnen als ihre Aufgabe wahr. Authentizität ist dort zu Ende, wo aus Sicht der Akteure der Betrug beginnt (vgl. Reißmann 2013, 156). Umstritten ist zum einen, ob und wie viel Inszenierung oder Darstellung noch authentisch ist, weil Inszenierungen gerade als Teil der Authentizität gelesen werden können, und zum anderen, wie ‚natürlich' authentisch sein darf. Entspricht die ungeschönte Realität z. B. sozial-ästhetischen Normen nicht, kann das zu kontroversen und unschönen Reaktionen führen.

Vor dem Hintergrund kann die (un-)bewusste Entscheidung für stark standardisierte Selfies eingeordnet werden als Beitrag zur Aushandlung eines positiven Images und zugleich als Schutz vor einem nicht eindeutig identifizierbaren Forum, dessen Einstellungen nicht umfassend bekannt sind. Deshalb orientiert man sich, so die Hypothese, am vermuteten kleinsten gemeinsamen Nenner, d. h. akzeptierten Fotokonzepten mit geringer Angriffsfläche. All die Selfies, die vom Forum abgelehnt/sanktioniert werden könnten, avancieren schon vor dem Posting zum Nolfie. Beide Orientierungsmarken lassen sich als Bewältigungsstrategien des unberechenbaren Netzblickes lesen, in dem eine sichere und vertrauensvolle soziale Basis um der Gratifikation wegen herzustellen versucht wird.[22]

3 Theologische Hermeneutik

Inwiefern ergibt sich ein Mehrwert an „Erkenntnis, Lebenseinsicht, Orientierungsfähigkeit und Handlungsmöglichkeiten" (Dalferth 2004, 11), das Phänomen Selfie-Nolfie nun auch theologisch und religionsdidaktisch zu beleuchten?

---

[20] Nach Reißmann (2013, 156) bewegt sich das Verständnis von Authentizität zwischen zwei unterschiedlichen Bewertungsmaßstäben: Gilt die Kongruenz zwischen online und offline als Bewertungsmaßstab oder das Entwerfen virtueller Identitäten als Ausdruck des „wahren" Selbst, „Inkongruenz (als) ... Bedingung"?

[21] Insofern sind die häufig artikulierten Befürchtungen um hybride, fragmentierte u. a. Identitäten unbegründet.

[22] Mit der Gedankenführung wird zuerst auf bislang empirisch erhobene, allgemeine Tendenzen Bezug genommen. All die kreativen, anarchistischen und politisch widerständigen u. a. Selfietätigkeiten sind nicht unbekannt. Gleichwohl wäre zu überlegen, ob innerhalb dieser kleineren Communities nicht ähnliche Gratifikationsprozesse im Handeln und der Handlungslogik der AkteurInnen zu finden sind.

3.1 Der entzogene und sich entziehende Mensch – eine theologisch-anthropologische Lesart

Ausgehend von der These, dass mit „Praktiken des sich für andere sichtbar Machens auch Praktiken des sich Entziehens" (Ernst 2012, 32) verbunden sind, beschreibt Ernst das Nicht-Dargestellte als „Grenze", als „Außen der jeweiligen Selbstdarstellung", das den „Möglichkeitsraum zukünftiger anderer Handlungs- und Selbstdarstellungsmöglichkeiten" umfasst, weil jede Selbstdarstellung nur „eine aktuelle Möglichkeit vor einem nie vollständig zu realisierenden Horizont von Darstellungs- und Seinsmöglichkeiten eines Akteurs" (Ernst 2015, 296)[23] ist. Jede Selbstdarstellung bewegt sich am Ende „zwischen der faktisch ausgewählten, performierten und wahrgenommenen Wirklichkeit und dem Horizont unzähliger anderer Möglichkeiten" (Ernst 2012, 42).

Auf Facebook wird die Grenze z. B. dort erkennbar, wo auf einem Profilfoto niemand eindeutig zu identifizieren ist (vgl. ebd., 39). Nach Ernst wird durch sichtbare Selbstverhüllungen oder offensichtlich inszenierte Selbstdarstellungen markiert, dass personale Identität nicht darstellbar ist. Der theologische Beitrag zur Auseinandersetzung mit Social Media besteht nach Ernst darin, die Motive Sichtbarkeit und Entzogenheit aufzugreifen und sowohl ihren Zusammenhang wie ihre konstitutive Bedeutung für das Identitätsgefühl und die Beziehungsgestaltung aufzuzeigen (vgl. Ernst 2012, 35). Insbesondere in der „Entfaltung theologischer Anthropologie unter dem Gesichtspunkt der Entzogenheit des Menschen" (ebd., 45) sieht Ernst Chancen für den Diskurs über Social Media. Beide Motive werden sowohl in der Gotteslehre wie auch in anthropologischer Perspektive als Ermöglichungsgrund und Hauptmerkmal personaler Gottesbeziehung entfaltet. So offenbare sich Gott, indem er sich verhüllt. Aufgrund von Gottes Souveränität und Unverfügbarkeit erst entstünden die unzähligen Möglichkeiten persönlicher Gottesbegegnungen (vgl. ebd., 43ff.).

Absolut einleuchtend sind m. E. die Hervorhebung der unausgeloteten Selbstdarstellungsmöglichkeiten sowie das Anliegen, den Menschen als unverfügbares Ebenbild Gottes, als entzogenes Geheimnis vor der Gefahr einer theoretischen wie praktischen Verengung und Verwertung zu schützen und zugleich auf die reichhaltige Tradition in der Theologie zum Thema Nichtdarstellbarkeit zu verweisen (vgl. auch v. Sass, 24). Gleichwohl liegt in diesem Zugang auch die Gefahr, sich zu schnell auf das, was Social Media nicht zu leisten vermag, zu konzentrieren. Zum anderen wäre empirisch nachzuweisen, dass die NutzerInnen sich deshalb entziehen/verbergen, weil sie personale Identität für nicht darstellbar halten.

---

[23] Unter Rückgriff auf Hannelore Bublitz Konzept des Magic Mirror.

3.2 Anthropologische Implikationen und ethische Konsequenzen – eine zweite theologische Lesart[24]

Ein Mehrwert an Erkenntnis bietet die theologische Perspektive (auch), als mit ihr etwas darüber zu erfahren ist, was den Heranwachsenden wichtig ist (vgl. Pirner 2012, 164) und was sie für richtig ansehen.[25]

Das Selfie-Nolfie-Phänomen kann innerhalb einer Plattform als ein Beispiel für moralisches wie konditioniertes Handeln-Müssen (vgl. Müller 2003) gelten, weil die meisten NutzerInnen aufgrund erwarteter Gratifikationen und befürchteter negativer sozialer Sanktionen reziprok handeln, nicht aufgrund einer externen Autorität, wie Befehl oder Gesetz. Die persönliche Freiheit wird dabei aus rationalen Gründen wechselseitig begrenzt, d. h., man postet (nur) positive Kommentare, weil die dadurch ermöglichte Kooperation für alle Beteiligten vorteilhaft ist. Diese wechselseitige Verbindung könnte vertragsethisch interpretiert werden.

Authentizität und Reziprozität gelten als zentrale Orientierungsmarken für die Fotoauswahl und den Kommunikationsprozess. Angemessen und gratifikationsfähig handelt, wer authentisch darstellt und positiv-reziprok kommuniziert. Die zugrunde liegende Ethikform kann als deontologisch eingeordnet werden, weil diese Handlungsnormen anzeigen, was als gutes Handeln gilt und Voraussetzung für mögliche Gratifikationen usw. ist.

Der auf Authentizität oder Ehrlichkeit und auf Reziprozität bedachte Auswahlprozess lässt sich außerdem verantwortungsethisch deuten, wobei sich die Verantwortung sowohl auf das eigene Impression-Management als auch auf das der anderen aufgrund der konstitutiven Reziprozität beziehen kann.

Ethisches und moralisches Denken und Handeln erlernen die Heranwachsenden entsprechend neben den herkömmlichen Milieus (vgl. Englert 2015, 111f.) auch im Social-Web, einem Raum mit eigener, wenn auch nicht zwingend anderer Moral (vgl. Haberer 2015), die der/die Einzelne mitkonstituiert. Moralisch gehandelt und ethisch geurteilt wird darin in Orientierung an ethischen Prinzipien und durch die Abwägung unterschiedlicher Güter,[26] wie Privatsphäre oder soziale Teilhabe, Datenschutz etc. Aus medienwissenschaftlicher Perspektive ließ sich entnehmen, dass das eigene positive Image ein besonders erstrebenswertes Gut, ein handlungsleitendes Ziel der Selfie/Nolfie-Aktivität ist. Aufgrund der teleologischen Ausrichtung handelt es sich um eine Form der Güterethik.

Ist das hohe Gut *positives Image* das höchste Gut? Ist das positive Image das, was *unbedingt angeht*, das, *woran das Herz hängt*? Anzunehmen ist, dass das positive Image nicht um seiner selbst willen erstrebt wird und insofern nicht das höchste Gut sein kann, weil das summum bonum sich kategorial von den (relativen) Gütern unterscheidet.[27]

---

[24] Ich danke Michael Bauer für das konstruktive Gespräch zum Abschnitt.
[25] Vgl. die hilfreiche Unterscheidung zwischen richtig/wichtig bei Englert 2015.
[26] Gut ist etwas, „was es uns möglich macht, unser bedürftiges und gefährdetes Leben in seinen wesentlichen Beziehungen zu erhalten, zu verteidigen und im Hinblick auf ein Woraufhin des Lebens zu vervollkommnen" (Stock 2011, 315).
[27] Gleichwohl kann die Annahme empirisch nicht belegt und damit auch nicht für alle NutzerInnen festgelegt werden.

Insofern das *positive Image* nicht das höchste Gut ist, wäre zu fragen, welche Rolle es unter den relativen Gütern spielt? Es lässt sich z. B. als Symbol lesen, als Symbol für die Ausbalancierung des eigenen wie fremdinduzierten Selbstverhältnisses (vgl. Slenczka 2014) um des, wie auch immer inhaltlich gefüllten, guten und/oder richtigen Lebens wegen, das aus christlicher Perspektive im höchsten Gut gründet, welches als Gottes Gnade und Wahrheit schöpferischer Grund unserer Handlungsgegenwart ist (vgl. Herms 2015).[28] Konstitutiv für das eigene Selbstverhältnis sind die Blicke der Anderen, das Bewusstsein um das eigene Objektsein für Andere sowie für einen selbst und vice versa. Diese Konstellation kennzeichnet die apriorische Verfasstheit des Subjekts. Im Selbstverhältnis ist und wird der andere, der fremde, billigende oder missbilligende Blick integriert (vgl. ebd.). Insbesondere letztgenannter lässt uns erfahren, dass wir in unserem Selbstverhältnis nicht frei, sondern gebunden, nicht sicher, sondern auch gefährdet sind. Unsere *Freundschaft mit uns selbst* (vgl. ebd., 252ff.) kann durch jene missbilligenden Blicke, denen wir nichts entgegen zu setzen haben, durchbrochen werden, z. B. durch die Möglichkeit des Beschämtwerdens (vgl. ebd.; Nord 2014b).

Meines Erachtens spiegelt sich in den bildzentrierten Aushandlungsprozessen symptomatisch zum einen das Bewusstsein um die konstitutive Bedeutung des Blickes der Anderen für das eigene Selbstverhältnis und zum anderen das Bewusstsein um die Gefährdung des Selbstverhältnisses, welches nicht nur in der eigenen Hand liegt. Im Unterschied zu den analogen Blicken der Anderen sind die digital vermittelten Blicke zeitlich, räumlich und sozial entgrenzter und weniger berechen- und beeinflussbar.[29] Damit können sich die billigenden wie die missbilligenden Blicke mit ihrem Einfluss auf das Selbstverhältnis je vertikal und horizontal potenzieren.

Vor diesem Hintergrund, dem Streben nach einem positiven Image, das verstanden wird als angestrebtes Gut und Symbol für das auch gefährdete und auf Anerkennung wie Eingebundensein im Social Web angewiesene Selbstverhältnis, ist die Tendenz zur Standardisierung von Selfies erklärbar.

Von daher kann der Bezug zum Höchsten Gut aus christlicher Perspektive aufgenommen werden, da zwischen dem Höchsten Gut und dem Inbegriff der lebensdienlichen Güter ein schöpferisches Verhältnis besteht, weil das Gut unserer Handlungsgegenwart und alle darin befindlichen Güter ihren Ursprung in ihm haben (vgl. Herms 2015). Diese Perspektive ist freilich eine Glaubensperspektive. Und dennoch ist sie anschlussfähig an die glaubensunabhängige aristotelische Frage: *Gibt es ein Höchstes Gut für den Menschen, das zu erstreben er durch seine Natur bestimmt ist, und wenn es ein solches gibt, worin besteht es?* Unbeantwortet ist freilich noch die Frage nach der Lebensdienlichkeit der über Selfie-Nolfie-Entscheidungen (weiterhin) angestrebten wie abgewogenen Güter.

---

[28] Was unter dem Höchsten Gut aus nichtchristlicher Perspektive verstanden wird, ist freilich aus der Perspektive von NichtchristInnen zu bestimmen.

[29] Nicht gemeint ist, dass analoge Kommunikation berechenbar ist; allerdings sind Wirkung und Reaktion (unmittelbar) sichtbarer; ihnen kann im direkten Kontakt mit Gestik, Mimik, Sprache unmittelbarer be-, ver- und entgegnet werden, insofern die Raummerkmale nach boyd (2008) analog nicht greifen.

3.3 Anthropologische Implikationen und Freiheit – eine dritte Lesart

Auf die Frage nach der Lebensdienlichkeit könnte eine kleine und dem Gegenstand angemessene Entscheidungshilfe auf einem anthropologiebezogenen Weg gefunden werden. Schließlich enthalten Selfie-Nolfies handlungsrelevante anthropologische Vorstellungen über das erhoffte und persönlich als gut und/oder richtig empfundene Leben. Auch das einflussreiche Forum wird (unbewusst) mit anthropologischen Charakteristika ausgestattet; interessant wäre es, die anthropologischen Implikationen des Selbstbildes und des Forums in Bezug zu setzen. Für eine Auseinandersetzung mit den anthropologischen Dimensionen kann gerade die christliche Anthropologie hilfreiche Aspekte einbringen, obwohl oder gerade weil ihr mit Schoberth (vgl. 2006, 25f.) die Annahme zugrunde liegt, dass es kein abgeschlossenes christliches Menschenbild gibt. Dessen zukunftsoffene Bestimmung besteht um der Freiheit des Menschen aus der Heilszusage in Christus wegen darin, ein bilderkritisches, lebendiges, an Christus orientiertes Bild zu sein. Deshalb beinhaltet die Aufgabe theologischer Anthropologie, handlungsleitende Menschenbilder von daher sichtbar zu machen, sie zu überprüfen und da zu entmächtigen, wo sie als starre und/oder verfestigte menschliches Leben begrenzen (vgl. ebd.) und demgegenüber für ihre Freiheit wie Zukunftsoffenheit zu plädieren. Entsprechend wäre zu fragen, ob Nolfies Resultate von anthropologischen Vorannahmen sind, in und mit denen menschliche Freiheit eingeschränkt wird. Die eindeutige Antwort darauf lautet Jein.

Nolfies sind dann keine Symptome menschliche Freiheit eingrenzender anthropologischer Vorstellungen, wenn NutzerInnen frei und bewusst darüber entscheiden, um der eigenen und/oder der Freiheit eines/einer anderen wegen, bestimmte Selfies nicht zu schießen und/oder nicht zu posten.

Nolfies sind auch dann keine Symptome menschliche Freiheit eingrenzender anthropologischer Vorannahmen, wenn sie Aspekte des realen Lebens *aufbewahren*, welche die Wahrnehmung des oder der Einzelnen und die Freiheit von Selbstthematisierungsmöglichkeiten eingrenzen, weil Einzelaspekte zu Generalisierungen und damit oft zu Exklusion führen (z. B. Behinderungen, ärmliche Kleidung, ...).

Nolfies sind dann Symptome menschliche Freiheit eingrenzender anthropologischer Vorannahmen, wenn Selfies aus Angst vor dem Forum nicht geschossen und/oder gepostet werden, einer Angst davor, zu alt, zu dick, zu unschön, zu ... zu sein, d. h. unwert, gesehen zu werden.

Nolfies sind auch dann Ausdruck von eingrenzenden anthropologisch-ethischen Vorannahmen, wenn sie nicht geschossen/gepostet werden, weil sie heteronormativen Schemata oder der Authentizitätsnorm oder dem sozialnormativen Privatheitskonzept nicht entsprechen und dadurch der Blick für Momente möglicher Selbstthematisierung aus dem Sichtfeld gerät, kurz: die Möglichkeit individueller Entfaltung über dieses Medium eingegrenzt wird. Hierzu zählen die Selbstdarstellung als (schwules) Pärchen, im Bikini, in Badehose, mit ungeschöntgefiltertem Gesicht und/oder Körper.[30]

---

[30] Selbstverständlich sind die legalen Entfaltungsmöglichkeiten gemeint.

4 Religionsdidaktische Konsequenzen

Augenscheinlich ist, dass sich das vorliegende medienkulturelle Phänomen an der Schnittstelle zwischen medienweltorientierten (vgl. Pirner 2012), bilddidaktischen (vgl. Schröder 2013) und vor allem ethikdidaktischen (vgl. Englert 2015) Perspektiven bewegt.

Es braucht die medienweltorientierte Perspektive (vgl. Pirner 2012, 159), weil mit ihr der notwendige religionsdidaktische Rahmen aufgespannt ist, von dem her das besprochene Phänomen hermeneutisch (Medienkultur) und subjektorientiert (NutzerInnen als SozialisationsagentInnen und ProsumerInnen, die im Social Web leben und lernen [lernen]) in den Blick genommen wird. Gleichzeitig wird am thematisierten Phänomen exemplarisch deutlich, dass die Anforderung an das Subjekt wesentlich als Aushandlungsaufgabe zwischen virtueller und analoger Wirklichkeit zu verstehen ist. In einer medienwelt- und subjektorientierten Religionsdidaktik, mit der dieser Verzahnung Rechnung getragen wird, müssten jene für den Umgang mit Social Media zentralen Aushandlungsprozesse so integriert werden, dass weniger ein Gegenüber- als vielmehr ein crossmedialer Ansatz gewählt wird, mit dem zugleich die Unter- wie Entscheidungsprozesse sichtbar werden.

In Schröders Verständnis von Bilddidaktik als Mediendidaktik (vgl. Schröder 2013) – auch Mediendidaktik braucht die Bilddidaktik – kommt den medialen Bilderwelten die angemessene Schlüsselrolle „zur Auseinandersetzung mit der je eigenen Lebenswirklichkeit" (ebd., 273) zu. Freilich wäre zu fragen, ob – nicht nur – das Selfie-Nolfie-Phänomen sich problemlos in die herkömmliche Bilddidaktik einordnen lässt oder nicht fotografiedidaktische Überlegungen (vgl. Gojny 2017) auch in die Mediendidaktik einzubeziehen wären. Lohnend in dem Zusammenhang ist auch die Frage, ob anhand des Nolfies nicht auch säkulare und anthropologisch gewendete Signaturen des Bilderverbotes zu entdecken sind? Dafür spricht die den Fotografien zugesprochene Macht in Verbindung mit dem Leitbild Authentizität sowie der Standardisierung auch aufgrund des Bewusstseins, dass Bilder schnell etwas/jemanden festzulegen vermögen.

Schließlich führt drittens die Analyse des Selfie-Nolfie-Phänomens dazu, dieses als ethische Fragestellung mit handlungsleitenden anthropologischen Implikationen zu identifizieren. Zu den Aufgaben des Religionsunterrichts gehört die Begleitung und Förderung der ethischen Orientierung und Urteilsfähigkeit aus einer weltanschaulich gebundenen Perspektive und vor allem die Reflexion des Zusammenhangs zwischen Glauben und/oder Weltanschauung und Handlungsorientierungen und -begründungen. Mit den ethischen Implikationen des Selfie-Nolfie-Phänomens lässt sich gut der Ansatz zur ethischen Urteilsbildung verknüpfen, da die erwähnten Güterabwägungen Teil dieses Modells sind und die Selfie-Nolfie-Entscheidungen so in einen theoretischen Zusammenhang eingeordnet werden können. Gleichwohl müsste dieser Ansatz insofern erweitert werden, als die SchülerInnen mit dieser Fragestellung unmittelbar, vielleicht auch existentiell, verwoben sind, sodass eine klinisch-kognitive Bearbeitung der Einzelschritte kaum motivierend und erfolgversprechend sein dürfte. Einbezogen werden sollten deshalb zum einen Erkenntnisse zur emotionalen und atmosphärischen Verknüpfung ethischen Nachdenkens und Handelns (vgl. Bucher 2015; Naurath 2015), zum anderen Aspekte zur Kultivierung nicht nur webbezogener Emotionalität (vgl. Nord 2014a, b) und zum Social Web als etablierten und sich weiter etablierenden auch moralischen Raum. Bereits die knappe Skizze zeigt, dass religionsdidaktische Ansätze mit der analysierten Eigenlogik der medialen Lebensräume zu verknüpfen und, so notwendig, entsprechend zu modifizieren sind.

Aus der religionsdidaktischen Einbettung dürfte deutlich geworden sein, dass sich unterschiedliche religionsdidaktische Konkretionen anschließen können. In folgenden religionsdidaktischen Vorschlägen wird der Schwerpunkt je auf eine der drei Perspektiven gelegt, ohne dass die anderen davon ganz zu trennen sind.

5 Religionsdidaktische Konkretionen

5.1 Selfie oder Nolfie? Das ist eine wichtige und richtige Frage

Ein Nolfie ist eine mögliche Antwort auf die Anforderungssituation Selfie im sozial-medialen Kontext. Weil für diese Entscheidung Güter abgewogen werden und sich darin anthropologische wie ethische Implikationen spiegeln, bietet es sich religionsdidaktisch an, die Entscheidungsprozesse mit den darin verhandelten Gütern, Werturteilen und ihren Bildern von Mensch, Welt und Sinn herauszuarbeiten und dadurch auch reflektierbar zu machen. Was ist wichtig? Wofür steht das, was angestrebt wird?

Ein zweiter Zugang bestünde darin, über die Handlungsnormen (Was ist richtig?) der Reziprozität und Authentizität ins Gespräch zu kommen. Neben den expliziten Normen (nicht auf der Beerdigung, nicht mit einer Chaos-Wohnung im Hintergrund, …) sollten auch die impliziten (heteronormativ, ästhetisch, marktkonform) thematisiert werden. Ergänzend dazu könnten Selfie-Modelle kennen gelernt oder erprobt werden, die (ohne Gefahr für das Image, um aus den SchülerInnen keine MärtyrerInnen zu machen) den Spielraum zur Selbstthematisierung erweitern.[31]

Mit der Selfie-Nolfie-Entscheidung verbunden sind das soziale Forum und die Plattformlogik: Insofern müsste der Einfluss und die Bedeutung dieser Faktoren expliziert und mit der Frage verbunden werden, wie frei eine solche Entscheidung getroffen wird und getroffen werden kann. Das Ziel besteht in der Befähigung der SchülerInnen, Selfie-Nolfie-Entscheidungen analysieren, deuten und im Blick auf die Freiheit der NutzerInnen bewerten zu können.

5.2 Selfie oder Nolfie? Das ist eine Bilderfrage wie bildsame Frage

Die Grenzen zwischen Selfie und Nolfie können als Grenzen zwischen (persönlicher) Sichtbarkeit und Unsichtbarkeit, Darstellbarkeit und Nichtdarstellbarkeit usw. gezogen werden. Zurecht kann im Anschluss an Ernst wie v. Sass betont

---

[31] Vgl. die politisch feministische Arbeit von Murray (2015) an und mit Selfies.

werden, dass die Theologie für diese Grenzbeziehung einen großen Fundus an Denk- und auch Bildfiguren beherbergt. Insofern bietet sich als zweiter Zugang ein bildtheologischer an, mit dem und über den Chancen und Grenzen von bildbezogener Kommunikation, auch experimentell, erarbeitet werden.

Inhaltlich gehört hierzu, bildbezogene Darstellungstechniken und -strategien zur Darstellung und/oder Nichtdarstellung zu eruieren und Symbole zu entschlüsseln. Bezogen auf theologische wie anthropologische Themen wird über Möglichkeiten des Darstellbaren in inhaltlicher wie auch in ethischer Hinsicht nachgedacht. Dabei wird man nicht umhin kommen, über die Macht von Bildern, und im Speziellen auch Fotografien, wie den Umgang mit ihnen zu reflektieren. Hierfür sind dann theologische Bezüge zum Bilderverbot zu ziehen und rechtliche Aspekte zur Bildethik zu betrachten.

Schließlich bietet es sich an, kreative Umgangsweisen mit Nicht-Darstellbarem kennen zu lernen und auszuprobieren, auch um Ambiguitätstoleranz, Symbolfähigkeit und einen Blick für das Potential bildlicher Darstellung (weiter) zu entwickeln.

Wichtig ist bei diesem Zugang allerdings, die Theologie nicht mit dem einseitigen Image einer Verwalterin des Unsichtbaren zu versehen, sondern gleichzeitig ihre auch immer politische Außenseite sichtbar zu machen und gerade dieses Spannungsfeld zwischen Unzeigbarem und notwendig zu Zeigendem auszuleuchten.

5.3 Selfie oder Nolfie? Das ist eine ent- und unterscheidende Frage

Die Selfie-Nolfie-Frage ist als lebensweltliche wie komplexe prädestiniert dafür, als Beispiel für Unterscheidungsprozesse und als ein Beitrag zur Ausbildung von Differenz-Kompetenz eingebracht zu werden. Grundsätzlich eingebettet ist die Entscheidung zwischen virtueller und analoger Wirklichkeitsrationalität, die Heranwachsende von klein auf je mit ihren Eigenlogiken über ihre Erfahrungen lesen lernen. Mit dem Web 2.0 ist ein Teilsystem entstanden, das die meisten gesellschaftlichen Teilsysteme durchdringt, dabei aber eine Eigenlogik aufweist, von der her sich die gesellschaftlichen Teilsysteme auch bedingen lassen. Diese, sich beständig verändernde Eigenlogik hat je Konsequenzen für Gestaltung und Funktion von Kommunikation, für die jeweilige Moral, die Selbst- und Fremdthematisierung und das Selbst- und Fremdbild u. a. m.

Über Social Media lernen die Heranwachsenden, die Bedürfnisse wie Interessen von sich selbst und von anderen auch digital zu lesen, sich in andere Perspektiven mit Hilfe des Text- und Bildmaterials einzudenken und entsprechend zu agieren. Nicht zufällig ist das Reziprozitätsprinzip als Variante der Goldenen Regel hierzu eine wichtige Hilfe. Insbesondere am Selfie-Nolfie-Phänomen zeigt sich die Auseinandersetzung mit den Chancen und Grenzen visueller Kommunikation, die zum Teil verbal ergänzt, weil vereindeutigt werden muss. Schließlich ließe sich an dieser Anforderungssituation differenziert darstellen, wie solche Entscheidungen aufgrund welcher Entscheidungseinflüsse und Wechselwirkungen zwischen Social Web und nichtvirtueller Welt zustande kommen. Außerdem bieten sich die zugrunde liegenden Güterabwägungen an, unterschiedliche Ethiktypen zu identifizieren, sie voneinander zu unterscheiden und als Antwortversuche auf die Frage nach dem guten Leben zu verstehen, die zu christlichen Vorstellungen ins Verhältnis zu setzen wären.

Lohnend ist die Befassung auch deshalb, weil die Unterscheidungsnotwendigkeit und -herausforderung zwischen dem virtuellen und analogen Raum eher zunimmt, wenn die Tendenz zur immer größeren Verzahnung sich erwartbar intensiv weiterentwickelt und bislang noch fehlende Aspekte wie Bewegungen, Gerüche u. a. hinzukommen.

5.4 Selfie oder Nolfie? Das ist mehr als eine Frage. Ein bildungspolitisches Plädoyer

Mit dem letzten Zugang ist ein spezifischer Beitrag zur Medienbildung insgesamt angesprochen. Der fachdidaktische Beitrag besteht vor allem in der zugrunde liegenden Begründung, das Anliegen kann auch ohne diese geteilt werden. Aus einem protestantischen Verständnis von Freiheit heraus – so plural und wenig einfangbar dieses ist (vgl. Laube 2014) – kann die Situation der NutzerInnen in ihrer Abhängigkeit von den Monopolgrößen des digitalen Marktplatzes nicht befriedigen. Kaum ein (ökonomischer) Bereich ist so nah an den Heranwachsenden und ihren Bedürfnissen, stellt ihnen ein so unwiderstehliches Angebot zur Verfügung und agiert auf der anderen Seite als Monopolgröße mit ökonomischen Kalkül gegenüber den Heranwachsenden und ihren Rechten. Natürlich soll hier nicht naiv dem Glauben gehuldigt werden, dass die Giganten in ehrenamtliche Fürsorgeanstalten umgewandelt werden können oder sollen. Vielmehr geht es darum, die digitale Alphabetisierung umfassender durch Bildungsangebote so zu unterstützen, dass die Handlungs- und Entscheidungsfreiheit der NutzerInnen ausgeweitet wird. Wie Luther seinerzeit theologisch begründet im Zuge des Buchdrucks die Alphabetisierung einforderte, so ist es heute an der Zeit, diese im digitalen Kontext zu unterstützen. Gemeint ist, dass die Lernenden nicht nur befähigt werden, systemimmanent möglichst mündig zu agieren, sondern auch systemwerfend und -gestaltend, wozu das Lernen der Programmiersprache und anderer Mechanismen gehört,[32] um dies nicht Wenigen zu überlassen. Unterstützend können wertbezogene Fächer diesen Bildungsprozess aus einer weltzugewandten wie weltreflektierenden Verortung ethisch-theologisch begleiten.

5.5 Selfie oder Nolfie? Ein methodischer Fall[33]

Methodisch kann im Hinblick auf die Zugänge nicht nur, aber vor allem das methodische Arrangement von Case Studies für den Lernprozess empfohlen werden. Über die Fallbeispiele kann nicht nur die ethische Urteilsbildung gefördert, son-

---

[32] Nicht weit genug geht das Plädoyer für Alphabetisierung von Haberer 2011, 4.
[33] Hier greife ich den Vorschlag von Haberer/Rosenstock 2010, 111 auf.

dern auch die emotionale, volitionale und handlungsorientierte Seite vermittelt kennen gelernt und reflektiert werden. Mit Hilfe einer sogenannten ‚Potter Box' kann es Lernenden gelingen, konfligierende Orientierungen, Güter, Intentionen und Abhängigkeiten bei Entscheidungen zu entschlüsseln. Ziel wäre es, dass die Lernenden aus der Reflexion der zur Verfügung stehenden Orientierungen heraus Selfie-Nolfie-Entscheidungen mit einer, wenn auch nicht zwingend aus einer größeren, Freiheit (heraus) treffen.

Literatur

Albert, Mathias u. a. (2015), 17. Shell Jugendstudie. Jugend 2015 – Eine pragmatische Generation im Aufbruch, Frankfurt a. M.

Autenrieth, Ulla P. (2011a), MySelf.MyFriends.MyLife.MyWorld: Fotoalben auf Social Network Sites und ihre kommunikativen Funktionen für Jugendliche und Erwachsene, in: *Neumann-Braun/dies. 2011*, 123–162.

Autenrieth, Ulla P.; Bänzinger, Andreas; Rohde, Wiebke und Schmidt, Jan (2011b), Gebrauch und Bedeutung von Social Network Sites im Alltag junger Menschen: Ein Ländervergleich zwischen Deutschland und der Schweiz, in: *Neumann-Braun/dies. 2011*, 31–54.

Autenrieth, Ulla P. (2014a), Das Phänomen „Selfie". Handlungsorientierungen und Herausforderungen der fotografischen Selbstinszenierung von Jugendlichen im Social Web, in: *Lauffer/Röllecke 2014*, 52–59.

Autenrieth, Ulla P. (2014b), Die Bilderwelten der Social Network Sites. Bildzentrierte Darstellungsstrategien, Freundschaftskommunikation und Handlungsorientierungen von Jugendlichen auf Facebook und Co, Baden-Baden.

Beck, Klaus (2008), Neue Medien – alte Probleme? Blogs aus medien- und kommunikationsethischer Sicht, in: *Zerfaß u. a. 2008*, 62–77.

Bleicher, Joan Kristin (2014), Ökonomie, Technik, Entwicklung und Angebotsschwerpunkte des Social Web als Herausforderung für die Medien- und Kommunikationswissenschaft, in: *Nord/Luthe 2014*, 29–43.

boyd, danah m. (2008), Taken Out of Context. American Teen Sociality in Networked Publics, online verfügbar unter: http://www.danah.org/papers/TakenOutOfContext.pdf [Zugriff: 30.3.2016].

Bucher, Anton A. (2015), Mehr Emotionen und Tugenden als kognitive Stufen. Skizze der aktuellen Moralpsychologie, in: *Englert u. a. 2015*, 87–97.

Dalferth, Ingolf U. (2004), Evangelische Theologie als Interpretationspraxis. Eine systematische Orientierung (ThLZ 11/12), Leipzig.

Englert, Rudolf u. a. (2015) (Hrsg.), Ethisches Lernen. Jahrbuch der Religionspädagogik Bd. 31, Neukirchen-Vluyn.

Englert, Rudolf (2015), Die verschiedenen Komponenten ethischen Lernens und ihr Zusammenspiel, in: *Englert 2015*, 108–120.

Ernst, Christina (2015), Mein Gesicht zeig ich nicht auf Facebook. Social Media als Herausforderung theologischer Anthropologie, Göttingen.

Ernst, Christina (2012), Sichtbar entzogen. Medienwissenschaftliche und theologische Deutung von Selbstdarstellungspraktiken auf Facebook, in: Costanza, Christina und dies. (Hrsg.), Personen im Web 2.0. Kommunikationswissenschaftliche, ethische und anthropologische Zugänge zu einer Theologie der Social Media, Göttingen, 32–47.

Gojny, Tanja (ersch. 2017), Art. Foto/Fotografie, in: wirelex.

Haberer, Johanna und Rosenstock, Roland (2010), Theologische Perspektiven, in: *Schicha/Brosda 2010*, 107–123.

Haberer, Johanna (2011), Theologische Medienethik als Ethik der Öffentlichkeit – eine evangelische Perspektive, in: Pirner, Manfred L.; Lähnemann, Johannes und Haußmann, Werner (Hrsg.), Medien – Macht – Religionen. Herausforderung für interkulturelle Bildung, Berlin, 180–188.

Haberer, Johanna (2015), Digitale Theologie: Gott und die Medienrevolution der Gegenwart, München.

Herms, Eilert ([4]2015), „Höchstes Gut", in: Betz, Hans Dieter: Religion in Geschichte und Gegenwart, online verfügbar unter: http://referenceworks.brillonline.com/entries/religion-in-geschichte-und-gegenwart/hochstes-gut-COM_09946?s.num=0&s.f.s2_parent=s.f.book.religion-in-geschichte-und-gegenwart&s.q=h%C3%B6chstes+gut [Zugriff: 1.12.2015; kostenpflichtige Ausgabe].

Isermann, Holger und Knieper, Thomas (2010), Bildethik, in: *Schicha/Brosda 2010*, 304–317.

Laube, Martin (2014), Freiheit, Tübingen.

Lauffer, Jürgen und Röllecke, Renate (2014) (Hrsg.), Lieben, Liken, Spielen. Digitale Kommunikation und Selbstdarstellung Jugendlicher heute. Medienpädagogische Konzepte und Perspektiven, München.

Leven Ingo und Schneekloth, Ulrich (2015), Freizeit und Internet: Zwischen klassischem »Offline« und neuem Sozialraum, in: *Albert 2015*, 111–152.

Lindner, Wolf (2013), Schweigen in der Politik. Versuch einer Herrschaftskritik, in: *v. Sass 2013*, 126–140.

Lück, Anne-Kathrin (2013), Der gläserne Mensch im Internet. Ethische Reflexionen zur Sichtbarkeit, Leiblichkeit und Personalität in der Online-Kommunikation, Stuttgart.

Mocigemba, Dennis (2008), Personality Prototyping. Identitätsexperimente auf der Bühne Podcast, in: *Zerfaß u. a. 2008*, 149–167.

Müller, Wolfgang Erich (2003), Argumentationsmodelle der Ethik: Positionen philosophischer, katholischer und evangelischer Ethik, Stuttgart.

Murray, Derek Conrad (2015), Notes to self: the visual culture of selfies in the age of social media, Consumption Markets & Culture, 18, No. 6, 490–516.

Naurath, Elisabeth (2015), »Es gibt kaum ein beglückenderes Gefühl, als zu spüren, dass man für andere Menschen etwas sein kann« (Bonhoeffer). Die emotionale Dimension ethischer Bildung, in: *Englert u. a. 2015*, 184–192.

Neumann-Braun, Klaus und Autenrieth, Ulla P. (Hrsg.) (2011), Freundschaft und Gemeinschaft im Social Web. Bildbezogenes Handeln und Peergroup-Kommunikation auf Facebook & Co, Baden-Baden.

Nord, Ilona und Luthe, Swantje (2014) (Hrsg.), Social Media, christliche Religiosität und Kirche. Studien zur Praktischen Theologie mit religionspädagogischem Schwerpunkt, Jena.

Nord, Ilona (2014a), „Face Your Fear. Accept your war." Ein Blog einer Jugendlichen und seine Relevanz für die Erforschung von religiösen Sozialisationsprozessen, in: *Nord/Luthe 2014*, 101–114.

Nord, Ilona (2014b), „Jetzt steht es im Netz!"–Cybermobbing als Thema im RU. Über Lernprozesse, die die religiöse Dimension der Wirklichkeit erschließen, in: *Nord/Luthe 2014*, 227–238.

Pirner, Manfred L. (2012), Medienweltorientierte Religionsdidaktik, in: Grümme, Bernhard; Lenhard, Hartmut und ders. (Hrsg.), Religionsunterricht neu denken. Innovative Ansätze und Perspektiven der Religionsdidaktik, Stuttgart, 159–172.

Pirner, Manfred L. (2006), Neue elektronische Medien, in: Lachmann, Rainer; Adam, Gottfried und Rothgangel, Martin (Hrsg.), Ethische Schlüsselprobleme. Lebensweltlich – theologisch – didaktisch, Göttingen, 198–215.

Reinecke, Leonard und Trepte, Sabine (2008), Privatsphäre 2.0: Konzepte von Privatheit, Intimsphäre und Werten im Umgang mit user-generated-content, in: *Zerfaß u. a. 2008*, 205–228.

Reißmann, Wolfgang (2012), Arbeit am (Bild-)Körper. Die Plastizität des Körpers im Digitalbild und jugendliches Bildhandeln in Netzwerkplattformen, in: Geise, Stephanie und Lobinger, Katharina (Hrsg.), Bilder – Kulturen – Identitäten. Analysen zu einem Spannungsfeld Visueller Kommunikationsforschung, Köln, 165–185.

Reißmann, Wolfgang (2013), Jugendliche zwischen Person und Figur: „Medienperson" als Persona-Typ im „Real-People"-Genre Netzwerkplattform, in: Emmer, Martin u. a. (Hrsg.), Echtheit, Wahrheit, Ehrlichkeit: Authentizität in der Online-Kommunikation, Weinheim/Basel, 155–168.

Roggenkamp, Jan Dirk (2013), Rechtliche Verantwortlichkeit im Social Web, in: Schmidt, Jan-Hinrik (Hrsg.), Social Media, Wiesbaden, 78–93.

v. Sass, Hartmut (2013), Topographien des Schweigens. Eine einleitende Orientierung, in: ders. (Hrsg.), Stille Tropen. Zur Rhetorik und Grammatik des Schweigens, Freiburg i. Br., 9–31.

Schachtner, Christina und Duller, Nicole (2014), Praktiken des Managements von Privatheit und Öffentlichkeit im Cyberspace: Performative Akte im Kontext des Zeigens und Nicht-Zeigens, in: Paulitz, Tanja und Carstensen, Tanja (Hrsg.), Subjektivierung 2.0, in: Österreichische Zeitschrift für Soziologie, Sonderheft Band 13, 61–82.

Schicha, Christian und Brosda, Carsten (Hrsg.) (2010), Handbuch Medienethik, Wiesbaden.

Schoberth, Wolfgang (2006), Einführung in die theologische Anthropologie. Darmstadt.

Schröder, Bernd (2013), Religionsunterrichtliche Bilddidaktik zwischen Bilderverbot und Mediengesellschaft, in: ders.; Krochmalnik, David und Behr, Harry Harun (Hrsg.), „Du sollst Dir kein Bildnis machen ...": Bilderverbot und Bilddidaktik im jüdischen, christlichen und islamischen Religionsunterricht, Berlin, 249–274.

Slenczka, Notker (2014), ›Sich schämen‹. Zum Sinn und theologischen Ertrag einer Phänomenologie negativer Selbstverhältnisse, in: Richter, Cornelia; Dressler, Bernd und Lauster, Jörg (Hrsg.), Dogmatik im Diskurs, FS Dietrich Korsch, Leipzig, 241–261.

Stock, Konrad (2011), Einleitung in die systematische Theologie, Berlin/NY.

Tillmann, Angela (2014), Selfies. Selbst- und Körpererkundungen Jugendlicher in einer entgrenzten Gesellschaft, in: *Lauffer/Röllecke 2014,* 42–51.

Zerfaß, Ansgar; Welker, Martin und Schmidt, Jan (2008) (Hrsg.), Kommunikation, Partizipation und Wirkungen im Social Web. Band 1 Grundlagen und Methoden: Von der Gesellschaft zum Individuum, Köln.

Tanja Gojny / Kathrin S. Kürzinger / Susanne Schwarz

Schlussreflexion

Die Bilanz der Herausgeberinnen stellt eine knappe Reflexion des Bandertrages in Auseinandersetzung mit den Beiträgen dar und soll zu weiteren Arbeiten mit Selfies und anderen digitalisierten Alltagsphänomenen anregen. Mit der Schlussreflexion wird kein Anspruch auf Vollständigkeit erhoben, sondern zu einem Gespräch eingeladen, das innerhalb der Religionsdidaktik, aber ebenso darüber hinaus noch an Fahrt gewinnen kann.

1
Wie die verschiedenen Perspektiven der Beiträge eindrücklich verdeutlichen, handelt es sich bei Selfies um ein vielschichtiges Lebensweltphänomen, in dem sich elementare Fragen wie existentielle Dimensionen und auch moralische Aushandlungsprozesse entdecken lassen, die zum ethischen wie anthropologischen Nachdenken herausfordern. Obwohl, oder aber gerade weil in den Aufsätzen aufgrund der erst beginnenden Forschungsexpansion zum Teil auf ähnliche Literatur und Argumentationen zurückgegriffen wird, zeigen sich gleichwohl in der Bearbeitung auch Differenzen. Damit wird mit den Beiträgen auch ein Diskursfeld wie ein Gespräch innerhalb des Bandes eröffnet.

2
Die AutorInnen beleuchten und bestätigen auf sehr unterschiedliche Art und Weise die Grundannahme des Bandes, dass sich anthropologische und ethische Fragestellungen kaum voneinander trennen lassen. Dieser Zusammenhang zeigt sich auch in den Buchbeiträgen, denen heterogene anthropologische Prämissen zugrunde liegen, was vor diesem Hintergrund dann auch zu divergierenden ethischen Deutungen, Bewertungen und religions- wie medienpädagogischen Konsequenzen führt. Die jeweilige Pointe eines Beitrags hängt z. B. davon ab, wie von der Freiheit und Selbstbestimmung eines oder einer Selfietätigen gedacht wird.

3
Mit dem Band wird ein Beitrag dazu geleistet, die eingangs konstatierte Lücke angesichts kaum vorhandener religionsdidaktischer Theoriearbeit zu individualethischen Fragestellungen auf der einen Seite und der schulpraktischen Virulenz auf der anderen exemplarisch am Selfiephänomen zu schließen. Wie individualethische Fragestellungen anhand von digitalen Alltagsphänomenen erschlossen und für religionspädagogische und -didaktische Überlegungen fruchtbar gemacht werden können, zeigt dieser Band. Gleichzeitig soll er dazu ermutigen, weitere religionspädagogisch relevante – nicht nur digitale – Alltagsphänomene zu erheben und mehrperspektivisch zu erschließen.

4
Ein besonderes Potenzial von Selfies als Zugang zu anthropologischen wie ethischen Fragestellungen liegt darin, dass die Anforderungssituationen nicht an die Jugendlichen herangetragen werden müssen, weil diese Diskurse bereits unter ihnen auch in Social Media selbst geführt werden, an die angeschlossen werden kann. Für religionsdidaktische Konkretisierungen besteht hierbei die bleibende Aufgabe darin – bei allem Bemühen um eine konsequente Medien- und Lebensweltorientierung – nicht der Gefahr übergriffiger Enteignung jugendkultureller Phänomene zu erliegen.

5
Auffallend ist, dass das Selfiephänomen auf unterschiedlichen Ebenen zu Bewertungen auffordert. Das fängt bei den Selfietätigen an, die sich selbst (vor anderen) und andere bewerten, erstreckt sich über die Bewertung der Selfiepraktiken und der (nichtprofessionellen) Produkte der Selfietätigen bis hin zu medialen wie auch wissenschaftlichen Diskursen, die zwischen Kulturpessimismus und unkritischer Affirmation bzw. Apologetik changieren. Im vorliegenden Band wird die weitverbreitete kritische Mediendebatte zum Selfiephänomen vielfach aufgegriffen, überprüft und z. T. dekonstruiert. Besonders eindrücklich zeigt sich dieser Reflexionsprozess am Narzissmusvorwurf. Gleichzeitig wird in den Beiträgen verdeutlicht, dass weder ein unkritischer noch ein abwehrender Umgang mit Medienphänomenen dieser Art weiterführend ist. Vielmehr besteht die aktuelle Aufgabe für die Religionspädagogik auch darin, diese Alltagsphänomene aus der Lebenswelt der Jugendlichen ebenso sorgfältig lesen zu lernen wie auch (religiöse) Texte und Äußerungen von Jugendlichen. Dazu bedarf es freilich noch weiterer empirischer Studien, mit denen die Sicht der Digital Natives insbesondere auch auf die Relevanz- und Sinndimensionen digitaler Alltagsphänomene erhoben wird.

6
Über die mehrperspektivische Annäherung an das Phänomen werden explizite wie auch implizite politische Kontexte digitaler Selbstinszenierung transparent gemacht. Eine pauschale Bewertung von Selfies verbietet sich auch im Hinblick auf die politischen Dimensionen: Denn Selfies können z. B. sowohl Medien der Exklusion wie der Inklusion sein. Sie dienen je nach Gebrauch der Ent- wie der Ermächtigung.

7
In den Beiträgen zeigt sich auch eine kritische Reflexion des Selfie-Phänomens, die z. T. indirekt an unterschiedliche AdressatInnen gerichtet ist: an die Betreiber von Social Network Sites, an die Instrumentalisierung jugendkultureller Interessen für ökonomische Verwertungszwecke, an die theologische Medien- und/oder Sexualethik, an die mediale Anthropologie und/oder an die Selfietätigen. Unabhängig vom gewählten Adressaten ist dabei immer die Frage nach der Verantwortung bzw. den Verantwortlichen für einen ethisch vertretbaren Umgang mit Selfies aufgeworfen.

8
Im Gesamt des Bandes lassen sich unterschiedliche Modi des Einspielens der theologischen Anschlüsse von eher impliziten bis zu sehr expliziten Theologien erkennen. In diesen Modi verwirklichen sich die zugrunde gelegten und heterogenen Verhältnis- und Funktionsbestimmungen zwischen Theologie und Medienphänomenen. Darin wird auch die weiterhin zu diskutierende Frage offensichtlich, wie die religionspädagogische Diskussion von Phänomenen, bei denen die Jugendlichen weder die Frage nach Gott explizit stellen noch theologische Sprache verwenden, einen Transzendenzbezug herstellen kann, ohne in einen Überbietungsgestus zu verfallen oder das Phänomen zu verzwecken.

9
Gerade die Popularität von Selfies hebt neu ins Bewusstsein, dass das ‚alte' Medium Fotografie eine essentielle Grundlage visueller Kommunikation ist, die (nicht nur) für Jugendliche an Bedeutung gewonnen hat und weiter gewinnt. Ästhetisches Lernen an und mit diesem visuellen Alltagsphänomen kann außerdem exemplarisch herausstellen, wie gewinnbringend es ist, allgegenwärtiges Bildhandeln in unterschiedlichen Kommunikationskontexten zu entdecken, zu deuten und zu gestalten. Eine genaue Reflexion darüber, inwiefern in die wissenschaftliche Auseinandersetzung mit visueller Kommunikation auch Diskurse eingespeist werden, die nicht wort-, sondern bildsprachlich, z. B. auf Social Network Sites und im künstlerischen Kontext, geführt werden, kann impulsgebend für ästhetische Bildungsprozess sein.

10
Abschließend bleibt zu konstatieren, dass sich die religionsdidaktische Auseinandersetzung mit digitalen Alltagsphänomenen noch im Klärungs- und Verortungsprozess befindet und dazu auch auf interdisziplinäre Perspektiven angewiesen ist. Die erarbeiteten religionspädagogischen Chancen und die aufgezeigten offenen Fragen legen es mehr als nahe, digitale Alltagsphänomene noch stärker in den Fokus religionspädagogischer Theoriebildung und religionsdidaktischer Konkretisierung zu rücken.

Register

Abidin, Crystal 43
Ackerman, Robert A. 88
Adorno, Theodor W. 79
Akhtar, Salman 76
Albert, Mathias 197
Alloa, Emmanuel 58, 60
Altmeyer, Martin 75–77, 120, 126, 128
Ameling, Manfred 82, 89
Amiri, Shahrsad 79
Aristoteles 113
Arnheim, Rudolf 33
Asendorpf, Jens B. 78
Assmann, Aleida 158, 160f.
Astheimer, Jörg 27, 123f.
Auer, Elisabeth 79
Augustin, Elisabeth 179
Autenrieth, Ulla P. 16f., 22f., 25–27, 30, 45f., 49f., 80, 87, 103, 118, 120f., 126–128, 130f., 137f., 142, 156, 167, 169, 172f., 185, 189f., 193, 196, 199f., 210f.

Baden, Karl 162
Bahr, Petra 80
Barnard, Stephen R. 44, 49, 53–55
Barry, Christopher T. 81, 85–88
Barth, Gottfried Maria 171f.
Barthes, Roland 58, 60–62, 66, 69
Baskin-Sommers, Arielle 91
Bataille, Georges 68f.
Baudrillard, Jean 67
Bauer, Michael 9f., 49, 63, 73–102, 120f., 151, 168, 203
Bayer, Oswald 79
Baym, Nancy K. 23, 43
Beck, Klaus 200
Beil, Ralf 160
Bellinger, Matthew 44f., 47
Benjamin, Walter 60, 64, 159, 163
Bernhardt, Uwe 59
Bernstein, Martin 15
Best, Christina 45, 49
Beuscher, Bernd 32
Bieber, Alain 15, 65
Bierhoff, Hans-Werner 76, 78
Bindseil, Christiane 113
Blanchot, Maurice 57, 69
Bleicher, Joan Kristin 193, 196, 198

Boehm, Gottfried 60
Böhnisch, Lothar 121
Boltanski, Christian 160f., 161
Bonforte, Jeff 74
Bonhoeffer, Dietrich 117, 133
boyd, danah 34, 45f., 142, 193, 204, 210
Brailovskaia, Julia 76, 78
Brantner, Cornelia 49
Bredekamp, Horst 59
Bublitz, Hannelore 202
Bucher, Anton A. 207
Bucher, Georg 182
Buffardi, Laura E. 74, 81
Burns, Anne 46, 49
Busch, Hans-Joachim 79
Busch, Kathrin 62
Bushman, Brad J. 78

Cambre, Carolina 43
Cameron, David 44
Campbell, W. Keith 74, 78, 81, 86, 88, 91
Chaimowicz, Sascha 180
Cicciolina (Ilona Staller) 68
Clemens von Alexandrien 79
Coleman, Rebecca 50
Constanza, Christina 28, 30
Cooley, Charles Horton 128
Coupland, Douglas 16, 18, 145
Crocker, Elizabeth Thomas 46–49
Cwielong, Ilona 172
Czerny, Gabriele 19

Dabrock, Peter 69
Dahms, Christiane 19
Dalferth, Ingolf U. 201
Dali, Salvador 183
Därmann, Iris 60
de Man, Paul 57
de Vries, Hent 59
Delhom, Pascal 58f.
Demmler, Kathrin 35
Derrida, Jacques 57, 59, 62
Descartes 120
Deters, Fenne große 81
DeWall, C. Nathan 81
Diamond, Diana 79
Dickinson, Kelly A. 76

217

Didi-Huberman, Georges 58–60, 68
Dierse, Ulrich 79
Donnachie, Karen ann 16, 19, 64
Donnellan, M. Brent 91
Döring, Nicola 26, 32, 35, 141
Douglas, Mary 62
Dreier, Katharina 176f.
Dreyer, Vera 79, 90
Dropczynski, Katrin 176
Duerr, Hans Peter 68
Duller, Nicole 190, 200
Duran, Robert L. 81
Dyrud, Jarl E. 79

Ebeling, Knut 57
Edmonds, Grant 50
Eichler, Lutz 79
Eid, Michael 81
Elias, Norbert 68
Ellison, William D. 75
Engelschalk, Andreas 28
Englert, Rudolf 108, 203, 206
Erikson, Erik H. 77, 119
Ernst, Christina 28, 30, 74, 92f., 123, 125, 128, 142, 190, 202, 207
Esterbauer, Reinhold 59

Faller, Heike 181
Fasbender, Jana 78
Fausing, Bent 18
Fechtner, Kristian 62
Feininger, Bernd 36
Fend, Helmut 141
Filipović, Alexander 30, 129, 147
Foster, Joshua D. 78, 81, 88
Foucault, Michel 57
Fox, Jesse 73, 75, 80f., 84–88, 92
Fraas, Hans-Jürgen 77, 119
Freeman, Guo 48, 53, 54
Freud, Sigmund 75, 79
Freudenberger-Lötz, Petra 153, 157
Frey, Hans-Jost 57
Frohlich, David 45
Fromm, Erich 79
Fuchs, Hans-Jürgen 79
Fuchs, Monika E. 10, 28, 31, 137–150
Fuchs-Auer, Elisabeth 92
Fuhrer, Urs 74
Fürstenau, Sara 122

Gapski, Harald 34

Gehlen, Arnold 68
Geimer, Peter 60
Gensicke, Thomas 108
Gerstlauer, Anne Kathrin 23
Gervais, Sarah J. 52
Goffman, Erving 46
Gojny, Tanja 7–12, 15–40, 118, 134, 138, 145, 152f., 156, 158, 169, 180, 206, 210, 213–215
Gómez Cruz, Edgar 45, 47f., 50, 52–54
Graff, Bernd 121
Gräßer, Lars 34
Gregori, Daniela 90
Greve, Astrid 161
Grevel, Jan Peter 28
Grijalva, Emily 50, 81
Grohmann, Miriam 44, 175, 185
Grümme, Bernhard 138f.
Gumbrecht, Hans Ulrich 23
Günther, Antje 74
Gutmann, Hans-Martin 62f.

Haberer, Johanna 19, 28, 30, 65, 74, 80, 94, 178, 185, 190, 203, 209, 210f.
Hajok, Daniel 26, 120
Halbwachs, Maurice 158
Han, Byung-Chul 79, 80, 93
Hand, Martin 45
Harad, Tejas 16
Hartmann, Hans-Peter 75f.
Hasebrink, Uwe 26, 121, 137
Haus, Andreas 21
Hauschildt, Eberhard 62
Havighurst, Robert J. 121
Heidegger, Martin 57f., 160
Heimbrock, Hans-Günter 77
Heine, Matthias 15, 137
Heller, Lucia 73, 87, 94
Hermes, Katharina 108
Herms, Eilert 204
Herr, Karoline 20
Hilger, Georg 151f., 154f.
Hinz, Andreas 173
Hoffmann, Dagmar 172
Hoffmann, Monika 79
Holschbach, Susanne 22
Holzbrecher, Alfred 35
Homans, Peter 77
Hooley, Jill J. 88
Horkheimer, Max 79
Hugger, Kai-Uwe 151
Huizing, Klaas 9, 32, 57–72, 94

Huizinga, Johan 65f.
Hurrelmann, Klaus 108

Isermann, Holger 201
Ito, Paulo 182–184

Jiménez, Fanny 73, 86
Jonason, Peter K. 84
Jörissen, Benjamin 151
Jüngel, Eberhard 139, 143–146

Kamil Abdulsalam, Layla 44, 175, 185
Kandel, Eric 158
Kapidzic, Sanja 81
Kardashian, Kim 67
Karsch, Manfred 176f.
Katz, James E. 46–49
Kelly, Lynne 81
Kerkeling, Hape 21
Kernberg, Otto F. 75f.
Kernberg, Paulina F. 77
Keupp, Heiner 119, 122
Kim Yeo Jung 81
Kirchner, Constanze 19, 155f.
Klau, Elena 16, 23
Kneidinger-Müller, Bernadette 24
Knieper, Thomas 201
Knoche, Susanne 79
Kofman, Sarah 63
Kohler-Spiegel, Helga 124
Kohut, Heinz 77
Koller, Dieter 171
Konrath, Sara 78, 81
Konz, Britta 11, 21, 151–164, 192
Koons, Jeff 68
Kos, Elmar 28
Kracauer, Siegfried 161
Krause, Anne 176f.
Kretzschmar, Gerald 28
Krusemark, Elizabeth 91
Kurz, Henning 79
Kürzinger, Kathrin S. 7–12, 26, 28f., 32, 103–114, 117–136, 145, 167f., 213–215
Kutscher, Nadia 171

Lady Gaga 63
Lammers, Claas-Hinrich 89, 92
Lamnek, Siegfried 105
Lampert, Claudia 26, 34
Lanier, Jaron 196
Lasch, Christopher 79

Laube, Martin 209
Lee, Dong-Hoo 53, 66
Lee, Eusun 81
Leimgruber, Stephan 151
Leven, Ingo 108, 168–171, 178, 196
Levin, Adam 16f., 21, 64
Levinas, Emmanuel 57–60, 69
Levy, Kenneth N. 75
Liebau, Eckart 154f.
Liechtenstein, Friedrich 180
Liedke, Ulf 144
Lindenberger, Thomas 180
Lindner, Wolf 192
Lipke, Ulrich 176f.
Lischka, Konrad 24
Lobe, Mira 132
Lobinger, Katharina 9, 31, 43–56, 104, 124, 140–142
Lotter, Maria-Sibylla 68
Lucado, Max 145
Lück, Anne-Kathrin 28, 104, 126f., 168, 190, 192, 211
Lukowitsky, Marc R. 75
Luther, Henning 119, 122, 124f., 129, 157
Luther, Martin 76, 79
Lyotard, Jean-François 194

Maaz, Hans-Joachim 79, 93
Mackenzie, Alec 16
Maier, Sophia 73
Malewitsch, Kasimir S. 189
Manovich, Lev 24, 104
Marchessault, Janine 65
Marcuse, Ludwig 73, 79, 90
Marin, Louis 59
Marion, Jean-Luc 59
Marotzki, Winfried 151
Marquadt, Claudia 159
Martin-Jung, Helmut 16
Marwick, Alice E. 45f., 142
Mayer, Ralf 176
McKenna, Katelyn Y.A. 74
McKinney, Bruce C. 81
McLuhan, Marshall 65, 79
Mead, George Herbert 119, 121, 128
Meerwein, Fritz 77
Mehdizadeh, Soraya 81
Mehl, Matthias R. 81
Meier, Brian P. 78
Merkel, Angela 7, 66, 167
Merle, Kristin 122

Metken, Günter 158
Meyer, Uwe 76
Misoch, Sabina 26
Mocigemba, Dennis 201
Montaigne, Michel de 73
Morf, Carolyn C. 76
Moss, David M. 77
Mueller, Christian 73, 87
Müller, Wolfgang 203
Müller-Friese, Anita 156f.
Mummendeys, Hans D. 88
Münzberg, Katharina 62
Murray, Derek Conrad 46–48, 50–52, 138, 140, 207, 211
Myung-Bak, Lee 66

Nancy, Jean-Luc 58
Nardis, Yioryos 81
Nase, Eckart 77
Naumann, Bruce 154
Naurath, Elisabeth 35, 207, 211
Nemer, David 48, 53f.
Neumann-Braun, Klaus 25–27, 31, 123f., 141f., 146, 196, 210f.
Neuß, Norbert 36
Neyer, Franz J. 78
Niedrig, Heike 122
Niesyto, Horst 35
Nietzsche, Friedrich 90
Nitzschke, Bernd 89
Nord, Ilona 22, 28, 35, 204, 207, 210f.
Nümann, Marcus 176

O'Neill, Essena 126
Oestreich, Verena 173
Otto, Hans-Uwe 171
Otto, Isabell 45

Panek, Elliot T. 81
Pannenberg, Wolfhart 139
Paris, Joel 75, 79, 88
Paul, Gerhard 180
Paus-Hasebrink, Ingrid 26, 121, 137
Pawek, Karl 20
Peez, Georg 151, 154
Pelzer, Jürgen 137f., 141, 144, 147
Pincus, Aaron L. 75f.
Pinsky, Drew 88
Pirker, Viera 119, 122
Pirner, Manfred L. 28f., 32f., 122, 148, 190, 195, 203, 206, 211
Pithan, Annebelle 166
Platon 58, 64, 79
Plohr, Nikola 45
Polanyi, Michael 155
Polt-Heinzl, Evelyne 19
Preul, Reiner 77
Pruyser, Paul W. 80
Pscheida, Daniela 25–27
Pühl, Barbara 119

Quaiser-Pohl, Claudia 74
Quenqua, Douglas 91
Quenzel, Gudrun 108

Rademacher, Jeanne 74
Raskin, Robert 82, 88
Reich, Kersten 176
Reilly, George 152
Reinecke, Leonard 200
Reinthaler, Florian 28
Reißmann, Wolfgang 50f., 173, 186, 199–201, 211f.
Renger, Almut-Barbara 75
Rettberg, Jill Walker 24
Reuter, Ingo 19, 28, 31, 32, 110
Reynoso, Joseph 75
Rhodewalt, Frederick 76
Roberts, Brent W. 50
Robins, Richard W. 91
Roggenkamp, Jan Dirk 196
Ronningstam, Elsa 91
Rooney, Margaret C. 73, 75, 80f., 84–88, 92
Rosa, Hartmut 156, 159
Rösch, Eike 35
Rosenstock, Roland 209
Rosenthal, Seth A. 88
Roth, Michael 77
Rouault, Georges 157
Rubinstein, Daniel 16f., 30, 45
Rumpf, Horst 152, 154
Rüsen, Jörn 158
Ryan, Tracii 81

Sabisch, Andrea 154f.
Sachse, Meike 78
Sachse, Rainer 78
Saltz, Jerry 16f., 21, 65
Sarvas, Risto 45
Sass, Hartmut v. 190–193, 202, 207
Schachtner, Christina 190, 200

Schadomsky, Ludger 175
Scharfenberg, Joachim 77
Scheer, Petra 159
Scheibel, Inge 29, 118, 127
Schickell, Sarah 103–114
Schlag, Thomas 153
Schluchter, Jan-René 166, 177
Schmidjell, Christine 19
Schmidt, Axel 27, 123, 124
Schmidt, Jan(-Hinrik) 26, 34, 74, 121f., 125, 131, 137
Schmolling, Jan 21, 36
Schneekloth, Ulrich 168–171, 178, 196
Schneider-Flume, Gunda 77
Schnitzler, Kathrin 15
Schoberth, Wolfgang 205
Scholz, Stefan 92
Schorb, Bernd 26, 141
Schröder, Bernd 140, 206
Schulz, Iren 138, 141f., 146–148
Schürmann, Eva 62
Schwarz, Ori 52–54
Schwarz, Susanne 7–12, 22, 28, 33, 103, 110, 167–169, 176, 179, 189–212, 213–215
Schweiker, Wolfhard 176
Schweitzer, Friedrich 153
Schwerfel, Heinz Peter 160
Schwinge, Christiane 26, 34
Schwöbel, Christoph 140, 143f., 147
Sedikides, Constantine 78, 88
Seeger, Petra 158
Seidman, Gwendolyn 74
Seitz, Simone 176
Sellmann, Matthias 153
Senft, Theresa M. 23, 43
Senn, Felix 161
Sepp, Hans Rainer 62
Sheehan, Clare 44
Sherman, Cindy 94
Sieverding, Katharina 94
Simonetti, Riccardo 180
Skues, Jason L. 81
Slenczka, Notker 204
Sluis, Katrina 45
Sontag, Susan 21, 60, 145
Sorokowski, Piotr 78, 81, 85f., 88
So-Yun, Ji 66
Spies, Werner 160
Spinner, Kaspar 19
Stangl, Christian 180
Steckel, David 67

Steinmayr, Ricarda 82, 89
Stiegler, Bernd 19, 21
Stiegler, Christian 23
Stobbe, Heinz-Günther 80
Stock, Konrad 203
Swertz, Christian 69

Tarkowskij, Andrej 162
Telfener, Umberta 79
Terry, Howard 82
Textor, Annette 176
Theunert, Helga 26
Thiede, Werner 74, 80, 93
Thompson, Christiane 176
Tifentale, Alise 47, 53
Tiidenberg, Katrin 44, 50, 52–54
Tillmann, Angela 23, 74, 80, 87, 89–91, 121, 124, 131, 167, 172f., 179, 186f., 199, 212
Trepte, Sabine 200
Triller, Carsten 82
Trültzsch, Sascha 25–27
Trzesniewski, Kali H. 91
Turkle, Sherry 74
Turner, Victor 62
Twenge, Jean M. 74, 78, 81, 86, 88, 91

Ullrich, Wolfgang 16f., 23, 64, 159, 167, 169, 172, 174, 187

Valentine, Ben 44
van Dijck, José 45
Vater, Aline 76
Vazire, Simine 78, 81
Vetter, Brigitte 76
Villi, Mikko 45
Vinci, Leonardo da 183
Vogelgesang, Waldemar 178
Voigt, Martin 107

Wahl, Fabian 74
Walker, Jill 24, 50–52
Wallnöfer, Elsbeth 69
Walser, Rahel 118
Wang, Jin-Liang 81
Wappler, Friederike 154
Warfield, Katie 43
Warhol, Andy 183
Webster, Gregory D. 84
Wehrle, Josef 94
Weiser, Eric B. 78, 81, 85, 87f.
Weiwei, Ai 174f., 182–184

Register 221

Welsch, Wolfgang 152
Wendt, Brooke 17–19, 24
Wetterer, Angelika 179
Williams, Ben 81
Winnicott, Donald 120
Wise, Lisa 81
Witten, Ulrike 11, 144, 156, 165–187, 192
Witthöft, Heide 19
Witzel, Andreas 105
Wollberg, Ole 154, 155
Wortmann, Volker 20
Wounders, Cas 68
Woyke, Johannes 140
Wunden, Wolfgang 28

Wuthenow, Ralf-Rainer 90
Wyss, Eva L. 44, 175, 185

Xenos, Sophia 81
Young, Mark 88

Zahn, Manuel 154f.
Zepf, Siegfried 89
Zerbin, Franziska 26, 120
Ziebertz, Hans-Georg 151, 156
Zimmermann, Jörg 82
Zinnecker-Rönchen, Astrid 80
Zumbansen, Lars 176
Zuzhou, Zuoxiao 174

Autoren und Autorinnen

Bauer, Michael, Dr. phil., Akademischer Rat am Lehrstuhl für Systematische Theologie und Gegenwartsfragen des Instituts für Evangelische Theologie und Religionspädagogik der Julius-Maximilians-Universität Würzburg

Fuchs, Monika E., Dr. disc. pol., Professorin für Evangelische Theologie: Religionspädagogik am Institut für Theologie und Religionswissenschaft an der Leibnitz Universität Hannover

Gojny, Tanja, Dr. theol., Habilitations-Stipendiatin an der Friedrich-Alexander-Universität Erlangen-Nürnberg

Huizing, Klaas, Dr. theol., Dr. phil., habil., Professor für Systematische Theologie und theologische Gegenwartsfragen am Institut für Evangelische Theologie und Religionspädagogik der Julius-Maximilians-Universität Würzburg

Konz, Britta, Dr. theol., habil., wissenschaftliche Mitarbeiterin am Institut für Evangelische Theologie und Religionspädagogik der Carl von Ossietzky Universität Oldenburg

Kürzinger, Kathrin S., Dr. phil., wissenschaftliche Assistentin am Lehrstuhl Evangelische Theologie mit Schwerpunkt Religionspädagogik und Didaktik des Religionsunterrichts an der Universität Augsburg

Lobinger, Katharina, Dr. phil., Assistenzprofessur für Online Kommunikation am Institute for Communication Technologies (ITC), Università della Svizzera italiana, Lugano

Schwarz, Susanne, Dr. phil., Akademische Rätin für ev. Religionspädagogik an der Universität Erlangen-Nürnberg

Witten, Ulrike, Dr. phil., wissenschaftliche Mitarbeiterin am Institut für Praktische Theologie und Religionspädagogik der Martin-Luther-Universität Halle-Wittenberg

Theresa Schwarzkopf

Vielfältigkeit denken

Wie Schülerinnen und Schüler im Religionsunterricht argumentieren lernen

2016. 217 Seiten mit 28 Abb. und 11 Tab. Kart.
€ 50,–
ISBN 978-3-17-031151-0
Religionspädagogik innovativ, Band 15

Patchwork-Familien und -Religionen in einer multikulturellen Gesellschaft sind der Standard in den Klassenzimmern. Die Schüler/-innen müssen nicht lernen, mit dieser Pluralität zu leben – das tun sie bereits. Vielmehr müssen sie lernen, wie sie mit dieser Pluralität umgehen können, und in ihr und trotz ihr eigene Vorstellungen zu den großen existenziellen Fragen nach dem „Gottesbild" und der „Auferstehung" aufbauen und argumentativ vertreten können. Dieser Band leistet einen Theoriebeitrag zur Lehr-Lern-Theorie des Argumentierens im Kontext dieser „unentscheidbaren" Fragen. Er richtet sich nach dem Programm der fachdidaktischen Entwicklungsforschung im Dortmunder Modell, in dem u.a. mit konkreten Lernvorhaben gearbeitet wird. Im Zentrum steht der analytische Umgang mit Kinder- und Jugendliteratur, die exemplarische literarisch-vermittelte Positionen zur Auferstehung bzw. zu Gottesbild darstellen.

Leseproben und weitere Informationen unter www.kohlhammer.de

W. Kohlhammer GmbH · 70549 Stuttgart
vertrieb@kohlhammer.de